Alexander Mewes
Stadtgesellschaft und Zuwanderung

Alexander Mewes

Stadtgesellschaft und Zuwanderung

Zur Logik sozialräumlichen Integrationshandelns in der Einwanderungsgesellschaft

UVK Verlagsgesellschaft Konstanz · München

Diese Arbeit wurde im Jahr 2012 unter dem ursprünglichen Titel »Sozialräumliches Integrationshandeln in einer kleinen Stadtgesellschaft mit hohem Aussiedleranteil unter besonderer Berücksichtigung der sozialen Stadt« von der Universität Bielefeld als Dissertation angenommen.

Bibliografische Information der Deutschen Nationalbibliothek
Die Deutsche Nationalbibliothek verzeichnet diese Publikation in der Deutschen Nationalbibliografie; detaillierte bibliografische Daten sind im Internet über http://dnb.d-nb.de abrufbar.

ISBN 978-3-86764-480-8

Einbandgestaltung: Susanne Fuellhaas, Konstanz
Printed in Germany

UVK Verlagsgesellschaft mbH
Schützenstr. 24 · D-78462 Konstanz
Tel.: 07531-9053-0 · Fax: 07531-9053-98
www.uvk.de

Danksagung

Für die Unterstützung beim Verfassen der vorliegenden Arbeit möchte ich mich bei einigen Menschen bedanken.

Die Arbeit geht auf Feldforschungen im Rahmen des Projekts „Gruppenkonflikte in kleinen Stadtgesellschaften“ zurück, das am Institut für interdisziplinäre Konflikt- und Gewaltforschung angesiedelt war und zwischen 2005 und 2007 vom Bundesforschungsministerium gefördert wurde. Ich danke Wilhelm Heitmeyer für die Möglichkeit, dass ich dieses Dissertationsprojekt als wissenschaftlicher Mitarbeiter am IKG verfolgen konnte. Mein großer Dank gebührt Jörg Hüttermann, von dessen wissenschaftlichen und freundschaftlichen Ratschlägen und Inspirationen ich sehr profitiert habe; seine an- und ausdauernde Begleitung meines Dissertationsprojekts ließ mich den langen Atem bewahren, den ein solches Unterfangen naturgemäß braucht. Bei Wolf-Dietrich Fischer bedanke ich mich für das Redigieren der Manuskripte. Zu danken habe ich auch dem UVK Verlag, der die Drucklegung dieser Arbeit unterstützt hat.

Mein besonderer Dank gilt meiner Lebensgefährtin Andrea Fischer, die mich durch die Höhen und Tiefen, die eine Dissertation mit sich bringt, geduldig begleitet hat. Ihr und unserer Tochter Lenja Fischer widme ich dieses Arbeit.

Alexander Mewes

Inhalt

1 Einleitung

1.1 Problemaufriss, Gegenstand und Fragestellung

In einem Forschungsprojekt am Institut für Konflikt- und Gewaltforschung der Universität Bielefeld hat ein Soziologenteam, zu dem auch der Verfasser der vorliegenden Studie gehörte, Intergruppenkonflikte in kleinen Stadtgesellschaften untersucht. Das besondere Anliegen war die Analyse von Konfliktpotentialen in den lokalen Intergruppenbeziehungen in Städten der Einwanderungsgesellschaft, darüber hinaus sollten die diesbezüglich erzielten Forschungsergebnisse mit Vorschlägen zur Aktivierung der untersuchten Kleinstadtgesellschaften verknüpft werden. Die Forschungsarbeit führte unter anderem nach Salzgitter-Lebenstedt. Mit der Aufgabe der Aktivierung von Stadtgesellschaften kommt der Autor dieser Zeilen in das niedersächsische Salzgitter und trifft dort u.a. auf die Mitarbeiter des Bund-Länderprogramms Soziale Stadt, die, wie sich bald herausstellt, mit derselben Aufgabe befasst sind, als lokale Integrationsakteure wirken wollen und sich mit Problemen und Aufgaben befassen, die eine Integration der Quartiersgesellschaft befördern sollen.

Zur ersten schnellen Orientierung sei an dieser Stelle vorgreifend festgehalten: Die Soziale Stadt ist eine Bund-Länder-Gemeinschaftsinitiative, die sich auf die Agenda 21 beruft. Diese als Aktionsprogramm angelegte Initiative soll die nachhaltige Entwicklung in Stadt- und Ortsteilen mit sozialen, wirtschaftlichen und städtebaulichen Problemen sicherstellen. Seit dem Jahr 2000 ist das Programm mit ca. 150 Mio. Euro ausgestattet (wovon der Bund 1/3 trägt); im Jahr 2011 wird die Förderung jedoch deutlich beschnitten und beträgt ca. 84 Mio. Euro (vgl. Häußermann 2011: 20). Die Anzahl der in das Programm aufgenommenen Gebiete lag 2001 bei 249 Gebieten in 184 Gemeinden; im Jahr 2010 steigt die Zahl auf 603 Gebiete in 375 Gemeinden. Dabei handelt es sich maßgeblich um innenstadtnahe (Altbau) Quartiere beziehungsweise Großwohnsiedlungen an der Peripherie der Städte. Zur Zielsetzung des Programms Soziale Stadt gehört es, durch die Initiierung von Quartiersentwicklungsprozessen die aufgenommenen Gebiete zu „selbständig lebensfähigen Stadtteilen" zu machen. Das umfasst neben den Maßnahmen baulich-technischer Art zur Verbesserung des Bereichs Wohnen vor allem die Aktivierung der vor Ort lebenden Bevölkerung, die Stärkung der lokalen Wirtschaft sowie die Bildung von Quartierszentren.

Eine Blickvertiefung zum Thema Soziale Stadt fördert zutage, dass das Programm unter anderem auf die Kultivierung von Intergruppenbeziehungen in der von Zuwanderung betroffenen Stadtgesellschaft zielt (vgl. Reimann/Schuleri-Hartje 2005). In den Stadtquartieren, in denen es implementiert ist, verdichten sich in der Regel die städtischen Migrantenpopulationen. Das soziale Klima im Verhältnis der migrationsbezogenen Gruppen zueinander ist hier häufig durch Spannungen und Konflikte belastet. Die Blickvertiefung ergibt zudem, dass in der durch das Soziale Stadt-Programm inspirierten, mit Blick auf das erwähnte Aktivierungsziel aktuell geführten Diskussion um die Steuerung von Stadtentwicklungsprozessen das Verhältnis von Self-Empowerment und Regulierung im Sinne eines Top-down-Ansatzes ein viel diskutiertes Thema ist (vgl. Mensch 2002). Wie lassen sich, so die zentrale Debattenfrage, mittels Top-down-Strategien Bottom-up-Aktivitäten anregen? Kalibriert man die hier gestellte Frage nach der Möglichkeit einer Top-down-Organisation von Bottom-up-Strukturen auf den oben genannten Gegenstand des quartiersbezogenen Zusammenlebens differenter Herkunftsgruppen, spitzt sich das aktivierungsbezogene Ziel dieses urbanen Erneuerungsprogramms auf die Frage zu, ob und wie sich zivile Intergruppenbeziehungen durch korporativ entwickelte Interventionsmaßnahmen gezielt herbeiführen lassen.

In der einschlägigen Debatte wird gleichzeitig aber auch eine Art Hilflosigkeit der mit Planungs- und Steuerungsfragen befassten Akteure hinsichtlich ihres Gegenstands deutlich, denn sie würden über ein nur defizitäres „tiefergehendes Verständnis über das reale Leben im Stadtteil“ (Mensch 2002: 20) verfügen, das „mit sachlichen Berichten über den Stadtteil oder ein paar Besuchen im Stadtteil“ (ebd.) nicht zu beheben sei. Die lokalen Kontexte beziehungsweise deren Eigenlogiken (vgl. Berking/Löw 2008) werden in der Regel gar nicht gekannt, sodass Wissensdefizite über „real anzutreffende Integrationsprozesse“ (Baringhorst/Hunger/Schönwälder 2006: 12) bestehen. Justiert man die in den Zitaten zumindest aufblitzende Erkenntnis, dass ein städtischer Sozialraum kein unschuldiges Gebilde ist – sondern, so ließe sich aus soziologischer Perspektive ergänzen, eine durch lokale Statushierarchien charakterisierte, in Machtgefüge, Beziehungskonstellationen, Interaktionen, in den Kampf um Abgrenzung (Distinktion) sowie Interessengegensätze und Milieus binnendifferenzierte soziale Größe – auf das hier interessierende Feld der steuernden Einwirkung auf das soziale Intergruppenklima, ist eine Analyse der Ausgangssituation unverzichtbar, wenn man einen die lokalen Besonderheiten ignorierenden Aktionismus vermeiden will. Erst der genaue Blick auf Intergruppenkonstellationen und -beziehungen in einer von Einwanderung betroffenen Stadt kann Anhaltspunkte liefern, wo Aktivierung ansetzen sollte.

In der vorliegenden Arbeit wird die Funktionslogik lokalräumlich orientierten Integrationshandelns in Salzgitter-Lebenstedt nachgezeichnet. Die Studie beobachtet die Integrationsarbeit der bereits erwähnten „Sozialen Stadt“ in einem Stadtquartier in der niedersächsischen Stadt Salzgitter. Sie geht über dieses urbane Erneuerungsprogramm schließlich hinaus, indem sie es mit einem weiteren integrationsrelevanten Vor-Ort-Akteur kontrastiert (die

Begegnungsstätte des Diakonischen Werkes), der sich unabhängig vom Wirken der Sozialen Stadt sowie über einen weit ausgedehnteren Zeitraum quasi von unten entwickelt hat. Es geht dabei darum zu erfassen, welche Dynamik sich mit der Niederlassung der Vor-Ort-Filiale der Sozialen Stadt im beobachteten Sozialraum entwickelt, und es geht auch um die Rekonstruktion der akteursspezifischen Integrationsbegriffe und –konzepte sowie deren Umsetzung: Welche Wege gehen die lokalen Praktiker, um so etwas wie die Integration der lokalen Quartierspopulation zu unterstützen?

Die Soziale Stadt beziehungsweise die mit der Umsetzung des Programms befassten Personen dürfen, das sei hier vorausgeschickt, nicht als lokale Supra-Akteure begriffen werden, denen eine privilegierte Perspektive auf das Thema ‚lokales Integrationshandeln' einzuräumen wäre. Sich dem Forschungsfeld anzunähern heißt für den Feldforscher nicht, sich ausgehend von der Perspektive der Sozialen Stadt hierarchisch gewissermaßen nach unten voranzuarbeiten und dabei die administrative Perspektive zu übernehmen und zu reproduzieren. Vielmehr ist sie als ein Akteur neben anderen Akteuren zu behandeln. Dies ist deshalb wichtig festzuhalten, weil zum Thema Soziale Stadt viele Sozialwissenschaftler etwas beitragen – sei es, dass sie in Evaluations- und Begleitforschung involviert sind, sei es, dass sie selbst als Umsetzungsbeauftragte fungieren und in den Programmgebieten Praxisprojekte umsetzen –, sich dabei jedoch ihrem sozialräumlichen Wirkfeld gewissermaßen über das Programm beziehungsweise aus dessen Logik und Perspektive heraus nähern. Die damit einhergehenden Engführungen, zu denen zuallererst die Illusion der Machbarkeit und Steuerbarkeit einer Stadtgesellschaft gehört, stützen sich auf eine sozialraumbezogene Tabula-rasa-Vorstellung (die die konstatierte Unwissenheit bezüglich lokaler Gegebenheiten gewissermaßen zu überspielen hilft), die ihrerseits Voraussetzung für die Hegung jener Machbarkeitsphantasien ist.

Im Kontext von Aktivierung und Beteiligung ist die Zielsetzung der Sozialen Stadt eine doppelte: Aktivierung und Beteiligung zielen erstens auf das Miteinander-in-Kontakt-bringen von Personen und Personengruppen in einem Stadtquartier (vgl. Franke 2003: 197) sowie zweitens auf den Einbezug der Quartierspopulation in die „mehr oder weniger geplanten Verfahren" der baulichen (Neu-/Um-)Gestaltung eines Wohnareals und damit darauf, „die lokale Bevölkerung (...) in Entscheidungs- und Umsetzungsprozesse vor Ort einzubeziehen" (Bundestransferstelle Soziale Stadt 2008: 21). In der Bundesrepublik ist die Diskussion über die Beteiligung von Bürgern an Prozessen der Stadtentwicklung allerdings nicht neu.

1.1.1 Beteiligtenaktivierung und Stadtentwicklung

Seit den späten Sechzigerjahren erlebt das Thema Beteiligung und Partizipation – unter sich verändernden Kontextbedingungen wie etwa jener der (wachstums)kritischen urbanen sozialen Bewegungen der 1960/70er oder im Zusammenhang des Leitbildes einer sogenannten ‚Behutsamen Stadterneuerung' in den 1980er Jahren – immer wieder Konjunkturen. Mit Blick auf die nun schon lange währende Diskussion um Beteiligung sowie auf die in der Praxis erprobten Ansätze ziehen wissenschaftliche Beobachter ein Resümee, das vor allem Enttäuschung verrät: Bürgerbeteiligung bliebe bis heute „mehr Wunsch denn Wirklichkeit" (Selle 2007: 70).[1] Für das weitgehende Scheitern von Bürgerpartizipation werden unterschiedliche Gründe ins Feld geführt.[2]

Der Boden für eine sich in den 1970er in den (Stadt-)Planungsdebatten entwickelnde Diskussion über die Beteiligung von Bürgern an der Stadtentwicklung war seit einiger Zeit bereitet. Nachdem in der Phase des Wiederaufbaus der kriegszerstörten Städte in den Fünfziger- und frühen Sechzigerjahren das Thema Bürgerbeteiligung keine Rolle spielt (vgl. Häußermann 1999: 24), artikuliert sich ab Mitte der Sechzigerjahre zusehends stärker eine Kritik an den in der Nachkriegszeit entstandenen beziehungsweise wiederaufgebauten Städten, die zunächst deren „Unwirtlichkeit" (Mitscherlich 1965) feststellt, sich aber vor allem an der Frage entzündet: „Warum, wer und für wen wird saniert?" (Korte 1972: 33). Die in dieser Zeit entstehenden Bürgerinitiativen und Protestbewegungen irritieren zusehends die überkommene, stark technokratisch dirigierte Stadtentwicklungspraxis. Mit den studentischen, wachstums- und systemkritischen Bewegungen, denen es um das Aufbrechen einer geistigen und moralischen Standardisierung ging, die die bundesrepublikanische Gesellschaft erfasst hätte (vgl. Offe 2005), „bildete sich eine selbstbewusste städtische Gegenkultur heraus, (...) fähig und bereit, in die Stadtentwicklung und Stadtpolitik zu intervenieren" (Mayer 2008: 298). Die sozialliberale Koalition von 1969, die „mehr Demokratie wagen" will (Motto ihrer Regierungserklärung), scheint schließlich auch bundespolitisch einen Klimawandel einzuleiten, der den Weg für einen breiten

---

1 „Die 36 Jahre alte Forderung, Stadtentwicklung solle sich nicht über die Köpfe der Bürgerinnen und Bürger hinweg vollziehen, ist weiterhin uneingelöst" (Selle 2007: 70).

2 Selle stellt fest, dass Bürger immer dann, wenn in Planungsprozessen handfeste wirtschaftliche Interessen im Spiel sind, von der planenden Verwaltung eher als Störfaktoren denn als ernstzunehmende Akteure betrachtet werden. In signifikante folgenrelevante Planungsentscheidungen würden Bürger ohnehin keinen Einblick erhalten und erst dann von ihnen erfahren, wenn hinter verschlossenen Türen in einem von der Öffentlichkeit abgeschirmten Bereich bereits weichenstellende Entscheidungen gefällt wurden. Insgesamt seien die Möglichkeiten zur Bürgerbeteiligung oft ‚leere Angebote', weil sie keine wirklichen Konsequenzen zeitigten (vgl. Selle 2007). Kritisch auch Herrmann (2002), die das Thema Bürgerbeteiligung im Rahmen der Leitidee Sozialer Stadtentwicklung untersucht.

Demokratisierungsschub (nicht nur in der Stadtentwicklungsplanung) bereitet. Es bricht nun eine Phase der Reform- und Planungseuphorie an. Mit Blick auf die Stadtentwicklungs-/erneuerungsplanung reagieren Politik und Verwaltung auf den von unten formulierten Anspruchs- beziehungsweise Legitimationsdruck und suchen nach Wegen, Partizipation und Bürgerbeteiligung zum festen Bestandteil der städtischen Entwicklungsplanung zu machen – denn „die Legitimität der Stadterneuerung stand auf dem Prüfstand“ (Häußermann 1999: 25). In der Hereinnahme von partizipativen, konsensbildenden Verfahren in die Planungsbürokratien, die nach ihrem eigenen Verständnis zunächst rein instrumentelle Veranstaltungen sind (Max Weber), sah seinerzeit Offe einen gangbaren Weg, administratives Handeln an allgemeinverbindlich anerkannten Normen respektive an einen Konsens zu binden (vgl. Offe 1972). Das damit verbundene Bezugsproblem, das in dem Widerspruch bestünde, dass einerseits immer mehr Lebensbereiche in den Griff politisch-administrativer Planung geraten, andererseits dieses Planungshandeln jedoch nicht politisch kontrollierbar sei, werde durch Betroffenenbeteiligung zwar nicht zufrieden stellend gelöst, aber zumindest doch aushalt- beziehungsweise ertragbar gemacht. Per se sei es nicht das bloße Kriterium ‚Beteiligung', an dem die demokratische Legitimation der Planung beurteilt werden könne. Denn das zwischen „Planungsinteressierte[n]“ (Unternehmen, Verbände, Kommunalbehörden) und „Planungsbetroffene[n]“ (etwa Bewohner, Mieter) bestehende Machtungleichgewicht könne administrative Planung nicht einfach nivellieren; vielmehr nähme sie es in sich auf, reproduziere und verschärfe es. Ein tatsächliches Abschmelzen der „externen und internen Prämissen asymmetrischer Interessengleichgewichte“ hinge allein davon ab, ob es mittels Beteiligung gelingt, „Gegenmacht-Positionen“ durch die Planungsbetroffenen aufzubauen, die in der Lage wären, den Spielraum planenden Handelns wirksam zu vergrößern (vgl. Offe 1972a: 139). Die „Gegenmacht“, von der bei Offe die Rede ist, richtet sich gegen die planungsexternen Interessen (Kapitalverwertungsinteressen), welche von der planenden Administration erwarten würden, die Funktionslücken des wirtschaftlichen Systems mit Methoden zu kompensieren, die dieses System nicht aus den Angeln heben (beziehungsweise die Kapitalverwertungsinteressen nicht torpedieren) sondern stabilisieren. Offe sieht darin letztlich nicht nur einen Vorbehalt, unter dem jedes Planungshandeln stünde, sondern dessen genuine Funktion.

Mit dem öffentlichen Widerhall, den die Partizipationsforderungen in den späten Sechziger-/frühen Siebzigerjahren finden, wird Beteiligung, wie erwähnt, nun auch hierarchisch von oben beziehungsweise von den Institutionen her gedacht. Und es werden erste Modelle konsensbildender Verfahren entwickelt und erprobt wie etwa die Planungszelle oder das advocacy planning (die Aufzählung ließe sich fortführen: Beiräte, Bürgerforen, Bürgerinitiativen,

Hearings, Gemeinwesenarbeit u.a.m).[3] Um ein Beispiel dafür herauszugreifen, wie Bürger in Planungsangelegenheiten einbezogen werden können, sei etwa die von dem Soziologe Dienel entwickelte „Planungszelle" erwähnt. Im Kern besteht ihre Idee darin, dass Bürger sich selbst als Mit-Urheber von Planungsentscheidungen erfahren. Die Planungszelle besteht aus einer Gruppe von Bürgern, die im Zufallsverfahren ausgewählt und für eine Zeitdauer von maximal drei Wochen von ihren beruflichen Verpflichtungen freigestellt werden, um gemeinsam Planungsprobleme zu lösen. Das Planungszellenverfahren gliedert sich in drei Phasen: In der Vorbereitungsphase selektieren professionelle Planer/innen jene Fragen, die später von den Bürgern/innen bearbeitet werden sollen, verdichten sie zu Problemdefinitionen und erarbeiten entsprechende Materialien, die zur späteren Problembearbeitung durch die (als „Laienplaner" bezeichneten) Bürger genutzt werden sollen. Die durch die Planer im Vorfeld erstellten Problemdefinitionen sind im Fortgang grundsätzlich der Disposition entzogen. Parallel dazu kümmern sich sog. Moderator/innen um die Gewinnung der Bürger/innen mittels einer Stichprobenziehung. In der zweiten Phase erfolgt dann – als Kernstück des Planungszellenverfahrens – die Bearbeitung des von den Planern vorab formulierten Planungsproblems. Dazu werden die aus der Stichprobe gewonnenen Bürger an einem Ort zusammengeführt und beginnen, gemeinsam Lösungsvorschläge für das angegebene Problem zu erarbeiten (in Workshops, Klausuren, Plenen, Kleingruppen). Fachliche Expertise bekommen die Teilnehmenden von sogenannten „Prozessbegleitern" (das sind in der Regel Planungsfachleute), die, wenn nötig, auch die Moderation unter den Teilnehmern übernehmen und mit der Sicherung der Arbeitsergebnisse beschäftigt sind. Nach Beendigung dieser Phase werden die dokumentierten Ergebnisse der engeren Planungszellenarbeit von den Moderatoren/innen zu einem „Bürgergutachten" verdichtet: es enthält Lösungsvorschläge (samt ihrer Bewertung) für das in Frage stehende Planungsproblem, das schließlich dem Auftraggeber (beispielsweise einer kommunalen Behörde) zur weiteren Beratung übergeben wird.

Die Idee der Planungszelle kann ihren hierarchischen Charakter nur schwer verbergen. Sie setzt zunächst nicht bei den Belangen der Bürger an, sondern bei Belangen der planenden Verwaltung; es sind *deren* Probleme, die durch die Bürger bearbeitet und dadurch ratifiziert werden. Bürgerinteressen können nur

[3] Zu dieser Entwicklung und Erprobung von Beteiligungsverfahren gehört die damals verbreitete Vorstellung, die Gesellschaft ließe sich mit wissenschaftlicher Hilfe planvoll einrichten. Planungstechnische Unterstützung erhalten die Planungsbürokratien etwa von der Systemkybernetik und auch von der Soziologie: Sie wird mit Blick auf die vielen der Planung unterworfenen Lebensbereiche zu einer praktischen, ‚tätigen' Wissenschaft und verwissenschaftlicht andersherum die Planungspraxis (vgl. Korte 1972; Schäfers 2006a). Von der soziologischen Modernisierungstheorie ganz in Bann genommen wird in der Stadtsoziologie etwa die Frage diskutiert, wie sich „Rückständige Viertel" (so der Titel eines seinerzeit einflussreichen Buches von Katrin Zapf) auf den Modernisierungspfad setzen ließen.

insoweit berücksichtigt werden, wie sie sich in die akkreditierte Problemdefinition einfügen. Bürger, die als Laienplaner in der Planungszelle aktiv werden, orientieren sich in ihrer Arbeit implizit an der an vermeintlichen Sachzwängen orientierten Argumentation der planenden Verwaltung. Das steht durchaus nicht im Widerspruch zu ihrer Intention: Beteiligung an der Planungszelle, so Dienel, ermögliche den Teilnehmenden die Generierung von „Systemvertrauen, das ein Bürger, der in der Bundesrepublik leben will, dieser gegenüber aufbringen muss" (Dienel 1997: 39). Die Kritik an der Planungszelle sah in ihr schließlich ein bloßes Vehikel zur Systemstabilisierung (vgl. Korte 1986: 39, 62). Auch der Planungszellenerfinder selbst beklagt heute die weitgehende Ignoranz seines Modells. Er sieht dafür strukturelle Gründe: das Interesse der (Planungs-)Institutionen an sich selbst beziehungsweise an der eigenen Reproduktion vertrüge keine Neuerung, wie die Planungszelle sie darstellt. Dieses Verfahren würde bei Inhabern politischer Positionen Ängste auslösen – „Jetzt sollen noch mehr Leute mitreden?" (Dienel 2003: 22). Die Planungszelle erscheint mit Blick auf die individuelle Karriere im politischen Betrieb als eine eher lästige Veranstaltung.

Ein anderes, hier kurz anzusprechendes Beispiel neuer Beteiligungsverfahren ist das aus den USA stammende, eher paternalistisch wirkende advocacy planing[4]. Seine Idee besteht darin, Gruppen – besonders unterprivilegierten, marginalisierten Gruppen – ein Gehör in Planungsfragen zu verschaffen durch einen „Anwalt", der ihre Interessen gegenüber den Planungsbehörden vertritt. Unabhängige Planungsexperten sollen Gruppen, die von Stadtentwicklungsplanungen unmittelbar betroffen sind, Beistand leisten, fachlich beraten, ihnen gegenüber fachliche Aufklärung betreiben und gegenüber den kommunalen Planungsbehörden als Anwälte ihrer Interessen agieren. Kritisch wird gegen dieses Modell eingewandt, dass sich Planungsbetroffene nicht umstandslos in Klienten des Planungsanwalts verwandeln lassen (vgl. Siebel/Körber 1971). Gerade die Gefahr der „paternalistischen Bevormundung" (Herlyn/Krämer/Wendt 1976: 120) führe einen der Grundgedanken dieses Verfahrens, die politische Mobilisierung der Klientel, ad absurdum. Außerdem bleibe der Planungsanwalt abhängig von Vorentscheidungen, die auf anderen Ebenen gefällt werden (beispielsweise in der Haushaltspolitik). Wenn der Planungsexperte von der Planungsbehörde beauftragt und bezahlt wird, sei dessen Unabhängigkeit nicht sichergestellt. Hinzu komme, dass dieses Verfahren nicht das grundlegende Defizit an Teilhabemöglichkeiten heile, sondern sich stellvertretend mit Teilhabemöglichkeiten auseinandersetze (Korte 1986: 58).

4 Im Städtebaulichen Bericht 1970 wird diesem Verfahren für die Institutionalisierung von Beteiligung die höchste Priorität beigemessen. Bis in die Gegenwart hinein ist dieses Modell mit seinen Modifikationen wirksam.

Beobachter dieser Vorgänge einer um die demokratische Durchlüftung bemühten Erfindung neuer Beteiligungs- und Partizipationsformen bleiben insgesamt ernüchtert. Bürgerbeteiligung an Planungsprozessen würde insgesamt eher suggeriert denn tatsächlich realisiert. Die Forderung nach einer „Demokratisierung des Planungsprozesses“ (zitiert aus der Begründung zur Vorlage des Städtebauförderungsgesetzes durch den 14. Bundestagssausschuss (1970)) schrumpfe darauf zusammen, dass Planungsämter ihre Planungen nun öffentlich machen müssten und dabei zur „argumentativen Abstützung ihrer Pläne“ angehalten würden (Korte 1986: 54). Das 1971 verabschiedete Städtebauförderungsgesetz, als Fanal neuer Demokratisierungschancen im Städtebau gefeiert, sieht neben „Trägern öffentlicher Belange“ zwar auch den Einbezug von Gründstückseigentümern in die Planungsprozesse vor, die tatsächlichen Planungsbetroffenen (etwa Bewohner) finden jedoch kaum Berücksichtigung.[5] Ohnehin sähe die Bauplanung ihre Stadtbaumaßnahmen als rein „technisches Problem“ (Korte 1971: 147), nichttechnische Aspekte in der kommunalen Entwicklungsplanung würden eher am Rande behandelt und lediglich unter dem Blickwinkel der kompensatorischen Abfederung nicht intendierter Folgen einer Stadtentwicklung betrachtet, bei der Technik und Wirtschaft das Heft in der Hand haben. Soziale Aspekte blieben bis heute nur der „Klotz am Bein von einer durch Technik und Ökonomie vorangetriebenen gesellschaftlichen Dynamik“ (Häußermann//Läpple/Siebel 2007a: 134). Planung bleibe daher wesentlich eine Top-down-Angelegenheit. Oder in Schelskys Worten: „Die von Planung Betroffenen, die ‚funktionalen Bauherren’, werden von ihm [dem rechtlichen Bauherrn; der Verfasser] als bloße Sozialdaten, nicht aber als partnerschaftliche Subjekte der Willensbildung betrachtet“ (Schelsky, nach Korte 1971: 47).

1.1.2 Integrationsmaschine Stadt – die fordistische Gesellschaft

Das Experimentieren mit Formen von Beteiligung findet in einer Zeit statt, in der eine generelle Reform- und Planungseuphorie den Kapitalismus bewältigbar erscheinen lässt. Technokratische Eliten nehmen den Lauf der gesellschaftlichen Entwicklung mit der Gründung der Bundesrepublik fest in ihre planenden Hände. Der ‚geplante Kapitalismus’ ist das Charakteristikum der Epoche des

5 Partizipation wird im Städtebauförderungsgesetz als Institutionalisierung eines Sozialplanes bei städtebaulichen Maßnahmen gedacht. Er sieht so etwas wie ein kompensatorisches Abfedern negativer sozialer Konsequenzen von Sanierungstätigkeiten vor. „Der Sozialplan nach dem StBauFG thematisiert die Kosten, die der Bevölkerung durch einen aus ökonomischen respektive (verkehrs)technischen Überlegungen heraus für notwendig gehaltenen Umbau ihres Stadtteils entstehen können. Es geht darum, negative Folgen zu vermeiden beziehungsweise für Verluste zu entschädigen“ (Häußermann/Läpple/Siebel 2007a: 133).

Fordismus, der als Integrationsmodus für die deutsche Nachkriegsgesellschaft zentral ist.

Zunächst bezeichnet Fordismus eine Formation des Kapitalismus, die in den USA „im Gefolge von Weltwirtschaftskrise und Weltkrieg" (Hirsch/Roth 1986: 46) ihren Ausgangspunkt nimmt und zwischen den 1950er Jahren bis zu Beginn der Siebzigerjahre ihre Hochzeit hat. Der Fordismus überschreitet jedoch weit die Grenzen dessen, was das Bild der Rationalisierung der Warenproduktion durch ihre Zerlegung in kleinste Arbeitsschritte, mechanisch vollzogen von an langen Fließbändern aufgereihten Männern[6] in großen Fabrikhallen, heute vermittelt. Denn auch außerhalb der Fabrikmauern wirkt der Fordismus im Sinne einer Standardisierung der Lebensführung und Vergleichtaktung des Alltagslebens. Der Fordismus ist die Epoche des materiellen Glücks des Großteils der Bevölkerung; was ehemals ein Luxusgut war, wird dank der fordistischen Standardproduktion nun in Massen produziert und erschwinglich. Aber nicht nur materielle Güter werden standardisiert; die fordistische Produktion verlangt einen Typ Arbeiter, der fähig ist, die „Maschinerie" (Häußermann/Siebel/Läpple 2007b: 151) am Laufen zu halten. Die einfachen, monoton anmutenden Tätigkeiten inkludieren eine große Zahl oft Un- oder Angelernter in die fordistischen Großbetriebe. ‚Zerlegt' werden aber nicht nur die betrieblichen Arbeitsabläufe; mit Blick etwa auf ‚Stadt' wird der städtische Raum auf den Reißbrettern der Stadtplaner aufgegliedert beziehungsweise zoniert, und ihm werden je spezifische Funktionen – Wohnen, Arbeiten, Erholung, Verkehr – zugewiesen (Stichwort Funktionsentmischung). Bereits 1933 wird dieser funktionale (funktionentrennende) Städtebau mit der Charta von Athen (Hilpert 1988) als bauliches Leitbild formuliert.

Für den Soziologen Enzo Mingione wirkt die fordistische Wachstumspolitik aber auch als eine Art nivellierende Walze, die lokale Traditionen außer Kraft setzt und die fordistischen Städte homogenisiert: „Die öffentliche Intervention in fordistischen Wohlfahrtsgesellschaften basierte vorwiegend auf der staatlichen Fürsorge-, Bildungs- und Sozialpolitik. Folglich bildeten die Städte überwiegend den passiven Hintergrund dieser sozialen Integrationssysteme: Kommunale Fürsorge- und Wirtschaftspolitik waren selbst dort, wo sie eine starke Tradition und Unabhängigkeit genossen, auf eine marginale Rolle reduziert. (…) Während des goldenen Wohlfahrtszeitalters trat der Abbau der kommunalen Autonomie in eine neue, komplexere und weniger sichtbare Phase. (…) In den kapitalistischen Wohlfahrtsgesellschaften (und mehr noch im real existierenden Sozialismus) spielen die nationalen Integrationsprogramme zum Nachteil vieler Gemeinde-Traditionen eine zentrale Rolle. Dies wird jedoch verschleiert durch die Expansion der Städte und die (mehr oder weniger exekutive) lokale Verwaltung

[6] Zur Rolle der Frau in der fordistisch integrierten Gesellschaft siehe Häußermann/Läpple/Siebel 2007b: 152f.)

vieler öffentlicher Maßnahmen“ (Mingione 2004: 325). Über die in den fordistischen Städten implementierten nationalstaatlichen Integrationsprogramme (der Sozialstaat) wird quasi nationale Wohlfahrt lokal durchgesetzt.[7] Gleichzeitig sind es die Kommunal- beziehungsweise Bürgermeisterämter in den Städten und Gemeinden, die die Regiestellen der Planung sind, etwa indem sie öffentliche Investitionen vornehmen oder die lokale Infrastruktur ausbauen (Häußermann 2006: 121).

Insgesamt sind es ein scheinbar unbegrenztes Arbeitsplatzwachstum in den 50er und 60er Jahren (die fordistischen Städte waren Wachstumsstädte!), der Aufbau wohlfahrtsstaatlicher Institutionen, die Absicherung von Risiken durch die Einrichtung umfassender sozialer Sicherungssysteme, eine den Fährnissen der Weltwirtschaft entgegengesetzte antizyklische Konjunkturpolitik (Keynesianismus als makroökonomische Ordnungspolitik) sowie die Inklusion Aller in die Funktionssysteme der Gesellschaft, die die Integration der fordistischen Stadtgesellschaft kennzeichnen. Fordistische Politik zielt auf das wirtschaftliche Wohl aller. Politisches Handeln ist in diesem Sinne ganz auf die Mehrung des erarbeiteten Wohlstands gerichtet, das Neil Brenner beispielsweise auf dem Gebiet der Raumordnungspolitik der Sechziger- und Siebzigerjahre in der Bundesrepublik nachzeichnet, die ganz der Ankurbelung „kollektiven Konsums“ verpflichtet ist. In der fordistischen Stadtplanung der Nachkriegszeit hätten sich Gemeinden allein auf die Funktion beschränkt, „den gemeinsamen Konsum, die Infrastruktur sowie die Sozialpolitik zu verwalten, wobei die politischen Entscheidungen auf Bundes- und Länderebene getroffen wurden. Städtische Politik war vor allem auf ökonomisches Wachstum, Verteilung des Reichtums und Sozialtechnik ausgerichtet“ (Brenner 1997: 9).[8]

Diese Entwicklung hin zu einer immer stärkeren Bedeutung technisch-administrativer Mechanismen beziehungsweise der Blick auf die (bloß) technische Behandlung des menschlichen Zusammenlebens wird auch kritisch beobachtet. Mitten in der Hochzeit des Fordismus formuliert etwa Jürgen Habermas seine Technokratiethese. Seine Besorgnis richtet sich auf den Umstand, dass in der spätkapitalistischen Gesellschaft – und die fordistische Epoche ist ihr empirisches Paradigma! – nahezu alle Lebensbereiche des Menschen unter die Regie technischer Vernunft geraten, als deren Verkörperung

---

7 Unter diesem Blickwinkel beschreibt Offe Städte als „Puffer- und Filterzone“ (1975: 307): politische Entscheidungen des Staates werden der Form nach der Kommune zugewiesen und somit aus seinem Verantwortungsbereich herausgenommen. Zentralstaatliche Entscheidungen werden *als solche* somit gewissermaßen unkenntlich gemacht. Zum „Kompetenzschwund kommunaler Selbstverwaltung“ siehe auch Siebel 1975.

8 In Kombination mit den neuen staatlichen Interventionspolitiken bildet sich in der westdeutschen Gesellschaft so etwas wie eine den Klassenkonflikt transzendierende beziehungsweise ihn überwölbende Alltagsmentalität heraus, die der Soziologe Alheit als „Sozialstaatsbewusstseins“ (Alheit 1980: 67f.) beschreibt.

politische Herrschaft nun auftrete. Die Gefahr einer von technokratisch-politischen Eliten vorangetriebenen, planmäßigen Rekonstruktion der Gesellschaft im Medium wissenschaftlich-technisch verfassten Vernunfthandelns liege in der „Absorption kommunikativen Handelns" (Habermas 1968: 82): Ein nur an zweckrationalen Motiven orientiertes politisches Handeln erfülle zwar funktionale Erfordernisse beziehungsweise löse technische Probleme im Sinne einer dauerhaften Stabilisierung eines reibungslos funktionierenden Systems, entbinde Politik jedoch von inhaltlichen, praktisch-positiven Fragen und unterlaufe damit eine „Verwirklichung praktischer Ziele" (ebd.: 77). Politik trage daher einen „eigentümlich *negativen Charakter*" (ebd.; Hervorhebungen im Original). Eine an den Imperativen des Systemerhalts orientierte Politik formuliere ihre Beschränkungen gleich mit: *Sachzwänge* bilden gewissermaßen die Schwerelinien, die den Spielraum einer Staatstätigkeit abmessen, die „Dysfunktionalitäten beseitigen und systemgefährdende(r) Risiken vermeiden" (ebd.) will. Einfacher formuliert: normative würden durch technische Kriterien ersetzt werden.

1.1.3 Partizipation und Beteiligung – normativer Fluchtpunkt

Mit Blick auf das Thema Bürgerpartizipation an der Stadtentwicklung rekurriert der Stadtforscher Korte auf den von Habermas entwickelten normativen Öffentlichkeitsbegriff, der von ihm zum einen als kritischer Maßstab zur Beurteilung des Status quo herangezogen, zum anderen als demokratisches Potenzial beziehungsweise als eine Art regulative Idee aufgefasst wird. Im Lichte des Habermas'schen normativen Konzepts ließen sich die gegenwärtigen Defizite benennen, zugleich aber auch aufzeigen, was stadtentwicklungbezogene Partizipation bedeuten *könnte*. Die Kalibrierung des Habermas'schen Ideals einer öffentlichen Erörterung öffentlicher Angelegenheiten – beziehungsweise: das ‚Bereden' von Problemen in einer „Sphäre der zum Publikum versammelten Privatleute", bei der Wahrheit räsonierend mittels Vernunftargumenten gesucht wird – auf das Thema ‚Partizipation an der Stadtentwicklung' führt Korte schließlich zu dem Ergebnis, dass von Bürgerbeteiligung nur dann sinnvoll die Rede sein könne, wenn deren Interessen bereits in der Formulierung von Aufgabenstellungen der Stadtplanung berücksichtigt werden sowie auch bei der Konkretisierung der inhaltlichen Alternativen für ein Entscheidungsverfahren. Entgegen einer bloßen Wahl zwischen alternativen Planungsvorschlägen, mit denen die bisherigen Beteiligungskonzepte arbeiten, plädiert Korte dafür, dass Personen, die von Planungsfragen betroffen sind, ihre Bedürfnisse in kasuistischen, temporären Zusammenschlüssen über „kontrollierbare Delegierte" (1971: 163) artikulieren, die als deren Interessenvertreter fungieren. Insofern Korte nach Möglichkeiten des Einbezugs von Bürgern bereits in die Planungs*überlegung* (und nicht erst in die Abwägung zwischen Alternativen) sucht, wird der Modus der Generierung von Planungsentwürfen neu gefasst: es geht um praktische Fragen eines gegenstandsbezogenen „Was?“ der Planung, weniger um das „Wie?“ – und damit um eine *ergebnisorientierte* Planung im Gegensatz zu einer bloß *verfahrensorientierten*. Nach Korte wird die Idee einer ernst zu nehmenden Öffentlichkeit (in) der Stadtentwicklungsplanung in der Wirklichkeit der Planungspraxis bisher allerdings nicht realisiert. Dabei ist ihr diese Idee zeitlich schon vor den hier dargelegten Gedanken Kortes nicht fremd, obgleich der Öffentlichkeitsbegriff anders verwendet wird.

In den Sechzigerjahren entwickelt Hans-Paul Bahrdt in seinem Buch „Die moderne Großstadt“ eine Vorstellung von urbaner Öffentlichkeit, die besonderen Einfluss auf die Städteplanung jener Zeit ausübt. Für Bahrdt sind Privatheit (Intimsphäre) und Öffentlichkeit Formen urbaner Vergesellschaftung, die – und das ist sein normatives Ideal von Urbanität! – in einem Spannungsverhältnis zueinander stehen. Öffentlichkeit ist für Bahrdt ein Forum der Begegnung zwischen fremden Personen, die einander „durch darstellendes Verhalten“ repräsentieren. Für Bahrdt sind es spezifische Verhaltensweisen (im Gegensatz zu Habermas’ politischen Öffentlichkeitsbegriff), die in einer solchen Begegnung zum Tragen kommen und – normativ gelesen – eine „Kultur der Öffentlichkeit“ schaffen. Dazu zählt er eine Art dezentes, am Fremden interessiertes und gleichzeitig zurückhaltendes Auftreten der Menschen im öffentlichen Raum beziehungsweise im Verkehr miteinander. Deren Verhalten zueinander solle durch eine „resignierende Humanität“ gekennzeichnet sein, die „die Individualität des anderen auch dann respektiert, wenn keine Hoffnung besteht, sie zu verstehen“ (Bahrdt 1998: 164). Städtebauer und Architekten versuchen – in der Rezeption Bahrdts – Öffentlichkeit auch baulich zu schaffen; jedoch stolpere jeder Versuch, so Korte, über die eigenen diesbezüglichen Prämissen: das bauliche Leitbild des monofunktionalen Städtebaus behindere die Entstehung einer städtischen politischen Öffentlichkeit, weil er ihre funktionale Gestaltung schlicht nicht vorsieht. Ein Zusammenhang von Entpolitisierung und städtebaulichem Monofunktionalismus läge daher auf der Hand: dieser sei Ausdruck einer entpolitisierten Öffentlichkeit (Korte 1971: 154). Eine funktionierende politische Öffentlichkeit sei nur im Zentrum einer Stadt möglich. Ähnlich dazu sieht auch Schäfers (2006b) im funktionentrennenden Städtebau den Grund für den Verfall städtischer Öffentlichkeit. Mit dem nach dem Krieg einsetzenden Bauboom (Entstehung von Suburbs, Wohnsilos am Stadtrand, Anlegen großer Verkehrsadern) würden die Innenstädte zu Orten des Konsumvergnügens schrumpfen.

Den bereits erwähnten früheren wachstums- und systemkritischen städtischen Bewegungen, die die Demokratisierung des öffentlichen Lebens im Allgemeinen und die Beteiligung an der Stadtentwicklung im Besonderen fordern, droht gegenwärtig der emanzipative Schwung auszugehen. Die Bewegungsforscherin Margit Mayer sieht sie zusehends kooptiert in aktuelle staatliche integrationspolitische Programme. Ihre gute Einbettung etwa in Stadtquartiere würden sie geradezu prädestinieren, jenen Kitt herzustellen, der heute in den bürokratischen Integrationsideen die (Stadt-)Gesellschaft zusammenhalten soll: „Sie sollen ‚soziales Kapital' entwickeln" (Mayer 2008: 316; dazu kritisch Mayer 2002). Zur festen lokalen Verankerung komme bei vielen Bewegungsakteuren ein zunehmendes Interesse an sich selbst beziehungsweise an der eigenen (materiellen) Reproduktion, was frühere Ambitionen – etwa gesellschaftliche Strukturen und Kräfteverhältnisse zu verändern – oft zu einer sentimentalen Jugenderinnerung mache. Die einstigen Bewegungsakteure seien zu einem dilemmatischen Spagat gezwungen: „sich gleichzeitig als Träger antagonistischen Widerstands und Agenten der Modernisierung lokaler Wirtschafts- und Governance-Systeme zu erfahren" (Mayer 2008: 317).

Fragt man nach den Effekten beziehungsweise danach, was von den Forderungen nach Bürgerbeteiligung an der Stadtentwicklung bleibt, kann festgehalten werden, dass soziale Belange in der Stadtentwicklungsplanung Eingang finden – sei es in Form von „Kompensationsleistungen" im Stile eines Sozialplanes (aufgenommen ins Städtebauförderungsgesetz von 1971), sei es, dass Stadtpolitik auf die formulierten Teilhabeansprüche reagieren musste und mit verschiedenen Teilhabeformen experimentiert. „Beteiligung" wird mit ihrer Aufnahme in das Baugesetzbuch (Kapitel 2 „Besonderes Städtebaurecht") in der Systemwelt institutionell abgesichert und juristisch kodifiziert[9]. In das „Besondere Städtebaurecht" findet schließlich auch das aktuelle Soziale Stadt-Programm, um das es in dieser Arbeit geht, Eingang (§ 171e):

§ 171e Maßnahmen der Sozialen Stadt
(1) Städtebauliche Maßnahmen der Sozialen Stadt in Stadt- und Ortsteilen, deren einheitliche und zügige Durchführung im öffentlichen Interesse liegen, können auch anstelle von oder ergänzend zu sonstigen Maßnahmen nach diesem Gesetzbuch nach den Vorschriften dieses Teils durchgeführt werden.
(2) Städtebauliche Maßnahmen der Sozialen Stadt sind Maßnahmen zur Stabilisierung und Aufwertung von durch soziale Missstände benachteiligten Ortsteilen oder anderen Teilen des Gemeindegebiets, in denen ein besonderer Entwicklungsbedarf besteht. Soziale Missstände liegen insbesondere vor, wenn ein Gebiet auf Grund der Zusammensetzung und wirtschaftlichen Situation der darin lebenden und arbeitenden Menschen erheblich benachteiligt ist. Ein besonderer Entwicklungsbedarf liegt insbesondere vor, wenn es sich um

[9] §137 Beteiligung und Mitwirkung der Betroffenen: Die Sanierung soll mit den Eigentümern, Mietern, Pächtern und sonstigen Betroffenen möglichst frühzeitig erörtert werden. Die Betroffenen sollen zur Mitwirkung bei der Sanierung und zur Durchführung der erforderlichen baulichen Maßnahmen angeregt und hierbei im Rahmen des Möglichen beraten werden.

benachteiligte innerstädtische oder innenstadtnah gelegene Gebiete oder verdichtete Wohn- und Mischgebiete handelt, in denen es einer aufeinander abgestimmten Bündelung von investiven und sonstigen Maßnahmen bedarf.
(3) Die Gemeinde legt das Gebiet, in dem die Maßnahmen durchgeführt werden sollen, durch Beschluss fest. Es ist in seinem räumlichen Umfang so festzulegen, dass sich die Maßnahmen zweckmäßig durchführen lassen.
(4) Grundlage für den Beschluss nach Absatz 3 ist ein von der Gemeinde unter Beteiligung der Betroffenen (§ 137) und der öffentlichen Aufgabenträger (§ 139) aufzustellendes Entwicklungskonzept, in dem die Ziele und Maßnahmen schriftlich darzustellen sind. Das Entwicklungskonzept soll insbesondere Maßnahmen enthalten, die der Verbesserung der Wohn- und Arbeitsverhältnisse sowie der Schaffung und Erhaltung sozial stabiler Bewohnerstrukturen dienen.
(5) Bei der Erstellung des Entwicklungskonzeptes und bei seiner Umsetzung sollen die Beteiligten in geeigneter Form einbezogen und zur Mitwirkung angeregt werden. Die Gemeinde soll die Beteiligten im Rahmen des Möglichen fortlaufend beraten und unterstützen. Dazu kann im Zusammenwirken von Gemeinde und Beteiligten eine Koordinierungsstelle eingerichtet werden. Soweit erforderlich, soll die Gemeinde zur Verwirklichung und zur Förderung der mit dem Entwicklungskonzept verfolgten Ziele sowie zur Übernahme von Kosten mit den Eigentümern und sonstigen Maßnahmenträgern städtebauliche Verträge schließen.
(6) Die §§ 164a und 164b sind im Gebiet nach Absatz 3 entsprechend anzuwenden. Dabei ist § 164a Abs. 1 Satz 2 über den Einsatz von Finanzierungs- und Fördermitteln auf Grund anderer gesetzlicher Grundlage insbesondere auch auf sonstige Maßnahmen im Sinne des Absatzes 2 Satz 3 anzuwenden.
Neu an der Sozialen Stadt sei aber schließlich, dass Bürgerbeteiligung nun nicht mehr vor irgendwelchen Übergriffen – etwa Investitionsinteressen – schützen solle (weil es diesen Druck in Soziale Stadt-Gebieten schlicht nicht gäbe), sondern Ressourcen mobilisieren soll. Die sozialen Verhältnisse selbst sind Gegenstand der Maßnahmen und nicht mehr die bauliche Gestaltung des Stadtraums (vgl. Walther 2004). Insofern sollen soziale Zustände verändert werden, nicht mehr die bauliche Infrastruktur; und genau dabei würden bauliche Maßnahmen zum Vehikel, soziale Verhältnisse zu beeinflussen.

1.2 Zur Situation von Aussiedlern in der Bundesrepublik Deutschland und zum Einbezug in die „Soziale Stadt"

Als „Zuhause fremd" charakterisiert Kaiser (2006: 20) die Situation der in Deutschland lebenden, aus der ehemaligen UdSSR und ihren Nachfolgestaaten eingewanderten Personen. Als „Deutsche in Russland" und „Russen in

Deutschland“ befände sich die Aussiedlergruppe in einer eigentümlichen Dazwischen-Situation, die Ingelhorst (1997) auch als eine Position zwischen „Tradition und Moderne“ begreift. Aktuelle Befunde zur Aussiedlerintegration zeichnen zwar ein optimistisches Bild und sprechen von einer gelungenen Inklusion der Aussiedlergruppe in die Funktionssysteme der modernen Gesellschaft (vor allem Arbeitsmarkt sowie Bildungs- und Ausbildungsmarkt; vgl. Woellert/Kröhnert/Sippel/Klingholz 2009). Die Forschung beobachtet jedoch, dass Aussiedlerjugendliche im Vergleich zu deutschen Jugendlichen für sich nur mangelnde gesellschaftliche Teilhabechancen sehen (vgl. Strobl/Kühnel 2000: 183). Hinzu komme – aus persönlichkeits- und sozialpsychologischer Perspektive – ein Spagat zwischen „kollektivistischen Werthaltungen“ (vgl. Hänze/Lantermann 1999: 159) und den Anforderungen einer die Aufnahmegesellschaft kennzeichnenden individualistischen Kultur. Die Forschung stellt auch Selbstsegregation fest (vgl. Dietz 1999: 174; vgl. Strobl/Kühnel 2000: 38), etwa aufgrund einer stark an familialen Werten orientierten Lebensführung (vgl. Hänze/Lantermann 1999: 159) oder weil eine diesbzgl. Lebensführung gesellschaftliche und berufliche Benachteiligungen und Enttäuschungen ausgleichen soll. Dietz diagnostiziert gar eine „russischsprachige ‚Gesellschaft in der Gesellschaft'“ (1999: 185): wo Aussiedler räumlich konzentriert leben und eine eigenethnische Infrastruktur aufbauen, sind mit Blick auf gruppenübergreifende Kontakte Defizite festzustellen. Absonderung wird dabei als Reaktion auf Abneigung anzeigendes Verhalten durch die Mehrheitsgesellschaft beschrieben: „Der Wunsch nach schnellstmöglicher Anpassung ist längst nicht mehr Konsens – nicht zuletzt aufgrund der spürbaren Ablehnung durch die hiesige Gesellschaft. Defizitäre soziale Außenbeziehungen und Rückzug auf das Eigene gehen Hand in Hand“ (Retterath 2006: 129).

Mit Blick auf den Einbezug von Aussiedlern in die Aktivitäten des Programms Soziale Stadt macht der Stand der Diskussion unter Praktikern (Personen, die mit der Programmumsetzung befasst sind) deutlich, dass die mit der Programmumsetzung befassten Akteure oft auf Zugangsprobleme stoßen. Aussiedler werden als eine nur schwer aktivierbare Gruppe beschrieben. „Partizipationshemmnisse“ (Kast 2006: 36) werden in herkunftsbezogenen Sozialisationseffekten der Aussiedler identifiziert: sozialisiert in einer politischen Kultur eines realsozialistischen Staates, verfügten Aussiedler über habituelle Dispositionen, die quer zu den Anforderungen einer sich an individualistischen Werten orientiert wähnenden bundesrepublikanischen Aufnahmegesellschaft stünden. Selbstbestimmung und Eigeninitiative seien ihnen „oft fremd“ (ebd.). Hinzu komme die Abschätzigkeit, die die Sowjetdeutschen in der UdSSR aufgrund ihrer deutschen Abstammung durch die Mehrheitsgesellschaft erlebt hätten, die zu einer starken Orientierung auf Familie und Religion geführt hätte und welche sich nach Einreise in die Bundesrepublik fortsetze (und sich als

Kompensation für die Erfahrung sozialer Geringschätzung – etwa in Form einer Fremdkategorisierung als „Russen“ – durch die Eingesessenenbevölkerung schließlich zementiere). Vor allem aber sei es die mangelnde Kenntnis der deutschen Sprache, die den Zugang zur Aussiedlerpopulation behindere. Die genannten (individuellen) Faktoren wirkten mit weiteren (strukturellen) Umständen zusammen, die die Aktivierung der Aussiedlergruppe im Rahmen der Sozialen Stadt zusätzlich erschwere. Aufgrund der zentral gesteuerten Zuweisung von Wohnraum (in den randständigen Sektoren des Wohnungsmarktes) würden Aussiedler residenziell konzentriert leben und dabei in den betreffenden Stadtgebieten auf eine eingesessene Bewohnerschaft treffen, die von Arbeitslosigkeit, sozialer Deklassierung und Inferiorität bedroht oder bereits betroffen sei. Die schiere Aussiedlermassierung löse bei dieser Gruppe „offene Ablehnung“ (ebd.: 37) aus. Auch die lokale und überlokale mediale Berichterstattung sowie lokale Behörden pflegten gegenüber den ausgesiedelten Zuwanderern einen herablassend-geringschätzenden Stil. Beobachtet werden auch negative psychosoziale Folgen verweigerter Anerkennung von Berufsabschlüssen und Qualifikationen, unter denen insbesondere Personen mit akademischer (Aus)Bildung zu leiden haben. Schließlich würden aufgrund der materiellen Zuwendungen des Sozialstaats Aussiedler häufig als „Sozialschmarotzer“ denunziert.

Für die mit der Umsetzung des Erneuerungsprogramms befassten Personen sind Aussiedler/innen nicht zuletzt deshalb schwer zu erreichen, weil diese Zuwanderergruppe lokal nicht über Selbstorganisationen sicht- und vernehmbar wird. Somit fehlten aus Sicht der lokalen Akteure der Sozialen Stadt jene Personen, die „stellvertretend für die gesamte Gruppe“ (Kast 2006: 38) ansprechbar sind. Die Unterstützung der „Gründung von Vereinen und anderen Organisationen der Selbsthilfe und der Interessenartikulation“ (ebd.: 39) wird daher als erfolgversprechende Aktivierungsstrategie eingeschätzt.

1.3 Gliederung

Dieser Einleitung folgt ein einführendes Kapitel (2), das die leitbildbezogene Verankerung und Rahmung des Programms Soziale Stadt im Nachhaltigkeitsparadigma erhellt (Abschnitt 2.1). Es fokussiert sodann das Soziale Stadt-Programm auf die ihm inhärenten Problemdiagnosen (Abschnitt 2.2). Kapitel 3 widmet sich der Lokalgeschichte und der lokalen Integrationskultur: Die Frage nach der Qualität der Intergruppenbeziehungen wird anhand der lokalen Konfliktdynamiken aufgezeigt. (Der dadurch gewonnene eigenlogische Kontext der Stadtgesellschaft bildet den Hintergrund, vor dem die Aktivitäten der Sozialen Stadt später in Kapitel 5 analysiert werden). Anschließend konzentriert sich Kapitel 4 auf die Soziale Stadt sowie auf das

Nachbarschaftszentrum und analysiert die Soziologik des jeweiligen sozialräumlichen Integrationshandelns (Abschnitt 4.1-4.2).

Kapitel 5 der Arbeit thematisiert den Forschungsgegenstand im Lichte unterschiedlicher Integrationsbegriffe. Das geschieht nicht in der Weise, dass der sozialwissenschaftlichen Integrationsdebatte willkürlich Konzepte entnommen und in die soziale Wirklichkeit gewissermaßen hineintranskribiert und so als Maßstab (normatives Ziel) beansprucht werden, über dessen Kamm die soziale Realität geschoren wird. Einer empirisch orientierten Arbeit kann es allein darum gehen, jene Debattenbeiträge aufzugreifen, die auch die Relevanzen und Bezugsprobleme der empirischen Vor-Ort-Akteure bestimmen und insofern einem Relevanzprinzip (vgl. Soeffner 1991) folgen. Und sie muss zeigen, wie die einzelnen Diskurse lokal kultiviert werden.

Abschnitt 5.1 beleuchtet das Geschehen in Salzgitter-Lebenstedt unter dem Blickwinkel von *Segregation* und Separation, weil der Tatbestand der räumlich segregiert lebenden Aussiedlergruppe von der korporativen Elite der Lebenstedter Stadtgesellschaft als problematisch definiert wird und die Akteure der Sozialen Stadt mit der Behebung dieses offenbaren Missstands beauftragt sind. Insofern begründet ein unmittelbares Bezugsproblem die Auswahl dieses Stranges in der Integrationsdebatte. Mit der Ansiedlung der Aussiedlergruppe in einem räumlich deutlich abgegrenzten Neubaugebiet hat man die Mischung der Bevölkerungsgruppen versäumt. Das Unbehagen an diesem Tatbestand residenzieller Gruppenseparierung wird in der Behauptung einer das Stadtquartier vorgeblich spaltenden Grenze artikuliert, die als sozialräumliche Barriere der Kontaktpflege wirke.

Abschnitt 5.2 befasst sich mit der Frage der Qualität und Gestaltung von Intergruppenbeziehungen in der durch Zuwanderung betroffenen Stadtgesellschaft Salzgitters. Der Tatbestand der Existenz unterschiedlicher Herkunftsgruppen im Stadtquartier veranlasst einen Mitarbeiter der Sozialen Stadt, von einem *multikulturellen Stadtteil* zu sprechen. In den turnusmäßig stattfindenden Stadtteilfesten werde die kulturelle Vielfalt symbolisiert und erlebbar. Jedoch wird für Salzgitter deutlich, dass das Gruppenzusammenleben nicht durch eine grenzerhaltende multikulturalistische Politik kultureller Anerkennung charakterisiert ist; die (herkunftsgruppenübergreifende) relevante Identitätsschablone nicht entlang von Kultur beziehungsweise kultureller Identität verläuft sondern entlang der Konfliktlinie von Arbeit und Kapital.

Abschnitt 5.3 beschäftigt sich mit der *Aktivierung der lokalen Zivilgesellschaft*, weil dies schlicht der Programmauftrag der Sozialen Stadt ist und sich auch seine Umsetzungsbeauftragten im hier interessierenden Sozialraum diesem Ziel verpflichtet fühlen und es zu ihrem Bezugsproblem machen. Deutlich wird, dass sich der Weg zur lokalen Zivilgesellschaft nicht mit dem Imperativ „Beteilige Dich an der Gestaltung Deines Stadtteils!"

ausschildern lässt. Die lokale Zivilgesellschaft aktiviert sich vielmehr ohne äußeren Anstoß entlang alltäglicher Probleme und Bedürfnisse.
Die voranstehenden Analysen werden in Kapitel 6 resümiert. Das eingangs dieser Arbeit aufgeworfene Aktivierungsproblem wird vor dem Hintergrund empirischer Befunde diskutiert.

1.4 Methoden

Die vorliegende materiale Studie beruht auf mehreren Erhebungsinstrumenten. Mittels leitfadengestützter problemzentrierter Interviews mit narrativ-biographischem Einstieg wurden Situations- und Problemdefinitionen sowie Handlungsorientierungen von Akteuren erfasst. Mit Blick auf die Erforschung der lokalen Integrationskultur wurden in problemzentrierten Interviews gezielt Stimuli gesetzt (etwa in der Erwähnung eines Konfliktereignisses), um Konflikte zu rekonstruieren; insoweit wurde das narrative durch Elemente des fokussierten Interviews (vgl. Merton/Kendall 1946) ergänzt. Der Einsatz des Leitfadens sollte gewährleisten, sämtliche Aspekte eines Problemfeldes auszuleuchten. Dabei wurde möglichst vermieden, den Verlauf des Interviewgesprächs und die sich zwischen Interviewer und Interviewtem entwickelnde Interaktionsbeziehung durch eine allzu rigorose Handhabung des Leitfadens zu drosseln. Der narrativ-biographische Einstieg in das Gespräch diente dazu, dass der Interviewte gewissermaßen ‚mit sich selbst warm' wird und in einen Erzählfluss gerät; der bei den Erzählungen zur eigenen Biographie entstehende Elan konnte dann vom Interviewer in Bahnen gelenkt werden, die der Beantwortung der im Leitfaden notierten Fragen dienten. Der über den Lebenslauf des Gesprächspartners erfolgende Einstieg in das problemzentrierte Interview ermöglichte dem Feldforscher schließlich die Erhebung der je individuellen Perspektive auf die im Gespräch thematisierten konkreten (Konflikt)Ereignisse und damit auf die Integrationskultur der Stadtgesellschaft[10].

Experteninterviews dienten der Erhebung strukturbezogener Daten (Arbeitslosenzahlen, Weg/Umzug); in Gesprächen mit Mitarbeiter/inne/n lokaler Ämter und Einrichtungen, die über solche Daten verfügen, wurden mit Blick auf den interessierenden Sozialraum wichtige Hintergrundinformationen generiert. Diese Gespräche wurden inhaltsanalytisch ausgewertet und die diesbzgl.

[10] Stadtgesellschaft wird hier konstitutionslogisch und vor dem Hintergrund des die Soziologie seit ihren Anfängen bestimmenden Wechselwirkungsparadigmas (man denke an Simmels Gesellschaftsbegriff, an Webers Begriff sozialen Handelns oder an den Habermas'schen Begriff des kommunikativen Handelns) als in bestimmten Mechanismen miteinander kommunizierende, sich handelnd aufeinander beziehende Individuen und/oder Gruppen im gemeinsamen Stadtraum verstanden.

Ergebnisse bei der Konstruktion von Gesprächsleitfäden für problemzentrierte Interviews als Hintergrundinformationen berücksichtigt.
Durch narrativ-biographische Interviews (vgl. Schütze 1977; 1984) wurden mit Blick auf die Analyse von Intergruppenbeziehungen diesbzgl. Veränderungen auf der Zeitachse im Biographieverlauf rekonstruiert. Im Verlaufe „autobiographischen Stegreiferzählens" (Schütze 1984) bezieht sich der Erzähler über die eigene Person hinaus stets auf weitere „Ereignisträger nebst der zwischen ihnen bestehenden beziehungsweise sich verändernden sozialen Beziehungen" (Schütze 1984: 81). Gruppeninterviews hatten schließlich die Funktion Intergruppenkonflikte zu erheben. Dabei wurden nicht nur herkunftshomogene (Real)Gruppen interviewt, sondern auch solche in denen sich Herkunftsgruppen kreuzen (dadurch erhält der Feldforscher hinsichtlich der Gruppenbeziehungen und deren Wandel im Zeitverlauf relevante Daten). Interviewpassagen werden durch Texteinrückung deutlich gemacht.

Die Arbeit stützt sich im Weiteren auf teilnehmende Beobachtungen, bei denen Daten, die sich auf die Interaktion sozialer Gruppen und/oder einzelner Vertreter/innen beziehen, erhoben und im Forschungstagebuch festgehalten wurden. Die Erfassung alltäglicher Interaktionssituationen und -strategien liefert wichtige Hinweise zum Zusammenleben von Herkunftsgruppen in der Nachbarschaft. Neben Beobachtungen im Nachbarschaftszentrum und auf Veranstaltungen der Sozialen Stadt Fredenberg ging es um eine Präsenz an öffentlichen Orten und Plätzen (etwa Spielplätze, Freizeitstätten, Schulhöfe).

Des Weiteren stützt sich die Studie auf Aufzeichnungen im Forschungstagebuch (aus dem längere Abschnitte zitiert und durch Texteinrückung sowie abweichende Schriftgröße kenntlich gemacht werden), auf Publikationen/Texten zur Lokalgeschichte, auf Veröffentlichungen der Sozialen Stadt, auf die Auswertung der Berichterstattung in der Lokalpresse (dazu wurde beispielsweise die in Salzgitter gelesene „Salzgitter-Zeitung" abonniert), auf aggregierte Daten der lokalen Behörden sowie auf eine Rundfunksendung des Deutschlandradio (vom 23.07.2005). Über einen Zeitraum von gut einem Jahr wurde eine Wohnung im Untersuchungsgebiet angemietet. Das ermöglichte dem Autor eine längere Präsenz im Stadtteil und damit ein Stück weit das Eintauchen in den Alltag des Quartierslebens. Die längere Anwesenheit des Feldforschers fungierte letztlich immer auch als vertrauenschaffende und –erhaltende Maßnahme gegenüber Personen und Akteuren vor Ort.

Insgesamt wurden 73 Interviews geführt und überwiegend inhaltsanalytisch – in Fällen biographischer Schlüsselszenen zum Teil auch tiefenhermeneutisch beziehungsweise sequenzanalytisch – ausgewertet. Unter anderem wurden Gespräche geführt mit den Mitarbeitern der Sozialen Stadt Fredenberg, Vertreter/inne/n lokaler mit Integrationsarbeit befasster Einrichtungen, Schülergruppen beziehungsweise einzelnen Schüler/inne/n, Aussiedlergruppen beziehungsweise einzelnen Aussiedler/inne/n, mit Mitgliedern eines

Moscheevereins, Anwohnern (mit spätausgesiedeltem, türkeistämmigem oder deutschem Hintergrund), mit Freizeitgemeinschaften (etwa Jugendgruppen in diversen Treffpunkten), Lehrer/innen, Leiter/innen und Sozialarbeiter/innen lokaler Schulen, Hausmeistern, Taxifahrern, Kioskbetreibern, Vertreter/inne/n der Stadt beziehungsweise der kommunalen Verwaltung, Polizist/inn/en, Pfarrern, Personalmanagern eines lokalen Großunternehmens und Vertretern mittelständischer Unternehmen, Fahrschulbetreibern, mit Mitgliedern von Sportvereinen, Mitarbeiter/innen von Kindertagesstätten und einem Wohnungsunternehmen, Gewerkschaftsvertretern, Mitarbeiter/inne/n der mit sozialen Fragen befassten Einrichtungen (Suchthilfe, Frauenhaus) sowie der Lokalpresse, mit einer Vertreterin der lokalen Filiale der Bundesagentur für Arbeit u.a.m.

2 Einführung

2.1 Von Rio nach Salzgitter – »Nachhaltigkeit« als Leitbild der Stadtentwicklung

Gegenwärtig kommt kaum ein Wahlkampf, das politische Programm einer Partei, die Selbstdarstellung eines Autobauers, ein Stadtentwicklungsprogramm oder etwa die Empfehlung einer Unternehmensberatung zur Sanierung eines Betriebes ohne den Bezug auf „Nachhaltigkeit" aus. Nachhaltigkeit avancierte in den letzten Jahren zum zentralen Legitimationsmodus politischen und wirtschaftlichen Handelns – oder andersherum: Handeln beschafft sich Legitimität über seine Nachhaltigkeit. Das war nicht immer so. Der Erfolg der Nachhaltigkeitssemantik geht auf Ereignisse der 70er Jahre zurück.

2.1.1 Die Institutionalisierung der Nachhaltigkeitsthematik

Mit dem 1972 veröffentlichten Bericht des Club of Rome über die „Grenzen des Wachstums" wird die Weltöffentlichkeit darüber aufgeklärt, dass ein (exponentielles) Wachstum von Weltbevölkerung und Weltwirtschaft in absehbarer Zeit (zu jener Zeit in 100 Jahren) an seine natürliche Grenzen stoßen wird, denn dann sind die für dieses Wachstum verfügbaren materiellen Ressourcen aufgebraucht. Der Bericht des Club of Rome, die Bildung der durch ihn inspirierten wachstumskritischen sozialen Bewegungen, die unter anderem ökologische Fragen wie Umweltverschmutzung oder Atomkraft aufgreifen, der Brundtlandbericht „Unsere gemeinsame Zukunft" (1987), aber auch die nukleare Katastrophe von Tschernobyl (1986) steuern nun zunehmend die Aufmerksamkeit der Weltöffentlichkeit auf die wissenschaftlich errechneten Krisenszenarien sowie auf sicht- und vernehmbare Katastrophen (Unfälle in Atomkraftwerken). Die lautstarke Artikulation der Sorge um den Zustand des Planeten[11] – zugespitzt gar die Sorge um das Überleben der Gattung Mensch – erzeugen schließlich einen Anspruchsdruck auf das politische System, auf diese krisenhafte Entwicklung zu reagieren. Infolgedessen findet der Nachhaltigkeitsbegriff Eingang in die politische Argumentation und wirkt auf

---

[11] Man denke in diesem Zusammenhang auch an Fritjof Capras zu jener Zeit veröffentlichtes Buch „Wendezeit – Bausteine für ein neues Weltbild", das diese Sorge radikalisiert und die menschliche Zivilisation am Ende der Epoche des Cartesischen beziehungsweise Newtonschen Weltbildes sieht. Dessen mechanistische, reduktionistische Weltsicht identifiziert er als Ursache der heutigen globalen Krise. Ein ‚rettendes Gegenmodell' erblickt Capra in einer ‚ganzheitlichen' Weltsicht im Sinne eines vernetzten Denkens, das die Welt als System betrachtet.

diese zurück: sie wird zur Nachhaltigkeitsargumentation. Nicht mehr Wachstum um jeden Preis – denn dieses Leitbild wird als Bezugspunkt allen Handelns von den Krisendiagnosen nun hinterfragt –, sondern „Nachhaltigkeit“ wird zum Ausweis richtigen und guten und damit legitimen Handelns. Auf der Konferenz der Vereinten Nationen zu Umwelt und Entwicklung im Jahre 1992 in Rio de Janeiro[12] wird dieses neue Leitbild öffentlich erklärt. Auf ihr verpflichten sich über 170 Staaten dazu, einen Prozess der nachhaltigen Entwicklung in ihren Ländern in Gang zu setzen. Die Rio-Konferenz „erhob Nachhaltigkeit zum neuen Leitbild und zur großen Klammer für die Formulierung grenzüberschreitender globaler Interessen, Ziele und Verantwortlichkeiten, wie sie in der ‚Rio-Deklaration' zusammengefasst wurden und in der Biodiversitätskonvention, der Klima-Rahmenkonvention und der Vorbereitung einer Waldkonvention und in der Agenda 21, dem globalen Aktionsprogramm für nachhaltige Entwicklung, ihren, wenn auch nur begrenzt verbindlichen Ausdruck fanden“ (von Braunmühl 2001: 188f.). Sämtliche in der Folge formulierten Programme und Konventionen sind als Bemühen zu begreifen, dieses Leitbild auch empirisch umzusetzen.

Dieser Weg der Umsetzung von Leitideen und Leitbildern in empirische soziale Akteure wirft jedoch Probleme auf, denn Leitbilder sind immer nur vage formuliert. Vor allem liefern sie keinen Handlungskatalog, der aufführt, wie Nachhaltigkeit quasi „zu machen“ ist. Vielmehr ist das konkrete, sich auf ein Leitbild berufende Handeln stets das Ergebnis eines interpretativen Konflikts unterschiedlicher Akteure darüber, wie es umgesetzt werden soll (vgl. Brand 1997: 18ff.). Damit ist Nachhaltigkeit kein substanziell bestimmter Begriff – es ist immer nur generierbar, was zu einem bestimmten Zeitpunkt als nachhaltig *gilt*. Beispielsweise galt das Betreiben von Atomkraftwerken vor Jahren noch als Umweltsünde Nummer Eins und mit dem Nachhaltigkeitsgedanken nicht vereinbar; mittlerweile wird neu argumentiert: Atomkraftwerke würden kein Kohlendioxid ausstoßen und dadurch sogar einen Beitrag zum Umweltschutz leisten (de Palacio 2001: 35).

Genau diese Unbestimmtheit des Begriffs stellt sich für viele Akteure in Politik und Wissenschaft als unbefriedigend dar[13]. Überall hört man dann auch

---

12 Aufgetaucht ist der Nachhaltigkeitsbegriff zum ersten Mal im 1987 erschienenen Brundtland-Report der Vereinten Nationen und wird dort als eine Art Synonym für Generationengerechtigkeit deutlich: „Nachhaltige Entwicklung ist eine Entwicklung, die den Bedürfnissen der heutigen Generation entspricht, ohne die Möglichkeiten künftiger Generationen zu gefährden, ihre eigenen Bedürfnisse zu befriedigen“ (Hauff 1987).

13 „Die Operationalisierung von Nachhaltigkeit [ist] aufs heftigste umstritten. Der Konsens in Sachen Nachhaltigkeit selber beruht eher auf Ausblendungen denn auf Übereinstimmungen. Nicht thematisiert sind Leitwerte und ihre natürliche und soziale Substanz: Nachhaltig können auch wenig wünschenswerte Dinge sein; Zukunftsfähigkeit kann sich fragwürdigen Handlungsweisen und Umständen verdanken; Bedürfnisse und die zu ihrer Befriedigung

die Klage über die Erlahmung oder gar das Ende etwa des oben erwähnten Agenda-21-Prozesses. Die Enttäuschung fußt unter anderem auf einer fundamentalen Wahrnehmungsdiskrepanz: aus der Perspektive der armen Länder des Südens ist die Thematisierung von „Nachhaltigkeit" ein Luxusproblem der reichen Nordhalbkugel; entsprechend scheitern bisher alle Initiativen, ökologische und soziale Forderungen im WTO-Regelwerk unterzubringen, denn sie würden die ohnehin asymmetrischen Machtverhältnisse zwischen Norden und Süden noch stärker zementieren: „In Versuchen, hier ökologische und soziale Schutzklauseln einzubringen, sehen Entwicklungsländer schlecht verhüllte Ausgrenzungsmechanismen seitens des Nordens" (von Braunmühl 2001: 190f.).

Gleichwohl avanciert die Agenda 21 zur „global gültigen Verfassung der an Umwelt-, Handels- und Finanzpolitik zu stellenden Forderungen" (ebd.). Sie sieht insbesondere in den Städten und Kommunen die geeigneten Akteure, die in ihr formulierten „Verfassungsprinzipien" tatsächlich wirksam werden zu lassen. Umsetzungsbezogen regt die Agenda die Kommunen an, einen Dialog aller Bevölkerungsgruppen zu initiieren und innerhalb von vier Jahren lokale Agendagruppen bzw. eine Lokale Agenda 21 zu schaffen, in denen mit Blick auf die zukünftige Entwicklung einer Kommune ein Maßnahmenkatalog erarbeitet werden soll, in dem wirtschaftliche und soziale Belange mit dem Erhalt und der Pflege natürlicher Ressourcen verzahnt werden. Mit diesen Empfehlungen soll die Idee der nachhaltigen Entwicklung auf die lokale Ebene heruntergebrochen werden. Denn was in der Agenda als praktischer Imperativ formuliert ist, muss erst einmal hergestellt werden.

Zur Stellung der Kommunen in der Agenda 21:

> *„Da viele der in der Agenda 21 angesprochenen Probleme und Lösungen auf Aktivitäten auf der örtlichen Ebene zurückzuführen sind, ist die Beteiligung und Mitwirkung der Kommunen ein entscheidender Faktor bei der Verwirklichung der in der Agenda enthaltenen Ziele. Kommunen errichten, verwalten und unterhalten die wirtschaftliche, soziale und ökologische Infrastruktur, überwachen den Planungsablauf, entscheiden über die kommunale Umweltpolitik und kommunale Umweltvorschriften und wirken außerdem an der Umsetzung der nationalen und regionalen Umweltpolitik mit. Als Politik- und Verwaltungsebene, die den Bürgern am nächsten ist, spielen sie eine entscheidende Rolle bei der Informierung und Mobilisierung der Öffentlichkeit und ihrer Sensibilisierung für eine nachhaltige umweltverträgliche Entwicklung*" (Agenda 21, Kapitel 28.1).

---

geeigneten Mittel sind alles andere als eine Einheit stiftende Kategorie" (von Braunmühl 2001: 188).

Zur Einrichtung einer Lokalen Agenda:

> *„Bis 1996 soll die Mehrheit der Kommunalverwaltungen der einzelnen Länder gemeinsam mit ihren Bürgern sich einem Konsultationsprozess unterzogen haben und einen Konsens hinsichtlich einer ‚kommunalen Agenda 21' erzielt haben"* (Agenda 21, Kapital 28.2 a).
>
> *„Jede Kommunalverwaltung soll in einen Dialog mit ihren Bürgern, örtlichen Organisationen und der Privatwirtschaft eintreten und eine ‚kommunale Agenda 21' beschließen. Durch Konsultation und Herstellung eines Konsenses würden die Kommunen von ihren Bürgern und von örtlichen Organisationen, von Bürger-, Gemeinde-, Wirtschafts- und Gewerbeorganisationen lernen und für die Formulierung der am besten geeigneten Strategien die erforderlichen Informationen erlangen"* (Agenda 21, Kapitel 28.3).

An die globale Agenda 21 anschließend wird dann mit der sogenannten „Charta der europäischen Städte und Gemeinden auf dem Weg zur Zukunftsbeständigkeit" ein speziell mit Blick auf europäische Städte entworfenes Entwicklungsleitbild formuliert. Diese Charta ist das Ergebnis einer Konferenz in der dänischen Stadt Aalborg im Mai 1994, an der Vertreter europäischer Kommunen, internationaler Organisationen, nationaler Regierungen und wissenschaftlicher Institute teilnehmen und sich auf die Etablierung lokaler Agendaprozesse und zu einer nachhaltigen Stadtentwicklung verpflichten. Bezüglich einer nachhaltigen Stadtentwicklung[14] wird vollmundig formuliert:

> *„Wir Städte und Gemeinden sind überzeugt, dass die Stadt beziehungsweise die Gemeinde zum einen die größte Einheit ist, die in der Lage ist, die zahlreichen mit der Stadt zusammenhängenden architekturbezogenen, sozialen, wirtschaftlichen und politischen Ungleichgewichte sowie jene, die mit der Nutzung der natürlichen Ressourcen und der Umwelt zusammenhängen und die unsere moderne Welt schädigen, anzupacken. Zum anderen ist sie der kleinste Raum, in dem solche Probleme vernünftig auf integrierte, ganzheitliche und nachhaltige Weise gelöst werden können. Da die Städte verschieden sind, muss jede ihren Weg zur Dauerhaftigkeit und Zukunftsbeständigkeit finden. Wir werden die Grundsätze der Zukunftsbeständigkeit in sämtliche Politikfelder einbeziehen und die jeweiligen Stärken unserer Städte und Gemeinden zur Grundlage ortsangepasster Strategien machen"* (Charta von Aalborg, Teil I).

---

[14] Als Strategie nachhaltiger Stadtentwicklung setzt die Charta auf „Verdichtung" und „Nutzungsmischung" als deren wichtigste Gestaltungsprinzipien.

Der Charta, die in Aalborg von 80 europäischen Kommunen unterzeichnet wird, schließen sich in den kommenden zwei Jahren 160 weitere Gemeinden an. Im unmittelbaren Anschluss an diese Konferenz fasst zunächst der deutsche Bundestag einen Beschluss, der die Agendaempfehlungen, lokale Agendagruppen einzusetzen und Nachhaltigkeitskonzepte zu entwickeln, begrüßt. Noch im selben Jahr folgt der Beschluss der Ministerpräsidenten auf Landesebene zur Einrichtung lokaler Agendagruppen.

Auf einer Nachfolgekonferenz im September 1996 in Lissabon werden die in der Aalborg-Charta gefassten Grundsätze weiter konturiert und geschärft und stärker über Fragen ihrer konkreten Umsetzung debattiert. Im „Lissaboner Aktionsplan: Von der Charta zum Handeln“ wird die besondere Rolle der Zivilgesellschaft im Lokale-Agenda-Prozess hervorgehoben, um dem nachhaltig-ökologischen Modernisierungsprojekt mehr Rückhalt und Schlagkraft zu verleihen. Der Aktionsplan postuliert schließlich die Notwendigkeit „sektorübergreifende[r] Ansätze in der Planung wie auch bei der Umsetzung“, bei der „soziale und wirtschaftliche Aspekte mit ökologischen Aspekten (zu) verknüpfen“ seien. Eine diesem Gedanken verpflichtete Neujustierung der Entwicklungsplanung sei die Bedingung der Möglichkeit einer erfolgreichen Umsetzung des Nachhaltigkeitsgedankens.

Wenden wir uns nun dem Konnex von Nachhaltigkeit und Stadtentwicklung zu und nähern wir uns (dabei) dem Bund-Länder-Programm Soziale Stadt.

2.1.2 Die Institutionalisierung der Nachhaltigkeitsstrategie im politisch-planerischen Bereich – der Fall der Stadtentwicklung

1996, vier Jahre nach Rio, wird das Nachhaltigkeitsleitbild dem Handlungsfeld der Stadtentwicklung in Deutschland angepasst.[15] Dieser Vorgang findet mit dem städtebaulichen Bericht „Nachhaltige Stadtentwicklung“ der Bundesforschungsanstalt für Landeskunde und Raumordnung (BfLR) eine öffentliche

15 Der Nachhaltigkeitsbegriff sickert nicht nur in den Bereich der Stadtentwicklung sondern auch in andere Politikfelder ein (vgl. etwa die 2002 beschlossene und sich auf den „Auftrag von Rio“ berufende Nationale Nachhaltigkeitsstrategie der deutschen Bundesregierung). Gleich, ob es um so unterschiedliche Themen wie die Haushaltkonsolidierung, die Steuerreform, Gesetze zur Familienförderung, Verbraucherschutzgesetze, um die Reform der Altersvorsorge, die Einführung von sogenannten Zielvereinbarungen zwischen Arbeitsagenturen und langzeitarbeitslosen Personen zu deren Eingliederung in den Arbeitsmarkt oder etwa das Erneuerbare Energiengesetz geht – in allen Punkten wird das Leitbild Nachhaltigkeit zum Legitimationsmodus politischen Handelns. Umgekehrt erschließt sich dann über diese Leitidee erst die Dynamik des politischen Betriebs beziehungsweise des politischen Handelns: „Die Bundesregierung hat Nachhaltigkeit als Querschnittsaufgabe erkannt und macht sie zu einem Grundprinzip ihrer Politik“ (Nationale Nachhaltigkeitsstrategie der deutschen Bundesregierung 2002: 1).

Darstellung (Bergmann/Gatz-weiler/Güttler/Lutter/Renner/Wiegandt 1996)[16]. Er knüpft dezidiert an das Rio-Mandat an (vgl.: 73f.) und beschreibt die Grundsätze, die auf dem Gebiet des Städtebaus geeignet wären, den Rio-Gedanken wirksam werden zu lassen.

Ausgangspunkt der im städtebaulichen Bericht angestellten Überlegungen ist das industrielle Wachstumsmodell, das in der Rückschau verheerende Prozesse in Gang gesetzt hätte: steigender Siedlungsdruck im Umland, soziale Entmischungsprozesse in den Städten sowie wachsendes Verkehrsaufkommen wären der Preis, der für den heutigen Wohlstand zu zahlen sei. Vor dem Hintergrund dieser Trends gewinnt bei den Autoren der Gedanke der nachhaltigen Stadtentwicklung Kontur: erstens müsse es dabei, so die Autoren, um *ökologischen Städtebau* gehen, zweitens seien *regionale Stoffaustauschprozesse* von immenser Wichtigkeit, zum dritten seien die räumlichen Ordnungsprinzipien Dichte, Mischung und Polyzentralität zu einer *nachhaltigen Raumstruktur* zu verknüpfen. Die zu bewältigenden Aufgaben auf dem Weg einer sich an diesen Parametern orientierenden nachhaltigen Stadtentwicklung versammeln sich im einschlägigen Bericht unter dem Begriff „Innenentwicklung“: Innenstädte sollen revitalisiert, innerstädtische Brachflächen neu beziehungsweise umgenutzt, insgesamt die Stadt als kompaktes Gebilde erhalten werden.

Die beschriebenen normativen Ideen zu einer nachhaltigen Stadtentwicklung haben gewissermaßen eine „soziale Basis“ in der Zivilgesellschaft, ohne deren Engagement das angeregte Modernisierungsprojekt scheitern würde; es wird so etwas wie ein Bottom-up-Modell der Agendaumsetzung formuliert:

> *„Wichtiger ist aber noch, diesen Prozess partizipatorisch zu gestalten. Intensive Bürgerbeteiligung ist dabei auf Dialog und Kooperation mit den Bewohnern und betroffenen Akteuren ausgerichtet und sichert erfolgreiche Prozesse der Stadterneuerung und des Stadtumbaus. Initiierungs- und Qualifizierungsprozesse zum ökologischen Planen und Bauen sind geeignet, die Mitwirkungsbereitschaft an einer umweltverträglichen Erneuerung und einem zukunftsbeständigen Stadtumbau zu fördern. Eine solche planerische Herangehensweise ist offener, prozeß- und konsensorientiert und zwangsläufig kleinteiliger. Sie bietet zudem den Vorteil, dass sich planerische Fehlentwicklungen leichter korrigieren lassen. So kann also eine größere Zielgenauigkeit der Maßnahmen, ein effizienter Mitteleinsatz und eine höhere Akzeptanz städtebaulicher Projekte bewirkt werden. Langfristig angelegte Beteiligung mobilisiert Potentiale der Selbsthilfe und Selbstorganisation in*

[16] „Informationen zur Raumentwicklung“ ist eine Fachzeitschrift für räumliche Planung und Politik und versteht sich als Diskussionsforum an der Nahtstelle zwischen Planungswissenschaft und Planungspraxis. Das Fachorgan wird vom Bundesinstitut für Bau-, Stadt- und Raumforschung (BBSR) herausgegeben.

der Bevölkerung und schafft damit Voraussetzungen, sukzessive Verantwortung und Entscheidungskompetenzen in die Zuständigkeit der Betroffenen zu verlagern. Damit kann die Bürgerbeteiligung zur Herausbildung funktionierender Sozialbeziehungen, lebendiger Stadtteilkultur und zur Identifikationsbildung beitragen" (Bergmann/Gatzweiler/Güttler/Lutter/Renner/Wiegandt 1996: 81f.).

Der Gedanke städtebaulicher Nachhaltigkeit wird kurz nach Erscheinen des städtebaulichen Berichts auch in Gesetzesform gegossen. Das bundesdeutsche Raumordnungsgesetz vom 18. August 1997 macht schließlich die nachhaltige Raumentwicklung zum Fundament jeglicher raumrelevanter Planung[17]. Zwar wird das Leitbild der nachhaltigen Entwicklung durch seine rechtliche Kodifizierung nun in Handlungsregeln umgesetzt, aber aus Sicht von Stadt- und Raumplanern scheint hier nun lediglich alter Wein in neuen Schläuchen zu fließen; denn seine Prinzipien seien schon gängige Praxis unter Stadt- und Raumplanern. Blicken wir daher auf die Institutionalisierung der Nachhaltigkeitsstrategie zunächst auf dem Feld der Stadtentwicklungsplanung und auf dem Gebiet der Stadtentwicklungsprogramme um die Frage zu beantworten, ob das neue Leitbild tatsächlich etwas Neues birgt oder ob es als neues Etikett längst etablierter Praktiken fungiert.

2.1.3 Alter Wein in neuen Schläuchen? – Nachhaltigkeit in Stadtentwicklungsplanung und Stadtentwicklungsprogrammen vor und nach Rio

Planungsfachleute halten die Idee des nachhaltigen Städtebaus für nicht so ganz neu. Ein Vergleich der neu formulierten normativen Ansprüche mit der bisherigen Stadtplanungskultur ergebe, dass mit Blick auf die aktuellen Agendaforderungen bereits Erfahrungen vorlägen und im Planungsalltag sedimentiert seien; die eingespielte Planungspraxis habe die Agenda 21 in wesentlichen Zügen bereits vorweggenommen. Kritisch wird daher gefragt, ob nachhaltige Stadtentwicklung überhaupt die Lokale Agenda 21 als ein Leitprogramm brauche. „Genau betrachtet und auf die deutsche Planungswirklichkeit abgebildet, ist der Prozess zur Aufstellung einer Lokalen

[17] „Die Grundsätze der Raumentwicklung sind im Sinne der Leitvorstellung einer nachhaltigen Raumentwicklung nach § 1 Abs. 2 anzuwenden" (ROG § 2 Grundsätze der Raumordnung). Die in der Folge aufgeführten 15 nachhaltigkeitsbasierten Grundsätze fordern beispielsweise die Entwicklung einer „ausgewogene(n) Siedlungs- und Freiraumstruktur" mit „ausgeglichene(n) wirtschaftliche(n), infrastrukturelle(n), soziale(n), ökologische(n) und kulturelle(n) Verhältnissen" sowie die erneute Nutzung von brachliegenden Siedlungsflächen. Jede Nutzung des Freiraums, ob für wirtschaftliche Zwecke oder „sozial", „sind unter Beachtung seiner ökologischen Funktionen zu gewährleisten".

Agenda 21 als langfristiges Entwicklungsprogramm mit dem Ziel der Zukunftsbeständigkeit der Stadt nichts anderes als eine anspruchsvolle Variante der bereits aus den 70er Jahren bekannten ‚Integrierten Stadtentwicklung'" (Kuhn, S./Zimmermann, M. 1996: IX).

Durchmustert man traditionelle Stadtentwicklungsplanung in der Bundesrepublik und die normativen Ideen der Agenda 21 nach Ähnlichkeiten und Unterschieden, können bezüglich der Kriterien „Langfristigkeit der Entwicklungsziele" sowie des Leitbildes „Zukunftsbeständigkeit" Analogien oder gar Homologien festgestellt werden. Auch sind herkömmliche Stadtentwicklungsplanung und neue Nachhaltigkeitsagenda dezidiert „Handlungsprogramme". Ein Unterschied zwischen ihnen bestünde hinsichtlich der „Konsensfindung" (Beteiligung), die in der Agenda weit umfassender als in der bisher praktizierten Stadtentwicklungsplanung gedacht wird, die lediglich das Einholen der Bürgermeinung oder der Vorstellungen von Interessengruppen zu bestimmten Bauvorhaben vorsieht.[18] Die Agenda 21 setze „auf einen Konsens unter allen gesellschaftlichen Kräften" (Kuhn/Zimmermann 1996: 164). Eine im Agendasinne praktizierte Bürgerbeteiligung will der hergebrachten Form eines nur nachgeschalteten Einbezugs mittels eines Bottom-up-Verfahrens entgegensteuern. Sowohl gut organisierte Lobbygruppen wie weniger gut organisierte Gruppen (Jugendliche, Obdachlose) sollen in die Erarbeitung von Maßnahmenprogrammen einbezogen werden.

Ein gegenüber der Integrierten Stadtentwicklungsplanung gänzlich neuer Aspekt ist quasi der ‚globale Anspruch' des Agendaprozesses, denn all seine Handlungsanregungen stünden unter dem sie überwölbenden Ziel, „kumulative kommunale Effekte mit globalen Auswirkungen" (Bundesministerium für Raumordnung, Bauwesen und Städtebau 1996: 4) zu erzeugen. Die neue Herausforderung bestehe in einer Art globaler, interkommunaler Zusammenarbeit, um ein gemeinsames Ziel – nach der Agenda 21: das Überleben der Gattung Mensch – zu erreichen.

Der sich in der ersten Hälfte der 70er Jahre durchsetzende Ansatz der Integrierten Stadtentwicklungsplanung führte das Prinzip der Ganzheitlichkeit in die Stadtplanung ein, das auch ein Kerngedanke des Agendaprozesses ist. Was heißt das? Stadtentwicklung richtet ihre Bemühungen auf die „Gesamtheit der Tätigkeiten, mit denen die Schaffung, nachhaltige Sicherung und ständige Verbesserung der materiellen und immateriellen Voraussetzungen für das Wohl der Gemeindemitglieder und das für die Funktionsfähigkeit der

---

18 An diesem Punkt wird aber auch ernüchternd festgestellt, dass „Bürgerbeteiligung" als Anspruch mittlerweile verwässert und damit der Elan der frühen Planungseuphorie erschöpft wären; heute sei eher eine Top Down-Strategie die Regel, bei der die kommunalen Verwaltungen Leitbilder entwerfen und über sogenannte „Bürgeranhörungen" eine Rückmeldung in die Verwaltung organisiert würde und somit die Bürgermeinung erst in *nachgeordneten* Fachpolitiken Eingang findet (vgl. Kuhn/Zimmermann 1996: 165).

Gemeindeorganisation unter Berücksichtigung der Dynamik des sozialen Lebens“ (Heil 2000: 26) möglich ist. Mit Hilfe der in jener Zeit besonders einflussreichen systemtheoretischen Ansätze war dann auch eine Modellierung dieser ganzheitlichen Betrachtungsweise möglich. Stadt wurde nun als System gedacht, als ein Komplex vernetzter und wechselwirkender Teilsysteme. So wurde etwa die von dem Systemtheoretiker Frederic Vester veröffentlichte Studie „Ballungsgebiete in der Krise“ (1976 abgeschlossen und 1983 als Buch veröffentlicht) breit rezipiert und justierte das Planungsdenken auf eine holistische, ganzheitliche Betrachtungsweise um[19]. Denn: Städte und Ballungsräume seien Systeme, so Vester, die sich aus verschiedenen miteinander wechselwirkenden, eine funktionale Beziehung eingehenden Teilsystemen zusammensetzen.[20] Aus diesem Denkansatz – *systemisch denken heißt vernetzt denken* – entwickelte Vester das sogenannte „Sensitivitätsmodell“ als ein anwendbares Verfahren, das immer dort sinnvoll einsetzbar sei, wo es um vernetztes Denken geht. (Die Anwendungsgebiete reichen von der Stadtplanung über Umweltpolitik bis hin zu Wirtschaftsunternehmen oder etwa Entwicklungspolitik[21]). Für den Raumplaner bedeutet diese systemische Perspektive, dass sein intentionales Handeln den Systemcharakter seines Gegenstands berücksichtigen muss. Die möglichen Wirkungen seines Planungshandelns auf das „System“ ließen sich vorab am Modell exerzieren. Der Planer schien damit ein prävalentes Steuerungsinstrument an die Hand zu bekommen.

Mit diesem Ansatz wird eine neue „Kulisse“ geschaffen, in der Stadtentwicklung nun stattfand. Denn die Betrachtung der Stadt als System und als Verflechtungszusammenhang, erforderte mit Blick auf ihr gestaltendes Steuern

---

19 Der Auftrag an Vesters Forschungsgruppe bestand in der Erarbeitung eines Modells, mittels dessen komplexe Systemzusammenhänge möglichst einfach darzustellen wären; dieses Modell sollte als eine Art ‚Simulator' dienen, mit dessen Hilfe Planungsvorhaben in ihren Konsequenzen und Auswirkungen abgeschätzt werden könnten. Umgekehrt wäre dann jeder sinnvolle Eingriff in das System nur über das Modell erschließbar.

20 „Nehmen wir zum Beispiel die Landesentwicklung. Hier kennen wir die Dinge, mit denen wir zu tun haben: die Straßen, Häuser, Fabriken, Rohstoffe, Wälder – und natürlich auch uns selbst – immer nur als Straßen, Häuser, Fabriken, Rohstoffe, Wälder und Menschen. Und so behandeln wir sie auch. Wir kennen sie dagegen nicht in ihrer kybernetischen Funktion; damit ist ihre jeweilige Rolle in dem offen vernetzten System gemeint, das die betreffende Region darstellt. Es ist dies ihre Rolle als Regler, Steuerglied, Messfühler, Puffer, Grenzwert oder Nachschubgröße. Diese Rollen ignorieren wir. Geschweige denn, dass wir den kybernetischen Charakter eines aus solchen Dingen gebildeten Systems kennen: seine Stabilisierungstendenz, seine Störanfälligkeit, sein Fließgleichgewicht, seine Außen- und Innenabhängigkeiten, die Verschachtelung seiner Regelkreise oder seine Diversität, seine Vielfalt“ (Vester 1991: 8f.).

21 Ein Blick in die Liste der *aktuellen* Lizenznehmer dieser Software weist *eine* Institution von insgesamt 64 Lizenznehmern aus, die sich dezidiert mit Stadtplanungsfragen beschäftigt: das „Graduate Institute of Urban Planning“ der „National Taipei University“ (vgl. www.frederic-vester.de).

schließlich eine ganzheitliche Herangehensweise an Fragen der Stadtentwicklung. Beispielsweise in Form einer Flexibilisierung des kommunalen Ressortprinzips und Kopplung kommunaler Referate mittels ihrer Vernetzung zu referatsübergreifenden Arbeitsgruppen. Schnell wurde diese neue Kulisse der Stadtentwicklungsplanung jedoch wieder zusammengeklappt. Weshalb? Aus der Perspektive des Systemmodells erwies sich die Realität als recht störrisch: Macht- und Klientelbeziehungen, hartnäckiges Ressortdenken und eingespielte Einflussbereiche sowie Handlungsroutinen in der kommunalen Verwaltung und Politik machten eine reibungsfreie Verwirklichung der am Modell entwickelten Ideen schwierig. Integriertes Planungshandeln stieß hier an seine Grenzen. Die Empirie meistert das theoretische Modell: „Bereits um die Mitte der 70er Jahre setzte daher ein Roll back ein: die bei den Verwaltungsspitzen angesiedelten Planungsstäbe, die Entwicklungsämter oder Dezernate und die referatsübergreifenden, mit Integrationsfunktionen beauftragten Arbeits- und Forschungsgruppen, die mit der Herausbildung der Stadtentwicklungsplanung in zahlreichen Kommunen eingerichtet worden waren, wurden teils aufgelöst, teils in ihren integrierenden Aufgaben wesentlich beschnitten, teils personell zurückgebaut und/oder umstrukturiert, ihrer kritischen Funktion enthoben" (Heil 2000: 26f.). Das Modell der „Stadtentwicklungsplanung" galt bald als gescheitert, weil die vom Modell erwarteten Effekte in der Realität nicht eintraten (vgl. ebd.: 27). Gründe des Scheiterns dieses Programms seien zum Beispiel das nur unzureichende Wissen über die Zusammenhänge von städtischen Problemlagen oder die „Überschätzung des entwicklungsplanerischen Handlungsspielraumes" sowie Kompetenzkonflikte innerhalb städtischer Verwaltungen. Zusammenfassend: „Der gedankliche Ansatz, von einem Rationalitätsmodell des politischen Entscheidungshandelns auszugehen, habe offensichtlich der Wirklichkeit nicht standgehalten" (ebd.).

Dass das Nachhaltigkeitsprinzip gleichwohl schon lange vor Rio fester Bestandteil der Planungspraxis ist, wird selbst im oben zitierten Städtebaulichen Bericht, der als „Transferdokument" des neuen Nachhaltigkeitsparadigmas gilt, konzediert. Beispielsweise zähle die sogenannte Innenentwicklung längst zu den Aufgaben des Städtebaus und werde nicht erst durch das neue Nachhaltigkeitsparadigma eingeführt. Kommentatoren des Städtebaulichen Berichts entdecken in ihm denn auch keine Revolutionierung bisheriger städtebaulicher Handlungskonzepte. Allerdings konstatieren sie eine Rigorosität des ökologischen Prinzips, die in dem Maße bisher unbekannt gewesen sei (Löhr 1996: 101). Auch das Bundesumweltamt teilt diese Einschätzung, dass Nachhaltigkeit im Grunde längst praktiziert werde: „Die 1996, 1997 und 1999 vom Deutschen Institut für Urbanistik (Difu) in Kooperation mit dem Deutschen Städtetag (DST) durchgeführten Umfragen bei den DST-Mitgliedsstädten belegen, dass in den vergangenen 25 Jahren bereits zahlreiche Aktivitäten in vielen kommunalen Handlungsfeldern auf die Verbesserung der Lebens- und Umweltbedingungen ausgerichtet waren. Die Zielsetzung einer vorsorgenden und ressourcenschonenden Entwicklung in den deutschen Städten existiert also nicht erst seit der Konferenz der Vereinten Nationen für Umwelt und Entwicklung in Rio" (Bundesumweltamt 2001).

Die Frage, die sich an die Skizzierung des Diskussionshintergrunds anschließt, ist, in welcher Form sich das Nachhaltigkeitsprinzip in konkreten Stadtentwicklungsprogrammen seit der Rio-Konferenz und seiner gesetzlich-institutionellen Verankerung als fester Bestandteil der Stadt(entwicklungs)planung (vgl. Anschnitt 2.1.2) tatsächlich niederschlägt. Blickt man auf das derzeit prominente Bund-Länderprogramm „Soziale Stadt" und richtet die Aufmerksamkeit auf die in politischen sowie wissenschaftlichen Darstellungen hingewiesenen Vorläuferprogramme, könnte erwartet werden, dass sie sämtlich in einem Sinnzusammenhang der nachhaltigen Stadtentwicklung stehen. Damit ließen sie sich als institutionelle Realisierung der Leitidee Nachhaltigkeit beschreiben. Die interessante Frage ist, ob das empirisch auch der Fall ist: gibt es in den Programmen Bezüge auf das Nachhaltigkeitspostulat? In welcher Form wird das Nachhaltigkeitsargument benutzt? Haben sich mit dem Rückenwind der Aalborg-Charta, mit den einsetzenden lokalen Agendaprozessen und mit der nationalen Nachhaltigkeitsstrategie Stadtentwicklungsprogramme neu ausgerichtet und wenn ja, was sind die Unterschiede zu den hergebrachten? Oder wird lediglich Altbekanntes heute unter einem neuen Begriff rubriziert? Eine Antwort auf die aufgeworfenen Probleme beginnt mit der Frage, welche Vorläufer die Soziale Stadt hatte.

In der Fachliteratur werden die „Hessische Gemeinschaftsinitiative HEGISS", die Programmfamilie „URBAN" der Europäischen Union, das in Berlin erprobte „Integrierte Stadtteilverfahren" sowie das in Bremen aufgelegte Programm „Wohnen in Nachbarschaften" zu den Vorgängern des aktuellen Soziale Stadt-Programms gezählt. Mit ihnen würden Stadterneuerungsprogramme in der Bundesrepublik neu justiert und auf das „Leitziel einer *quartiersorientierten* sozialen Stadtentwicklung" (Schubert 2002: 51; Hervorhebung im Original) umgestellt. In einem Positionspapier der „Bundestransferstelle" Soziale Stadt wird insbesondere das im Jahre 1993 in Nordrhein-Westfalen gestartete Förderprogramm „Stadtteile mit besonderem Erneuerungsbedarf" als maßgebliches Vorläuferprogramm gewürdigt. Was zeichnet es aus?

(Auszug aus dem Forschungstagebuch)
In einem Telefongespräch im März 2007 mit dem Institut für Landes – und Stadtentwicklungsforschung und Bauwesen des Landes Nordrhein-Westfalen (ILS NRW) erkundige ich mich, was die Grundlagen dieses Programms waren, welche Motivation es gab und ob der Nachhaltigkeitsgedanke, wie er in Rio formulierte wurde, bei der Ausgestaltung dieser Initiative bereits eine Rolle spielte. Von der für

Öffentlichkeitsarbeit der „Sozialen Stadt NRW“ zuständigen Person, Frau Schmidt (Namen geändert), erfahre ich, nachdem ich ihr mein Interesse geschildert habe, dass das damalige Programm mit dem Nachhaltigkeitsleitbild gar nichts zu tun hatte; es wäre ein „Präventivkonzept“ gewesen, inspiriert durch die in jener Zeit in niederländischen Städten aufgelegten Programme. Auf meine Frage, ob es Strategiepapiere, dokumentierte Debattenverläufe o. ä. im Vorfeld der Programmimplementation gebe und ob sie einsehbar wären, schlägt mir meine Gesprächspartnerin die entsprechenden zwei Kabinettvorlagen vor, die Grundlage für das damalige Programm waren; sie sende sie mir gern zu.

In der ersten der beiden Kabinettvorlagen (vom 9. Oktober 1993) werden 18 Stadtteile nordrheinwestfälischer Städte genannt, die einen „besonderen Entwicklungsbedarf aufweisen“. Es sind die klassischen Stahlstandorte und Kohlerückzugsgebiete, die hier aufgelistet werden. Es werden dann zwei Gebietstypen identifiziert, bei denen der „Entwicklungsbedarf“ besonders dringlich wäre: zum ersten „hochverdichtete Innenstadtlagen“, die durch eine hohe Emissionsbelastung durch Industrieareale und Gewerbegebiete sowie (nicht weiter explizierte) „ökologische Defizite“ und durch „einseitige Sozialstrukturen“ charakterisiert seien. Zum zweiten identifiziert die Kabinettsvorlage durch Missstände gekennzeichnete „hoch verdichtete Wohnsiedlungen der 60er und 70er Jahre … am Stadtrand“. Diese Stadtgebiete besäßen eine „begrenzte öffentliche Infrastruktur und wenige private Versorgungseinrichtungen“. Die Ziele der Programmintervention bestehen gemäß Kabinettvorlage in der „Nachbesserung der vorhandenen Infrastruktur, sozialpolitische[n] Maßnahmen“, in der „Ergänzung mit Infrastruktureinrichtungen und wohnungspolitische[n] Aktivitäten“ sowie in der Einrichtung von Arbeitsplätzen; oder mit negativem Vorzeichen formuliert: die „Vermeidung von Verslumungs- und Destabilisierungstendenzen“ (Kabinettvorlage Juli 1994: 2). Denn „ … die weltweit zu verzeichnenden Prozesse der sozialen Polarisierung, der sozialen Erosion, der Brennpunktbildung und Ghettoisierung [machen] vor den Städten und Gemeinden Nordrhein Westfalen nicht halt“ (ebd.: 3). Im drohenden Szenario der „zweigeteilten Stadt“ (ebd.) werden diese „weltweit zu verzeichnenden Prozesse“ gebündelt.

Im sogenannten „integrierten Handlungskonzept“ finden diese neuen Ansprüche an politisches Handeln eine begriffliche Verdichtung. Ein Auszug aus der Kabinettvorlage illustriert dessen Charakter:

Neue Elemente einer Gemeinschaftsinitiative „soziale Stadt“ (Kabinettvorlage vom Juli 1994: 4f.):

4.1 Die grundlegende Aufgabe besteht darin, die ökonomische Basis dieser gefährdeten Stadtregionen zu verbessern …

4.2 Es kommt darauf an, durch eine intelligente Kombination von Sozialhilfe-, Jugendhilfe- und Arbeitsförderungsgesetz möglichst viele Menschen in

versicherungspflichtige Beschäftigungsverhältnisse zu bringen, um Sozialhilfekarrieren zu unterbrechen. Die Möglichkeiten einer Kombination von Arbeitsbeschaffungsmaßnahmen und Städtebauförderungsmitteln sind noch nicht ausgeschöpft. …
4.3 Die Wohnungspolitik muss einen Schwerpunkt in der Vermeidung sozialer Disparitäten sehen. Die Belegungspraxis muss flexibel an einer gemischt-sozialen Struktur des Quartiers orientiert werden. …
4.4 Vorhandene Initiativen, die dazu beitragen, den sozialen Zusammenhalt und die kulturelle Vitalität in einem Stadtteil zu stärken, sind zu unterstützen. Netze von Elterninitiativen und Gruppen zur Betreuung von Kindern und älteren Menschen, zur Nachbarschaftshilfe, verdienen Unterstützung.
4.5 Kinder und Jugendliche, die in schwierigen, hochverdichteten Stadtteilen aufwachsen, dürfen von wesentlichen Erfahrungen und Lernprozessen und damit von Zukunftschancen nicht abgeschnitten werden.
4.6 Erforderlich sind zielgenaue und wirksame Maßnahmen der Verbrechensverhütung und –bekämpfung sowie der Strafverfolgung. Insbesondere müssen die Methoden präventiver Beobachtung zur Verbrechensbekämpfung verbessert werden. …
4.7 Die Aufenthaltsqualität öffentlicher Räume muss verbessert werden. (…)
4.8 Die ökologischen Bedingungen in den häufig unter betrieblichen oder verkehrlichen Emissionen leidenden Quartieren müssen verbessert werden. Maßnahmen der Verkehrsentlastung und –beruhigung sowie der betrieblichen Standortsicherung einschließlich Emissionsminderung müssen vorrangig betrieben werden.
4.9 Formen des kulturellen Miteinanders und des toleranten Nebeneinanders ethnischer und religiöser Gruppen im Stadtteil müssen erprobt und da, wo sie gelingen, gefestigt werden.
4.10 Unabdingbar sind größtmögliche Flexibilität bei Planungsverfahren und beim Ressourceneinsatz und vor allem die Überwindung sektoraler und haushaltsmäßiger Barrieren. Mit einer reinen Addition traditioneller Fachpolitiken und konventioneller Planungsverfahren sind die Gefahren einer sozialen Dualisierung der Städte nicht zu bewältigen.

Das Programm versteht sich als Präventivkonzept, bei dem Schmals/Kemper zufolge erstmals die bisher praktizierte sektorale, ressortgebundene Steuerungsform aufgegeben wird: Kompetenzen und Ressourcen einzelner Fachressorts werden in einer „aufeinander abgestimmten Erneuerungsstrategie gebündelt“ (2000: 79) und bauliche Erneuerung mit beruflichen Qualifizierungsmaßnahmen verknüpft. Im Rahmen dieses Programms werden neue Maßnahmen erprobt wie beispielsweise die Kopplung von

„Arbeitsmarktpolitik und Stadterneuerung“[22], und auch die Städtebauförderung geht über ihren klassischen Handlungsbereich der rein baulichen Gestaltung vorsichtig hinaus und unterstützt nun Maßnahmen wie etwa soziokulturelle Stadtteilarbeit. Das Landesprogramm „Stadtteile mit besonderem Entwicklungsbedarf“ war die erste Initiative bundesweit, die den Weg einer integrativen und nachhaltigen, ganzheitlichen Stadtteilentwicklung beschritten habe. Sie konzentriert sich nun immer stärker auf ausgewählte teilstädtische Gebiete und will in ihnen den Lebensstandard seiner Bewohner mit Hilfe „integrierter, ganzheitlicher Handlungskonzepte“ nachhaltig verbessern. Stadterneuerung sei nun eine „Daueraufgabe, die nachhaltig baulich-räumliche, soziale, wirtschaftliche und ökologische Probleme in den sich verändernden Quartieren zu bearbeiten hat“ (Schubert 2002: 52).

In einer Expertise des Deutschen Instituts für Urbanistik aus dem Jahre 1998, die in der eingespielten klassischen Städtebauförderung ein angemessenes und erfolgreiches Instrument der Stadterneuerung auf den Ebenen Bestandssicherung, Bündelung investiver Fördermittel sowie längerfristige Beschäftigungswirkungen sieht, wird ergänzend zum bisherigen Vorgehen vorgeschlagen, die Städtebauförderung noch schärfer auf die sozialräumlichen Veränderungsprozesse in den Städten zuzuschneiden. „Auch hierzulande haben die Erweiterung des Aufgabenspektrums, gewandelte Handlungserfordernisse, vor allem aber die Erkenntnis, dass Sanierungsziele auch nach Aufhebung des besonderen Stadtbaurechts gesichert werden müssen (‚Nachsorge’) und dass in vielen Bereichen präventiv angesetzt werden muss (‚Vorsorge’), dazu beigetragen, dass Stadterneuerung nicht mehr als zeitlich begrenzte, sondern als eine dauerhafte Gemeinschaftsaufgabe von Bund, Ländern und Gemeinden verstanden wird“ (DIfU 1998; zit. nach Schmals/Kemper 2000: 17). Nach der Evaluierung des oben genannten Programms „Stadtteile mit besonderem Erneuerungsbedarf“ in NRW (und weiterer Gutachten beispielsweise über das „Armutsbekämpfungsprogramm“ in Hamburg und über die „EU Gemeinschaftsinitiative URBAN“) sowie zusätzlichen Fallstudien schlagen die Experten des DIfU schließlich vor, ein neues Forschungsfeld zu begründen, das deutlich stärker als sämtliche bisherigen Programme eine „präventive Dimension“ in der Stadtentwicklung berücksichtigen beziehungsweise eine „vorausschauende Sichtweise“ entwickeln solle. Dieses Forschungsfeld erhielt

---

[22] Mit diesem Programmbestandteil erhalten Stadtentwicklungsmaßnahmen, die 20% ihres Gesamtbudgets ausschließlich auf die Beschäftigungsförderung und Qualifizierung beschäftigungsloser Personen verwenden, eine Förderpriorität. Darin sehen Schmals/Kemper (2000) „ein **wichtiges Instrumentarium integrierter Stadterneuerung**“ (81; Hervorhebungen im Original). Oder es werden – mit Blick auf die Einbindung arbeitsloser Personen in Beschäftigungsprojekte – lokale Beschäftigungsgesellschaften initiiert, in denen durch die Umwandlung von Lohnersatzleistungen (Arbeitslosenhilfe, Sozialhilfe) in Lohnkostenzuschüsse die Durchführung von Beschäftigungs- und Qualifizierungsprojekten möglich wird.

dann das Label „Stadtteile mit besonderem Entwicklungsbedarf – die Soziale Stadt".

2.1.4 Fazit

Mit der Agenda 21 wird von Städten und Kommunen ein substanzieller Beitrag zur Nachhaltigkeit gefordert. Hinsichtlich der Frage, ob (und wenn ja wie) der Nachhaltigkeitsgedanke, der auf der UN-Klimaschutzkonferenz 1992 in Rio de Janeiro formuliert wurde, Eingang in die Praxis der Stadtentwicklung gefunden hat, kann festgehalten werden, dass es keinen direkten Weg vom Riogipfel zur aktuellen Stadtentwicklungsplanung gibt. In den neuen Stadtentwicklungsprogrammen gibt es keinen unmittelbaren Bezug auf das Nachhaltigkeitspostulat in dem Sinne, dass ihre Maßnahmen und Konzepte mit Rio erst fundiert würden. Offenbar hat keine Ablösung von ehemals „nicht nachhaltigen" zu nun „nachhaltigen" Programmen stattgefunden. Es wurde festgestellt, dass die klassische bundesdeutsche Stadtentwicklungsplanung bereits jene Elemente integriert, die später die Agenda 21 fordert; ohne aber mit dem Nachhaltigkeitsetikett versehen zu sein. Insofern bedeutet der Tatbestand, dass in der nationalen Nachhaltigkeitsstrategie der Bundesregierung das derzeit prominenteste Stadterneuerungsprogramm (die Soziale Stadt) unter den Begriff Nachhaltigkeit rubriziert wird, aus Planersicht alter Wein in neuen Schläuchen. Gleichwohl sind diese hergebrachten Prinzipien des Städtebaus[23], die zum neuen Nachhaltigkeitsparadigma und zum Agendaziel des Erhalts der natürlichen Lebensgrundlagen *passen*, in der Praxis jedoch nicht konsequent und in vollem Umfang umgesetzt worden und zum Teil durch Routine geschliffen. Auf dem Gebiet der Stadtentwicklung werden mit dem auf der Rio-Konferenz inaugurierten Nachhaltigkeitspostulat im Grunde bereits existierende Nachhaltigkeitsprinzipien unter Bezugnahme auf neue Dringlichkeit dargestellt. „Wenn auch viele Handlungsansätze und Maßnahmenkomplexe bekannt sind und in der Planungspraxis zum Einsatz kommen, bedeutet die konsequente Umsetzung der Handlungsprinzipien einer nachhaltigen Stadtentwicklung den Beginn einer neuen Ära der Städtebaupolitik" (Beckmann 1996: VII). Kommen wir nun von der Skizzierung des leitbildbezogenen Hintergrundes zum aktuellen Soziale Stadt-Programm.

23 Dazu gehören beispielsweise: „Die ‚Stadt der kurzen Wege' muss wieder zum Leitbild urbaner Entwicklung werden. Wohnen, Arbeiten, Bildung und Versorgung müssen wieder räumlich enger aufeinander bezogen werden" (Bergmann, E./Gatzweiler, H.-P./Schmitz, S./Wiegandt, C.-C. 1996: I.).

2.2 Das Programm „Soziale Stadt“ in Deutschland

2.2.1 Annäherung an die „Soziale Stadt“ – Apriorische Situationsdeutung und apriorische Zielsetzung im Leitfaden zur Ausgestaltung des Programms „Soziale Stadt“

Wer sich auf die Suche danach macht, was die „Soziale Stadt“ ist, landet mit einer einfachen Google-Recherche (sie ergibt rund 646.000 Treffer) zunächst auf der gleichnamigen Internetseite und erfährt dort, dass die Soziale Stadt ein „Städtebauförderungsprogramm“ ist, das institutionell beim Bundesbauministerium angesiedelt ist. Das Internetportal begreift sich als „Bundestransferstelle“ dieses Programms, bei der man sich über „Programmgebiete“ informieren oder in einer „Praxisdatenbank“ Auskunft über Aktivitäten des Programms erhalten kann. Die Rubrik „Veröffentlichungen“ listet die im Rahmen des Programms erscheinenden Newsletter auf, auch lassen sich hier Programmevaluationen durchkämmen und diverse „Arbeitspapiere“ herunterladen.

Auf der Startseite des Internet-Portals der Sozialen Stadt erfährt der Leser, worum es diesem Programm geht: „Das Programm ‚Soziale Stadt’ wurde 1999 gestartet, um der zunehmenden sozialen und räumlichen Spaltung in den Städten entgegenzuwirken.“ Dazu werden drei Ziele des Programms formuliert: es geht – erstens – darum, „die physischen Wohn- und Lebensbedingungen sowie die wirtschaftliche Basis in den Stadtteilen zu stabilisieren und zu verbessern“, zweitens „die Lebenschancen durch Vermittlung von Fähigkeiten, Fertigkeiten und Wissen zu erhöhen“; schließlich sollen (drittens) „Gebietsimage, Stadtteilöffentlichkeit und die Identifikation mit den Quartieren gestärkt“ werden. An die Nennung dieser Programmziele schließt sich ein Hinweis auf die Programmgrundlagen an, deren Kern der sogenannte „Leitfaden zur Ausgestaltung der Gemeinschaftsinitiative Soziale Stadt“ bildet, der in unterschiedlich datierten Fassungen vorliegt. In insgesamt sieben Punkten nennt dieser Leitfaden die Ziele des Programms, listet diesbezügliche umsetzungsbezogene Maßnahmen auf und charakterisiert kurz jene Stadtteile, auf die sich das Programm richtet. Am Schluss des Leitfadens werden die rechtlichen und baurechtlichen Rahmungen sowie die finanziellen Ressourcen des Programms erläutert. Wenden wir uns nun den Gebieten zu, an die sich das Programm wendet.

Die Autoren des Leitfadens sehen das Programm Soziale Stadt für Städte vor, die zunächst sozialräumlich segregiert sind. Sozialräumliche Segregation bedrohe einzelne Statteile, „ins soziale Abseits zu rutschen“. Diese Stadtgebiete werden als „hoch verdichtet“ und „einwohnerstark“ charakterisiert und seien mit einer langen Mängel- beziehungsweise Defizitliste belastet; unter anderem bezüglich der Sozialstruktur, des baulichen Bestandes, betreffs des Angebots an Arbeitsplätzen, infrastruktureller Ausstattung, Nahversorgung und Wohnungsqualität. Klassifiziert werden diese problembelasteten Sozialräume in sogenannte „Gebietstypen". Beim ersten Gebietstyp handelt es sich um „innerstädtische oder innenstadtnahe (oft gründerzeitliche) Quartiere in benachteiligten Regionen mit nicht modernisierter Bausubstanz und deutlich unterdurchschnittlicher Umweltqualität." In diesen Stadtgebieten würden „bauliche, funktionelle und ökologische Mängel" kumulieren und Personen mit „begrenzter ökonomischer Leistungsfähigkeit" sowie „geringem Integrationsvermögen" leben. Der zweite Gebietstyp nennt „Großwohnsiedlungen aus der Nachkriegszeit und Wohnsiedlungen von Streitkräften mit wenig individueller Architektur, fehlender Nutzungsmischung und unzureichender sozialer Infrastruktur". Deren fehlende Attraktivität wird in einem Ursachenbündel gesehen, das sich aus ihrer peripheren Lage an den Rändern der Städte, einer schwachen Anbindung an den öffentlichen Personennahverkehr, aus einer nicht vorhandenen „selbsttragenden lokalen Wirtschaft" sowie aus dem Fehlen wohnumfeldnaher Arbeitsplätze zusammensetzt. Diese Mängel würde es den Quartiersbewohnern schließlich erschweren, sich mit eben diesem Stadtteil zu identifizieren.

Diesen umfangreichen Defizitkatalog will die Soziale Stadt bearbeiten und dabei das übergeordnete Ziel erreichen, „einen nachhaltigen Aufschwung auf sozialem, wirtschaftlichem, städtebaulichem und ökologischem Sektor im Verbund zu bewirken". Dazu sollen drei Teilziele realisiert werden: 1. die Verbesserung der lokalen Lebensbedingungen, 2. die Schaffung stabiler Sozialstrukturen in den betreffenden Gebieten sowie 3. die Verbesserung der Lebenschancen der ansässigen Quartierspopulation. Welche Aufgaben sind für diese Zielsetzungen zu erfüllen?

„Quartiersentwicklungsprozesse in Gang zu setzen" erfordere laut Leitfaden gewissermaßen als Kernstück den Aufbau einer lokalen Zivilgesellschaft. Die „wesentlichen konkreten Aufgaben" des Programms bestehen in der „Aktivierung örtlicher Potenziale" sowie in der „Hilfe zur Selbsthilfe", in der „Entwicklung von Bürgerbewusstsein für den Stadtteil", in der „Förderung der Teilhabe und der sozialen Integration". Die „Schaffung selbsttragender Bewohnerorganisationen und stabiler nachbarschaftlicher sozialer Netze" sowie die „Öffnung von Schulen zum Stadtteil" werden als Ziele einer gelingenden Stadtteilentwicklung formuliert, zudem die „Sprachförderung für Kinder und Eltern". Zusammengefasst werden diese Ziele unter der Kapitelüberschrift „Bürgermitwirkung, Stadtteilleben, soziale Integration". Im Leitfaden wird zwar konstatiert, dass Bürgermitwirkung kein grundsätzlich neues Thema in der Stadtentwicklung ist, sondern vielmehr etablierter Teil der Städtebauförderung. Eingeschränkt wird diese Feststellung aber durch den Hinweis, dass Beteiligung bisher immer gewissermaßen als Mittel zum Zweck fungierte:

(Auszug aus dem Leitfaden zur Ausgestaltung der Gemeinschaftsinitiative „Soziale Stadt"; Fassung vom August 2005, ohne Seitenangabe)

„Von Beginn der Städtebauförderung an ist auf die Bürgerbeteiligung als grundlegende Voraussetzung für den erfolgreichen Ablauf der Stadterneuerung großer Wert gelegt worden. Die Bürgermitwirkung war aber nicht eigentliches Ziel der Quartiersentwicklung. Im Falle der vom sozialen Abstieg bedrohten Stadtteile geht der Anspruch weiter. In diesen Quartieren ist die Mitwirkung der Bürgerinnen und Bürger am politischen Leben und deren soziale Integration oft völlig zum Erliegen gekommen. Viele Bürgerinnen und Bürger identifizieren sich nicht mehr mit dem Stadtteil, sie engagieren sich nicht mehr für die Gemeinschaft. Nachbarschaftsbezogene soziale Netze sind zerrissen. Bei dieser Ausgangssituation wird es zum zentralen Anliegen der Stadtteilentwicklung, das eigenständige Stadtteilleben wieder aufzubauen, den sozialen Verbund wieder herzustellen und das Zusammenleben im Quartier zu fördern, alle vorhandenen örtlichen Potenziale zu stärken und die Bewohnerinnen und Bewohner zu motivieren, in Initiativen und Vereinen mitzuwirken und sich dauerhaft selbst zu organisieren. So soll erreicht werden, dass die Stadtteile schrittweise wieder als Gemeinwesen funktionieren. Bei der Aktivierung der örtlichen Potenziale kommt der Öffnung von Schulen zum Stadtteil und der Einbeziehung von Migrantenselbstorganisationen ein wichtiger Stellenwert zu."

Mehr Licht in das Thema „Bürgerbeteiligung" im Rahmen des Soziale Stadt-Prgramms bringt ein Beitrag von Franke/Löhr/Sander (2000) in der Zeitschrift *Archiv für Kommunalwissenschaften.* Die Autoren, Mitarbeiter des Deutschen Instituts für Urbanistik und als solche gewissermaßen in der Regiestelle des Programms Soziale Stadt angesiedelt, diagnostizieren zunächst eine „krisenhafte(n) Entwicklung von Stadt, Staat und Gesellschaft", die durch vier strukturelle Faktoren verschuldet sei, die hier nur kurz erwähnt werden sollen. Das Ende des fordistischen Produktionsmodells erzwinge eine Neustrukturierung der Wirtschaft, die mit Blick auf den Arbeitsmarkt eine immer deutlichere Polarisierung zwischen hoch und gering qualifizierten Beschäftigten herbeiführt (1). Darüber hinaus würde der ökonomische Strukturwandel die Gesellschaft in berufs- und einkommensbezogen erfolgreiche und mit Blick auf Konsumleben gut ausgestattete Personen auf der einen Seite sowie Menschen am entgegengesetzten Pol „spalten" (2). Staatliche Wirtschaftspolitik würde sich immer stärker auf die Kapitalverwertungsinteressen global agierender Wirtschaftsunternehmen einlassen (Stichwort Standortpolitik) und dabei ehemalige Schutzfunktionen zurückfahren sowie auf die Regulierung der Binnennachfrage mehr und mehr verzichten (3). Diese Entwicklungen würden schließlich die (nicht gänzlich neue, sondern bereits auf den Wohnungsmärkten der fordistischen Städte in Gang gesetzte) Segregation der Stadtbewohner heute durch kleinräumige Segregation weiter verstärken (4). Dabei entstünden „Verlierer-Räume", in denen sich städtebauliche, soziale und Umweltprobleme verdichteten. Personen, die in solcherart marginalisierten Sozialräumen wohnen, litten unter einem „fehlenden Zusammengehörigkeitsgefühl, Vereinsamung, Anonymität, Hoffnungs- und Perspektivlosigkeit, (...) fehlende(n) soziale(n) Netzwerke(n)": schließlich wird ihnen eine „geringe Eigeninitiative" zugeschrieben.

Die Probleme der in dieser Defizitdiagnose gewissermaßen als „darniederliegend" qualifizierten Quartiersbewohner seien aber, so die optimistische Botschaft der Sozialen Stadt, vor Ort bewältigbar. Ihre Lösung sei eine Frage der Mobilisierung der lokalen Quartiersgesellschaft, daher müsse die Soziale Stadt die „Selbsthilfe und Eigeninitiative der Betroffenen und damit wesentliche Entwicklungspotenziale vor Ort anregen und unterstützen" (Franke/Löhr/Sander 2000: 244). Dann würden schließlich die „spezifischen Problemlösungskapazitäten" der Quartiersbewohner sichtbar werden, die für die Bearbeitung und Bewältigung quartiersbezogener Probleme die bedeutendste lokale Ressource seien. Ohne ein Minimum an kollektivem Wir-Gefühl, so die Autoren, und ohne Beziehungen zwischen den Bewohnern sei dies aber nicht möglich. Der sich aus dieser Situationsdefinition speisende „Therapievorschlag" besteht in der Erzeugung eines basalen sozialräumlichen Zugehörigkeits- und Zusammengehörigkeitsgefühls unter den Quartiersbewohnern. Damit ist das Soziale-Stadt-Programm die Avantgarde eines „neuen Typen von Sozialpolitik" (261), der „als Identitätspolitik zur Bildung von Sozialkapital innerhalb des Quartiers zu verstehen ist".[24]

Gegen den vermeintlich tristen, schwunglosen Alltag in diesen städtischen Problemgebieten setzt die Soziale Stadt auf ein gewissermaßen außeralltägliches soziales Arrangement: ein von sogenannten „Quartiersmanagern" eingerichtetes und betriebenes „Stadtbüro" ist der Ort, von dem aus sich eine sozialräumlich orientierte, bewohnerbezogene Mobilisierung und der Aufbau einer lokalen Zivilgesellschaft steuern ließe. Das Quartiersmanagement wird als ein Akteur vorgestellt, der lokale Probleme identifiziert, Handlungsbedarfe im Quartier eruiert, Bewohner ermuntert und mobilisiert sowie Mittel für ins Auge gefasste Aktivitäten akquiriert.

Schließlich sei angemerkt, dass sich das Soziale Stadt-Programm in zwei Kontexten bewegt, die den Boden, auf dem es steht, bereiten. Franke/Löhr/Sander zufolge steht die Soziale Stadt zum ersten im Kontext einer institutionellen Umsetzung einer neuen regulativen Idee zur (Neu)Bestimmung des Verhältnisses zwischen Gesellschaft und Staat, die unter dem Begriff des

[24] Mit Blick auf ‚Bürgerbeteiligung' erklären Franke/Löhr/Sander (2000) rückblickend alle bisherigen Partizipations- und Beteiligungsmodelle für gescheitert: Entwicklungsplanung sei bisher immer im Hoheitsbereich der planenden Administration geschehen, bei der eine Bottom-up-Initiative der Planungsbetroffenen „im Prinzip nicht vorgesehen" war.

„aktivierenden Staates" diskutiert wird, an dieser Stelle jedoch nicht weiter ausgeführt werden soll. Zum zweiten wird das Programm Soziale Stadt im Kontext des Nachhaltigkeitsdiskurses situiert. Beide Diskurse fließen im Soziale Stadt-Diskurs zusammen. Der zentrale Stellenwert der Eigenverantwortungsrhetorik in der Diskussion um den aktivierenden Staat (auf die hier nicht weiter eingegangen werden kann; dazu siehe etwa Kaufmann 2006), wird von den Autoren mit dem Nachhaltigkeitsgedanken verknüpft, wodurch der aktivierende Staat (genauer: sein Leitprinzip Eigenverantwortung) zum Vehikel wird, über das sich die Nachhaltigkeitsgesellschaft durchsetzen soll: „Nötig ist mehr Eigenverantwortung anstatt eines Lebens auf Kosten kommender Generationen; ein wesentlicher Bestandteil des Grundsatzes der Nachhaltigkeit, wie ihn die Bundesrepublik Deutschland 1992 in Rio de Janeiro als für sich verpflichtend anerkannte" (252).

Ein grundlegender Wandel im gegenwärtigen Beteiligungsverständnis im Gegensatz zum hergebrachten besteht darin, dass es – verglichen mit den früheren (städtischen) sozialen Bewegungen – nun nicht mehr um Emanzipation und Partizipation im Sinne eines kritischen Über-die-Schulter-des-Staates-Guckens geht, sondern um die (Ko)Produktion von wohlfahrtsstaatlichen Leistungen, bei der dem Sozialstaat die avisierte Klientel sozusagen subsidiär an die Seite gestellt wird und Quartiersbewohner/innen in die „öffentliche Entscheidungs- und Leistungsproduktion" (Franke/Löhr/Sander 2000: 261) eingebunden werden sollen.

2.2.2 Wie sehen Sozialwissenschaftler das Programm?

Wissenschaftliche Beobachter thematisieren das Programm der Sozialen Stadt in ganz unterschiedlichen Kontexten. Etwa diskutieren Verwaltungs- und Politikwissenschaftler es unter dem Gesichtspunkt politischer Steuerung (vgl. Bogumil/Holtkamp 2004) und interessieren sich dabei für die Soziale Stadt als ein bei der strukturellen Kopplung unterschiedlicher lokaler Politikfelder ansetzendes Konzept. Der Einbezug auch privatwirtschaftliche Interessen verfolgender Akteure sowie zivilgesellschaftlicher Gruppen in die politische Entscheidungsfindung wird in der Steuerungsdebatte als „kooperative Demokratie" gelabelt.

Häußermann/Läpple/Siebel (vgl. 2007c) betrachten das Soziale Stadt-Programm als eine exklusiv auf jene Personen beziehungsweise Personengruppen zielende politische Maßnahme, die von „dauerhaftem sozialen Ausschluss bedroht" (ebd.: 253) sind und in Stadtgebieten leben müssten, für die sich eine an wirtschaftlichen Standortlogiken orientierte kommunale Entscheidungselite kaum mehr interessieren würde. Als neue stadtbezogene Steuerungspolitik fokussiere die Soziale Stadt nicht (mehr) auf die individuellen Problemlagen der Bewohner dieser segregierten Quartiere sondern auf die

Entwicklung des Gesamtquartiers; denn dies sei der Kontext, innerhalb dessen (soziale, bauliche, infrastrukturelle) Problemlagen kumulieren würden. Die Soziale Stadt würde diesen Problemen durch bauliche Projekte, vor allem aber durch die Aktivierung der lokalen Zivilgesellschaft entgegenwirken wollen. Vor dem Hintergrund neuerer Befunde zu den Aktivierungsabsichten der Sozialen Stadt kommt Häußermann (vgl. 2005) zu dem Schluss, dass sich die Vernetzung korporativer Stadtteilakteure erfolgreich gestaltet, die Beteiligung und Aktivierung der Quartiersbewohner jedoch ein bescheidenes Niveau erreicht und, sofern diesbzgl. doch einmal Erfolge zu verbuchen sind, positiv mit deren Verfügung über ökonomisches und kulturelles Kapital korreliert.[25] Ähnelt (2005) sieht in der Sozialen Stadt ein Programm zur „Aktivierung der Gebietsbevölkerung zur Mitwirkung bei der Lösung von Gebietsproblemen" (ebd.: 63). Evaluationsergebnisse zeigen, so Ähnelt, dass mit Blick auf „Aktivierung" und „Bürgermitwirkung" die auf der Umsetzungsebene ersonnenen Schritte und Strategien bisher kaum wirken.[26] Auch hinsichtlich der Wirksamkeit bei der Behebung ökonomischer und sozialer Probleme fehle es bei der Programmumsetzung an „Durchschlagskraft".

Schubert (2002) begreift die Soziale Stadt als „Förderinstrument gegen die sozialräumliche Spaltung der Stadt", das sich gegenüber ihren Vorläuferprogrammen durch die besondere Betonung der Stärkung von „Beteiligungs- und Mitwirkungsmöglichkeiten der Bewohner" auszeichne und schließlich einen „Komplexitätssprung in der Stadterneuerung" darstelle. Es verfolge das Ziel, sozialer Entmischung entgegenzuwirken und Strategien der Reintegration sozialräumlich marginalisierter Quartiere in die Gesamtstadt zu entwickeln. Das Quartier als soziales Netzwerk zu organisieren sei laut Programm die „Ressource der Integration, die es zu stärken" gelte.

An der Schnittstelle von Steuerungs- und Implementationsforschung betrachtet Renate Mayntz (2002) die Soziale Stadt als ein Instrument zur „Kontextsteuerung": Steuerung richte sich nicht unmittelbar an die Bewohner deprivierter randständiger Stadtquartiere sondern an deren physisch-bauliches Umfeld, von dessen Gestaltung wiederum Effekte auf die sozialen Prozesse im Quartiersraum beziehungsweise auf das soziale Handeln der

---

25 Mit Blick auf den Bewohnereinbezug in die Programmaktivitäten der Sozialen Stadt kommen Becker/Franke/Löhr/Rösner (2002) nicht umhin festzustellen, dass sie „mittelschichtsorientierte Veranstaltungen" (34) sind und vor allem von organisierten, durch Mitgliedschaften inkludierte soziale Akteure genutzt werden, große Teile der anvisierten Problemklientel jedoch im Stich lassen (vgl. auch Becker/Löhr 2003).

26 Empirisch identifiziert Ähnelt vier Strategien, Quartiersbewohner in die Programmaktivitäten einzubeziehen: 1. Bürgerbeteiligung als reine Öffentlichkeitsarbeit und Information (bei Verzicht auf weitere Beteiligungs-/Aktivierungsformen); 2. Bürgerbeteiligung als personenbezogene Einbeziehung von Bewohnern in Entscheidungfindungsprozesse; 3. Bürgerbeteiligung als „formalisierte Ausgestaltung von gebietsbezogener Mitbestimmung und Mitwirkung"; schließlich 4. Bewohnerbeteiligung durch projektbezogene Arbeit (bei Verzicht auf gebietsweite Bewohnerbeteiligung).

Eingesessenenpopulation erwartet werden.[27] Kritisch fragt sie, inwieweit ein quartiersbezogenes Downgrading beziehungsweise eine soziale Abwärtsspirale überhaupt ein Stadtplanungsproblem ist und mit städtebaulichen Mitteln behoben werden kann, und inwieweit die quartiersbezogenen Probleme überhaupt auf lokaler Quartiersebene bewältigbar sind. Schließlich sieht sie die lokalen Problemlagen wesentlich durch „sozioökonomische Prozesse" verursacht, weshalb gänzlich andere Politikfelder als das der Stadtbaupolitik zuständig seien, wollte man die Problemursachen beheben. „Das Programm Soziale Stadt kann das Vorhandensein der Problemgruppen und ihre Stärke nicht beeinflussen" (ebd.: 42f.).

Ratzka (2005) stellt die Soziale Stadt in den Rahmen jüngster Debatten um Exklusion und soziale Ausgrenzung und sieht in ihr eine „Politik gegen sozialräumlich konzentrierte Benachteiligung." Sie referiert zunächst makrostrukturelle Trends (nachlassende Integrationskraft durch Erwerbsarbeit, Deregulierung und Flexibilisierung des Wohnungsmarktes), wendet sich dann einem Quartier in der ostwestfälischen Stadt Detmold (Herberhausen) zu und kommt auf der Grundlage einer dort durchgeführten Sozialraumanalyse zu dem Fazit, dass die Programmaktivitäten der Sozialen Stadt an der sozialen Lage der in diesem sozialräumlich benachteiligten Stadtteil lebenden Bewohner nichts geändert haben. Hinsichtlich des Gebots des Bewohnereinbezugs in die Programmumsetzung schließt die Autorin: „Die hochgehaltenen Prinzipien der Bürgeraktivierung, -beteiligung und Besinnung auf die endogenen Potenziale bei der Bearbeitung exogen verursachter Problemkomplexe, sehen im Zusammenhang mit fortschreitenden Tendenzen der sozialstaatlichen Deregulierung unter dem Leitbild des aktivierenden Sozialstaates eher wie ein Ersatz für gute Sozialpolitik aus" (69).

Huning (2005) greift die im „Leitfaden zur Ausgestaltung der Sozialen Stadt" aufgeführten Ziele auf – „Aktivierung örtlicher Potenziale", „Hilfe zur Selbsthilfe", „Entwicklung von Bürgerbewusstsein für den Stadtteil sowie „Schaffung selbsttragender Bewohnerorganisationen und stabiler nachbarschaftlicher Netzwerke" – und fragt, ob die damit verbundene Aktivierung von Beziehungskapital tatsächlich das Problem ist, woran es den in benachteiligten Stadtteilen lebenden Personen und Personengruppen mangelt. Huning beobachtet, dass es ihnen eher an kulturellem Kapital (Qualifikationen, Berufs-/Aus-/Weiterbildung) und Einkommen fehlt als an Sozialkapital. Die Problemlagen der Quartiersbewohner stellt sie schließlich auf den Boden materieller Ungleichheit; das Sozialkapital, über das Bewohner verfügen, ließe sich in sozialräumlich benachteiligten Stadtvierteln kaum in kulturelles und

[27] Kritisch zu diesem hier zugrunde gelegten Raumbegriff als der eines Behälters beziehungsweise Containers, der mit individuellen Personen gewissermaßen (auf)gefüllt ist, vor allem Läpple 1991.

ökonomisches Kapital transferieren. Sie fragt zudem, welchen Sinn die (programmatisch vorgesehene) Aktivierung lokalen Sozialkapitals mache, wenn dieses nicht in den dominanten Sozialraum beziehungsweise über die Problemquartiersebene auf eine Gesamtstadt übertragen werden kann.

Bevor wir uns nach diesem kurzen Einblick in die Sichtweise von Sozialwissenschaftlern auf das urbane Programm der Sozialen Stadt im hier interessierenden Stadtquartier Salzgitter-Fredenberg zuwenden, wird im Folgenden ein Überblick über die lokale (Be)Siedlungsgeschichte gegeben. Dies deshalb, weil die Stadt- und Siedlungsgeschichte für die lokale Eigenlogik bedeutsam sind, die anhand eines lokalen Konfliktereignisses in Abschnitt 3.2 rekonstruiert wird.

3 Zur Stadt

3.1 Siedlungsgeschichte der Stadt[28]

Alt-Lebenstedt war 1937 noch ein Bauerndorf mit etwa 350 Einwohnern. Der Flächennutzungsplan der Nationalsozialisten von 1939 zeigt, dass hier eine moderne, auf die Bedürfnisse der Rüstungsindustrie zugeschnittene Stadt auf der grünen Wiese konzipiert wurde. Erst 1954 gab es einen neuen Flächennutzungsplan, dann 1977 – infolge der Kommunalen Neugliederung – einen dritten Plan. Rückblickend wurde die von Planungsrevisionen begleitete Stadt(teil)entwicklung Salzgitters auf prägnante Begriffe gebracht: Salzgitter-Lebenstedt sei eine „Trabantenstadt" beziehungsweise eine „Stadt aus der Retorte" (Gruber 1985: 13). Und an anderer Stelle heißt es mit Blick auf die Gesamtstadt: „Die Situation in Salzgitter ist mit anderen Städten nicht vergleichbar, da es sich hier um ein polyzentrisches Gebilde handelt, in dem die historischen Kerne nicht zusammenfallen mit dem Schwerpunkt der Stadtregion" (Schiller 1985: 113).

Das heutige Salzgittergebiet ist das siedlungspolitische Nebenprodukt des Industrialisierungsprogramms unter der nationalsozialistischen Herrschaft. Salzgitter-Lebenstedt im Besonderen – als größter der heute 31 Stadtteile der Gesamtstadt – nahm seinen Ausgangspunkt in der Überlegung, dass die für den Aufbau eines neuen Industriereviers im nördlichen Harzvorland benötigten Arbeiter, Facharbeiter und Ingenieure eine neue Heimstatt benötigen würden, die die vielen kleinen Gemeinden in diesem Gebiet nicht bieten könnten. Als Keimzelle des heutigen Salzgitter kann somit das Industrieareal der in den späten 30er Jahren errichteten „Reichswerke AG für Erzbergbau und Eisenhütten Hermann Göring" gelten. Ohne sie ist die Entwicklung Salzgitters aus damaliger Sicht nicht denkbar und aus heutiger Sicht nicht nachvollziehbar.

Das Land, auf dem später die „Reichswerke" entstehen sollen, war zumeist von Bauern besiedelt worden, die die guten fruchtbaren Böden landwirtschaftlich nutzten. Die Errichtung eines Industriegeländes nahm sich wie ein Einbruch in diese kleinen ländlichen Gemeinden aus. Die eigens zu Zwecken der Landbeschaffung für den neuen Industriekomplex gegründete „Großdeutsche Umsiedlungsgesellschaft mbH"[29] trieb Landkauf, Umsiedlung eingesessener landwirtschaftlicher Betriebe und die Enteignung von Bauern eilig voran. Insgesamt erwarb sie bis zum Ende des Zweiten Weltkrieges 13.000 ha Land, das sich aus 108 mittelgroßen Landwirtschaftsbetrieben, zahlreichen kleineren

[28] Der folgende Abschnitt zur Besiedlungsgeschichte Salzgitters geht auf einen Beitrag zurück, den der Autor in dem Buch „Entzündungsfähige Konfliktkonstellationen" (Hüttermann 2010) veröffentlicht hat (vgl. Mewes 2010: 191f.).

[29] Das war eine Tochtergesellschaft der Reichswerke.

Bauernhöfen sowie Land aus Privat- und Gemeindebesitz zusammensetzt (vgl. Leuschner 1992: 393).

Für eine zügige industrielle Besiedlung des Gebietes war neben der Beschaffung von Bauland für die Hüttenwerke ein zweites Problem zu lösen, das die administrativ-politischen Hoheitsrechte betraf: Der geografische Standort des Werkes fiel in die Zuständigkeit ganz unterschiedlicher Landkreise mit je eigenen Gesetzen, Verordnungen und sonstigen Bestimmungen. Entsprechend aufwendig waren die Verhandlungen der „Reichswerke" mit einer Vielzahl von Behörden. Die Forderung nach einer verwaltungsmäßigen Neuordnung des Betriebs- und Siedlungsgeländes lag da auf der Hand. Für die Stadtgründung „Watenstedt-Salzgitter" im April 1942 wurden schließlich 24 Gemeinden, Teile von 16 Gemeinden sowie fünf Forstgemarkungen aus den Landkreisen Wolfenbüttel und Goslar zu einer Verwaltungseinheit zusammengefasst (vgl. Leuschner 1992: 407).

Die Begründung dafür, dass gerade diese Gemeinden und keine anderen zu einer neuen Stadt eingemeindet werden sollten, ist ausschließlich in den wirtschaftlichen Interessen der Reichswerke zu suchen. Es sollten jene Gemeinden zusammengefügt werden, „die jetzt oder in absehbarer Zeit von untereinander zusammenhängenden Betriebsanlagen, Erzlagerstätten und Siedlungen der Reichswerke erfasst werden, die also die Zusammenfassung unter einheitlicher kommunaler Verwaltung besonders dringend verlangen" (Dietrich Klagges, Ministerpräsident des Landes Braunschweig 1933-1945; zit. nach Leuschner 1992: 404).

Der zweitmächtigste Mann des Naziregimes, Hermann Göring, legt im November 1937 fest, dass das neue Hüttenwerk im Nordosten des Salzgittergebietes errichtet würde. Noch im selben Monat werden Architekten mit der Planung einer eigenständigen Stadt beauftragt. Bereits dieser Planungsauftrag impliziert eine erste maßgebliche Kurskorrektur. Denn die vorausgegangene Planung hatte vorgesehen, dass die einzelnen Berufsgruppen separiert und auf je bestimmte Gemeinden verteilt angesiedelt werden sollten: „Steterburg war als Bereitschaftssiedlung für Werksangehörige der Schifffahrt, Hallendorf für Arbeiter der Hütte und das Kraftwerk, Gebhardshagen, Flachstöckheim und Salzgitter für die im Bergbau Beschäftigten gedacht" (Riedel; zit. nach Leuschner 1992: 390). Doch diese eher an vormoderne Zunft- und Dorfgemeinschaftstraditionen als an die moderne Arbeitsteilung orientierte Planung wurde angesichts des Vorbilds der „nationalsozialistischen Musterstadt" Wolfsburg, die zu dieser Zeit projektiert wurde, verworfen, obwohl einige der Landsiedlungen sich schon im Bau befanden.

Auf den Reißbrettern der Planer wächst nun eine Stadt, die sich räumlich über viele Dörfer des Salzgitter-Gebietes erstreckt und ausgedehnte öffentliche Räume aufweist. In ihr würde Platz für 130.000 Menschen sein. Sie soll zunächst den Namen „Hermann-Göring" erhalten, was ihr aber aufgrund der von Hitler verfügten Namensneutralität schließlich erspart bleibt. Breite Grünflächen sind vorgesehen, die Stadt soll lichtdurchflutet sein, vor allem Weite und Großzügigkeit sollen das Stadtbild charakterisieren. Große Achsen verlaufen von Norden nach Süden und von Osten nach Westen. An ihnen richten sich der ganze Stadtaufbau, die Straßen und Wohnviertel aus. An der Kreuzung der beiden Achsen ist eine sogenannte „Volkshalle“ vorgesehen, ein in der Nazizeit typisches architektonisches Element. Anleihen werden auch bei Stilelementen der „Gartenstadt“ gemacht. Ein Vergnügungsviertel mit Restaurants und einem Zoo soll der Zerstreuung der neuen Stadtbewohner dienen. Die Stadtgestalt, wie sie für die neue Stadt gedacht war, bleibt aber im Wesentlichen unvollendet.

Der Mangel an Baumaterial, der verhängte Baustopp im Jahre 1942 beziehungsweise die Konzentration der Produktion auf „kriegswichtige Güter“ und später die Militärregierung der Alliierten beenden (auch) in Salzgitter für einige Jahre jede umfangreiche Bautätigkeit. Das was eine neue Stadt hätte werden sollen, zeichnete sich zu diesem Zeitpunkt nur schemenhaft ab. Die bis 1945 errichteten 11.000 Wohnungen, die nicht asphaltierten Straßen, die unbefestigten Gehwege und die fehlenden Infrastrukturbauten lassen bei Kriegsende nur einen riesigen Torso in der Bördelandschaft Salzgitters erkennen. Salzgitter-Lebenstedt blieb daher zunächst noch eine „Barackenstadt“ (Wetzel 1992).

Zum Bau (und später zum Betrieb) der „Reichswerke“ wandern tausende Arbeiter in das Salzgittergebiet. Nicht alle können in Wohnungen untergebracht werden. Viele kommen in den im gesamten Salzgittergebiet massenhaft errichteten „Baracken“ unter, die sich gar zu „Barackenlagern“ verdichten. Diese sind schon im Verlauf des Krieges für Zwangsarbeiter aus den von Deutschen besetzten Gebieten sowie für KZ-Häftlinge errichtet worden. Letztere werden täglich „in Marschkolonnen von ihren Bewachern an ihre Arbeitsstellen geführt“ (Wetzel 1992: 282) und sind Gräueltaten ausgesetzt (vgl. Herlemann 1992). Nach Ende des Krieges sind diese Lager insbesondere der Auffangort für tausende Flüchtlinge und Vertriebene. Im Zuge der Fertigstellung von Wohnungen werden die Baracken nach und nach geräumt. Das letzte „Barackenräumprogramm“[30] findet in der zweiten Hälfte der 60er Jahre statt.

Obgleich die großen Pläne für eine „nationalsozialistische Musterstadt“ nur in Ansätzen realisiert worden sind, haben sie doch Spuren hinterlassen, die in der Stadtgestalt Salzgitters heute noch erkennbar sind. „Die Auswirkungen der nationalsozialistischen Ideologie auf die Planung der Stadt Salzgitter sind mannigfaltig. Anhand der vorhandenen Bausubstanz lässt sich heute noch feststellen, dass alle Straßen und Wohngebiete auf das Zentrum hin ausgerichtet, die Bebauung und das gesamte Leben einem strengen Ordnungsprinzip

30 Dieser Begriff stammt aus einem Interview mit einem Stadtplaner, der selbst beruflich mit diesem Programm befasst war.

unterworfen werden sollten“ (Fritzsche 1992: 276). Die Gestaltung der Stadt ist mit den Kontrollbedürfnissen der nationalsozialistischen Machthaber eng verbunden: Durch Trennung und Abschottung der einzelnen Wohngebiete voneinander sollte die Bevölkerung kontrollierbar werden. Mit der avisierten Stadtgestalt sollte die moderne Stadt im Sinne der Blut- und Bodenideologie gleichsam geerdet werden: „Zudem sollte sich durch diese Gliederung eine dörfliche Gemeinschaft herausprägen. Die historisierende, heimattümelnde Gestaltung der Wohngebäude im Außenbereich, die Heimatliebe und die ‚Verwurzelung im Boden' symbolisieren sollte, war für die damalige Zeit keinesfalls typisch. Mit ihr wollte man die Bevölkerung nach eigenen Vorstellungen und Bedürfnissen beeinflussen und formen“ (ebd.: 278). Der Stadtentwurf von 1937 ist also ein konsequent totalitäres Projekt.

Nach dem täglichen Überlebenskampf der Menschen in der unmittelbaren Nachkriegszeit, in der niemand an einen Weiterbau der bereits begonnenen Stadt denkt, wird ab Anfang der 1950er Jahre in Salzgitter wieder gebaut. Durch die in der Nachkriegszeit nach Salzgitter gelangten Flüchtlinge und Vertriebenen verschärft sich aber dennoch die Wohnungsnot. Die Baracken werden zwar notdürftig winterfest gemacht, bleiben aber Provisorium. Der rasche Bau von Unterkünften konzentriert sich nun auf die beiden Stadtteile Lebenstedt und Salzgitter-Bad.

Während man hier mit dem Aufbau (und mit dem Ausbau) beginnt, wird gleichzeitig an einer anderen Stelle das Fundament der Stadt (und damit ihre weitere Existenz) in Frage gestellt. Das Hüttenwerk fällt beinahe den Demontageplänen der Alliierten zum Opfer. „Die alliierten Pläne zur Demontage der Reichswerke hätten, zur ursprünglich gedachten Konsequenz ausgeführt, mit den Arbeitsplätzen auch die Stadt vernichtet“ (Benz 1992: 18). Die Demontage ist bereits im Gange. Nachdem schon weit über die Hälfte der Anlagen zerlegt oder gesprengt worden sind, wird die Hütte aber von Arbeitern besetzt. Zur selben Zeit verhandelt Bundeskanzler Adenauer mit dem verantwortlichen Hochkommissar Robertson über ihre Zukunft. Anfang 1951 wird der Abbau der Industrieanlage schließlich gestoppt. Dieser Vorgang – die erfolgreiche Abwehr der Demontage der Hüttenwerke – markiert einen zweiten Gründungsmythos der Stadt, nachdem ihr erster, nämlich die Gründung der Reichswerke durch Herrmann Göring, keine kollektiven Zugehörigkeitsgefühle mehr auslösen kann. „Aus dem Kampf um die Reichswerke erwuchs Salzgitter der Nimbus, der der Stadtgründung mangelte“ (ebd.: 18). Die Notwendigkeit, in Salzgitter nach dem Ende der Naziherrschaft neu zu beginnen, veranlasst den Historiker Benz, von der „zweiten Stadtgründung“ zu sprechen (ebd.: 11).

Der Flächennutzungsplan von 1954 soll nun Ordnung in die Entwicklung des Stadtgebietes Salzgitters bringen. Dem Leitbild einer „polyzentrischen Stadtstruktur“ verpflichtet, fokussiert er sämtliche Wohnbauflächen auf die vier Ortsteile Lebenstedt, Salzgitter-Bad, Gebhardshagen und Thiede. Die kleinen

Dörfer innerhalb des Salzgittergebietes spielen dabei keine Rolle. Nach dem Muster der „gegliederten und aufgelockerten Stadt" (Fritzsche 1992: 279) findet der umfangreichste Wohnungsbau schließlich in Salzgitter-Lebenstedt statt. Lebenstedt erhält auch – nach heftiger Auseinandersetzung mit dem ca. 20 km südlich gelegenen Salzgitter-Bad und dem auf halber Strecke liegenden Gebhardshagen – das zentrale Krankenhaus der Stadt[31]. Nach und nach werden hier weitere wichtige öffentliche Infrastruktureinrichtungen wie etwa Schulen geschaffen.

Öffentliche Aufmerksamkeit zieht die Stadt dann mit zwei weiteren Bauprojekten auf sich: So ist Salzgitter-Lebenstedt deutschlandweit der erste Ort mit einer Fußgängerzone in seinem Zentrum. Interesse erregt auch die Stadtteilerweiterung Lebenstedts durch seinen neuen Ortsteil Fredenberg. Fredenberg schließt nicht unmittelbar an Lebenstedt an. Mit der Besiedlung der ursprünglich „schlecht bebaubare[n], feuchte[n], teils moorige[n] Wiesenlandschaft" (Schneider 1992: 202) rückt Lebenstedt zwei Kilometer in westliche Richtung. Von Lebenstedt, wie es bis dato entstanden ist, führt nun eine Straße in die neue Siedlung. Sie gabelt sich am Eingang des neuen Wohngebietes in zweizügig geführte breite Straßen, die den Ortsteil Fredenberg begrenzen. Fredenbergs bauliche Gestalt ist etwas Neues für Salzgitter; denn sie widerspricht den älteren nationalsozialistischen oder auch genossenschaftssozialistischen Planungsidealen. Was nun in Fredenberg entsteht, entspricht einer Bauweise, die das zeitgeistige, vom Wirtschaftswunder beflügelte Bedürfnis nach mehr Urbanität ausdrückt. Zwölfgeschossige Hochhäuser und dichte Bebauung sind die Hauptcharakteristika des neuen Ortsteils.

Doch die Stadtteilerweiterung nach Fredenberg verdankt sich nicht einfach den wechselnden Gezeiten städtebaulicher Ideale, sondern vor allem wirtschaftlichen Notwendigkeiten. So siedeln sich in Salzgitter mehrere Unternehmen an, die heute Global Player sind: der Volkswagenkonzern, der Nutzfahrzeughersteller MAN, Schienenfahrzeughersteller Alstom LHB sowie BOSCH. Aus den ehemaligen „Reichswerken" wurde schließlich die Salzgitter AG. Zulieferbetriebe kommen hinzu. Und diese Unternehmensansiedlungen implizieren immer auch die Zuwanderung von Arbeitskräften. Der nötige

---

31 Der Stadthistoriker Schneider rückt die Entscheidung über den Krankenhausbau für Lebenstedt in die Perspektive einer Konkurrenzbeziehung zwischen Salzgitter-Lebenstedt und Salzgitter-Bad: „Als Standort (für ein Krankenhaus) war nach langen Auseinandersetzungen zwischen Salzgitter-Bad, Gebhardshagen und Lebenstedt ein Grundstück am nordwestlichen Rand von Lebenstedt bestimmt worden. Dies bedeutete zu diesem relativ frühen Zeitpunkt wiederum einen Standortvorteil für Lebenstedt, der sich später auf alle weiteren Entscheidungen auswirkte" (Schneider 1992: 197f.). Einen ersten Standortvorteil Lebenstedts gegenüber Salzgitter-Bad sieht Schneider in dem oben erwähnten Umstand, dass sich hier der Wohnungs(neu)bau am stärksten konzentrierte. Viel mehr als eine wie auch immer definierte innerstädtische Einheit bedingt die polyzentrische Stadtentwicklung eine Standortkonkurrenz innerhalb der Stadtgrenzen.

Wohnraum musste schnell geschaffen werden. Folglich engagieren sich die Großbetriebe für diese Erweiterung und sichern sich auch Belegrechte für die in Fredenberg entstehenden Wohnungen.

Heute hat Salzgitter 31 Stadtteile, die in insgesamt sieben Ortschaften zusammengefasst sind. Seine Einwohnerzahl von heute gut 106.000 ist im Abnehmen begriffen. Salzgitter ist eine kreisfreie Stadt; mit einer Fläche von annähernd 224 km^2 zählt sie zu den größten Flächenstädten der Bundesrepublik. Innerhalb einer Ortschaft liegen die sie bildenden Stadtteile mehrere Kilometer auseinander. Zu einer Ortschaft werden sie nicht etwa durch ein physisch-räumlich zusammengehörendes, sich dem Beobachter erschließendes Ensemble – es gibt kein verbindendes Element, sodass etwa eine Stadtlandschaft erkennbar wäre – sondern durch bürokratisch-administrative Verfügung. Die größten Stadtteile, Lebenstedt und Salzgitter-Bad, liegen ca. 20 km voneinander entfernt und von Salzgitter-Thiede (dem drittgrößten Stadtteil Salzgitters) nach Salzgitter-Bad sind 22 Kilometer zurückzulegen.

Wie am Beispiel des Ortsteils Fredenberg deutlich wurde, ist nicht nur Salzgitter als Gesamtstadt durch eine polyzentrale Stadtgeographie charakterisiert, sondern in abgeschwächter Form auch Salzgitter-Lebenstedt. Obschon (oder gerade weil?) Salzgitter-Lebenstedt, u.a. durch seine Fußgängerzone sowie seine Verkehrsknotenpunkte und Verwaltungsgebäude bedingt, eine gewisse Zentralität aufweist, stellt der vorgelagerte Ortsteil Fredenberg diese Zentralität wieder in Frage.

Die stadtgeographische Einheit Salzgitter-Lebenstedts ist durch einen See (vgl. Abschnitt 3.2.1 sowie Abbildung 2) aber keineswegs restlos aufgehoben. Sie wird vor allem durch natürliche und von Menschenhand in die Natur geschriebene Grenzen konstituiert. So grenzt Lebenstedt nach Westen an den Salzgitter-See und nach Nordwesten und Südwesten an die Fuhse, die den Salzgitter See speist. Nach Süden und Osten wird Lebenstedt von der alleeartigen vierspurigen Peiner Str. sowie der A39 und von daran angrenzenden ausgedehnten Grünflächen, Kleingartenanlagen, Industrieflächen und Wäldern sowie land- und forstwirtschaftlichen Flächen umschlossen. Nach Norden endet die Bebauung ebenfalls relativ abrupt im platten Land.

Die in diesem Abschnitt rekonstruierte Besiedlungsgeschichte des Salzgittergebietes ist ein bedeutsames Element für den lokalen Eigensinn der Stadtgesellschaft, der im Folgenden anhand des lokalen Konfliktgeschehens herausgearbeitet wird.

Abbildung 1: Karte Salzgitter (Quelle: http://www.openstreetmap.de)

Abbildung 2: Karte Ausschnitt Salzgitter-Lebenstedt mit Stadtgebiet Fredenberg und Salzgittersee (Quelle: http://www.openstreetmap.de)

3.2 Konfliktdynamik und bivalente Stadtgesellschaft

In der Nacht vom 1. zum 2. Oktober 2004 werden einem spätausgesiedelten Jugendlichen, dessen Familie Anfang der 1990er Jahre nach Salzgitter einwanderte, vor einer Diskothek in der Nachbarstadt Lengede schwere Gesichtsverletzungen beigebracht, denen er wenige Stunden später in einem Braunschweiger Krankenhaus erliegt. Der Tatverdächtige, ein Nachfahre der einst nach Salzgitter zugewanderten Gastarbeiter aus der Türkei, wird schließlich im Februar 2005 wegen schwerer Körperverletzung mit Todesfolge vom Landgericht Braunschweig zu vier Jahren und sechs Monaten Haft verurteilt. Entgegen dem in den lokalen Medien ausgemalten Szenario, nach dem das Gewaltereignis die weitere Gewalteskalation wahrscheinlich macht (und demnach Gruppengewalt zwischen jugendlichen Spätaussiedlern und türkeistämmigen Salzgitteranern nun in der Luft liegt)[32], und entgegen der Annahme korporativer Akteure der Stadtgesellschaft[33] schwillt das singuläre Ereignis nicht zu gewaltförmigen Intergruppenkonflikten an. Im Falle Salzgitters mobilisiert es kein Gegen- sondern ein Miteinander der migrationsbezogenen Gruppen der Stadtgesellschaft.

Die Gründe dafür, dass das Gewaltereignis in Salzgitter-Lebenstedt keine nachhaltige lokale Konfliktdynamik/-eskalation in Gang setzt, sind in der spezifischen Struktur Salzgitters zu suchen. Dazu gehört zum ersten die Salzgitter kennzeichnende Weite des Raums (vgl. Abschnitt 3.2.1), zum zweiten die in der lokalen Großindustrie verankerte moralische Ordnung Salzgitters (vgl. Abschnitt 3.2.2). Was ist damit gemeint? Beide Punkte sind im Folgenden kurz dargelegt (ausführlich dazu siehe Mewes 2010).

---

32 „Die Angst vor dem, was kommt" (Salzgitter-Zeitung vom 9. Oktober 2004): „Der Vorfall in der Diskothek Skorpion (…) hat noch eine andere Dimension, eine, über die das Einzelschicksal weit hinausgeht, eine gesellschaftspolitische, die Angst macht vor dem, was kommt. Die Diskothek Skorpion ist ein gut gehender Laden. Die Polizei weiß von „regelmäßigen Körperverletzungen, nicht aber von größeren Schlägereien". Sie kennt das Publikum – hauptsächlich Russlanddeutsche – und rät Deutschen ab, hin zu gehen. Dort wolle man unter sich sein, dort würden eigene Gesetze gelten. Ein Ghetto also. Nun aber soll es ein Türke gewesen sein, der den Russlanddeutschen tödlich verletzt hat und die „Russen-Disko" in Verruf gebracht hat. Damit trifft dieser Vorfall gleich zwei Minoritäten in diesem Land ins Mark, die jeweils sehr nationalistisch geprägte Mentalitäten haben. Was liegt da näher, als Rache zu üben?"

33 „Dass es da knallt" (Jugenddezernent der Stadt Salzgitter)
„Ich hatte mir vorstellen können, dass es da etwas in Folge gibt, dass es da knallt. Also, so eine Phantasie hatte ich schon im Kopf."

3.2.1 Zuwanderung in die ausgedehnten Sozialräume der Stadt

Salzgitter zeichnet sich physisch durch einen Überfluss an städtischem Raum aus. Diese Weite des Raumes hatte besondere Folgen für die Zuwanderungswellen in das Salzgittergebiet, bis in die jüngste Gegenwart hinein. Vor dem Hintergrund seiner Besiedlungsgeschichte wird das polyzentrische Nebeneinander der angesiedelten Zuwanderergruppen deutlich. Daher folgender Rückblick:

Zuwanderung nach Salzgitter bedeutet vor allem Zuwanderung in die Großbetriebe Salzgitters. Sie stellt aber auch die den Großbetrieben zuarbeitende Lokaladministration vor die andauernde Aufgabe der Schaffung immer neuen Wohnraums. Denn aufgrund des scheinbar grenzenlosen Wachstums von Industriearbeitsplätzen in den Nachkriegsjahrzehnten, die die eigentliche Epoche der Industrialisierung des Salzgittergebietes sind, entwickelt sich Salzgitter zu einem Anziehungspunkt für die weitere Zuwandereransiedlung.

Nach der erfolgreichen Abwendung der Demontage des Hüttenwerkes (vgl. Abschnitt 3.1) wird ab 1953 in Salzgitter wieder Stahl abgestochen. Weitere Großunternehmen fassen in den Folgejahren in Salzgitter Fuß: die Blaupunkt GmbH siedelt sich an und die Linke-Hoffmann-Busch GmbH (heute Alstom-LHB) fertigt Schienenfahrzeuge. Mit der Niederlassung des Nutzfahrzeugbauers Büssing (1971 durch MAN übernommen), des Motorenwerks des Volkswagen-Konzerns (Ende der 60er Jahre) sowie der Bosch AG scheint sich die wirtschaftliche Erfolgsgeschichte Salzgitters über das bundesdeutsche Wirtschaftswunder hinaus weit in die Zukunft hinein zu verlängern. Auf den Fundamenten des Hüttenwerkes ist im wörtlichen und bildlichen Sinne eine Stadtgesellschaft geschmiedet worden, die sich wie ein über das Arbeitsleben hinausstrahlender Großbetrieb ausnahm.

Die mit dem großindustriellen Wachstum verbundene stete Zuwanderung von Arbeitskräften stellt, wie schon erwähnt, die Stadt beständig vor die Herausforderung, sie mit Wohnraum zu versorgen. Zwar verfügte Salzgitter aufgrund seiner im Zuge der ersten Stadtgründung (vgl. Abschnitt 3.1) festgelegten Stadtgrenzen über physischen Raum im Überfluss, nicht aber über Wohnraum. Bis Ende der 1960er Jahren ist die Stadt zunächst damit beschäftigt, jene über das gesamte Salzgittergebiet verteilten Holzbaracken beziehungsweise Barackenlager zu räumen[34], die einst für die zum Bau sowie zum Betrieb der „Reichswerke" zuwandernden Arbeiter in der Vorkriegs- und Kriegszeit errichtet wurden, später für die Unterbringung von Flüchtlingen und Vertriebenen vorgesehen waren (und dabei nach landsmannschaftlich segregierten Gebieten aufgeteilt wurden, in denen die Heimatvertriebenen und Kriegsflüchtlinge sich in

---

34 In einem Interview mit einem ehemaligen Stadtplaner, der selbst beruflich damit befasst war, wird die Auflösung dieser Barackensiedlungen als „Barackenräumprogramm" bezeichnet.

Vereinen organisierten und ihre Kultur pflegten). Zur ihrer Umsiedlung werden Rohbauten aus den Kriegsjahren fertig gestellt und neue Wohnsiedlungen erschlossen. Wie ein soziologischer Beobachter formuliert, ist Salzgitter zu jener Zeit ein „ewiges Aufbaugebiet“ (Rothe 1954: 275).

Während im Nachkriegssalzgitter neue Wohnungen im Eiltempo errichtet werden und die Baracken sich nach und nach leeren, rauchen also wieder die Fabrikschornsteine. Der Stahlmarkt boomt, das Hüttenunternehmen prosperiert, trifft mit seinen Expansionsvorhaben jedoch auf einen so gut wie leergefegten Arbeitsmarkt. So beginnt die Anwerbung von ausländischen Arbeitskräften, um sie in den unterschiedlichen Werken unter härtesten Arbeitsbedingungen einzusetzen.[35] Dabei setzte speziell das Hüttenunternehmen, von Beginn an darauf, „lediglich Arbeiter einer einzigen ‚Nation’ anzuwerben“ (Motte 2002: 254), die vor allen in der Hüttenkokerei eingesetzt wurden. Nachdem im September 1963 die ersten sechs Arbeiter aus der Türkei die Arbeit im Salzgitterwerk aufnehmen, erfolgt der Großteil der Zuwanderung in den Jahren zwischen 1969 und 1974.[36]

Die nach Salzgitter zuwandernden Gastarbeiter werden bei Ankunft in unmittelbarer Nähe ihres neuen Arbeitsplatzes um das Hüttenwerk herum untergebracht. Da in Lebenstedt zu jener Zeit das Wohnraumangebot knapp ist, werden werksnah Massenunterkünfte geschaffen, in denen die neuen Hüttenarbeiter konzentriert werden[37]. Von den Gastarbeitern wird diese

---

35 In den Berichten über die Tätigkeiten der Arbeitsmigranten (nicht nur in der Schwerindustrie, sondern auch in den anderen sich niederlassenden Industriezweigen) ist immer wieder die Rede von der schweren, körperlich verschleißenden Arbeit. Dazu kommen prekäre Arbeitsbedingungen wie etwa in Form von 1-Jahres-Verträgen oder des Entzugs des Wohnheimplatzes bei Arbeitslosigkeit (so kehren beispielsweise viele Ausländer während der Rezession 1967/68 in ihre Heimatländer zurück). Ein tunesischer Gastarbeiter erinnert sich: „Am ersten Arbeitstag bekamen wir unsere Arbeitsplätze zugewiesen, unsere Gruppe wurde getrennt. Mein Arbeitsplatz war in der Kostenstelle 7137. Dort bin ich auch heute noch! Dieser Arbeitstag verging recht schnell. Doch schon am nächsten Tag hieß es: Akkord! Die Belastungen erdrückten mich fast: schwere körperliche Arbeit und enormer Zeitdruck! Die Pausen waren kurz: Nach der Schicht kam ich total erschöpft zum Wohnheim zurück. Die Arbeit, oder besser gesagt, die Erholung von dieser Arbeit bestimmte meinen Tag. An Freizeitgestaltung war nicht zu denken. Das erste halbe Jahr hier in Deutschland war für mich sehr schlimm. So erging es auch vielen anderen tunesischen Kollegen: Die Arbeitsbedingungen machten uns sehr zu schaffen!“ (zit. nach Eckardt 2003: 43).

36 Insgesamt kommen in dieser Zeit 1572 Arbeitskräfte aus der Türkei nach Salzgitter und stellen damit ca. 17% der Lohnempfänger in den Hüttenwerken. Die umfangreiche Remigration dieser Arbeitskräfte ab Mitte der 80er Jahre lässt ihre Zahl erheblich schrumpfen (auf 662 Personen).

37 „Die nötig gewordenen Unterkünfte wurden bei [Salzgitter-] Watenstedt errichtet – zunächst ein Wohnheim (das zeitweise 1.100 Männer beherbergte), aufgebaut in Anlehnung an die alte Lagertradition, sodass von vornherein durch die Massierung türkischer Kollegen ein Ghetto entstand. Ein Ausweichen in anderen Wohnraum war schon wegen der damaligen Wohnungsknappheit kaum möglich (…). Im Laufe der Jahre wurden immer mehr Wohnheime

Zuwanderersiedlung als Provisorium betrachtet, das man mit der Rückkehr ins Heimatland wieder beenden wird. Erst der Nachzug der Familien aus der Heimat und die Geburt von Kindern machen einen nur vorübergehenden, zeitlich beschränkten Aufenthalt immer unwahrscheinlicher. Damit geht die Suche nach größerem Wohnraum einher. Da Lebenstedt das bevorzugte Gebiet für Salzgitters Wohnungs(aus- und neu)bau in der Nachkriegszeit ist und mittlerweile zu einer kleinen Stadt heranzuwachsen scheint, liegt die Orientierung der Gastarbeiter(familien) nahe, dort ein größeres Domizil zu suchen.

„Aber dann musste sich mein Vater eine Wohnung suchen". (Gruppeninterview in einem Moscheeverein)

A: Und ich bin 1971 geboren. Ich habe acht Brüder, der eine `69 und der andere war `67 hier geboren. Also wir drei sind hier geboren. Und meine anderen Brüder sind in der Türkei geboren. Also wir sind quasi hier aufgewachsen. Nur damals, ich hatte das Glück ich hatte nur deutsche Freunde. Also das hat dann auch mein Deutsch weitergebracht, das war sehr gut. (…). Und mit diesen deutschen Freunden wie gesagt, [bin ich] zur Schule gegangen. Mein Vater ist, wie gesagt, bis zur Rente in Watenstedt geblieben. 30 Jahre hat das gedauert in Watenstedt. Und das war dann so ein Image, es waren mehr Türken hier als Deutsche. Es wurde von den Salzgitteranern gemieden, dieses Dorf, sage ich mal. Also weil der Ruf war, wie gesagt, auch ein bisschen schlechter. Aber innen … , also da gab es keine Konflikte. Also ab und zu ein paar Konflikte auf dem Rummelplatz, da sind angetrunkene Leute, da gab es ein bisschen Konflikte. Aber sonst ... Und von da her sage ich mal Salzgitter-Watenstedt das war das größte Dorf mit den türkischen Arbeitnehmern damals. Da war Rambazamba. Es waren über 1.500 Arbeiter. Zum größten Teil türkischer Herkunft. Und mit der Zeit, wo die Leute hier schon 3 Jahre lang gearbeitet haben, haben sie sich überlegt, ihre Familien herzuholen. Mein Vater er hat es vorher geschickt gemacht. Nach einem Jahr, nach zwei Jahren hat er seine Ehefrau, also meine Mutter nach Deutschland geholt. Das war eigentlich nicht gängig. Die Leute dachten, wir arbeiten hier fünf, sechs Jahre, sparen ein bisschen Geld an und gehen alle zurück in die Türkei. Aber dieser Plan ist dann nicht aufgegangen. Und mein Vater hat meine Mutter hergeholt mit uns zusammen mit meinen anderen drei Brüdern und Geschwistern. Die kamen dann hier her und wir sind quasi hier geboren. Also nur der Vorteil, dass er die Mutter gleich hierher geholt hat, war ausschlaggebend. Das hätte sich damals so keiner getraut, sage ich mal, weil er sich dann eine extra Wohnung suchen musste für die Familie, weil Wohnheim war ja komfortabler. Man konnte sich essen machen untereinander, man brauchte sich um nichts zu kümmern. Also nicht mit Kindern und so. Das Problem hatte man da nicht. Aber dann musste sich mein Vater eine Wohnung suchen. Und das wollten sie nicht so alle. Die hätten mehr Miete bezahlen müssen und diese Sparmaßnahme wäre nicht aufgegangen, sage ich mal.

---

errichtet – alle jedoch als Lager konzipiert – u.a. auch eins speziell für türkische Familien" (Lehr/Markus/Vögel/Wysocki 1987: 34).

I: Und dann ist man so nach und nach nach Lebenstedt gegangen von Watenstedt?
A: Von Watenstedt, ja. Alle sehen, das hat ja nicht nur einer gemacht, das haben dann mehrere Leute gemacht. Die haben ihre Familien hergeholt. Dann brauchten sie natürlich größere Wohnräume. Dann kam natürlich Hallendorf, das ist das Nachbardorf von Watenstedt. Lebenstedt kam danach. Salzgitter (nicht verstanden). Aber man wollte nah an der Arbeitsstelle bleiben. Nah an der Arbeitsstelle, dass der Arbeitsweg kurz war. Und dann kam so der erste Rückgang. Wann war das?
B: 1984
A: 1984 die erste Rückwelle.
B: Hat aber der Vater Staat so eine, so einen Zuschuss gezahlt für jede Familie, die zurückkehrt. 10.000 Mark, plus für jedes Kind 1.500. Das war der erste Rückkehrstrom.
A: Und dadurch wurden die Wohnheime natürlich immer leerer.
B: Und danach sind auch die ersten... Da hat sich schon so ein bisschen sage ich mal ausgesiebt, wer hier bleiben möchte langsam und wer sage ich mal, zurückkehren möchte. Das war schon so ein kleines. Das war ein kleines Sieb. Danach sind die, die hier geblieben sind, haben angefangen ihre Familien nachzuholen. 1984 war das.
A: Das war so die erste Rückkehr. Wie gesagt, wir sind damals, 1971 mein Bruder ging hier in den hiesigen in Watenstedt war da so ein Fanfarenzug. Dann haben sie dann, das war ja ein Sonderfall für die Deutschen, dann hatten sie einen türkischen Trompeter.

Weil Wohnraum in Salzgitters größtem Stadtteil Lebenstedt trotz reger Bautätigkeit ein knappes Gut bleibt, ziehen die türkeistämmigen Zuwandererfamilien zunächst einmal dort ein, wo gerade etwas frei wird. Mit dem Einzug in die Lebenstedter Stadtquartiere, wie auch (aber in weit geringerem Maße!) mit der Zuwanderung in die im Salzgittergebiet verstreuten Satellitendörfer, beginnt eine (allerdings für Salzgitter insgesamt nicht typische!) Durchmischung der türkischen Gastarbeiter mit der bereits ansässigen Bevölkerung, wodurch die grundsätzlich starke Konzentration der Gastarbeiter auf werksnahe Ortsteile etwas aufgelockert wird. Die Stadt versucht diese Mischung anfangs wohnungspolitisch zu steuern, indem sie in jeden Hausaufgang jeweils nur eine türkische Familie einziehen lassen will.

Die damaligen Beziehungen zwischen älter Eingesessenen und den Gastarbeitern im unmittelbaren Wohnumfeld werden als offen beschrieben. Die Interviewpartner illustrierten dies etwa mit Geschichten über eine Nachbarschaft „mit viel viel Tee“ beziehungsweise mit Erzählungen über herkunftsgruppenübergreifende Kegelabende, über Einladungen Alteingesessener zum Beschneidungsfest ihrer türkischen Nachbarsfamilie oder über das gemeinsame Spielen von Kindern unterschiedlicher migrationsbezogener Gruppen. Mittelfristig hat sich in Lebenstedt eine kleinräumige residenzielle Segregation durchgesetzt, die sich gemäß der unterschiedlichen Herkunftsmilieus entwickelte. So leben die Nachfahren der türkeistämmigen Gastarbeiter heute überwiegend im Nordwesten der Stadt.

Der Segregationsprozess wurde von Beginn an durch die hohe Wohnmobilität der Lebenstedter befördert. Schon in seiner gemeindesoziologischen Studie über Lebenstedt, die in den 50er Jahren durchgeführt worden ist, spricht Rothe von einer „starke[n] Fluktuation der Bewohnerschaft". (...) Die Nachbarn wechseln ständig, um die Familie zentrierte Bekanntenkreise mit ihren auf lange Sicht hin förderlichen, miterziehenden Einflüssen vermögen sich nicht zu bilden. Die nächste Umgebung ist bereits unstabil, Hausgemeinschaften bilden sich nur langsam" (Rothe 1954: 260f.).

Bereits Anfang der 60er Jahre beginnen Planungen für die Erweiterung des Stadtteils Lebenstedt: Mit dem Bau der Siedlung „Fredenberg" erhält Lebenstedt aus damaliger Sicht gewissermaßen eine „gute Adresse" beziehungsweise einen Ortsteil mit „goldenen Türklinken", wie es in einem Gruppeninterview heißt. Im Zusammenhang mit der sich in den 60er Jahren etablierenden Fahrzeugindustrie siedeln in Fredenberg vor allem VW-Mitarbeiter. Wenige Jahre später wirbt der Volkswagen-Konzern für seine Motorenproduktion Arbeitskräfte in den Mittelmeerländern an. Zunächst in Italien und Jugoslawien, ab 1973 in Tunesien und in der Türkei. Eigens für die Unterbringung dieser Zuwanderer wird eine kleine Hochhaussiedlung errichtet. Sie ist an einer Schnellstraße zwischen Salzgitter und Braunschweig gelegen (Eckardt 2003: 41) und räumlich sowohl von Lebenstedt als auch von Fredenberg weit entfernt. Rund 2.000 Italiener, Türken und Tunesier wohnen dort.

Der parallel zur Errichtung Fredenbergs durch die Flutung einer ehemaligen Kiesgrube künstlich geschaffene Salzgitter-See (ca. 75 ha Oberflächengröße) rückt – bei allen Vorzügen, die er sonst bietet – die Ortsteile des Stadtteils Lebenstedt weiter auseinander: Der See, der gleichzeitig mit der Fredenbergsiedlung geplant und geschaffen wird, schiebt sich gewissermaßen zwischen das neue Quartier Fredenberg und das ältere Lebenstedt. Zwar ist er heute das zentrale Naherholungsgebiet der Gesamtstadt Salzgitter und schafft so ein wenig gesamtstädtische Zentralität, aber auf der anderen Seite wirkt er sich auf die Zentralität Lebenstedts selbst eher negativ aus.

Ausgedehnte, gewundene Wege ziehen sich am Ufer entlang. Es gibt mehrere Badestrandabschnitte. Hier und da sind in Ufernähe Sportanlagen eingerichtet worden (Tennis-, Basketball- und Fußballplätze). Egal, an welchem Ufer man sitzt, eine Insel beziehungsweise deren Baumbestand verdeckt die Sicht auf das gegenüberliegende Ufer. Vom Strand auf der Fredenberger Seite ist Lebenstedt nicht sichtbar und vom Lebenstedter Ufer aus erkennt man die Fredenberger Seite nicht. Erst dem Auge desjenigen, der sich auf dem Uferweg in Richtung Lebenstedt oder entgegengesetzt in Richtung Fredenberg in Bewegung setzt, erschließt sich das gegenüberliegende Ziel in dem Maße, wie sich sein Ausgangspunkt hinter die Insel schiebt. Mit anderen Worten, der Salzgittersee hält die Stadtteile auf Abstand. Lebenstedter baden in Lebenstedt, Fredenberger halten sich auf ihrer Uferseite auf. Man begegnet sich nur, wenn man sich als

Radfahrer, Spaziergänger, Inliner oder Jogger auf den Uferwegen aneinander vorbei bewegt. Die ohnehin große Distanz der Siedlungsgebiete Lebenstedts wird somit durch den See noch verstärkt.

Aber selbst die Besiedlung Fredenbergs reicht nicht aus, um die Zuwanderung nach Salzgitter zu bewältigen. Noch in den 80ern beziehungsweise Anfang der 90er Jahre wird Fredenberg um ein weiteres Neubaugebiet erweitert. Darin wird die vorerst letzte große Zuwanderergruppe, die das Salzgittergebiet erreicht, untergebracht – die Aussiedler aus der ehemaligen UdSSR sowie aus Polen.

Der kurze Sinn dieser längeren Ausführungen besteht in Folgendem: Konfliktsoziologisch betrachtet sind Veränderungen gruppenförmiger Rangordnungshierarchien oft eine strukturelle (Mit)Ursache für Intergruppenkonflikte zwischen ethnischen beziehungsweise qua Herkunft sich unterscheidenden Gruppen. Konflikte sind aber erst dann zu erwarten, wenn migrationsbezogene Herkunftsgruppen einander in einer Weise begegnen, die Konfliktanlässe schafft. Der Umstand, dass in Salzgitter jede Zuwanderergruppe an einem jeweils entfernten anderen Ort siedelt, hat die Konsequenz, dass sich zumindest in wohnumfeldnahen Räumen keine Konfliktanlässe verdichten, die in entsprechende stigmatisierende, figurationswirksame Klatschkanäle eingespeist werden und geeignet wären, zu einer eskalativen Entwicklung in den Intergruppenbeziehungen beizutragen. Mangels Begegnung zwischen den migrationsbezogenen Gruppen findet im Wohnumfeld kein hierarchiewirksames Ausweichverhalten statt. Weil sich Zuwanderergruppen und älter Eingesessene im lokalen Nahumfeld nicht in Rangordnungskämpfe verstricken, können sie sich auf anderen Ebenen gelassen zueinander verhalten und sich auf der dem unmittelbaren Wohnumfeld übergeordneten Interaktion (vgl. Abschnitt 5.2) auch relativ offen vergesellschaften. Die Zuwanderung nach Salzgitter entzündet keine Rangordnungskämpfe, sondern hinterlässt ihre Spuren allein in der Fortschreibung seiner Besiedlungsgeschichte. In Salzgitter ist dieses Gruppennebeneinander vom Ethos der gewerkschaftlichen Solidarität durchwirkt, von dessen Entstehung nun die Rede sein soll.

3.2.2 Mechanische Solidarität in der Stunde Null und ihre Nachklänge

Zur Soziogenese eines inklusiv ausgerichteten Ethos der „mechanischen Solidarität“ einer gerade in dieser Stadt machtvollen Arbeiterbewegung kehren wir zur „Stunde Null“ der Stadt Salzgitter zurück (vgl. Abschnitt 3.1). Das war die Stunde der organisierten Arbeiterbewegung. Deren Kampf um den Erhalt der bereits in Demontage befindlichen Hüttenwerke (und damit auch um den Fortbestand der Stadt)[38], die durch die Militärregierung der Alliierten nach

[38] „Die alliierten Pläne zur Demontage der Reichswerke hätten, zur ursprünglich gedachten Konsequenz ausgeführt, mit den Arbeitsplätzen auch die Stadt vernichtet“ (Benz 1992: 18).

Kriegsende befehligt wurde, hat dieses fordistische Solidaritätsethos eingeleitet. Der den Widerstand koordinierende Akteur, die sogenannte „Gruppe Arbeiterpolitik" (kurz: Arpo), eine reine Betriebsrätebewegung, wird im kollektiven Gedächtnis der Arbeiterbewegung bis heute aufbewahrt. Die Arbeiterschaft galt ihr als historisches Subjekt, die sie in massenmobilisierende, eine gemeinsame Interessenlage anzeigende Begriffe kleidet (Sozialismus, Unterdrückung, Kampf, Klasse). Im Bann dieser charismatischen Bewegung unternehmen die rebellierenden Arbeitermassen entscheidende Widerstandsaktionen und besetzen schließlich das Hüttenwerk, das zu diesem Zeitpunkt zu großen Teilen bereits zerlegt oder gesprengt ist; 1951 wird schließlich die Demontage gestoppt. Die Mobilisierung durch die Arpo erreicht nicht nur die eingesessene Arbeiterschaft, sondern auch die Massen von Vertriebenen und Flüchtlingen, die nach Kriegsende in das Salzgittergebiet gelangen. Alteingesessene und Zuwanderer werden im wirtschaftlichen Überlebenskampf[39] zu einer Protestbewegung synchronisiert, die aus neueingesessenen Landsmännern rasch Kollegen und Genossen macht. Augrund der ökonomischen Krise der Stadt entwickeln Eingesessene und Migranten ein faktisches Anerkennungsverhältnis. Die durch diese Ereignisse bewirkte sozialmoralische Integration und das auf diesem Wege – quasi auf den Fundamenten der Hüttenwerke – geschmiedete solidarische Ethos hinterlassen bis in die Gegenwart Spuren.

Dass Arbeitersolidarität in Salzgitter keine Begriffsfiktion und die durch sie maßgeblich geprägte moralische Ordnung in der Stadt lebendig beziehungsweise diskursiv und praktisch erlebbar ist, zeigt sich heute in ganz unterschiedlicher Weise. In Salzgitter wird etwa der lokale zivilgesellschaftliche Protest gegen die Einrichtung einer Deponie für radioaktiven Müll (Stichwort Schacht Konrad) von der organisierten Arbeiterbewegung getragen. Sie initiiert auch Aktionsbündnisse gegen Rechtsextremismus. Die IG-Metall-Kundgebungen zum 1. Mai sind die größten (herkunftsgruppenübergreifenden) Massenversammlungen in Salzgitter; gerade an ihnen wird Lebenstedt als Arbeiterstadt erkennbar, die eine von der Arbeiterbewegung geprägte lokale moralische Ordnung ausgebildet hat. Vergemeinschaftung über Gruppengrenzen hinweg wie etwa im Rahmen der alljährlichen lokalen Maikundgebungen bindet partikulare Gruppen an eine „übergreifende Gemeinschaft" (Münch 1982: 612) und damit an deren „normative Ideale". Münch (1982) und Parsons (1971) betrachten dies – die Fähigkeit des Einzelnen, sich von seinen partikularen Gruppenzughörigkeiten zu befreien und sich auf ein höheres Prinzip

---

[39] Mangels Alternativen (Rothe 1954: 60f.) kann sich der Blickstrahl aller nur auf den Industriekoloss richten und schafft gleichsam seine ganz eigene Schicksalsgemeinschaft: Es ist eine Situation „der gleichen materiellen Befindlichkeit der Bevölkerung des Salzgittergebietes während der fünfjährigen Demontage- und Arbeitslosigkeitszeit (‚wir sitzen alle in einem Boot')" (48). „Gleiche materielle Interessen ketten mehr als alle herkunftsmäßigen Bindestoffe."

auszurichten – als Bedingung der Möglichkeit sozialer Ordnung schlechthin: so sehr die moderne Gesellschaft in eine Vielzahl je spezifische Normen und Wertestandards pflegende partikulare Gruppen zerfällt, sei die Gesamtgesellschaft schließlich doch über gemeinsam geteilte Werte integriert[40]. Im Falle Salzgitters wird die Inklusion aller vorhandenen Individuen, Gruppen und Gemeinschaften in die Stadtgesellschaft über die Grundsätze universalistischer Solidarität bewirkt.

Der Integrationsmodus Arbeitersolidarität und seine heute eher zivilgesellschaftlichen Nachklänge sind auch dort wirksam, wo beispielsweise eine Typisierungsaktion einer an Leukämie erkrankten Salzgitteranerin von den lokalen Betriebsräten initiiert wird. Bundesweit einmalig ist aber auch eine Solidarisierungsaktion – nicht im Sinne der bei solchen Anlässen üblichen Übermittlung eines Solidaritätsschreibens, sondern durch Arbeitsniederlegung – mit streikenden Mitarbeitern in einem mexikanischen VW-Betrieb.

Die vielleicht eindrucksvollsten Manifestationen der moralischen Ordnung Salzgitter-Lebenstedts sind jedoch die Protestkundgebungen im unmittelbaren Umfeld des Wahrzeichens der Stadt, dem „Turm der Arbeit". Gleich, ob Protest gegen Jugendarbeitslosigkeit oder Solidaritätsbekundungen (etwa mit Streikenden anderer Branchen) u.a.m. – mit dem „Turm der Arbeit" (vgl. Abschnitt 5.3) hat die Stadt ein Symbol, an dem sich die Mobilisierung bewegter sozialer Gruppen ausrichtet. Es ist mithin das zentrale generalisierte Symbol, das die „affektive Bindung" an (Münch 1982: 618) und die „emotionale" Verpflichtung auf die „Heiligkeit" lokal verankerter Solidarprinzipien ausdrückt.[41] Selbst die evangelische Kirche lagert mitunter ihren Gottesdienst an den Standort dieses Stadtmonuments aus – etwa im Zusammenhang mit einem Gedenkgottesdienst anlässlich des 20. Jahrestags der Reaktorkatastrophe in Tschernobyl (vgl. Salzgitter-Zeitung vom 26. 04. 2006). Das Ethos wird in den Nachkriegsjahrzehnten in Salzgitter nicht enttäuscht, sondern immer dort erfahrbar, wo ein auf gemeinsamer Lage basierendes Zusammengehörigkeitsgefühl die Stadtgesellschaft für Themen und Probleme rund um die „Soziale Frage" mobilisiert, die die Leitdifferenz der Figuration von Arbeit und Kapital markiert. In diesen Kontext gehören etwa Demonstrationen gegen Privatisierungsbemühungen der staatlichen Salzgitter AG oder Proteste gegen den Abbau von Arbeitnehmerrechten. Arbeitsniederlegungen als Protest gegen eine Vielzahl bundespolitischer Entscheidungen kommen hinzu (vgl.

---

[40] Die Integration der amerikanischen Gesellschaft haben Parsons/White (1961) vor allem im institutionalisierten Individualismus erblickt.

[41] „Symbole, insbesondere diejenigen, die wir als Kollektivsymbole bezeichnen, sind immer wieder neu zu bestätigende Produkte und Instrumente menschlicher Arbeit *an* und *mit* den Bedingungen des Zusammenlebens in Gruppen, Gemeinschaft und Gesellschaft. In dieser Hinsicht konstituieren Kollektivsymbole das Gefühl der Gemeinschaft ebenso, wie sie deren (Kollektiv-)Bewusstsein und Fortbestehen zu sichern helfen" (Soeffner 2000: 200).

Eckardt 2003). In den letzten Jahren scheint der etablierten Solidaritätskultur aber das Identität stiftende Gegenüber abhanden zu kommen, die entsprechenden mobilisierungswirksamen Themen verschwinden zwar nicht, ebben jedoch ab.

Die durch weite städtische Räume bedingten polyzentralen Sozialräume und die im lokalen Fordismus sedimentierte moralische Ordnung der Stadtgesellschaft ergeben einen spezifischen Kontext der Bivalenz, die der möglichen Entstehung fester Rangordnungsgrenzen zwischen alt- und neueingesessenen Gruppen entgegenwirkt.[42] Die moralische Ordnung der Stadtgesellschaft ist durch das Ideal der proletarischen Solidarität einer in dieser Stadt starken Arbeiterbewegung geprägt worden, die sich gegenüber ethnischkulturell unterschiedlichen Zuwanderergruppen aufgeschlossen zeigt. Andererseits gab es für die im polyzentrischen Nebeneinander angesiedelten Immigrantengruppen – jede Zuwanderungswelle besetzte ihre eigenen Räume – buchstäblich weniger Gelegenheiten, sich auf zentralen Räumen durch hierarchiewirksames Ausweichverhalten auf sozialen Abstand zu bringen. Die universalistische moralische Ordnung und die ausgedehnte Stadtgeographie ergänzten sich in ihrer Integrationswirksamkeit in für Salzgitter charakteristischer Weise. Vor dem Hintergrund dieses Kontextes wird mit Blick auf den Tod des ausgesiedelten Jugendlichen von der Hand eines jugendlichen Gastarbeiternachfahren deutlich, dass er nicht laut eskaliert und keine Intergruppenkonflikte auslösen konnte.

[42] Die Begegnung migrationsbezogener Gruppen im Wohnumfeld und die Veränderung gruppenbezogener Rangordnungsverhältnisse ist häufig eine strukturelle Mitursache von manifesten Gruppenkonflikten.

4 Fallstudien

4.1 Integration Top-down: Die »Soziale Stadt« in Salzgitter-Fredenberg

Wie rückt die Soziale Stadt in das Gesichtsfeld des Feldforschers? Dazu ein Auszug aus dem Forschungstagebuch, in dem der erste Besuch Salzgitter-Lebenstedts festgehalten ist.

4.1.1 Von Bielefeld nach Salzgitter

(Auszug aus dem Forschungstagebuch)
Um es gleich vorweg zu sagen, Salzgitter liegt im toten Winkel des deutschen Eisenbahnnetzes. Der Beamte am Fahrkartenschalter im Bielefelder Hauptbahnhof macht viele Anläufe und berechnete mehrere Routen und dennoch war jetzt um 8:30 Uhr keine schnellere Verbindung zu haben als eine etwa dreistündige Fahrt, die dreimaliges Umsteigen erforderte. Bielefeld-Hannover-Braunschweig-Lengede-Lebenstedt (Lebenstedt ist der größte Stadtteil Salzgitters und vom Bahnhof der Nachbarstadt Lengede schneller zu erreichen als vom Bahnhof Salzgitter-Bad). Von Lengede hätte ich ein Taxi nehmen müssen, – hätte, denn ich kam nicht in Lengede an. Schon der erste Zug hatte Verspätung. Knapp bekam ich den Anschlusszug nach Braunschweig. Dort aber verpasste ich wg. Verspätung den alle zwei Stunden abfahrenden Nahverkehrszug nach Lengede, das in unmittelbarer Nähe zu Lebenstedt liegt. Daraufhin fahre ich mit einem Bus vom Busbahnhof in Braunschweig (Linie 601, Bussteig A) direkt nach Lebenstedt. (...) Schließlich steige ich um kurz nach 11:00 Uhr an der Ecke Berliner Str./Chemnitzer Straße aus. Die Chemnitzer Straße durchschneidet das Zentrum Salzgitter-Lebenstedts und ist schon nach wenigen Metern eine reine Fußgängerstraße. Es ist gerade Wochenmarkt. Der erstreckt sich über beinahe die gesamte Chemnitzer Straße, über mehrere hundert Meter. Hier im Zentrum fällt mir auf, dass in größeren räumlichen Abständen zueinander 5-, 7- und 9-stöckige Hochhäuser stehen, welche die Masse der ein bis dreistöckigen Häuser überragen. Das wirkt so auf mich, als hätte ein Riese planlos Bauklötze auf die grüne Wiese gestellt. Vertikale (Hochhäuser) und horizontale Architektur-Elemente (Reihenhäuser, Mietblocks mit zwei bis drei Stockwerken) und Geschäftszeilen wechseln in Salzgitter häufig und in einer solch aufgelockerten Weise, dass sie im Vergleich zu anderen Städten einen Überfluss an Nutzungsfläche erkennen lassen. Auf dem Wochenmarkt sehe ich kaum „türkische Stände"; ich zähle insgesamt nur drei. An einem Stand bietet eine ältere Dame günstige Damenbekleidung für ältere Jahrgänge feil. Eine Kopftuchtürkin, die ich

zunächst für eine Kundin halte, geht ihr zur Hand, indem sie Pullover faltet und stapelt, während sich die erstgenannte Verkäuferin freundlich mit einer Kundin unterhält. Ich bin erstaunt über diese Zusammenarbeit, aber offenbar macht sie Sinn, denn, wie ich mit der Zeit bemerke, stammt ein nicht unerheblicher Teil der Kundschaft aus der Türkei. Was sich die beiden wohl außerhalb des Arbeitsprozesses zu sagen haben? Angesichts der stumm bleibenden verlegen lächelnden Türkin, gehe ich davon aus, dass es sich hier um eine eher ökonomisch-arbeitsteilige Zweckbeziehung handelt.
Ich gehe die Chemnitzer Straße weiter und komme am Sitz der PSI-WAG (Preussag Immobilien und Wohnungsbau AG) vorbei. Spontan trete ich ein und erkundige mich an der Information, ob und wo man nach Mietwohnungen fragen kann. Sie nennt mir den Herren N. Bei dem fülle ich ein Formular aus, mit dem ich mich um eine kleine unmöblierte Wohnung mitten in Lebenstedt bewerbe (möblierte gibt es leider nicht). Von ihm erfahre ich, dass sich Aussiedler insbesondere am Teichwiesenweg, an der Reppnerschen Straße sowie vor allem in Fredenberg – einem Ortsteil von Lebenstedt – konzentrieren. Und, dass Fredenberg in der Bund-Länder-Gemeinschaftsinitiative „Soziale Stadt" ist. Was ist die „Soziale Stadt"?
Als ich wieder auf die Chemnitzer Straße komme, fällt mir ein Gemüsestand auf, der von Türken oder von Roma betrieben wird. Ein Mann hinter den Auslagen trägt eine Trainingsjacke auf deren Rückseite „Fortuna Lebenstedt" aufgedruckt ist. Das ist also ein Sportverein, der zumindest für Roma oder Türken offen ist. Ich gehe die Chemnitzer weiter bis zum Ende. Dort trifft die Chemnitzer Straße auf eine vierspurige Allee und endet an einem größeren Platz. Aber ist das wirklich ein Platz? Angesichts der überaus großzügigen Räume in Salzgitter-Lebenstedt weiß man nicht immer, ob man es mit einem Platz oder einfach nur mit extensiv oder kaum genutzten Flächen zu tun hat.
Wie dem auch sei. An diesem Platz steht das Rathaus und hier befindet sich auch das Gesundheitsamt, die Stadtteilbibliothek, nebst größerem Parkplatz, an den wiederum ein Grünstreifen anschließt, der dann in Richtung Neuapostolische Kirche und weiter zum Salzgitter See führt. In der Bibliothek leihe ich einige Bücher über die Stadt Salzgitter aus, lese etwas darin und gehe wieder über die Chemnitzer Straße zurück ins Zentrum. „An den Blumentriften" beziehungsweise vom dort befindlichen zentralen Denkmal aus, lasse ich meinen Blick über die Geschäftszeilen schweifen und sehe: Spielwarengeschäft, Bäckerei, Konditorei, Parfümerie Douglas, Nordsee-Restaurant, Optiker, Apotheke, Schuhgeschäft Deichmann, den Eingang zu einer „Stadt-Passage" (wo unter anderem ein Reformhaus, eine Bäckerei und ein Gemüsegeschäft untergebracht sind), eine Damenbekleidungsboutique namens Miriam, die offenbar hochwertige Mode anbietet etc. Während der obligatorische „Antalya-Grill" hier ein wenig türkisch-stämmige Infrastruktur sichtbar macht, erkennt man nicht ein einziges „polnisches" oder „russisches" Geschäft. Insgesamt erinnert mich die Geschäftszeile an die kleinen touristischen Einkaufszeilen auf den Kanarischen Inseln. Hier im

Fußgängerzentrum Lebenstedts ist alles etwas kleiner als in einer Großstadt aber keineswegs nur billig oder gar heruntergekommen. So nehme ich nicht einen einzigen Räumungsverkauf oder überhaupt irgendeinen Leerstand wahr. Als ich die City-Passage durchquert habe, komme ich an der Albert-Schweitzer-Straße an – eine dieser alleeartigen Hauptstraßen, die zumindest jetzt in der Mittagszeit nicht gerade dicht befahren sind und bei mir die Assoziation hervorrufen, als kleidete sich die Kleinstadt in die viel zu weiten Gewänder einer Großstadt; ganz so, wie man es manchmal bei Kindern sieht, deren Sehnsucht erwachsen zu sein, die viel zu großen Kleidungsstücke nicht ausfüllen kann.

Dem Eingang/Ausgang der Stadtpassage gegenüber liegt das Apollocenter, das sich offensichtlich an den kleinen Geldbeutel wendet. Ein Textildiscounter, ein Kino und ein Eiscafé und tatsächlich der erste Leerstand sind zu verzeichnen. Das Apollocenter ist nicht gerade einladend. Ich frage nach dem Bahnhof Salzgitter-Lebenstedt, und obwohl man mir dessen Lage genau beschreibt, kann ich ihn nicht erkennen. Als ich ankomme, wird mir klar warum: der Bahnhof besteht aus einem einzigen Gleis und einem einzigen Bahnsteig, der durch eine Fußgängerbrücke zu erreichen ist, die, wenn man sie bis zum Ende geht, in den „Stadtpark" führt. Ein Unterstand für die Fahrräder der Pendler in Richtung Braunschweig zeigt an, dass hier tatsächlich auch einmal Fahrgäste eingestiegen sein müssen. Außer mir wartet noch ein Passagier auf den Zug. Ein kleiner Unterstand aus Stahlbeton dient ihm als Schutz gegen das regnerische Wetter. Die S-Bahn pendelt alle zwei Stunden von hier nach Braunschweig und zurück. Eine Verbindung zu dem 15 Kilometer entfernten Bundesbahnhof Salzgitter-Bad gibt es nicht. Nicht einmal Gleise.[43] Da der Zug erst in einer Stunde kommt, gehe ich, einen etwas direkteren Weg nehmend, noch einmal in Richtung Fußgängerzentrum. Ich blicke auf das „Citytor Center", das mit großen Reklamelettern für sich wirbt: „Hier beginnt der Einkaufsspaß". Das Citytorcenter, ein kleines Einkaufscenter, besteht aus einem Treppenhausrondell, von dem eine aus Glas und Stahl gebaute Brücke in ein größeres Gebäude führt, in dem offenbar ein Multi-Kino untergebracht ist. Unter der Brücke befindet sich das Tor. Im Erdgeschoss des Einkaufszentrums hat gerade ein chinesischer Imbiss geöffnet. Ein Supermarkt namens Mäc Geiz zeigt an, das auch dieses kleine Einkaufszentrum nicht zur feinsten Adresse Lebenstedts gehört.

Später lese ich in den ausgeliehenen Büchern der Stadtbibliothek die mir etwas euphemistisch erscheinenden Ausführungen zur stadtgeographischen Eigentümlichkeit Salzgitters. Demnach entspreche Salzgitter dem „... Modell der gegliederten und aufgelockerten Stadt [...] mit einem mehrkernigen Siedlungsgefüge ... jeweils in sich abgeschlossene Wohnbezirke" (Gruber 1985:

43 Im Laufe des Aufenthalts in Salzgitter-Lebenstedt erfahre ich, dass es in der Vergangenheit eine Bahnverbindung zwischen Lebenstedt und Salzgitter-Bad zum Zwecke der Personenbeförderung lediglich in Form des sogenannten „Hüttenflitzers" gegeben hat, der die Stahlarbeiter aus dem Süden der Stadt ins nördlich gelegene Werk befördert hat. Und selbst die heutige Personennahverkehrsverbindung zwischen Salzgitter-Lebenstedt und Braunschweig existiert nur, weil sich in den 1990er Jahren die Firma IKEA mit einem Distributionszentrum am Rande dieser Streckenführung ansiedelte und die Schiene als Transportweg nutzt.

15). Die Wohnbezirke, also zum Beispiel Lebenstedt, seien von Grünflächen umgeben, die zum Teil land- und forstwirtschaftlich genutzt werden könnten und potentielle Gewerbe- und Industrieflächen darstellten. Daneben seien die Wohnbezirke auch von schon bestehenden ausgedehnten Gewerbegebieten beziehungsweise Industrieansiedlungen umgeben. Weiträumigkeit ist aus der Sicht der Modernisierer der 60iger bis 80iger Jahre gerade das besondere Potential Salzgitters. Doch was den Planern, deren antizipierender Blick auch noch die größten Räume ausfüllt, als Weiträumigkeit erscheint, das erscheint mir als unausgefüllte Fläche beziehungsweise als Leerstand einer stockenden Urbanisierung. Dieser Eindruck wird noch verstärkt als ich lese, dass die Bevölkerung Salzgitters seit Jahren abnimmt.

4.1.2 Die Soziale Stadt vor Ort – Fuß fassen

Der erste Besuch bei der „Sozialen Stadt" in Salzgitter-Fredenberg ist im folgendem Auszug aus dem Forschungstagebuch festgehalten.

> (Auszug aus dem Forschungstagebuch)
> Mitte März 2005 sind meine Kollegin und ich zu einem Gespräch mit einem Mitarbeiter der Sozialen Stadt im Stadtgebiet Fredenberg verabredet. In einem carreeartigen, mehrstöckigen, schmucklosen, aus Betonbauklötzen errichteten Zentrumsareal hat die Soziale Stadt ein kleines „Stadtteilbüro" eingerichtet. Wir gelangen, nachdem wir eingetreten sind, zunächst in einen größeren Raum mit einer Art Empfangstresen gleich links, auf dem Flyerstapel und Programmzettel ausliegen. Der hintere Teil des Raums ist mit flachen Büromöbeln, Schränken und einem großen Schreibtisch mit Computer und Arbeitsplätzen ausgestattet; auf der gegenüberliegenden Seite stehen zwei bistroartige Tische. Daran schließt sich ein kleiner Raum, der durch eine große Fensterfront mit dem ersten zugleich abgetrennt und verbunden ist; die drei übrigen Wände dieses Raums sind mit Kartenmaterial und Zeichnungen behangen, ein großer Tisch ist in seiner Mitte aufgestellt. Hier nehmen wir Platz, und wir kommen ins Gespräch. Da meine Kollegin das Bund-Länderprogramm Soziale Stadt aus ihrer eigenen beruflichen Praxis kennt, bekommt unser Treffen einen Insidercharakter; hier wird die gleiche Sprache gesprochen, eine Fachsprache, von der ich nicht viel verstehe.
> An der mir gegenüberliegenden Wand ist ein Stadtplan von Fredenberg angebracht, mit einer dicken schwarzen Linie wird innerhalb des Stadtgebiets noch einmal ein Gebietsteil (sein Zentrum) eingekreist; später bemerkt Herr Kemper (Name geändert), dass diese Linie – er bezeichnet sie als „Trauerrand" – das engere Sanierungsgebiet der Sozialen Stadt markiert, jenes Gebiet, auf das sich die Aktivitäten des urbanen Erneuerungsprogramms erstrecken. Nicht um das gesamte Fredenberg gehe es, sein Eigenheimbestand bliebe vom „Einzugsbereich" der Sozialen Stadt ausgespart. Dieser umfasse vor allem den Bestand an Mietwohnungen in den zentrumsnahen Plattenbauten.
> Herr Kemper ist seit Anfang 2002 in Salzgitter-Fredenberg tätig. Als Stadtplaner ist er zusammen mit dem Sozialarbeiter Herrn Behre (Name geändert) mit der Umsetzung des urbanen Erneuerungsprogramms Soziale Stadt beschäftigt. Auch

gehört Frau Falk (Name geändert) zum Team, die eine im Rahmen der Sozialen Stadt entstandene und herausgegebene stadtteilbezogene Zeitung redaktionell betreut. Beide Personen werden wir bald kennen lernen.

Herr Kemper kommt von einem in Dortmund ansässigen Stadtplanungsunternehmen. Nachdem Salzgitter 2001 ins Bundesprogramm Soziale Stadt aufgenommen wird, beginnen seine Mitarbeiter im folgenden Jahr ihre Arbeit im Stadtgebiet Fredenberg zunächst mit der Eröffnung eines kleinen Büros auf dem Areal eines mittlerweile in die Jahre gekommen Einkaufszentrums. Gleichzeitig suchen sie im Stadtteil nach lokalen Partnern, um vor Ort Fuß zu fassen.

Den Mitarbeitern der Sozialen Stadt rückt bei dieser Suche zunächst ein mit soziokultureller Arbeit befasster Akteur ins Gesichtsfeld (das Fredenberg-Forum), der seit langem in Fredenberg ansässig ist und ihnen gewissermaßen ein ideales Kooperationsmodell nahe legt.

„Eine Zusammenarbeit angestrebt“ (Interview mit Herrn Kemper)

„Wir haben dann eine Zusammenarbeit mit dem Fredenberg-Forum angestrebt. Das Fredenberg-Forum sitzt hier nebenan; ist ein Gemeinwesenträger, der hier seit 15, 18 Jahren tätig ist; ist überparteilich[44]. War ursprünglich mal angedacht als ein wirkliches Fredenberg-Forum im wahrsten Sinne des Wortes (...) Haben dann auch sehr intensive Kontakte mit denen gehabt und sind eigentlich angetreten, eine Kooperation zu machen: also das Stadtbüro mit seinem externen Know-how zusammen mit dem Fredenberg-Forum mit seinen vielen Jahren, die es vor Ort tätig ist.“

Diese zusammenarbeitsbezogene Wunschkonstellation wird jedoch vorerst enttäuscht. Die im Interviewzitat gemachten Relativierungen – „eigentlich“, „ursprünglich“ – deuten an, dass das Fuß-Fassen der Sozialen Stadt mit Problemen und Widerständen zu tun hat. Warum das so ist, darauf wird später eingegangen werden. Die Suche der Sozialen Stadt nach einem institutionengestützten Bündnis mit alteingesessenen aktiven Akteuren endet erst einmal als ein personengestütztes: Ein seit mehreren Jahren mit soziokultureller Arbeit befasster Mitarbeiter des Fredenberg-Forums wird zukünftig bei der Sozialen Stadt mitarbeiten und ist dort mit der sozialraumbezogenen Integrationsarbeit befasst, die als soziokulturelle Projektarbeit organisiert ist.

„was übrig geblieben ist“ – personengetragen statt akteursgetragen (Interview mit Herrn Kemper)

„Die Zusammenarbeit zwischen uns als Stadtbüro und dem Fredenberg-Forum ist dann, sag’ ich mal, nur zum Teil gelungen; die Person Herr Behre

---

44 Ein angestrengtes Bemühen, das Fredenberg-Forum als eine nicht parteilich gebundene Einrichtung darzustellen, beobachten wir während unserer Feldforschung bei sämtlichen Akteuren, die im Forum oder an seinem Rande aktiv sind.

ist das, was übriggeblieben ist. Also: es gibt keine Kooperation zwischen Stadtbüro und Fredenberg-Forum."[45]

Probleme und Widerstände stellen sich den Mitarbeitern der Sozialen Stadt auch mit Blick auf den Zugang zu den Fredenberger Quartiersbewohnern. So wollen die Programmverantwortlichen die lokale Anwohnerschaft etwa in die Planung baulicher Erneuerungsmaßnahmen einbeziehen. Wider besseren Wollens will die Beteiligung der Bewohner jedoch nicht vom Fleck kommen: „Also das ganze Thema ‚Beteiligung' ist einfach schwierig. (...) Wir versuchen schon so Beteiligungsstrecken hinzukriegen; aber es ist echt ganz, ganz schwer an die Bewohner direkt ranzukommen" (Herr Kemper). Den Grund für solche Probleme des Einbezugs sehen sie in der sozialen Randständigkeit eines Teils der Quartiersbewohner, die erhebliche Schwierigkeiten mit der Bewältigung ihres praktischen Alltags hätten.[46] Dieses Defizit in Sachen Bewohnerpartizipation lässt die Mitarbeiter der Sozialen Stadt aber nicht resignieren. Zwar sind sie wegen der nur mangelnden Mobilisierungsfähigkeit der Bewohner enttäuscht, geraten dadurch jedoch nicht in besondere Not. Vielmehr vollziehen sie eine Abkehr vom (apriorischen) Ziel der Bewohnerbeteiligung und eine Hinwendung zur sogenannten „Akteursbeteiligung" oder auch „akteursgetragenen Bewohnerschaft" (Herr Kemper). Akteursbeteiligung meint den Einbezug nicht mehr unmittelbar der Quartiersbewohner, sondern korporativer Stadtteilakteure beziehungsweise jener, die an der Schnittstelle von korporativer und Lebenswelt wirken, in die durch die Soziale Stadt ersonnen Maßnahmen und Aktivitäten. Der hier beschrittene Weg von der unmittelbaren Bürgerbeteiligung hin zur Akteursbeteiligung mündet in einem „Akteursnetzwerk", das nach den Vorstellungen der Sozialen Stadt am sozialen Zusammenhalt im Fredenberg arbeiten soll.

Gleichwohl hat sich das Thema einer direkten, unmittelbaren Bewohnerbeteiligung aus Mitarbeitersicht damit aber nicht gänzlich erledigt. Trotz der Erfahrung einer nur begrenzten Partizipations- und Mobilisierungsfähigkeit der Stadtteilbevölkerung und trotz der Delegation des

---

45 Im lokalen Klatsch wird kolportiert, dass auf das Dortmunder Stadtplanungsunternehmen durch die Kommune Salgitter erheblicher Druck ausgeübt worden ist, mit dem Fredenberg-Forum zusammenzuarbeiten. Ein Mitarbeiter eines in Fredenberg tätigen Wohnungsunternehmens äußert mir gegenüber, dass Planungsunternehmen sei durch die Kommune aufgefordert worden, einen Mitarbeiter des Fredenberg-Forums, Herrn Behre, einzustellen. Das Fredenberg-Forum erhält aus dem städtischen Etat Geldressourcen, die in den letzten Jahren immer knapper wurden. Aufgrund von Etatkürzungen hat Herr Behre nur noch eine 50%-Stelle beim Fredenberg-Forum, die er nun mit einer halben Stelle bei der Sozialen Stadt aufbessern kann. „Deswegen hat er jetzt praktisch zwei Arbeitgeber" (Herr Kemper).

46 „Wir sind hier halt nicht, wie in gründerzeitlichen Häuserbereichen, wo halt, sage ich mal, auch Studenten wohnen; sondern ich glaub einfach, die Sozialverhältnisse in Fredenberg sind schlecht, und die Leute haben sehr viel mit ihrer eigenen direkten Umgebung und mit ihrer eigenen Lebensbewältigung zu tun" (Herr Kemper).

Beteiligungsgebots an die korporativen Stadtteilakteure halten sie am ursprünglichen Anspruch fest: „Wir denken: Die Bewohnerbeteiligung muss erhöht werden“ (Herr Behre). Über den Weg der korporativen Stadtteilakteure gelingt zwar der Einbezug der Quartiersbewohner in die Planung baulich-physischer Erneuerungsmaßnahmen, jedoch bleibt dies die Ausnahme. Der Anspruch der Sozialen Stadt eines umfassenden Einbezugs der Bewohner in eine ganzheitliche, komplexe Erneuerungs- und Entwicklungsstrategie des Stadtgebiets bleibt uneingelöst. Der für Planungsfragen zuständige Mitarbeiter der Sozialen Stadt sieht in der Umstellung von der Bewohnerbeteilung auf die Akteursbeteiligung rückblickend auch ein Defizit („Manchmal bedauern wir das“), denn viele von Sanierungsmaßnahmen betroffene Quartiersbewohner werden (weiterhin) nicht erreicht. Der umfassende Bewohnereinbezug bleibt der „Anspruch, den wir natürlich auch..., ja, wo wir auch hinterherlaufen, uns bemühen. Es gelingt auch mal mehr und mal weniger, aber es ist auch einfach ganz schwierig“ (Herr Kemper).

Der Sozialarbeiter der Sozialen Stadt identifiziert mit Blick auf die Beteiligung der Quartiersbewohner an der Entwicklung des Stadtgebiets ein anderes Problem: es fehle ein lokales Zusammengehörigkeitsbewusstsein. Daher müsse so etwas wie ein auf den Sozialraum bezogenes Zugehörigkeitsgefühl unter den Quartiersbewohnern befördert werden[47], dann würden sich die auch für die Angelegenheiten ihres Stadtteils interessieren und sich ihnen widmen. Die Herstellung eines kollektiv geteilten Zu- beziehungsweise Zusammengehörigkeitsgefühls wird zum Rezept, eine die Belange des Quartiers und Fragen seiner Entwicklung anpackende Stadtgesellschaft zu kreieren.[48] Sozialräumliche Identität erscheint dem Quartiersmanager als Motor, der die Bewohnerschaft wie einen Überbau in Bewegung setzt. Schließlich hätte, so Herr Behre, ein sozialraumbezogenes Wir-Gefühl besondere integrative Effekte.

---

[47] „Eines der größten Probleme, die der Fredenberg hat, ist die fehlende Identität“ (Herr Behre). Dieses Defizit wird von den Mitarbeitern der Sozialen Stadt mitunter aus den geographisch-physisch-baulichen Gegebenheiten des Quartiers abgeleitet. So sind die Verantwortlichen auch Mit-Autoren des federführend bei der Stadt Salzgitter angesiedelten „Integrierten Stadtentwicklungs- und Handlungskonzept der Stadt Salzgitter ISEK“. In ihm liest man: „Vor allem im Westen sind in den 80er- und 90er-Jahren neuere Geschosswohnungsbauten und Einfamilienhausgebiete bis nahe an den Feuchtbereich der Flote heran entstanden. In ihrer additiven Setzung und unterschiedlichen architektonischen Qualität und Ausprägung tragen sie nichts zur Stärkung des Ortsgefüges von Fredenberg bei und verhindern dadurch eher die Entwicklung einer positiven gesamtfredenberger Identität, die dieser Stadtteil dringend braucht“ (Stadt Salzgitter (ohne Jahr): Integriertes Stadtentwicklungs- und Handlungskonzept der Stadt Salzgitter ISEK: 62).

[48] In der Stadtplanung ist das eine alte Idee. In den späten 1920er Jahren entwickelt der amerikanische Stadtplaner Clarence Perry das Konzept der „Neighborhood Units“ mit dem Ziel, aktive Nachbarschaften zu schaffen. Der Grundgedanke des Konzepts besteht in der Annahme, dass derjenige, der sich mit dem Nahraum identifiziert, sich auch für ihn engagiert. Dieser Gedanke wurde schließlich 1933 in das Manifest des städtebaulichen Funktionalismus, in die Charta von Athen aufgenommen.

Die vermeintliche Verbindung von Identität und Integration hat Konsequenzen: sie lässt die Akteure der Sozialen Stadt bezweifeln, ob die Integration einer von unterschiedlichen Herkunftsgruppen geprägten Stadtgesellschaft über die unmittelbare Interaktion dieser Gruppen überhaupt gelingen kann. „Es geht nicht um die Menschen; allein über die Menschen selbst wird es noch lange dauern. Wir müssen Möglichkeiten finden, die Akteure zu gewinnen, um dann dadurch auch die Menschen mitzuziehen.“ (Statt auf Begegnung und Interaktion setzt die Soziale Stadt also auf eine Art wohlmeinende Anwaltschaft). Dieser Weg zu einer integrierten Quartiersgesellschaft führt erst einmal über die Vernetzung der im Stadtquartier wirkenden Akteure.

Im Sinne eines integrierten, ganzheitlichen Ansatzes verknüpfen die vernetzungsbezogenen Aktivitäten der Sozialen Stadt die korporativen Akteure der Stadtgesellschaft zu einem übersektoralen Netzwerk. Zum Zweck des gegenseitigen Austauschs und der gegenseitigen Information, der Koordination und Organisation von stadtteilbezogenen Projekten und Maßnahmen initiiert sie mehrere sogenannte „Arbeitskreise“ (AKs), in denen eine Vielzahl lokaler Akteure aus den Bereichen Kultur, Politik, Bildung und Wirtschaft in einer für das Stadtteilmanagement handhabbaren Größe aggregiert werden (vgl. Figur 3). So gibt es etwa einen „Arbeitskreis Kinder und Jugend“, in dem lokale Schulen und Kindertagesstätten sowie die entsprechenden kommunalen Fachämter vertreten sind, einen „Arbeitskreis Wohnungswesen“ mit Wohnungsunternehmen und Fachämtern, einen schulenbezogenen Arbeitskreis sowie einen die Stadtteilzeitung betreffenden und schließlich einen projektebezogenen Arbeitskreis. Die Vernetzungsaktivitäten der Sozialen Stadt konstituieren über diese Arbeitskreise hinaus auch eine sogenannte „Akteurskonferenz“, einen „Bewohnerstammtisch“ sowie eine „Bewohnerkonferenz“. Zudem ist das Quartiersmanagement der Sozialen Stadt mit dem kommunalen Referat „Soziale Stadt und Sanierung“ sowie mit der „Arbeitsgemeinschaft San“ verbunden, in der unterschiedliche kommunale Fachämter miteinander kooperieren (Jugendamt, Sozialamt/Arge, Planungsamt, Schulamt, Gartenamt); über beide (Referat Soziale Stadt sowie AG San) – sowie über einen in der Kommunalpolitik eingesetzten interfraktionellen Arbeitskreis – sind die Stadtbüromitarbeiter mit kommunalpolitischen Entscheidern beziehungsweise Entscheidungsstrukturen verbunden.

Die Vernetzungsaktivitäten der Sozialen Stadt machen zweierlei deutlich: aufgrund der Tatsache, dass ganz unterschiedliche Akteure nun in der neu ersonnenen Konstellation von „Arbeitskreisen“ und der „Akteurskonferenz“ zusammenfinden, entwertet der vernetzungsbezogene ganzheitliche Ansatz der Sozialen Stadt das bisherige institutionelle Arrangement eines eher sektoralen Denkens und Vorgehens: Vernetzung bedeutet für die Akteure der Sozialen Stadt die Schaffung eines übersektoralen korporativen Akteursnetzwerks. In einem Organigramm werden diese Vernetzungsaktivitäten dargestellt und über ein ständiges Büro („Stadtbüro Fredenberg“) lokal inszeniert.

Abbildung 3: Organigramm der Sozialen Stadt Salzgitter-Fredenberg (Quelle: Soziale Stadt Salzgitter-Fredenberg 2005: 11)

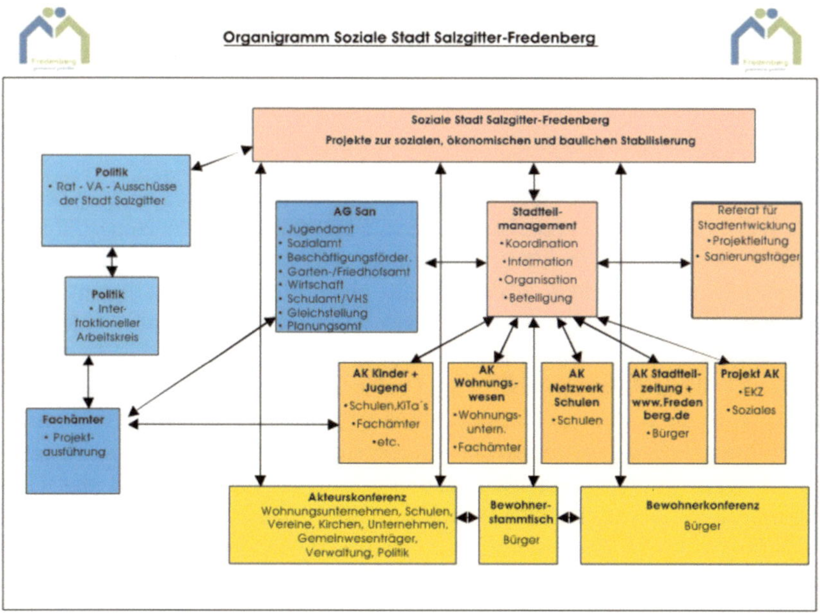

Diese vernetzte korporative Welt ist jene, in der die Akteure der Sozialen Stadt schließlich persönliche Anerkennung für ihre Arbeit erfahren. Etwa werde ihrer Arbeit im interfraktionellen Arbeitskreis durch Lokalpolitiker soziale Wertschätzung entgegengebracht, die zugleich immer auch ein Vorschuss zur Realisierung (Bewilligungen) zukünftiger Projektvorhaben sei. Insbesondere der „enge Draht“ (Herr Behre) zum Oberbürgermeister und der „Zugriff“ auf kommunale Ämter und Fachdienste beschreibt die Integration einer korporativen Welt, die sich einig weiß und gemeinsam von Vorstellungen der Machbarkeit und Steuerbarkeit der Quartiersgesellschaft zehrt.

Gleichwohl stellen sich den Mitarbeitern der Sozialen Stadt auch bei den Vernetzungsaktivitäten Probleme hinsichtlich der Mobilisierung alteingesessener Vereine, was ein gemeinsames Engagement mitunter zu einem mühsamen Geschäft mache. Hinsichtlich der Umsetzung der von der Sozialen Stadt ersonnenen Maßnahmen – in der Hauptsache sind das soziokulturelle Veranstaltungen („Wurzelwerke“, „Der Schatz am Fredenberg“, „40 Jahre Fredenberg – eine Zeitreise“, „Fredenberg ist....“ u.a.) – sei eine ständige Motivierung vieler alteingesessener angeblich veränderungsträger Akteure notwendig, „damit die Akteure, die hier im Augenblick vor Ort sind, dann auch mitziehen“ (Herr Behre).[49]

Ein Teil der im Rahmen der Sozialen Stadt an einen Tisch gebrachten Akteure ist nicht erst seit ihrer Initiierung im Stadtteil aktiv, sondern schon seit mehreren Jahren mit vereinsgetragener Integrations- und Soziokulturarbeit befasst. Das Fredenberg-Forum hat in der Vergangenheit versucht, hier steuernd mitzuwirken in Richtung auf eine Koordinierung der Zusammenarbeit zwischen diesen Akteuren. Mit der Implementation des Bund-Länderprogramms gibt es aus Sicht Herrn Behres, der schon beim Fredenberg-Forum mit dieser Aufgabe betraut war, jedoch bessere Möglichkeiten der korporativen Vernetzungstätigkeit, wodurch „enorm was in Gang gekommen“ wäre: Akteure aus der lokalen Verwaltung, Lokalpolitik, Wirtschaft in einer für alle Beteiligten neuen multilateralen Konstellation an einen Tisch zusammen zu bringen würde unter der Regie der Sozialen Stadt ein besonderes Niveau erreichen[50]. Gleichzeitig stellen sich ihren Akteuren aber auch Probleme: Sie sind dort enttäuscht, wo Institutionen, die als integrationsrelevant eingeschätzt werden, nicht mitmachen können oder wollen (beispielsweise glaubensbezogene Vor-Ort-Einrichtungen) oder wo dem anfänglichen Elan bald die Erschöpfung folgt und das einst geknüpfte Netzwerk zwar noch nominell existiert, jedoch nicht mehr wirksam ist. Beispielsweise existiert in Fredenberg ein Netzwerk der lokalen Schulen, das zum Zwecke verschiedener baulicher Maßnahmen im unmittelbaren Umfeld der Schulen aktiv ist, nach deren Abschluss jedoch nicht mehr sichtbar wird. „Im Augenblick funktioniert dieses Netzwerk nicht mehr, es trägt nicht.“ Das Netzwerk wird hier als eine Art vorübergehendes Zweckbündnis sichtbar, das so lange besteht, wie bestimmte Zwecke verfolgt werden; sind sie erst einmal erledigt, löst sich das Bündnis auf.

An diesem Tatbestand lässt sich das Grundproblem der Mitarbeiter der Sozialen Stadt demonstrieren, das sich ihnen stellt und auf das sich ihre Anstrengungen richten, auf das sie bisher jedoch keine Antwort finden: Wie lässt sich das Engagement von Bündnissen, die einst als anlassbezogene Kooperationen begannen (etwa bei der Sanierung eines Schulhofes) über die bloße Zwecktätigkeit hinaus erhalten? Wie lässt sich Selbstaktivität fremdaktivieren? Durch welche Mittel kann man dafür sorgen, dass Aktivität von selbst anspringt und dauerhaft Bindungen etabliert? „Macht doch mal von

---

49 Der hier verwendete Begriff „mitziehen“ impliziert eine Hierarchie beziehungsweise ein Klientelverhältnis: Jemand der „mitzieht“, schließt sich einer Gruppe oder der Handlung eines anderen an beziehungsweise folgt er einem Führer; insofern ordnet sich der Folgende einem Verhältnis von Führung und Gefolgschaft ein. Der Sozialen Stadt geht es, so gesehen, eher um Gefolgschaftsmobilisierung als um die (propagierte) gleiche Augenhöhe aller Akteure/Akteursgruppen.

50 „Es sind viele Netzwerke entstanden, die sogar ich vorher in zehn Jahren nicht aufbauen konnte, die haben sich hier über die Soziale Stadt auf einmal entwickelt“ (Herr Behre).

selbst `was zusammen!", möchte der Herr Behre den Quartiersakteuren zurufen; vorerst jedoch bleibt es seine Aufgabe, sie zu bestimmten Aktivitäten zu animieren, beispielsweise im Rahmen soziokultureller Veranstaltungen. Der Idealzustand, zu dem die Soziale Stadt die unterschiedlichen Stadtteilakteure hinleiten will, beschreibt sie als „synthetisches Denken" (Herr Behre) – dies ist die Denkform, die verinnerlicht werden müsse, um Prozesse der Selbstaktivierung anzustoßen. Synthetisches Denken heißt für Herrn Behre ganz einfach, dass alle Stadtteilakteure überlegen sollten, mit wem man etwas gemeinsam unternehmen könnte.

Die korporativen Akteure der Stadtgesellschaft in einer neuen Konstellation an einen Tisch zu bringen und Beziehungen zwischen ihnen zu stiften heißt für die Soziale Stadt schließlich auch, sich aus diesem Arrangement wieder zurückzuziehen: das Ziel ist, sich überflüssig zu machen (Herr Kemper). Die Koordination und Vernetzung von mediär wirkenden Akteuren soll irgendwann ohne äußeren Anstoß funktionieren. In der Perspektive der Sozialen Stadt wären das dann die „tragenden Strukturen" (Herr Kemper, Herr Behre), um deren Schaffung es ihr geht.

4.1.3 Empowern nach allen Seiten und Aktivierung der Stadtgesellschaft – die „bürgerlichen Strukturen stärken"

Programmatisches Ziel des Bund-Länderprogramms Soziale Stadt ist die Verhinderung eines nachhaltig wirksamen Downgradings in prekären städtischen Sozialräumen (siehe Leitfaden zur Ausgestaltung des Programms). Das soll erstens durch ihre physisch-bauliche Erneuerung erreicht werden und zweitens durch die Herstellung eines sozialraumbezogenen Zugehörigkeitsgefühls.[51] In der Aktivierung und Beteiligung der eingesessenen Bevölkerung an den gebietsbezogenen Maßnahmen sieht das Programm die dazu geeigneten Mittel.

Das Quartiersmanagement Fredenberg, das mit der Steuerung der Umsetzung dieser Aufgabe betraut ist, berichtet vor allem von imagebezogenen Problemen des Stadtteils. Das Image des Stadtteils sei „saumäßig", er werde als Ort allen Übels betrachtet; denn hier wohnten die sozial Marginalisierten, die Russen, insgesamt die Problemfälle. Auch sei es gerade die schiere Masse der spätausgesiedelten Zuwanderer im Stadtteil, die aus der Entfernung anderer Stadtteile beziehungsweise ihrer Bewohner bedrohlich wirke und Furcht

[51] Die im Programm geforderte stärkere Identifizierung der Bewohner mit ihrem Quartier wird durch die Programmverantwortlichen folgendermaßen dargestellt: „Und neu ist, dass mit dem Programm Soziale Stadt nicht nur finanziell Kapital von außerhalb des Quartiers zur Verfügung gestellt wird, sondern dass versucht wird, sozusagen einen neuen Typ von Sozialpolitik zu betreiben, der stärker als Identitätspolitik zur Bildung von Sozialkapital innerhalb des Quartiers zu verstehen ist" (Franke/Löhr/Sander 2000: 261).

wecke[52]. In der Tatsache der residenziellen Konzentration der Aussiedlergruppe in Neufredenberg sieht insbesondere die lokale Administration dringenden Handlungsbedarf:

> ***„Seht zu, die Stadtteile müssen zusammenwachsen!“*** (Interview mit Herrn Kemper)
>
> „Es ist, denke ich mal, diese sehr massive Ansammlung von einer ethnischen Gruppe, die glaube ich, als ‚bedrohlich‘ erscheint für irgendwelche anderen Gruppen; vielleicht auch für die Dörfer, ich weiß nicht für wen. Aber ich glaube, das ist erst mal ein riesengroßes Problem. Und unsere wichtigste Aufgabe – am Anfang wurde uns das gesagt – ‚Das ist eure Aufgabe: Seht zu, die Stadtteile müssen zusammenwachsen.‘“

Der Kommune wird heute vorgeworfen, mit der Zuwanderung Russlanddeutscher ein Ballungsgebiet für Aussiedler gebaut zu haben. Tatsächlich waren die errichteten Wohnblöcke von Beginn an für die Unterbringung der Aussiedler vorgesehen[53], die bis dahin in Notunterkünften haben leben müssen. Jedoch ließe sich das schlechte Image nicht allein auf den Zuzug der Aussiedlerklientel zurückführen. Vielmehr, so Herr Behre, hafte dem Stadtteil seit seiner Gründung in den 60er Jahren ein problematisches Image an[54]; dafür sei etwa das als kriminell definierte deviante Verhalten von lokal agierenden Jugendgruppen (insb. in den 1970ern) verantwortlich, insbesondere aber seine rein visuelle Wahrnehmung: aus der Ferne ist der Stadtteil über mehrere sogenannte „Dreipunkthäuser“ wahrnehmbar, zwölfgeschossige schwarz verkleidete, wie Stelen wirkende Wohntürme in Altfredenberg unweit des Schulzentrums, deren finstere Gestalt bei dem sich Nähernden negative Phantasien wecken würde. Die

52 Im benachbarten Lebenstedt vermutet eine Interviewpartnerin sogar, dass in Fredenberg Waffen getragen werden.

53 Wie in anderen Städten auch wurde der Bau dieser Wohnanlagen mit Fördermitteln unterstützt. Zur Übersicht über die Praxis der Bauförderung im Zusammenhang mit dem Aussiedlerzuzug in die Bundesrepublik Deutschland siehe die Zeitschrift „Informationen zur Raumentwicklung“, Heft 5/1989.

54 Die Akteure der Sozialen Stadt gehen von einem von den Quartiersbewohnern selbst verschuldeten schlechten Image aus. Zu den Mechanismen der Erzeugung diesbezüglicher Schuldgefühle und eines schlechten Gewissens gehört die Konfrontation der Quartiersbewohner mit dieser Deutung eines Selbst-Schuld-Seins: „Daran zu arbeiten halte ich für einen der wesentlichsten Punkte: den Leuten bewusst zu machen, dass dieser Stadtteil auch durch sie selbst in dieses Image gerannt ist sozusagen, dass sie ihrer eigenen Verantwortlichkeit dabei bewusst werden...“ (Herr Behre). Diese Deutung beziehungsweise diese Sicht der Wirklichkeit findet bei den Quartierbewohnern jedoch keine Anerkennung: Etwa reagieren die Besucher eines von der Sozialen Stadt initiierten Bewohnerstammtischs eher ablehnend auf solche (erstaunlicherweise) offen vorgetragenen Diagnosen und halten sie für wenig fundiert in der sozialen Wirklichkeit vor Ort und wenig adäquat. Die durch die Soziale Stadt angebotene Sicht der Wirklichkeit kann daher kaum symbolische Wirksamkeit entfalten: es fehlt ihr die dazu nötige Anerkennung.

dunklen Hochhäuser seien so etwas wie die physische Objektivierung und Symbolisierung des schlecht beleumundeten Sozialraums. Gerade in ihnen würde der von sozialer Inferiorität besonders hart betroffene Bevölkerungsteil leben (der auch durch dissoziales Verhalten auffalle), und gerade gegenüber dieser Gruppe müsse die Quartiersbevölkerung auch moralisch erneuert beziehungsweise müssten moralische Standards verstärkt herangetragen werden.

Der kommunalen Verwaltung ist schließlich die Konzentration der Aussiedlerpopulation in Neufredenberg der Stein des Anstoßes, dessentwegen sie jenen Imperativ des Zusammenwachsen-müssens formuliert. Die Akteure der Sozialen Stadt hingegen leiden unter solchen aus ihrer Sicht illusionären Aufforderungen; denn die Probleme im Stadtgebiet seien nicht die eines vermeintlichen ‚Problemklientels Aussiedler' und auch keine besonders problembelasteten Intergruppenbeziehungen zwischen den in Fredenberg lebenden Gruppen der Herkunftsdeutschen, türkeistämmigen Migrant/innen (und ihren Nachfahren) sowie der Gruppe der Aussiedler. Die tatsächlichen Defizite beträfen in der Hauptsache den lokalen Wohnungsmarkt: „Man muss sehen, dass eines der größten Probleme – der realen Probleme! Ich spreche nicht von diesem komischen ‚Zusammenwachsen' – hier am Fredenberg der Wohnungsleerstand ist" (Herr Kemper).

Die von der Sozialen Stadt ins Auge gefassten Maßnahmen, mit denen sie dem miserablen Stadtteilimage entgegenwirken und es aufbessern wollen, versammeln sich unter dem Dach „Soziokultur". Mittels soziokultureller Projektarbeit sei neben der angestrebten Imageaufbesserung zugleich auch die Integration der im Stadtgebiet lebenden ethnisch-kulturellen Herkunftsgruppen machbar; soziokulturelle Veranstaltungen sollen den Kitt liefern, der die Quartiersgesellschaft zusammenhält.

4.1.3.1 Aktivierung durch Soziokultur – „Kultur für alle" als Integrationsmodell

Dem diagnostizierten schlechten Leumund des Stadtquartiers wollen die Praktiker der Sozialen Stadt insbesondere mit Image- beziehungsweise Soziokulturprojekten entgegenwirken. In ihnen nimmt Aktivierung die Form eines Einbezugs der Quartiersbewohner in kulturelle Projekte beziehungsweise in eine organisierte Freizeitgestaltung an.[55] Für die Akteure der Sozialen Stadt hat Soziokultur insbesondere die Stoßrichtung, integrationsrelevante Intergruppenkontakte zu organisieren. Dabei scheint Soziokultur geradezu

[55] Oben wurde gesagt, dass es den Akteuren der Sozialen Stadt gar nicht um die Interaktion verschiedener Herkunftsgruppen gehe, sondern um das Gewinnen und Vernetzen von Akteuren, die wiederum engen Kontakt zu Zuwanderern unterschiedlicher Coleurs haben. Wenn nun behauptet wird, dass sie Intergruppenkontakte organisieren will, dann ist damit ein Kontakt unter wohlmeinend-aufsichthabender Anwaltschaft korporativer Akteure gemeint.

geschaffen für das neue Beteiligungsparadigma, wie es im Leitfaden zur Ausgestaltung des Bund-Länder-Programms Soziale Stadt gefordert wird. Bei den stadtteilbezogenen Soziokulturprojekten geht es um Mitmachaktionen, die als „Bewohnerbeteiligung“ dargestellt werden (etwa in Projektdokumentationen beziehungsweise alljährlichen „Sachstandsberichten“, die durch die Mitarbeiter der Sozialen Stadt angefertigt werden). In diesem Sinne kann sich Soziokultur problemlos in die Logik des Programms einfügen und an das dort formulierte Beteiligungsgebot andocken.

Der Ursprung von Soziokultur geht auf die 1960er Jahre zurück und beschreibt zunächst ein sich zu jener Zeit durchsetzendes neues kultur- und gesellschaftspolitisches Leitbild, das die exponierte Position bildungsbürgerlich-elitärer Hochkultur – eine Kultur der schönen Künste und der humanistischen Bildung, die in der Nachkriegszeit kulturpolitisch leitmotivgebend ist – zugunsten des Konzepts einer „‚Kultur für alle‘ und ‚von allen‘“ (Knoblich 2001: 8) ablösen will. Zur Karriere des Konzepts „Soziokultur“ gehört der Kontext einer von den urbanen sozialen Bewegungen der 60er und 70er Jahre getragenen Kritik an der Städtebaupraxis der Nachkriegszeit, bei der schließlich Mitbestimmungsforderungen bezüglich der Gestaltung der Städte laut wurden (vgl. Abschnitt 1.1). Insofern reagiert Soziokultur auf eine „Lust auf Mitbestimmung, Mitteilhabe und Partizipation im Alltag“ (Alheit 1998, ohne Seitenangabe). Die Kritik an der „Unwirtlichkeit der Städte“ (Mitscherlich) steht in einem sie überwölbenden Rahmen: Die fest in den Griff technokratischer Eliten genommene Nachkriegsentwicklung der Bundesrepublik, aber auch eine Ausklammerung der die kriegsdeutsche Vergangenheit betreffenden Schuld-/Bewältigungsfrage[56] geben einem Teil der im oder nach dem Krieg geborenen Generation das kaum erträgliche Gefühl, in einem autoritären Staat zu leben. Dieses Missbehagen betrifft ganz unterschiedliche Gegenstände und Gruppen (die kriegsverstrickte Elterngeneration, den Städtebau, später die Verhältnisse zwischen den Geschlechtern u. a. m.) und findet ihren Ausdruck in einer breiten Bürgerinitiativ- und Protestbewegung. Die sozialdemokratische Reformpolitik, die einen Aufbruch zu mehr Demokratie verheißt, nimmt diese Stimmung auf und sucht – Lebensqualität der Menschen als politisch-administratives Gestaltungsziel – nach Wegen ihrer Umsetzung. Dabei soll Partizipation und Teilhabe gerade auf dem Gebiet der Kultur prozessiert und durchgesetzt werden[57], über Kultur ließe sich die Gesellschaft demokratisieren. Kultur und

---

[56] Und damit die „unreformierte Fortführung der Geschäfte des Landes in der Manier der alten Herrenschichten Deutschlands“ (Elias 1992: 536).

[57] Der Deutsche Städtetag greift diese Forderungen in einer Erklärung aus dem Jahr 1973 auf: Kultur ist Element der Stadtentwicklung; Kulturarbeit muss der Entfaltung und Entwicklung sozialer, ästhetischer und kommunikativer Möglichkeiten und Bedürfnisse aller Bürger dienen. Stadtentwicklung wird als Kulturprozess begriffen, Stadtpolitik sollte ganzheitlich verstanden

Kunst avancieren nun zum zentralen Kommunikationsmedium, „die plurale Gesellschaft auf der kommunikativen Ebene zusammenzubringen“ (Glaser/Stahl 1974; zit. nach Knoblich 2001: 8). Einfach formuliert: Kunst und Kultur sollten Eingang in die Alltagswelt von Menschen finden, kulturelle und künstlerische Betätigung würde deren Lebensqualität deutlich heben (vgl. Wagner 2001a). Soziokultur würde aber auch integrativ wirken und mittels der „Integration verschiedener Altersgruppen, sozialer Schichten und unterschiedlicher Nationalitäten durch kulturelle Aktivitäten“ einen „innergesellschaftlichen Kulturaustausch“ (Glaser, zit. nach ebd.: 4) befördern.

Im Grunde beschreibt das Konzept „Soziokultur“ den Versuch, mittels Kulturpolitik und sozialstaatlicher Intervention eine lokalräumliche Zivilgesellschaft herbeizuführen. Soziokultur wird als kulturpolitisches Instrument von oben geplant und gesteuert und soll von unten „gemacht“ werden. Politische Zielsetzung ist die Entwicklung einer „Stadtteilkultur“. Zur Umsetzung dieser politischen Zielsetzung werden Konzepte für die Kulturarbeit entwickelt, die dem (als Leitidee wirksamen) Postulat einer „Aufhebung der Trennung von Kultur und Gesellschaft“ folgen, und von denen man sich demokratiefördernde Effekte verspricht. Die nun im Entstehen begriffene „politisch begründete und ausgerichtete Sozial- und Kulturarbeit“ versteht sich nicht in erster Linie „sozialarbeiterisch“ im Sinne einer Transformation von problembelasteten Personen in Klienten beziehungsweise „Fälle“, sondern will gemäß des neuen kulturpolitischen Paradigmas ein räumliches Milieu befördern und entwickeln, das lokalöffentlich wirksam ist: Knoblich spricht mit Blick auf seine (propagierte) Wirksamkeit von einer „Rückgewinnung des öffentlichen Raums und seine Gestaltung“ (2001: 10) in Form einer „Stadtteilkultur“, die vor allem in durch die Quartiersbewohner selbst organisierten und selbst verwalteten soziokulturellen Zentren und Stadtteilläden einen Ort finden, in denen sich diese Praxen inszenieren ließen und die der sozialräumlichen Gestaltung dienten. Kultureller und künstlerischer Betätigung sollte nun potenziell jeder nachgehen. Mittels soziokultureller Aktivitäten ließe sich eine „Lebenspraxis von unten“ (in und um soziokulturelle Zentren und Stadtteilläden herum) initiieren, bei der das eigene Leben und Handeln Gegenstand kultureller und künstlerischer Betätigung werden soll, was wiederum die Selbstreflexivität der Teilnehmenden fördern und deren „kritisches Potenzial“ freisetzen würde, kurz: über künstlerische und ästhetische Betätigung solle mit anderen kommuniziert, Gesellschaftskritik geübt und reflexive Prozesse in Gang gesetzt werden.

Wegen ihres lokalräumlichen Moments, das der soziokulturellen Bewegung eigen ist, wird Soziokulturarbeit (zusammen mit klassischer Sozialarbeit) auch als quartierpolitisches Instrument diskutiert: Gleichzeitig könne eine

---

werden als „städtische Gesamtpolitik mit soziokulturellen Entwicklungszielen“ (Sievers 1988: 202).

„Aktivierung“ von etwa für die Gemeinwesenarbeit typischen Gruppen (Jugendliche, Ausländer) erreicht werden. Wo die „Kultur von allen“ nicht vom Fleck kommt oder kommen will, dort sollten Kulturpädagogen (nach)helfen – Kultur wird als Mittel und Medium der Sozialarbeit entdeckt (bei aller sozialen Orientierung aber doch mit dem Anspruch der Entwicklung einer lokalen kulturellen Öffentlichkeit). Auf dem Praxisfeld sozialer Arbeit beschreibt Soziokultur somit eine Aktivierungsstrategie der Lokalgesellschaft.

In die semantische Nähe zum aktuellen Nachhaltigkeitsparadigma und zu den mit ihm verbundenen Ideen lokaler Agendaprozesse rückt Soziokultur durch ihren ganzheitlichen Ansatz: „Mit Kultur demokratisieren hieß folglich – und dazu diente die Vorsilbe „Sozio“ –, sie ganzheitlich zu fassen, sie mit dem Leben zu versöhnen, Chancengleichheit zu verwirklichen und Mitbestimmung zu ermöglichen“ (Knoblich 2001: 8). Darüber hinaus ist es auch die semantische Nähe zum Begriff der Zivilgesellschaft, der im Leitmotto der Bewegung anklingt: „Kultur von allen und für alle“ evoziert eine Allinklusivität verbürgende Bewegung. Und tatsächlich springen die Akteure im Diskurs zu Soziokultur auf die derzeit aktuellen Leitideen der Nachhaltigkeit und der Zivilgesellschaft auf (vgl. Flohé 2003) und erblicken in der (Neu)Belebung soziokultureller Zentren (zumindest projektiv) „eine Chance, die ‚Zivilgesellschaft als Wohnraum’ (Benjamin Barber) auszugestalten. Sie können diskursiv das politische Engagement aktivieren, fördern, bündeln und eine (kritische), auf öffentliche Institutionen einwirkende, Öffentlichkeit herstellen“ (ebd: 3).

Mag sich die Gründung der soziokulturellen Bewegung dem gesellschaftskritisch inspirierten Klima der 60er und 70er Jahre verdanken, so kommt ihr bald der anfängliche Elan abhanden und damit auch ein wie auch immer geartetes, aber ihr doch zugeschriebenes „kritische(s) Widerstandspotential“ (Alheit: ohne Seitenangabe; vgl. auch Sievers 1988, Knoblich 2001). Rückblickend sei, entgegen ihres Anspruchs, die „Kultur für alle und von allen“ doch sozialstrukturell eher exklusiv gewesen und diente dem/der kulturell-expressiven Selbstausdruck/-darstellung eines Teils der Mittelschicht[58] und war der Ort, an dem sich interessante Karrieren vorbereiten ließen (vgl. Alheit 1998). Gerade die sozialdemokratische Färbung der Soziokultur markiere aber ihre symbolische Schwächung, und infolge ihrer kommunalen Institutionalisierung (Förderung, Etatisierung) würden letzte Spuren des sie einst beflügelnden Widerstandsgeists verschwinden. Soziokulturelle Einrichtungen dienten heute als einfache Veranstaltungsorte beziehungsweise –zentren, und sind kein Symbol einer politisch-kulturellen

[58] „Szenerie für kulturell Privilegierte, die ihre Ansprüche zunächst vielleicht eher politisch als ästhetisch äußerten, freilich nicht minder prätentiös. Und genau dies hatte distinktive, also abgrenzende Effekte“ (Alheit 1998: ohne Seitenangabe).

Avantgarde mehr. Soziokultur beschreibt heute eine Melange aus Sozial-, Bildungs- und Kulturarbeit „in freien Kulturgruppen, soziokulturellen Zentren, Jugendkunstschulen, freien Theaterensembles, kultureller Kinder- und Jugendarbeit, Geschichtswerkstätten, Interkulturprojekten und Stadtteilkulturarbeit“ (Wagner 2001a: 4).

4.1.3.2 Zurück zur Soziokultur in Fredenberg

Die Intention soziokultureller Aktivierung in Fredenberg besteht nach Anspruch ihrer Initiatoren darin, Intergruppenkontakte zu organisieren[59] und gleichzeitig ein sozialraumbezogenes Gemeinschaftsgefühl zu erzeugen. Vor allem sollen sich die Quartiersbewohner mit dem Ort, an dem sie leben, identifizieren. Als Beispiel einer gemeinschaftsstiftend wirken wollenden soziokulturellen Arbeit sei das Projekt „Wurzelwerke – ein interkulturelles Projekt am Fredenberg“ herausgegriffen, das zwischen März und September 2007 im Stadtteil durchgeführt wird. Ihm liegt die Vorstellung zugrunde, man könne und müsse Zuwanderer am Ankunftsort ihrer Wanderung „einwurzeln“, um ihnen zu ermöglichen, eine „neue Heimat“ zu finden. Das in dieser Konstruktion mitschwingende Vorbild aus der Botanik ist dabei tatsächlich beispielgebend: So analogisiert ein Mitarbeiter der Sozialen Stadt die Wurzel einer Pflanze mit der sozialen Einwurzelung von Zuwanderern beziehungsweise mit Prozessen einer sozialräumlichen Integration der Quartiersbewohner: Wurzeln böten „Halt“ und seien der „Grundstock“ für das „Wachstum“ einer „Pflanze“. Nur wer Wurzeln habe, „könne sich entfalten.“ Wie eine Pflanze nach und nach Blätter und Blüten entfaltet, so würden sich auch Menschen gleichsam naturwüchsig sukzessive entfalten, wenn sie denn einmal Wurzeln geschlagen haben. Der Stadtteil würde bisher jedoch unter einem Mangel an derart Eingewurzelten leiden. Viele der im Quartier siedelnden Zuwanderer seien ihrer „traditionellen Wurzeln“ beraubt und nun zu einem Leben fern ihres quasi „Mutterbodens“ gezwungen; ihre Wurzeln könnten ernsthaft Schaden nehmen, wenn sie nicht bald wieder unter die Erde gebracht werden. Das Projekt agiert also auf der Grundlage folgender Problemdiagnose: „Viele am Fredenberg angesiedelte Familien sind noch nicht mit ihrem Ortsteil verwurzelt, haben hier noch keine Heimat gefunden. (...) Dort, wo Menschen zusammen leben wollen, ist die Verwurzelung des Einzelnen im Gemeinwesen das zentrale Thema. (...) Viele haben noch Schwierigkeiten, ihre Kultur und damit ihre Heimat zu finden“ (Fredenberg Forum e.V./Stadtbüro Fredenberg 2007: 1).

Mit der Umsetzung des ersonnenen Projekts sind die einzelnen Akteure befasst, die sich aus Anlass der Vernetzungsbemühungen der Sozialen Stadt zu einem Akteursnetzwerk zusammengeschlossen haben. Die hier versammelten

59 „Menschen unterschiedlicher Kulturen ... zusammenzuführen“ (Vertreter der Sozialen Stadt).

Akteure sind gewissermaßen die „Durchführungsbeauftragten“ der soziokulturellen Veranstaltungen, sie werden von den Mitarbeitern der Sozialen Stadt zum Zwecke der Durchführung koordiniert. Die unmittelbare Projektarbeit ist so gestaltet, dass jeder dieser Akteure mit der eigenen Klientel beziehungsweise mit Personen oder Personengruppen, die oft ihre Einrichtungen besuchen, bestimmte Vorhaben durchführt. Etwa gestaltet eine sich regelmäßig treffende Frauengruppe des lokalen soziokulturellen Zentrums Tischdekorationen aus Wurzelgeflecht, in einer Kindertagesstätte wird ein Wurzelbuch geführt, in das die Jungen und Mädchen persönliche Dinge eintragen, die ihnen in ihrem Leben wichtig sind; Wurzeln werden hier als Malutensilien sowie als Zutaten für die Herstellung von Speisen entdeckt. Zur lokalen Wurzelsuche gehört auch die Erkundung von Straßennamen durch Schüler/innen einer lokalen Realschule, das Gestalten eines Stadtplans durch Grundschulkinder oder das Anfertigen von Fußabdrücken aus Ton, die in einen neu gestalteten Fußweg integriert werden. Grundschüler drehen zum Thema „Verwurzeln“ kurze Filmstreifen, im Nachbarschaftszentrum des Diakonischen Werkes werden persönliche heitere Anekdoten von Zuwanderern bezüglich ihrer ersten Erlebnisse im Stadtteil erzählt, Stadtteilbewohner berichten von herkunftskulturellen Bräuchen rund um Schwangerschaft und Geburt, der lokale Sportverein richtet ein Spiel- und Sportfest aus u. a. m. Dieser kursorischen Aufzählung der Aktivitäten, die innerhalb des Wurzelwerkeprojekts stattfinden, sollen etwas breitere Ausführungen zu dessen Pointe folgen:

Höhepunkt des Projekts ist die Gestaltung eines aus mehreren Holzstämmen bestehenden Stelenensembles, das die Verantwortlichen als „Stadtteilskulptur“ bezeichnen. Sie sind links und rechts eines neuangelegten Verbindungswegs zwischen den beiden Wohngebieten Alt- und Neufredenberg im Boden verankert und erinnern der Form nach an Wappenpfähle nordamerikanischer Indianerstämme. Angefertigt werden die Stelen in Neu- und Altfredenberger Bildungs- und Jugendeinrichtungen (durch Grundschulschüler/innen, Besucher/innen einer Jugendfreizeiteinrichtung) sowie im Nachbarschaftszentrum des Diakonischen Werkes (eine Männergruppe). Zusammen mit einer Holzbildhauerin, die in den Einrichtungen Holzbearbeitungsworkshops durchführt, werden auf die Lärchenholzstelen verschiedenfarbige Handabdrücke appliziert sowie Buchstaben, die von oben nach unten gelesen das Wort „Fredenberg“ ergeben. Auf einem der Stämme werden Tanzbewegungen ausführende Holzfiguren montiert, auf einer Stele wurde das Holz so bearbeitet, dass der Schriftzug „Respect us“ herausgearbeitet wurde. Gekrönt werden die Stelen von kopfähnlichen Holzteilen, die den Stelen quasi Gesichter geben.

Die korporativen Akteure des Stadtteils erblicken in dieser Stelenskulptur ein „Symbol des Zusammenwachsens“ (Vertreter der Lokalpolitik). In einem von der Sozialen Stadt angefertigten Imagefilm heißt es: „Die Wurzelstelen sind ein

Symbol der kulturellen Begegnung“. Die Stelen „betonen (...) die Schnittstelle zwischen beiden Teilen des Fredenbergs und verbinden beide Wohnbereiche.“ Jede einzelne Stele wird als ein „Botschafter“ oder „Ideenbotschafter“ imaginiert, der zusammen mit den anderen Botschaftern nun im Stadtgebiet Fredenberg „tagen“ würde: „Ihre Stadtteilkonferenz ist auf Dauer angelegt und weithin sichtbar“. Die Termini, mit denen dem Stelenensemble ein besonderes symbolisches Gewicht verliehen wird – „Konferenz“, „tagen“, „Botschafter“ – entstammen der korporativen Welt und spiegeln dessen Logik: das Ensemble simuliert gewissermaßen die Interaktion nicht von Individuen in der Lebenswelt, sondern die Konferenz der Stelen lässt korporative Akteure, nun in der Funktionsrolle von „Botschaftern“, imaginär miteinander wechselwirken. Insoweit ist das Ensemble eine materiale Objektivation der korporativen Welt. Mit den zu Projektauftakt vorgestellten, einzuwurzelnden Pflanzensetzlingen passiert im Projektverlauf etwas Erstaunliches: quasi verholzen sie zu kräftigen Stämmen, die als Entsandte „ihrer“ Quartiere nun miteinander konferieren. Die mit der Herstellung der Holzskulptur befassten Personen schnitzen und sägen gewissermaßen an einer Holzfigur, die sie vor sich hinstellen und als eigenen Vertreter ansehen sollen, der – so entwerfen es die Spielerfinder weiter – an der vorgeblichen Grenzlinie zwischen Alt- und Neufredenberg aufgestellt wird und dort die symbolische Weihe eines Konferenzteilnehmers erhält.

Der hier unternommene Versuch, die Quartiersgesellschaft unter ein gemeinsames Dach zu bekommen und ihre symbolische Integration über die Stadtteilskulptur zu bewirken, hat eine besondere Konsequenz: mit der Errichtung des Stelenensembles bekommt die Ollenhauerstraße als behaupteter Grenzverlauf zwischen den zwei Stadtgebieten Alt- und Neufredenberg nun eine neue Qualität. Für die korporativen Akteure lässt die Steleninstallation die Grenze zwischen beiden Stadtgebieten noch deutlicher werden und vertieft die Vorstellung, sie bestimme tatsächlich den Alltag der Gruppenbeziehungen im Stadtgebiet. Mit dem Stelenensemble findet der angebliche Spalt zwischen den beiden Quartiergebieten nun einen visuell wahrnehmbaren Ausdruck. Aus der Sicht der korporativen Stadtteilakteure kann die Ollenhauerstraße gar kein neutraler Streifen oder ein Raum reiner Distanz oder Niemandsland zwischen zwei Stadtgebieten, wie er es für die lebensweltlichen Akteure ist (vgl. Abschnitt 4.1.4), sein: mittels der symbolisch inszenierten Stadtteilkonferenz erhält der Raum Ollenhauerstraße quasi eine verbindende Funktion dadurch, dass sich die Holzfiguren entgegen kommen und nun an seiner „Grenze“ „tagen“. Durch die „Entsendung“ symbolischer Quartiersbotschafter in die symbolische Stadtteilkonferenz ist die Ollenhauerstraße nun Träger und Ausdruck sozialer Wechselwirkungen der Holzfiguren, die an der „Grenze“ platziert werden. Indem die Quartiersbewohner in die Anfertigung der Stelen einbezogen werden, kann die korporative Welt sie in ihre Problem- und Situationsdeutung gewissermaßen hineinziehen: die Tatsache, dass die Bewohner an ihren

Entsandten arbeiten und sie an die Ollenhauerstraße entsenden, wirkt wie eine Bestätigung, dass die Problemsicht der korporativen Welt, dass sie getrennte Gebiete sind, geteilt wird. Mit anderen Worten: Die Steleninstallation schafft erst die Grenze, die sie aufheben will.

Als „Bedeutungsträger" (Schütz/Luckmann 2003: 656) verweisen Symbole auf etwas, das selbst gegenwärtig nicht anwesend ist. Sie verweisen auf etwas „hinter" ihnen Liegendes, das aber doch durch sie, die Symbole, dokumentiert wird. Als materiale Objekte sind sie Träger eines Sinngehaltes beziehungsweise einer Botschaft, die nicht (ein für alle mal) festgelegt und angebbar und auch nicht letztgültig verordbar ist. Sie sind vielmehr ein „Deutungsangebot", das nur dann sozial wirksam ist, wenn seine Rezipienten dieser Deutung zustimmen und Anerkennung verschaffen (Helle 1989: 713f.).[60] Ignorieren die Adressaten hingegen das Interpretationsangebot eines sozialen Symbols, wird es irrelevant und funktionslos. Das Wurzelprojekt, dessen Intention es ist, Personen unterschiedlicher Herkunftsgruppen zusammenzuführen und Beziehungen zwischen ihnen zu stiften, endet mit der Aufstellung einer Skulptur, in der herkunftsgruppenübergreifende Beziehungen und Interaktionen in einer korporativ verfassten Welt als „Botschafter" und „Konferenzteilnehmer" simuliert werden. Als symbolisches Instrument soll sie Gefühle und positive Konnotationen wachrufen sowie zum gegenseitigen Austausch unter den Quartiersbewohnern animieren. Ein in diesem Sinne rezipierendes Publikum hat die Skulptur bis heute nicht gefunden. Für ihre Adressaten besaß sie nie die Funktion, von der die Akteure der korporativen Welt fordern und wünschen, dass es so sein solle und sein möge.

Die Stelenkonferenz simuliert eine Gruppeninteraktion, die es im Projektalltag nicht gibt (vielleicht ist sie gerade deswegen nötig, weil es sie im realen Spielgeschehen nicht gibt, aber doch postuliert, Intergruppenbeziehungen herstellen zu wollen). Die bei den soziokulturellen Projekten mitmachenden Akteure beschäftigen sich relativ isoliert von anderen Akteuren mit ihrer eigenen Klientel. Zu einer tatsächlichen Interaktion zwischen Gruppen kommt es nicht, auch nicht im Sinne einer formell präformierten Interaktion (etwa *als* Veranstaltung- beziehungsweise Spieleteilnehmer). Die Quartiersbewohner haben zwar Teil an einem gemeinsamen Projekt, verkehren aber nicht miteinander. Bei den seriellen Vergemeinschaftungsversuchen mittels einer Reihe von Soziokulturprojekten bewegen sich unterschiedliche Herkunftsgruppen nicht aufeinander zu. Es entstehen hier keine, wenn man in der Wurzel-Analogie bleiben will, „Geflechte" kommunikativ integrierter Sozialbeziehungen. Aus der Vogelperspektive der Projektentwickler ergibt sich

---

[60] Die Wirkung von Symbolen besteht nach Helle, der eine verstehend-handlungssoziologische Perspektive auf Symbole einnimmt, in dem Bewusstmachen der Mitgliedschaft von Individuen in Bezugsgruppen.

freilich ein anders geformtes Bild: das einer breiten Beteiligung. Die Tatsache, dass die zum Zwecke der Durchführung der Wurzelwerke (und anderer soziokultureller Projekte) gewonnenen Stadtteilakteure „mitmachen“, wird zunächst als gelungene Akteursbeteiligung[61] verbucht (etwa in den regelmäßig angefertigten Sachstandsberichten). Da über letztere auch ein Einbezug der Bewohner realisiert werden kann, malen die Projektverantwortlichen ein Gesamtbild, in das alle Teilabläufe des Wurzelprojektes eingefügt werden und zumindest die Illusion einer Begegnung zwischen unterschiedlichen Gruppen geweckt wird: Jeder Akteur bildet mit seiner Klientel Teilstücke, die sich zu einer Ganzheit – eben zum Projekt Wurzelwerke – fügen. Entsprechend positiv fällt die Einschätzung des Projekts durch die Initiatoren aus: „Durch die gemeinsame Arbeit entstand ein kulturelles Geflecht: das Wurzelwerk Fredenberg.“ Die an der Realisierung des Projekts teilnehmenden Akteure hätten den Quartiersbewohnern „die Erfahrung (vermittelt; der Verfasser), dass sie die so oft vermisste Anerkennung im Zusammenleben in sich selbst tragen. Sie selbst sind es, die ihre Umwelt, ihre Wohn- und Lebenssituation, ihren Lebensalltag beeinflussen und aufwerten können. Wurzeln geben nicht nur Halt und Sicherheit, sie versorgen auch erst mit all den Elementen, die Wachstum ermöglichen. Integration ist ein solcher Wachstumsprozess“ (Fredenberg Forum e.V./Stadtbüro Fredenberg 2007: 3).

Betrachtet man die Gesamtheit der im Gebiet der Sozialen Stadt durchgeführten soziokulturellen Spiele, wird deutlich, dass sie stets einen Bezug zum Sozialraum Fredenberg haben und dass es ihren Entwicklern insbesondere um das Zusammenfügen der beiden Stadtteilbereiche Alt- und Neufredenberg geht. Dieses Hauptanliegen soll durch ein mittels soziokultureller Aktionen hergestelltes „Aufeinanderangewiesensein“ (Herr Behre) und durch die Stiftung von Beziehungen zwischen den unterschiedlichen im Stadtquartier siedelnden Herkunftsgruppenmitgliedern erreicht werden. Was die Menschen im Quartier denn tatsächlich aufeinander angewiesen macht, wissen die Akteure der Sozialen Stadt nach eigenem Bekunden selbst nicht. Das bei den Akteuren aber doch vorhandene Gefühl des Gelingenmüssens eines irgendwie gearteten Zusammenbringens der Alt- und Neufredenberger Bewohner hat bisher keinen Gegenstand, der Auskunft darüber geben könnte, was Menschen beziehungsweise Gruppen aneinander bindet und auf diese Weise als Klebstoff, der die Quartiersgesellschaft zusammenhält, fungieren könnte.

Soziale Beziehungen zwischen Menschen sind nicht zweckrational mit administrativen Instrumenten herstellbar. In sozialen Beziehungen – so sah es Max Weber – orientieren Akteure entweder ihr Verhalten *an*einander und stellen

[61] Die Akteure der Sozialen Stadt wechseln immer wieder die Begrifflichkeiten und sprechen mal von „Bewohnerbeteiligung“, mal von einer ein Klientenverhältnis anzeigenden „Bewohnerbetreuung“ und verwenden diese Begriffe synonym. Bei der eingangs behaupteten „akteursgetragenen Beteiligung“ bleibt es also nicht.

es gegenseitig zum Zwecke des „Interessensausgleichs“ oder der „Interessenverbindungen“[62] aufeinander ein. Oder die Orientierung des Verhaltens aneinander erfolgt aufgrund „subjektiv gefühlter (...) Zusammengehörigkeit der Beteiligten“ und stellt die sozialen Handlungen entsprechend reziprok ein; diesen Typ sozialer Beziehungen nennt Weber „Vergemeinschaftung“. Bei Elias haben soziale Beziehungen ihren Wert in sich selbst und dienen der Befriedigung emotionaler Bedürfnisse. Der Mensch als „Wesen mit vielen Valenzen (...), die sich auf andere Menschen richten“ (Elias 1970: 147) führt Beziehungen um der Verankerung freier und „ungesättigter“ Valenzen in anderen Personen willen, die ihnen ein besonderes moralisches Gewicht verleihen. Die Soziale Stadt probiert es mit einem fiktiven „Wir“ im Sinne eines auf den Sozialraum bezogenen Zusammengehörigkeitsgefühls, mit dem der Erfahrung von Entwurzelung entgegengewirkt werden soll. Die Bindung zwischen den Bewohnern, die solch ein „Wir“ voraussetzt, soll in den Augen der Sozialen Stadt die Identifikationsfigur des „Fredenbergers“ liefern[63]. Ihre Vermutung, dass es zwischen den Bewohnern der beiden Stadtteile kaum Beziehungen gibt, setzt sie das gemeinschaftsanzeigende Pronomen „wir“ entgegen, das beide Stadtteilbereiche überwölben soll. Die Gemeinschaftsrhetorik der Sozialen Stadt ist letztlich ein Versuch der Erzeugung kommunitaristischer Nestwärme.

Die Aktivitäten der Sozialen Stadt im Rahmen der durch sie ersonnenen und koordinierten soziokulturellen Maßnahmen dokumentieren aber auch so etwas wie das Scheitern der Sozialen Stadt hinsichtlich des Bemühens um einen generationen- und herkunftsgruppenübergreifenden Einbezug der Quartiersbewohner in die Entwicklung und Neugestaltung ihres Wohnumfeldes. Die Akteure der Sozialen Stadt setzen ihre praktischen Zukunftshoffnungen schlicht auf einen Generationenwechsel der Stadtteilbevölkerung. Mit der zunehmenden Dauer ihres Wirkens betrachten die Mitarbeiter der Sozialen Stadt vor allem Kinder und Jugendliche als jene Akteure, über die Intergruppenbegegnungen möglich sind. Konsequenterweise fokussieren sie ihre soziokulturellen Aktivitäten immer stärker auf diese Gruppe.[64] Die Erfahrung

---

[62] Das ist Webers Vergesellschaftungsbegriff (vgl. Weber 1980: 22ff.) Reine Typen der Vergesellschaftung sind erstens der marktbezogene „Tausch“, zweitens der Sachinteressen verfolgende „Zweckverein“ sowie drittens der auf die rigorose beziehungsweise unbedingte Verfolgung von Werten gestützte „Gesinnungsverein“.

[63] „Das Identitätsproblem ist meiner Einschätzung nach das größte Problem dieses Fredenbergs“ (Herr Behre).

[64] „Ich sag' mittlerweile immer: Der Fredenberg ist die Zukunft von Salzgitter! Das will keiner so richtig hören, weil Salzgitter ist `ne absolut überalterte Stadt. In Fredenberg aber ist diese Thematik genau umgekehrt, das heißt, junge Leute sind eigentlich überwiegend unser Fokus. Weil, es gibt natürlich bei 10.000 Menschen auch eine Masse an Alten, aber prozentual – wenn man das mit der Gesamtstadt vergleicht –: Alte gibt's viel, viel, viel weniger, und Junge gibt's viel, viel, viel mehr. Das heißt, deswegen haben unsere Projekte, von denen ich erzählt hab',

einer nur begrenzten Mobilisierungsfähigkeit der mittleren und älteren Generation der Quartiersbevölkerung lenkt die Aufmerksamkeit der Akteure der Sozialen Stadt derart auf die heranwachsende Generation, dass in jüngster Zeit fast ausnahmslos von „Kinderbeteiligung“ gesprochen und mit Blick auf die Aufbesserung des Quartiersimages nun das freundlich-dynamische Zukunftspotential – „der junge Stadtteil Fredenberg“ – gepriesen wird. Der Umstand, dass junge Menschen aufgrund ihrer Einbettung in Vor-Ort-Einrichtungen wie Schulen und Kindertagesstätten wesentlich besser und leichter zu erreichen sind als andere, mag das ihrige zur Schwerpunktfindung der Aktivitäten der Sozialen Stadt leisten.

4.1.3.3 Bauen und Sanieren

Die bauliche Erneuerung des Stadtteils betrifft eine Vielzahl von Maßnahmen wie etwa die Sanierung in die Jahre gekommener Plattenbauten und Wohnhäuser, die Gestaltung des unmittelbaren Umfeldes öffentlicher Gebäude und Plätze oder die Schaffung von kinder- und jugendbezogenen Infrastruktureinrichtungen wie Spielplätzen, Freizeitanlagen oder die Errichtung eines Jugendtreffs. Sogenannte „Tabellarische Sachstandsberichte“, die im regelmäßigen Rhythmus von den Mitarbeitern der Sozialen Stadt am Ende eines Kalenderjahres verfasst werden, listen die durchgeführten baulichen beziehungsweise Sanierungsmaßnahmen auf. Sie sind so strukturiert, dass sich der Leser in einem einleitenden Teil etwas allgemeiner über das Soziale Stadt-Programm, das sich als „Integrierte Stadterneuerung in Salzgitter-Fredenberg“ vorstellt, informieren kann. Er erfährt dort, dass sich in Fredenberg eine „Reihe von städtebaulichen, infrastrukturellen und sozialen sowie kulturellen Defiziten“ akkumuliert hätten und es nun eine „Großwohnsiedlung mit Funktionsverlusten“ sei. Dem folgt ein Abschnitt, der die baulichen Maßnahmen, die im jeweiligen Berichtszeitraum durchgeführt wurden, auflistet. Jede einzelne Maßnahme wird kurz beschrieben, es werden die „Kooperationspartner“ (das sind etwa Wohnungseigentümer) genannt sowie der „Sachstand“ festgehalten, der beschreibt, ob beziehungsweise wie weit die Maßnahme bereits realisiert wurde oder, sofern der „Spatenstich“ noch nicht erfolgte, wann sie durchgeführt werden wird. Dem baumaßnahmenbezogenen Abschnitt des tabellarischen Sachstandsberichts schließt sich ein Abschnitt an mit dem Titel „soziale/kulturelle Projekte; entwickeln, umsetzen und Bewohner beteiligen.“ Es handelt sich hier um einen knappen Überblick über Maßnahmen, die die Situation Beschäftigungsloser verbessern helfen sollen (etwa berufsbezogene

mittlerweile eigentlich fast alle im weitesten Sinne mit Kindern oder Jugendlichen zu tun.“ „Die Vermischung der Gruppen verläuft hauptsächlich durch diese selbstverständliche Art im Umgang der Kinder miteinander“ (Herr Kemper, Herr Behre).

Beratungsangebote) sowie über kulturelle (Freizeit)Aktivitäten wie etwa Stadtteilfeste, Soziokulturprojekte u. a. m.
Der Abschnitt „Vermitteln, Zusammenarbeit fördern, Informieren, Beraten" informiert über die vernetzungsbezogene Tätigkeit der Sozialen Stadt beziehungsweise über deren rein formale Natur (von Inhalten und Zielen solcher Netzwerke erfährt man nichts): vierteljährliche Gespräche mit dem „interfraktionellen Arbeitskreis", Austausch mit kommunalem Stadtentwicklungsreferat, Arbeitskreis Kinder und Jugend (Info über Projekte der Sozialen Stadt, Diskussion mit Politikern), „San AG" (Austausch mit kommunaler Stadtentwicklung, projektbeteiligten Fachämtern), AK Wohnen (Soziale Stadt und die drei Wohnungsunternehmen im Stadtteil), AK Kinder und Jugend (Situation der Jugend erörtern und daraus Projekte ableiten), AK Soziale Arbeit („Zusammenleben der unterschiedlichen Nationen am Fredenberg", Sachstandsbericht 2006:8) sowie Akteurskonferenz und Bewohnerstammtisch (Diskussion der Projekte mit Akteuren und Bewohnern). Beendet wird der Bericht durch einen „Pressespiegel" (wenn Fotos dabei sind, sind meist Vertreter der korporativen Welt abgebildet, bei Eröffnungen oder Spatenstichen), bei dem die Headlines der in der Lokalzeitung erschienenen Artikel zum Fredenberg wahllos an- und zum Teil auch so übereinander arrangiert sind, dass der Inhalt noch erhalten bleibt. Bei der Lektüre dieser Blättchen fällt auf, dass es immer viel um ‚Formen' geht, kaum aber um Inhalte.

An dieser Stelle sollen nicht die vielen einzelnen Baumaßnahmen im Fredenberger Quartier aufgelistet werden. Interessant ist vielmehr, dass sich die Idee der Einheit des Stadtteils, wie sie mittels Soziokultur auf der Ebene der Stadtbewohner herbeigeführt werden soll, auch in der Stadtplanung spiegelt und dort Thema ist. Es geht dabei nicht darum, wie man solch eine Einheit mit Gestaltung der Wohngebäude des Stadtteils in Angriff nehmen könnte. Aufgrund der unterschiedlichen Baustile gewinnt man kein integriertes Gesamtbild, in das sich der neue und der alte Fredenberg fügen würden. Eine irgendwie geartete visuelle Einheit sucht man vergebens, und es ist auch nicht beabsichtigt sie zu schaffen. Dieser Umstand irritiert das Auge auch nicht sonderlich, denn die Ollenhauer Straße hält beide Stadtteilbereiche auf Abstand, sodass eine Einheit physisch-baulicher Art hier auch nicht erwartet wird. Dennoch treibt auch den Planer die Frage um, wie sich eine integrierte Stadtgesellschaft mit Hilfe der Bauplanung befördern ließe. Dies soll mit einer breit angelegten Wegachse (sie heißt „Spitzwegpassage") geschehen, die quer durch fast den gesamten Fredenberg verläuft und ihn so in seiner Ost-West-Ausdehnung erschließt und von einem neu errichteten Spielplatz im westlichen Neufredenberg bis zu einem neu gestalteten kleinen Park (Bürgerpark Hüttenring) in Altfredenberg reicht. Die im Zuge des urbanen Erneuerungsprogramms Soziale Stadt entstandenen Kinder- und Jugendfreizeitstätten beider Stadtteilbereiche werden so miteinander verbunden und den Quartiersbewohnern soll die Möglichkeit geboten werden, sich auf dieser autofreien, angenehmen Wegstrecke zwischen Alt- und Neufredenberg zu bewegen. Die Illusionen der Mitarbeiter der Sozialen Stadt gehen aber weit über die reine Funktion von Bewegung zum Zwecke der Distanzüberwindung hinaus und verfolgen mit der neuen Passage besondere soziale Absichten: die Wegachse Spitzwegpassage, an der sich auf Höhe des Übergangs zwischen den beiden Stadtgebieten auch die oben angesprochene Stelenskulptur befindet, „erfüllt auch die Aufgabe als Begegnungsraum innerhalb des Ortsteils"; auf der Passage sollen sich die im Fredenberg siedelnden Gruppen mischen und in Kontakt miteinander treten.[65] Mit der oben bereits erwähnten Stelenskulptur soll dieser Ort visuell unterstützt werden, als Markierung soll sie die Menschen anziehen und zur Interaktion anregen.[66] Für die Soziale Stadt ist sie das zentrale Element zur Vernetzung der beiden Siedlungsbereiche Alt- und Neufredenberg[67].

Die Akteure der Sozialen Stadt befassen sich auch mit Fragen der Stadtbauplanung und beteiligen sich am sogenannten „Integrierten Stadtentwicklungs- und Handlungskonzept (ISEK) der Stadt Salzgitter", einer Art Leitbild für die zukünftige bauliche Gestaltung der Stadt. Mit Blick auf das Fredenberger Siedlungsgebiet wird als normativer Anspruch (Leitidee) für die Entwicklung des Ortsteils „soziale Mischung" formuliert (das ist ein altes Leitbild, dessen Anfänge sich schließlich bis in die 1860er Jahre zurückverfolgen lassen und dort im Zusammenhang mit der Stadtentwicklung Berlins die Idee beschreiben, innerhalb ein und desselben Hauses Wohnungen für Angehörige verschiedener Schichten/Klassen zu schaffen (vgl.

---

65 Wenn die Stadtplaner mit der „Passage" einen Aufenthaltsort beziehungsweise Begegnungsort der Quartiersbevölkerung schaffen wollen, ist zumindest erwartbar, dass diese Passage von Plätzen o. ä. unterbrochen wird; denn Passagen sind lediglich Durchgänge, die der bloßen Distanzüberwindung zwischen zwei Punkten dienen, und eben keine Aufenthaltsorte.

66 Die Spitzwegpassage wird zu bestimmten Zeiten insbesondere von Schulkindern, die von Neufredenberg ins Schulzentrum (und zurück) wollen, belebt; ansonsten ist sie wenig bevölkert. Die Idee der Stadtplaner, man könne hier verweilen und vielleicht sogar mit Fremden ins Gespräch kommen, ist für den Beobachter schwer mit der Anlage dieser Wegachse in Übereinstimmung zu bringen. Wenn man sich auf ihr bewegt, wird man sowohl in Neu- wie auch in Altfredenberg an ähnlichen Elementen vorbeigeführt (Spielplatz, parkähnliche Anlagen). Man fragt sich, weshalb man sich denn auf dieser Achse bewegen soll, wenn dort drüben doch keine anderen Elemente vorhanden sind. Es gibt nichts, was als gemeinsamer Treffpunkt dienen könnte. Aber auch beim Überblick über sämtliche Baumaßnahmen im Rahmen der Sozialen Stadt drängt sich dem Be-trachter der Eindruck auf, dass sie nicht immer dazu angetan sind, die Begegnung zwischen Individuen respektive Gruppen zu befördern; viele bauliche Projekte dienen eher dazu, Menschen zu zerstreuen und eben nicht dazu, dass sie sich aufeinander zu bewegen.

67 Durch die bauliche Gestaltung dieses Weges, insbesondere im Übergangsbereich der Erich-Ollenhauer-Straße, scheinen sich die beiden Stadtteilbereiche ein Stück weit aufeinander zuzubewegen. Mit der Folge, dass die baulichen Kontraste zwischen Alt- und Neufredenberg nun doch eher ins Auge fallen, als es vorher der Fall war.

Häußermann/Siebel 2004: 109f.). Solch eine residenzielle Segregation vorbeugende Entwicklung könne etwa dadurch erreicht werden, dass eine wohnungsbezogene „Eigentumsbildung auf niedrigem Preisniveau“ unterstützt wird oder etwa dadurch, dass auf (durch Abriss von Plattenbauten) freiwerdenden Flächen Reihenhäuser und Doppelhaushälften für „sozial stabile Haushalte“ errichtet werden, um diese an das Quartier zu binden. Zu den die Gesamtstadt übergreifenden Kernpunkten empfiehlt die ISEK eine Konzentration aller Entwicklungsbemühungen auf die drei Stadtgebiete Lebenstedt, Salzgitter-Bad, Salzgitter-Thiede sowie die kleineren Gebiete Gebhardshagen, Hallendorf und Watenstedt. Mit dem Kernpunkt „Wandlung des Stadtimages“ formuliert das ISEK-Papier die wohl größte Herausforderung.

In die bauliche Erneuerung des Problemquartiers will die Soziale Stadt die Quartiersbevölkerung einbeziehen. Für ihre Mitarbeiter sei es „ganz, ganz schwierig, an die Bewohner heranzukommen.“ Der weiter oben gemachte Hinweis auf die Umstellung von Bewohnerbeteiligung auf Akteursbeteiligung (oder auch „akteursgetragene Bewohnerbeteiligung“) heißt für die Mitarbeiter der Sozialen Stadt nicht, dass sich das Thema Bewohnerbeteiligung für sie selbst (in ihren Händen liegend) erledigt hätte. Gerade bei baulichen Sanierungsvorhaben „versuchen wir da schon Beteiligungsstrecken so irgendwie hinzukriegen, aber es ist echt ganz ganz schwer an die Bewohner heranzukommen (...) Ja also Bewohnerbetreuung ich find’ das ist einfach ein ganz..., ich weiß’ nicht, ob Sie in anderen Bereichen geschaut haben, aber hier ist ganz gewiss dieser Anspruch, den wir natürlich auch... ja...wo wir auch hinterherlaufen und uns bemühen. Ich denke, das klappt mal mehr und mal weniger. Aber es ist auch einfach ganz ganz schwierig.“ Sogenannte „Bewohnerkonferenzen“ sind neben Haustürgesprächen ein weiteres Mittel, mit dem die Soziale Stadt mit Quartiersbewohnern in Kontakt kommen und Fragen der baulichen Entwicklung des Stadtgebietes besprechen will. Jedoch wird solchen Veranstaltungen nach und nach das Interesse entzogen; am Anfang kommen viele Bürger und nach Monaten oder spätestens nach einem Jahr bleiben die Funktionsrollenträger und einige wenige engagierte Altfredenberger unter sich. Auch der von der Sozialen Stadt zum Zwecke des Einbezugs der Bewohner initiierte „Bewohnerstammtisch“ kann die Massen nicht mobilisieren. Es handelt sich um wenige Alteingesessene („Leute, die mit dem Fredenberg alt geworden sind“, Herr Kemper), meist Ruheständler, die sich hier treffen und sich über ‚alte Zeiten’ austauschen. „Es ist nicht die alleinerziehende Mutter – was hat die denn für ein Bedürfnis? – oder der arbeitslose Mann. An die ranzukommen ist ganz, ganz schwierig.“

Gleichwohl gibt es einige wenige Beispiele, die die Mitarbeiter der Sozialen Stadt mit Blick auf das Beteiligungsparadigma als erfolgreich beschreiben. Das betrifft insbesondere die für Kinder und Jugendliche geschaffenen Treffpunkte wie etwa Spiel- und Freizeitorte. Quasi als empirisches Musterbeispiel gelungener Beteiligung dient den Verantwortlichen der Sozialen Stadt der Spielplatz Fredolino in Neufredenberg, bei dessen Gestaltung insbesondere die Besucher einer benachbarten Kindertagesstätte und einer Grundschule in Form von Workshops einbezogen werden. Gleiches gilt für die jugendfreizeitbezogene Umfeldgestaltung des großen Schulkomplexes in Altfredenberg; in die Planung der dort entstandenen Kinderspiel- und Sportflächen werden Schülerinnen und Schüler der ansässigen Realschule in Form von Workshops einbezogen. Beteiligung funktioniert immer dort, wo Gruppen institutionell vorgegeben sind (Schülergruppen, Kindergartengruppen etc.).

Neben der Gestaltung kinderbezogener Freizeiteinrichtungen dient den Akteuren der Sozialen Stadt die Neugestaltung einer kleinen parkähnlichen Anlage, „Bürgerpark Hüttenring“, als zweites Musterbeispiel von Bewohnereinbezug. In mehreren Vor-Ort-Terminen wird mit den Anwohnern gemeinsam die Gestalt des neuen Areals entworfen. Die an diesem Prozess beteiligten Bewohner gehören nach Auskunft eines Interviewpartners, der im Rahmen der Sozialen Stadt zeitweilig tätig ist, nicht zur avisierten Klientel, die die Soziale Stadt-Akteure in die Gestaltungsfragen einbeziehen wollen. Vielmehr handelt es sich bei den für den Bürgerpark engagierten Personen um Aktive, die nicht im Sanierungsgebiet der Sozialen Stadt leben, sondern in einer benachbarten Eigenheimsiedlung, denen der marode Zustand des Parks (samt Spielplatz) schon viele Jahre Anlass zu Missfallensbekundungen gibt. Diese Personen verfügten über hohes kulturelles, ökonomisches und soziales Kapital und besäßen Artikulation- und Interessendurchsetzungsfähigkeiten – ihr Wortführer ist Jurist –, die man bei den Bewohnern des Sanierungsgebietes vergebens suche (Frau Falk, Mitarbeiterin der Sozialen Stadt Fredenberg).

Schließlich praktiziert die Soziale Stadt Fredenberg auch so etwas wie eine „Simulation“ von Beteiligung. So erarbeiten beispielsweise für den geplanten Ausbau der lokalen Jugendbibliothek, die in einem größeren Schulhauskomplex untergebracht ist, Schüler der Berufs-, Haupt- und Realschule zusammen mit einer Architektin unterschiedliche Modelle, wie diese Erweiterung aussehen und gestaltet werden könnte und berücksichtigen dabei ihre eigenen späteren Nutzungsbedürfnisse und Vorstellungen. „Doch nun ist wieder alles ganz anders“, erläutert das Stadtteilmanagement die Nichtrealisierung und Folgenlosigkeit dieser Entwürfe. Als gewissermaßen überlegenes Modell wird nun ein „in rekordverdächtiger Zeit“ gefertigter Entwurf eines bisher nicht beteiligten Architekten präsentiert (dessen Akzeptanz und Umsetzung dann nicht mehr in Frage steht). Der zu Beginn prinzipiell offene Ausgang des Planungsprozesses beziehungsweise das dadurch ermöglichte Zulassen unterschiedlicher Entwicklungsmöglichkeiten wird durch diese Intervention konterkariert: Es wird nur das ausgewählt beziehungsweise realisiert, was schon da ist beziehungsweise was durch die Soziale Stadt-Akteure selbst schon bereitgestellt wurde.

Das mit Blick auf das Thema ‚Beteiligung' von den Mitarbeitern der Sozialen Stadt formulierte Fazit – „Wir denken, die Bewohnerbeteiligung muss erhöht werden!" – benennt das aus ihrer Sicht bestehende Defizit. Bisher sind die Quartiersbewohner nur punktuell einbezogen, der Einbezug in eine komplexe Entwicklung des Quartiers scheitert vorerst (der Umweg über die Akteursbeteiligung ändert an diesem Befund nichts). Zum Aufgabenverständnis der Sozialen Stadt gehört im Sinne eines ganzheitlich orientierten Ansatzes nicht nur die enge Vernetzung von Stadtplaner und Sozialarbeiter zu einem integrierten Quartiersmanagement, sondern auch und gerade der Einbezug der lokalen Bevölkerung im Sinne einer Art „Gesamtwerk Stadtentwicklung" – an dieser Form von Ganzheitlichkeit scheitern ihre Akteure bisher insofern, als ihnen viele Quartiersbewohner (vor allem Zuwanderer aus dem Mittelmeerraum beziehungsweise deren Nachfahren) fremd bleiben und deren Probleme und Interessen gar nicht auf die lokale Soziale Stadt-Agenda gelangen:

„Was möchten die eigentlich?" (Interview mit Herrn Kemper)

> „Also, eine ganz interessante Geschichte, denk ich, wo Sie bestimmt Neuland mit betreten könnten, wenn ich Ihnen überhaupt einen Ratschlag geben kann, ist das Thema Migration. Ich glaub in Salzgitter, in Lebenstedt hier am Fredenberg: es gibt einen sehr großen Anteil auch türkischer Institutionen, und meiner Meinung nach gelingt es nur sehr schwer, (...) diesen kulturellen Bereich mit ins Boot zu holen. Es gibt natürlich Ausnahmen, aber... Ich glaube, das ist eine Sache, die von Interesse sein könnte, sozusagen auch für offizielle Organe: Was möchten die eigentlich? Was haben die eigentlich für Bedürfnisse? Also die Parallelgesellschaft. (...) Dieser muslimische Kulturkreis, und dann auch diese explizite türkische (Community; der Verfasser), da fehlt mir die Kenntnis."

Vertreter der korporativen Akteurswelt bezweifeln mitunter, ob die Außeralltäglichkeit befristeter Projekte – ob sie nun die Beteiligung an der baulichen Stadterneuerung oder den vorübergehenden Einbezug in soziokulturelle Veranstaltungen betreffen – tatsächlich jene Integrationswirksamkeit erreicht, die sie sich aus Legitimationsgründen zurechnen (müssen). Solche Projekte würden die Aufmerksamkeit ablenken von der „Normalität", die sich mit der Zeit einstellen würde: die alltäglichen Begegnungen – in Kindergärten, Supermärkten, in der Nachbarschaft – würden jene „Selbstverständlichkeit" (Interview mit einer zeitweilig für die Soziale Stadt tätigen Neufredenbergerin) erzeugen, die hohes integratives Potenzial besitzt. Mit Blick auf die in der korporativen Welt ersonnenen Integrationsprojekte bleibt Skepsis: „Und ich denke mal, das kann man auch nicht mit Gewalt zusammenbringen. Ich halte das auch nicht für `ne wirklich gute Idee, das mit Gewalt zu versuchen." Der den Animationsabsichten der Sozialen Stadt überlegene, wirkungsmächtigere Interaktionsprozess besteht darin, dass im Quartier beiläufig miteinander verbundene Personen zusammen oder dicht nebeneinander leben.

4.1.3.4 Qualifizieren

Die Mitarbeiter der Sozialen Stadt sind auch in die Akquise von Projekten eingebunden, die der beruflichen Qualifikation beschäftigungsloser Personen dienen sollen, um ihre Zugangschancen zum Arbeitsleben zu verbessern. Im Stadtgebiet Fredenberg wird zwischen April 2004 und Juni 2008 das Bundesprogramm „Lokales Kapital für soziale Zwecke“, kurz: LOS, durchgeführt[68], das die Öffnung verengter oder gar versperrter Bahnen vertikaler Aufwärtsmobilität der Quartiersbewohner befördern will. Zur Umsetzung dieses Zieles initiieren die korporativen Akteure der Fredenberger Stadtgesellschaft im Stadtgebiet eine Vielzahl von Projekten, die Individuen in Klienten entweder von berufsbezogenen Qualifikationsmaßnahmen verwandeln (etwa in einer Ausbildung zur Kochhilfe oder Hilfsnäherin) oder von diversen Beratungs- und Orientierungsmaßnahmen (Job- und Ausbildungsberatung für Jugendliche, Beratung von beschäftigungsuchenden Migrantinnen und Migranten).[69] Gewissermaßen als Output der gesamten Förderdauer bilanzieren die Programmverantwortlichen die Inklusion von 67 an LOS teilnehmenden Personen in den ersten und zweiten Arbeitsmarkt sowie die Schaffung von 26 Ausbildungsverhältnissen; bei knapp 1.300 Teilnehmern an insgesamt 54 geförderten LOS-Projekten.[70]

---

68 Ziel des Programms Lokales Kapital für soziale Zwecke (LOS):
Das Programm fördert im Rahmen Lokaler Aktionspläne Mikroprojekte mit einer Förderhöhe von bis zu EUR 10.000,- zur Verbesserung der sozialen, schulischen und beruflichen Integration von benachteiligten jungen Menschen sowie zur beruflichen Integration von Frauen mit Problemen beim Einstieg und Wiedereinstieg in das Erwerbsleben.
Des Weiteren fördert das Programm die Teilhabe, Chancengleichheit und Bildung der Zielgruppen durch ihre Aktivierung sowie die Aktivierung, zivilgesellschaftliche Beteiligung und Vernetzung der lokalen Akteure.
Das Programm verfolgt dabei einen niedrigschwelligen Ansatz und will diejenigen ansprechen, die durch zentrale Programme wie die Regelförderung des Europäischen Sozialfonds oder andere adressatenspezifische Angebote nur schwer erreichbar sind. Um eine bestmögliche Unterstützung der benachteiligten jungen Menschen und Frauen mit Problemen beim beruflichen Einsteig und Wiedereinstieg zu erzielen, sollen bestehende Förderangebote, zum Beispiel Länder- und Bundesprogramme, insbesondere auch kommunale Angebote ergänzt und mit der Umsetzung des Programms verknüpft werden.
(http://www.esf.de/portal/generator/818/programm__los.html)

69 Diese Aufzählung ist notwendig unvollständig; zur Übersicht sämtlicher Fredenberger LOS-Projekte siehe www.los.fredenberg.de.

70 Der Verfasser kam während der Umsetzung einiger LOS-Projekte mit Personen, die mit ihrer Durchführung beauftragt waren, ins Gespräch; sie schätzen, dass das im Rahmen dieser Maßnahmen erworbene kulturelle Kapital kaum transferierbar ist: beispielsweise sei ein Zertifikat, das seine Inhaberin als „Hilfsnäherin“ qualifiziert, keine Eintrittskarte in den Arbeitsmarkt.

4.1.3.5 Stadtteilzeitung

Das „Fredenberg-Echo“ ist eine im Rahmen der Sozialen Stadt erscheinende Stadtteilzeitung. Das Fredenberg-Echo, das jährlich in drei Ausgaben erscheint, beschreibt sich als „Sprachrohr für die Interessen Fredenbergs und seiner Bewohnerinnen und Bewohner“ und sei „wichtiges Medium für die weitere Imageaufwertung des Ortsteiles“. Das Echo berichtet über die baulichen Projekte der Sozialen Stadt, über soziokulturelle Veranstaltungen im Stadtgebiet, über Projekte unterschiedlichster Couleur (etwa LOS), sowie Neuigkeiten aus ansässigen Vereinen, Jubiläen u. a. m. Das Redaktionsteam besteht aus Akteuren, die sich mit integrationsrelevanter Arbeit im Fredenberger Quartier beschäftigen. Die mit der Herstellung und Herausgabe der Zeitung maßgeblich befasste Person, Frau Falke, von Hause aus Journalistin, beklagt die wenige Resonanz von den Quartiersbewohnern auf dieses recht aufwendig gestaltete, im Farbdruck erscheinende Blatt. Mit der ins Leben gerufenen Stadtteilzeitung beabsichtigt die Soziale Stadt den Einbezug der Quartiersbewohner in die Anfertigung dieses Blattes, nur gibt es auch hier Probleme bei der Mobilisierung der Quartiersbevölkerung. Auch eine eigens eingerichtete Rubrik „Wir über uns“, in der von Bewohnern verfasste Beiträge publiziert werden sollen, findet kaum ein Echo. Durchaus kritisch merkt die Redakteurin an, dass es einfach zu wenige Autoren gäbe und man daher auch an potentiellen Lesergruppen vorbeischreibe („Jugendliche zum Beispiel, für die ist das Fredenberg Echo überhaupt nicht interessant“, Frau Falk). Die Autoren entstammen selbst der korporativen Welt und sind in ihrem Berufsalltag mit der Durchführung integrativ wirken wollender Projektmaßnahmen beschäftigt. In den Augen der im Rahmen der Stadtteilzeitung engagierten Person ist der zwar intendierte, jedoch nicht vom Fleck kommende Einbezug der Quartiersbevölkerung in die Arbeit der Stadtteilzeitung eine Enttäuschung.

> ***„Wirkliche Bewohner kriegen“*** (Interview mit einer im Fredenberg tätigen Pädagogin, zeitweilig aktiv in der Redaktion der Stadtteilzeitung)
>
> S: „Was ich schade finde, wenn ich so bei unserer Redaktionssitzung – oder bei anderen Stadtteilsitzungen – bin, dann beobachte ich immer, dass sehr viele Vertreter der Institutionen da sind, die man immer wieder sieht, bei jeder Sitzung, oder bei verschiedenen Sitzungen; ob´s jetzt der Arbeitskreis Kinder und Jugend oder wie gesagt, diese Stadtteilzeitung, oder Organisation des Stadtteilfestes – also man sieht sich immer wieder. Und das sind meistens Menschen, die für die Institutionen arbeiten und auch vielleicht gar nicht hier wohnen und... Ich würde mir wünschen, dass die Soziale Stadt es schafft, noch mehr wirkliche Bewohner vom Fredenberg auch in diese Gremien zu kriegen“
> I: „M-mh“.
> S: „Also das ist so, ne, wir reden immer ‚Das müsste die Leute doch interessieren!’, oder wir kriegen ja dann manchmal auch `n Feedback, aber: warum isses immer noch nicht so, dass eben die Väter und Mütter dann da auch

mal wirklich sind und sagen "Ich mach jetzt hier mit.", ne? Ich sehe es so, dass es doch da schon noch eine – Schwelle gibt“
I: „M-mh.
S: „Ja. Und da sitzen eben diese Institutionenvertreter und nicht die Menschen selber!“
I: „Also aus den Projekten, aus den Schulen...“
S: So ist meine Sichtweise da drauf. (...) Und mir fällt das eben in diesen Stadtteilgremien oder Besprechungen auf, dass da eben nach meinem Dafürhalten einfach zu wenig Menschen, die wirklich betroffen sind. Weil wir reden immer über deren Bedürfnisse [lacht] und...

Und auch der Quartiersmanager von der Sozialen Stadt konstatiert mit Blick auf die Bewohnerbeteiligung an der Stadtteilzeitung deutliche Defizite.

„Es ist einfach ganz schwer Bewohner an so etwas zu beteiligen“ (Interview mit Herrn Kemper)

„Wenn man über (Beteiligung redet; der Verfasser): es ist ganz schwer, Thema Stadtteilzeitung. Wir haben ja `ne ganz tolle Stadtteilzeitung und wir bemühen uns, jetzt will ich nicht zu selbstkritisch sein, aber es ist einfach ganz schwer Bewohner an so etwas zu beteiligen; obwohl es eigentlich, denke ich, ne Sache ist, die wertvoll ist.“

4.1.4 Die Grenze – der Stein des Anstoßes. Versuch der Erzeugung eines basalen sozialräumlichen Zusammengehörigkeitsgefühls

In seiner Raumsoziologie hat Simmel räumliche Tatbestände als Ausdruck sozialer Wechselwirkungsprozesse beschrieben. Als eine aus bestimmten Inhalten gebildete soziale Form ist beispielsweise „die Grenze (...) nicht eine räumliche Tatsache mit sozialem Wirken, sondern eine soziale Tatsache, die sich räumlich formt“ (Simmel 1908: 623). Umgekehrt können räumliche Tatbestände wiederum auf das Soziale rück- und einwirken: „Ist sie [die Grenze, der Verfasser] freilich erst zu einem räumlich-sinnlichen Gebilde geworden, das wir unabhängig von seinem soziologisch-praktischen Sinne in die Natur einzeichnen, so übt dies starke Rückwirkung auf das Bewusstsein von dem Verhältnis der Parteien [die sich an der Grenze gegenüberstehen, der Verfasser] aus.“ Wenn soziale Akteure die Vorstellung von der Existenz einer zwischen ihnen bestehenden Grenze teilen, dann vergegenständlicht sich diese vorgestellte Grenze und wirkt auf die Beziehungen zwischen den Akteuren zurück; in diesem Sinne ist sie sozial wirksam.
Mit Blick auf das Fredenberger Quartier wird die soziale Konstruktion einer das Stadtgebiet teilenden Grenze wesentlich in der korporativen Welt der Stadtgesellschaft beziehungsweise durch die mit lokaler Integrationsarbeit befassten korporativen Akteure vorangetrieben. „Gerade Politik und Verwaltung haben sehr stark immer dieses Neu- und Altfredenberg Gegeneinander

diskutiert“ (Herr Kemper). Viele lokale Funktionsrolleninhaber in Politik und Verwaltung erblicken in der durch das Stadtgebiet Fredenberg verlaufenden Erich-Ollenhauer-Straße eine Grenze zwischen seinem älteren Bestand (der sog. Altfredenberg) und jenem Teil, der Ende der 80er für den Zuzug und die Ansiedlung insbesondere der Aussiedler erschlossen wurde. Die Ollenhauerstraße zeichne in die Quartiersgeographie eine Grenze ein, die eine „trennende Wirkung“ habe und für die Bewohner/innen alltagsrelevant sei, als diese Grenze belastend auf die sozialen Beziehungen der in Gesamtfredenberg siedelnden unterschiedlichen Herkunftsgruppen wirke. Die durch sie bewirkte Trennung rufe Abneigung insbesondere gegenüber der im Wohnquartier Neufredenberg residenziell konzentriert lebenden Aussiedlergruppe hervor. Die Tatsache, dass die Straße schon allein physisch beide Gebiete auf Abstand halte, hindere die am Fredenberg siedelnden Gruppen zudem an einem gegenseitigen Austausch. Gehegte Vorurteile würden so konserviert und ein „Zusammenwachsen“ der Bevölkerungsgruppen sei unmöglich. Der Behauptung einer solchen Grenze folgt die allen Einzelmaßnahamen der Sozialen Stadt übergeordnete Aufgabe in kategorischer Form: „Seht zu: Die beiden Stadtgebiete müssen zusammenwachsen!“[71]

In dieser Aufforderung zeigt sich die Grenze zwischen zwei Perspektiven. Die das Stadtgebiet vorgeblich teilende Grenze ist vor allem eine Konstruktionsleistung der Akteure der korporativen Stadtgesellschaft. In einer lebensweltlichen Perspektive ergibt sich ein anderes Bild. Die ansässigen Bevölkerungsgruppen sehen in der Ollenhauerstraße keine Grenze, die hermetisch und unüberwindbar wäre. Zwar gibt es ein klares „Hier-und-Dort“-Bewusstsein unter der Bewohnerschaft beiderseitig der besagten Straße, jedoch hat es keine alltagsdeterminierende Rolle etwa in dem Sinne, dass es den sozialen Verkehr zwischen den beiden Gebieten nachhaltig beeinträchtige oder diesbezüglich besondere Widerstände zu überwinden wären (etwa in der Form, dass ein besonderer sozialer Druck ausgeübt würde, nicht mit der „anderen Seite“ zu verkehren). Insofern lässt sich die Straße eher als ein Übergangsgebiet oder als neutraler Streifen beschreiben: wer die Straße überquert, hat zwar ein Bewusstsein davon, dass er sich nun in einem Quartier befindet, in dem

---

71 Zumindest auf der Seite des Stadtplaners des Soziale Stadt-Teams, der an eine physisch-bauliche Realisierung solch eines praktischen Imperativs denkt, ruft solch ein Vorhaben Kopfschütteln hervor: „Wir haben von Anfang an gesagt: Das ist Quatsch. Wie soll das funktionieren? Sollen wir ein Laufband hin und her bauen??“ Auf der Ebene der soziokulturellen Praxisprojekte interpretiert der Sozialarbeiter des Soziale Stadt-Teams diese Vorgabe so, dass es um die Erzeugung eines Zusammengehörigkeitsgefühls geht. Seinen Niederschlag findet dies in der durch ihn ostentativ vorgetragenen Forderung, dass die Grenze in den Köpfen aufhören müsse, zu existieren. Dass hingegen der Stadtplaner das Problem des Zusammenwachsens für ein Pseudoproblem hält, bringt folgende Passage zum Ausdruck: „Man muss sehen dass eines der größten Probleme – reale Probleme, ich spreche nicht von diesem komischen ‚Zusammenwachsen' – ist hier am Fredenberg der Wohnungsleerstand.“ Der Planer spricht von „entleerten Miniquartieren“.

vornehmlich Aussiedler leben (oder umgekehrt, dass er ein Quartier betritt, in dem vornehmlich Alteingesessene sowie türkeistämmige Zuwanderer wohnen), ohne aber zugleich mittels einer scharfen „Wir“-„Die“-Unterscheidung ein verhärtetes gruppenbezogenes Gegensatzverhältnis zu appräsentieren. Kennzeichnend für den Quartiersalltag sind weder spannungsgeladene Intergruppenbeziehungen noch gegenseitige Neugier und Zuwendung; er wird vielmehr von einem unaufgeregten passiven Nebeneinander von migrationsbezogenen Gruppen bestimmt. Dieses indifferente Aufeinandereingestelltsein wird wesentlich unterstützt durch ein residenzielles Nebeneinander der angesiedelten Gruppen, die sich daher im lokalen Nahumfeld kaum begegnen und sich somit nicht in nachbarschaftsbezogene Rangordnungskonflikte verstricken können. Gleichzeitig vergesellschaftet sich die Quartiersbevölkerung aber auch herkunftsgruppenübergreifend (etwa in Sportgruppen, Nachbarschaftstreffs oder Konfirmandengruppen und dort, wo Gruppenkontakte institutionell vorgesehen sind, wie etwa in allgemeinbildenden sowie Berufsschulen); charakteristisch sind ein zwangloses Gruppennebeneinander und die Vergesellschaftung über Gruppengrenzen hinweg.

Insoweit also Indifferenz die Gruppenbeziehungen kennzeichnet, zeichnet sich jedoch eine ausgeprägte Spannung unter den korporativen Akteuren ab beziehungsweise zwischen jenen, die im Demarkationsbereich zwischen korporativer und Lebenswelt wirken wollen und im Stadtteil mit integrationsrelevanter Arbeit befasst sind. Zwischen dem Altfredenberger Fredenberg-Forum und dem Neufredenberger Nachbarschaftszentrum haben sich so etwas wie wohnumfeldbezogene „Hoheitsgebiete“ herausgebildet, die jeder der Integrationsakteure für sich beansprucht und für die er „zuständig“ sein will.[72] Legt nun etwa ein Akteur seine Hand auf das Gebiet des anderen, ruft das heftige Reaktion hervor. Noch heute ist eine Mitarbeiterin des Nachbarschaftstreffs erbost über das Verhalten eines Mitarbeiters des Fredenberg-Forums, der sich nach der Fertigstellung der Aussiedlerwohnungen in Neufredenberg an das betreffende Wohnungsunternehmen wendet und im Gestus der Überlegenheit gegenüber der damals in den Anfängen steckenden aussiedlergetragenen Integrationsarbeit für sich wirbt – „Wir können das besser!“ – und die Integrationsarbeit mit den Aussiedlern übernehmen will.

Dieses soziale Abschätzigkeit markierende Auftreten des Fredenberg-Forums wirkt noch heute bei den Mitarbeiterinnen des Nachbarschaftszentrums nach. Zwar können sie sich heute aufgrund ihrer eigenen erfolgreichen Arbeit

[72] So bezeichnet etwa eine Mitarbeiterin des Neufredenberger Nachbarschaftszentrums den zentralen, den alten Fredenberg erschließenden Kurt-Schuhmacher-Ring als „Kellermann-Ring“ (Herr Kellermann ist Funktionsträger im Fredenberg-Forum) und beschreibt damit dessen räumliche ‚Einflusssphäre‘; auf der anderen Seite fällt für Herrn Kellermann der gesamte Neufredenberg mit den Räumlichkeiten des Nachbarschaftstreffs zusammen – er ist sein Fixpunkt.

gegenüber dem Fredenberg-Forum gelassener verhalten, jedoch beseitigt die eigene Erfolgsgeschichte nicht das empfundene Gefälle zwischen sich und dem Forum, das sich aus der ungleichen Verfügung über politisches, soziales und ökonomisches Kapital ergibt. Der Vorsitzende des Fredenberg-Forums ist auch SPD-Ratsmitglied der Stadt Salzgitter. Diese Verbandelung mit der Lokalpolitik sichert dem Forum finanzielle Zuwendungen für sozialintegrative Projekte, sodass es über ein Gesamtbudget in Höhe von rund 70.000 Euro verfügen kann. Die Mitarbeiterinnen des Nachbarschaftszentrums betrachten dies als ungerechtfertigt, schließlich laste das Gros der Integrationsarbeit auf ihren Schultern. Über die Mitgliedschaft in einem interfraktionellen Beirat der Sozialen Stadt Fredenberg sichert sich der Forumsvorsitzende einen Einfluss auf die Umsetzung des Programms. Auch findet schließlich ein Mitarbeiter des Fredenberg-Forums eine Anstellung im Rahmen des Stadterneuerungsprogramms. Diese doppelte (Ver-)Bindung zwischen Sozialer Stadt Fredenberg und Fredenberg-Forum würde dem Forum besondere Privilegien verschaffen, das Programm würde für die Forumsinteressen instrumentell gehandhabt werden: über die personengebundenen Verflechtungen hätte sich eine Art Arcana-Bereich konstituiert, im dem programmbezogene Fragen vor dem Schutz der Öffentlichkeit erörtert werden (Mitarbeiter eines das Nachbarschaftszentrum unterstützenden Wohnungsunternehmens). Dieses, das Fredenberg-Forum, hingegen richtet an das Nachbarschaftszentrum den Vorwurf, es würde der Entwicklung einer Aussiedlerkolonie beziehungsweise eines geschlossenen sozialen Milieus zuarbeiten. Seine Aktivitäten und Maßnahmen würden sich exklusiv an die Aussiedlergruppe richten und vernachlässigten die – vom Forum im Stile der Selbstvermarktung vorgetragene – Idee „offener Beziehungen" aller im Stadtgebiet siedelnden Personen.

Um dieses belastete Verhältnis beider Akteure zueinander besser zu verstehen, ist es angezeigt, noch einmal an den Beginn der Implementation der Sozialen Stadt zurückzukehren.

Die Etablierung der Sozialen Stadt in Salzgitter-Fredenberg nimmt sich wie ein Einbruch in das etablierte lokale Rangordnungsgefüge aus: Zunächst muss das Fredenberg-Forum, bisher die mit Gemeinwesenarbeit befasste Lokalgröße, schmerzhaft erleben, dass mit der Sozialen Stadt plötzlich ein Akteur auftaucht, dessen Ziele sich mit den eigenen decken: dem schlechten Leumund des Wohngebietes und einem zusehends stärkeren Bewohnerwegzug entgegen zu wirken. Das Fredenberg-Forum wird Ende der 1980er Jahren von einem ehemaligen Betriebsleiter der örtlichen Stadtwerke und dem noch heute amtierenden Vereinsvorsitzenden ins Leben gerufen und entsteht mit dem Ziel, mittels Kulturarbeit dem Wegzug aus dem Wohngebiet entgegenzuwirken. Die Tatsache, dass mit der Sozialen Stadt nun ein Akteur im Stadtteil agiert, der ein analoges Ziel verfolgt – das gebietsbezogene Image des Stadtgebietes aufzubessern – muss das Forum zunächst einmal als ein Dokument des Scheiterns ihrer diesbezüglichen Bemühungen begreifen.

„Wir haben alles versucht“ (Interview mit einem Forumsmitarbeiter)

> „Wir haben alles versucht in den letzten 18 Jahren, das Image des Stadtteils zu verbessern; aber wir konnten diese Welle des Wegzugs als Einzelkämpfer natürlich nicht stoppen. Wir sind das einzige soziokulturelle Zentrum hier – als solches konnten wir den Wegzug nicht verhindern. Wir haben alles versucht, zu vernetzen, also nichts allein zu machen sondern mit anderen kulturellen Einrichtungen, mit den Kirchengemeinden, mit den Schulen. (...) Sie haben ja bestimmt im Stadtbüro erfahren, was sich hier im Stadtteil in den letzten Jahren getan hat, dass die Menschen wieder weggehen und unheimliche Wohnungsleerstände sind und die Bevölkerung weiter abnimmt. Obwohl seit drei Jahren ja nicht nur wir, sondern natürlich auch die Soziale Stadt mit ihren Projekten da versucht gegenzusteuern.“

Die Akteure des Forums machen zweitens die Erfahrung, dass die Soziale Stadt nicht allein das alteingesessene Fredenberg-Forum als relevanten Integrationsakteur vor Ort begreift, sondern sich auch einer aussiedlergetragenen, unabhängig vom Fredenberg-Forum wirkenden Integrationsarbeit zuwendet und deren bauliche Visibilisierung mit der Errichtung eines Nachbarschaftszentrums finanziell unterstützt[73]. Hinzu kommt, dass das Fredenberg-Forum seit längerer Zeit nach größeren Vereinsräumlichkeiten sucht und von der Einrichtung eines Bürgerhauses träumt, das als zentraler Quartierstreffpunkt der Bewohner dienen und sie u. a. mit unterschiedlichen Dienstleistungen öffentlicher Herkunft (etwa Sprachkurse) versorgen soll (was bisher jedoch am dazu erforderlichen finanziellen Aufwand scheitert). Vor diesem Hintergrund zuzusehen, wie ein anderer, neuer Akteur in der lokalen Integrationsarbeit nun mit Hilfe der Sozialen Stadt ein eigenes Gebäude erhält und sichtbar wird, schmerzt.

Schließlich schmerzt auch, dass das Forum mit dem Anliegen, die Integrationsarbeit mit den im Stadtgebiet lebenden Aussiedlern zu übernehmen, Schiffbruch erleidet. So will das Fredenberg-Forum für die sich ab den späten Achtzigerjahren in Fredenberg einfindende Aussiedlerpopulation Sprachkurse einrichten und andere Maßnahmen initiieren[74] („die ersten Versuche der Integration“, Forumsmitarbeiter), doch wird ihm die avisierte Gruppe gewissermaßen aus dem „Vorhof“ weggeschnappt, noch bevor diese sich

---

[73] Bis dahin (der Nachbarschaftstreff wurde im November 2003 eröffnet) war die Sozialarbeit in den Reihen der Aussiedler in einer kleinen Wohnung in einem der Wohnblöcke, die überwiegend von spätausgesiedelten Familien bewohnt werden, untergebracht. (Angefangen hatte diese Arbeit buchstäblich auf der Straße, ohne über Räumlichkeiten zu verfügen). Mit der Sozialen Stadt und mit dem (finanziellen und ideellen) Engagement eines privaten Wohnungsunternehmens gelang dann später die Errichtung eines eigens zu Zwecken der aussiedlergetragenen Integrationsarbeit vorgesehenen bungalowartigen Gebäudes (vgl. Abschnitt 4.2).

[74] „Leider, die Schwelle der Spätaussiedler zu uns ist geblieben, dadurch dass die sich jetzt mehr im neuen Fredenberg um den Diakonietreff“ (Forumsmitarbeiter).

tatsächlich in Klienten verwandeln lassen. Denn mit der Fertigstellung der für die Aussiedler vorgesehenen Wohnungen im eigens zu diesem Zweck erweiterten Stadtgebiet (der „neue Fredenberg") zieht ein Großteil der Zuwanderer in dieses Domizil. Langsam entwickelt sich dort auch, wie oben bereits angedeutet, eine Art Integrationsarbeit, die zunächst auf den noch unbefestigten Straßen des neuen Quartiers beginnt, später dann in einer Drei-Zimmer-Wohnung untergebracht ist und die für die Aussiedler zur wichtigsten Adresse wird, wenn es um alltägliche Fragen und Probleme geht, wie das Lesen und Verstehen amtlicher Briefe oder die Unterstützung bei Behördengängen.

Mit der Etablierung dieser aussiedlergetragenen Integrationsarbeit wird dem Forum zunehmend das Interesse der Aussiedler entzogen. „Drüben im neuen Fredenberg ist ja der Diakonietreff entstanden, und es hat sich ergeben, dass die [Aussiedler; der Verfasser] sich dort insbesondere jetzt sammeln weil drüben der Anteil der Spätaussiedler wesentlich höher ist" (Forumsmitarbeiter, alteingesessen). Der im Aussiedlerquartier entstehenden Integrationsarbeit, zu der etwa die Entstehung eines von spätausgesiedelten Jugendlichen frequentierten Jugendtreffs („Kreml") oder des besagten Nachbarschaftszentrums zählt, wird von Forumsseite eine exklusive Binnen- beziehungsweise Eigengruppenorientierung unterstellt, bei der „Schutzräume" für Zuwanderer entstehen würden, die mit Blick auf die Integration der Quartiersgesellschaft desintegrativ seien: „offene Begegnungen" (Forumsmitarbeiter) zwischen älter Eingesessenen und Zuwanderern seien unter diesen eher Abschottung anzeigenden Entwicklungen unmöglich. Die selbstbestimmte Entwicklung „drüben" und die fehlende Abstimmung mit dem Forum über praktische Fragen der Integrationsarbeit scheint aus Forumssicht die Absonderung der Aussiedlerklientel tief zu fundamentieren. Jedes Stück des Sichtbarwerdens der Selbstorganisation der Aussiedler beziehungsweise der auf sie bezogenen Integrationsarbeit stellt sich dem Forum als ein Stück unkontrollierte Widerständigkeit dar: die Selbstorganisations- und Selbstregulierungsprozesse der zugewanderten Fremden entwerten die Idee des Forums, ein Ort für alle Akteure des Stadtteils zu sein.

Insbesondere das Nachbarschaftszentrum will sich der Forumsidee nicht fügen und geht eigene Wege. Mit diesem Affront gegen die (bisher gültige) informelle Hausordnung muss das Fredenberg-Forum erfahren, dass sich nicht alle Stadtteilakteure in die korporative Welt einschmelzen lassen, deren Sprecherposition das Forum übernimmt. Seinem Anspruch, als local player ein Ort für alle in Fredenberg siedelnden Individuen und Gruppen zu sein, ist kein nachhaltiger Erfolg (mehr) beschieden. Die Reputation des Forums geht damit zwar nicht komplett verloren, erleidet aber doch erhebliche Einbußen. Es ist nun kein allinklusives Forum „für alle“ mehr, sondern ein Integrationsakteur unter mehreren[75].

Zur Schwächung (des Mandats) der Sprecherposition des Fredenberg-Forums trägt auch bei, dass seine „Lufthoheit“ bezüglich einer Vernetzung der im Stadtgebiet wirkenden Akteure bestritten wird, indem diese nun unter die Regie der Sozialen Stadt gerät. Deren Anspruch, sämtliche Stadtteilakteure in einer multilateralen Konstellation an einen gemeinsamen Tisch zu bringen, ist von Beginn an von einem auf Abstand im Verkehr miteinander bedachtes Verhältnis zwischen Forum und Nachbarschaftstreff überschattet; es überformt gewissermaßen den runden Akteurstisch.

Zurück zur vermeintlichen Grenze. Wo, wie dargestellt, in einer lebensweltlichen Perspektive Differenz und Indifferenz ineinander greifen und die Erich-Ollenhauer-Straße einen unbestimmten Übergang zwischen zwei Fredenberger Stadtgebieten markiert, *wird* aus administrativer Sicht eine Grenze. (Sie sieht ein „Gegeneinander“ dort, wo es keines gibt). Die Straße ist also beides: Neutrales Gebiet aus lebensweltlicher Sicht und Front beziehungsweise Grenze aus korporativer Sicht. Mittels Interventionen im Rahmen der Sozialen Stadt soll diese Grenze, die eine trennende Wirkung auf die Quartiergesellschaft habe, abgebaut werden.[76] Obgleich nicht alle Mitarbeiter der Sozialen Stadt diese Situationsdefinition der kommunalen Akteure teilen (wie beispielsweise der Stadtplaner), verhalten sie sich so als gäbe es diese Grenze; die ersonnenen Projekte und Maßnahmen – gleich ob baulich (etwa in der Schaffung eine Achse, die beide Stadtgebiete miteinander verbindet) oder ob Soziokulturprojekte (die ein übergreifendes sozialräumliches Zugehörigkeitsgefühl erzeugen wollen) – beziehen sich auf diesen vermeintlichen sozialen Tatbestand und inszenieren ihn. Anders formuliert: Die korporative Welt schafft erst eine Grenze, die sie dann wieder abschaffen möchte. Insofern bedingt das Zusammenwachsen der Quartiersgesellschaft zunächst ihre Entzweiung: für das Zusammenwachsen muss eine Grenze konstruiert werden, die das Gebiet spaltet, die dann wiederum zum Verschwinden gebracht werden soll; „Seht zu: die Stadtteile müssen zusammenwachsen!“ Mit anderen Worten: die Soziale Stadt bringt das Problem, das sie lösen soll, selbst hervor.

---

[75] Die aus Forumssicht frustrierenden Ereignisse rund um die Bemühungen eines Einbezugs der großen Gruppe der im Stadtteil lebenden Aussiedler in die Projekte und Maßnahmen „im eigenen Haus“ wird zu kompensieren versucht, indem die Forumsmitarbeiter das Soziale Stadt-Begleitprogramm LOS strategisch handhaben, um neue Klientel für die Integrationsarbeit des Fredenberg-Forums in dessen Räume zu lotsen. Beispielsweise bietet es dem lokalen Ableger der Arbeiterwohlfahrt an, ein auf Zuwandererkinder bezogenes Projekt in seinen Räumen durchzuführen. Auf diese Weise will sich das Forum in der Außendarstellung zunehmend über die Arbeit mit Kindern profilieren.

[76] „Diese Demarkationslinie in den Köpfen muss aufhören!“ (Herr Behre).

4.1.5 Gleichzeitigkeit von kultureller Identität und sozialraumbezogenem Zusammengehörigkeitsgefühl – „Projekte starten, um Identitäten zu stiften“

Die Simulationsarbeit der Sozialen Stadt Fredenberg, ein Akteur, der sich lokal vor allem über ihr ständiges Büro inszeniert, kommt auch in der Konstruktion eines Logos zum Ausdruck. Dieses Logo ist zweifarbig, blau und grün, was zum einen den Salzgitter-See und zum anderen den an Fredenberg angrenzenden Stadtteil Lichtenberg symbolisieren soll; sie beide markieren die physisch-räumlichen Grenzen des Stadtteils Fredenberg in seiner Nord-Süd-Ausdehnung. Die Gestalt des Logos ist so beschaffen, dass die blaue und die grüne Seite jeweils die Giebelseite eines Hauses formen. Dadurch, dass über beiden Giebeldächern noch ein Punkt gesetzt ist, schält sich neben dem Haus eine zweite Figur heraus: die grüne und blaue Giebelseite stellen je zwei Personen dar, die vornüber gebeugt in einer Haltung verharren, die eine körperliche Tätigkeit andeutet. Da die beiden Personen in dieser Haltung einander zugewandt sind, scheinen sie an einer gemeinsamen Sache zu arbeiten.

Abbildung 4: Logo der Sozialen Stadt Fredenberg

Ein Mitarbeiter der Sozialen Stadt erläutert, dass beide Figuren an der Gestaltung des Ortsteils Fredenberg arbeiten. Das Fundament des angedeuteten Hauses beziehungsweise seine Bodenplatte bildet der Schriftzug „Fredenberg“, darunter steht (in kleinerer Schriftgröße und anderem –typ) „gemeinsam gestalten“. Das Hauslogo nimmt gewissermaßen die innere Einheit der Quartiersbewohner im Sinne eines sozialraumbezogenen Zusammengehörigkeitsgefühls symbolisch vorweg. Für solch ein lokalräumliches Zu- beziehungsweise Zusammengehörigkeitsgfühl soll das Bild des „Fredenbergers“ eine herkunftsgruppenübergreifende positive Identifikationsmöglichkeit aller im Stadtgebiet lebenden Gruppen bieten. Auf den Stadtteil bezogen, so die Problemdiagnose der Mitarbeiter der Sozialen Stadt, mangele es an einer Gemeinschaftssemantik sowie an einer „Fredenberger Identität“, die die Quartiersbewohner unter einem gemeinsamen Dach versammeln könnte. Die Identität der Einwohner trage bisher eher einen Klassencharakter, hier lebten

„Malocher" beziehungsweise „Industriearbeiter". Aber nicht nur der Fredenberg, sondern Gesamtsalzgitter habe das Image einer Arbeiter- beziehungsweise Malocher-Stadt. Diese stählerne Identität ist eng mit der Zuwanderungsgeschichte Salzgitters verbunden (vgl. Kapitel 3).

Für den Sozialarbeiter der Sozialen Stadt hätten die Menschen im Stadtteil eine „Arbeiteridentität" sowie auch herkunftsbezogene Identitäten. Aus seiner Perspektive fehle es jedoch an einem quartiersräumlichen Zugehörigkeitsgefühl. Zentral für die soziale Konstruktion dieser sozialraumbezogenen Identität sind die oben bereits angesprochenen soziokulturellen Projekte. Dabei sollen die Bewohner an ihrer bisherigen Identitätsmarkierung festhalten (Herkunft und Klasse), die nun durch eine auf den Sozialraum bezogene Komponente überwölbt werden soll. Mit Blick auf den Umgang mit Differenz beziehungsweise den Umgang mit der Tatsache der Existenz unterschiedlicher Herkunftsgruppen im Stadtquartier geht es um ethnisch-kulturelle Identifikation bei gleichzeitiger Bindung an den Sozialraum. Was in dieser Konstruktion noch als jeweils eigene Kultur bleibt – und was den Fredenberg schließlich interessant mache – schrumpft auf das Format von Folklore und beschreibt angenehm-dekorative und unterhaltsam-bereichernde Dinge: „Wir haben Kultur und Gastronomie zu bieten" (Herr Behre); quasi von Russischer Küche bis zum folkloristischen Liederabend.

Für die korporative Welt ist das „Haus" Fredenberg wohl auch insofern eine Symbolisierung eines lange geträumten aber doch nicht realisierbaren Zustands: gerade sie betrachtet Fredenberg als eigenen Stadtteil und bedauert, dass er im administrativen Sinne nie einer geworden ist (Mitarbeiter des Fredenberg-Forums).

4.1.6 Stadtteil als Organismus – „lebensfähige Strukturen" herstellen

Bei der Beschreibung des Alltagslebens im Stadtgebiet Fredenberg greifen die Mitarbeiter der Sozialen Stadt auf ein material-biologisch-medizinisches Vokabular zurück. Durch die Tatsache etwa, dass aufgrund des großen Schulzentrums[77] (von Herrn Behre als „Moloch" des Quartiers bezeichnet) täglich rund 2.500 Schüler/innen in das Stadtgebiet ein- und auspendeln, „atmet es hier ungeheuer ein und aus." Die Tatsache, dass der Stadtteil seit Jahren einen Wegzug von Haushalten erlebt[78], ließe ihn „ausbluten"; und eine singuläre Einrichtung in Neufredenberg wird als „Herzstück" des Quartiers bezeichnet,

[77] Es gibt in Fredenberg eine Straße (Hans-Böckler-Ring), an der mehrere Schulen angesiedelt sind.

[78] In den Gesprächen mit Anwohnern werden diese Wegzüge damit begründet, dass ihre einstigen Nachbarn nun vermehrt auf den Erwerb von Wohneigentum setzen würden; Salzgitter erlebt seit einigen Jahren einen regelrechten Bauboom.

von dessen Wirken die Integration der Stadtgesellschaft wesentlich abhinge. Schließlich wird der Stadtteil aufgrund seiner zu Lebenstedt peripheren, abgelegenen Lage als eine Art Ausstülpung beziehungsweise als „Beule“ Lebenstedts dargestellt. Die Rede vom „gesunden Stadtteil“ und seinen „lebensfähigen Strukturen“ (sodass er „für sich auch selbst existieren kann“) verweisen auf die Verwendung organischer Begriffe beziehungsweise auf Körper- beziehungsweise Organanalogien zur Charakterisierung des Stadtteils.

Der Soziologie ist das jedoch nicht neu. Sie kennt solch ein analogisierendes Denken von Gesellschaft und Organismus gerade in (und seit) ihrer Frühzeit. Am prominentesten ist es mit Herbert Spencers Auffassung von Gesellschaft als eines Organismus verbunden. Seine Ursprünge sind jedoch früher zu lokalisieren.

Die Entdeckung des Blutkreislaufs durch den englischen Arzt William Harvey im Jahr 1628 revolutioniert nicht nur die seit der athenischen Antike geltende Auffassung des menschlichen Körpers als einer von Körperwärme regulierten Einheit (vgl. Sennett 1995). Unter anderem beflügelt die Figur des Kreislaufs beziehungsweise der Zirkulation des Blutes etwa auch die Vorstellungen der schottischen Moralphilosophen: zum „Wohlstand der Nationen“ gehört bei Adam Smith die Idee einer freien Zirkulation von Waren und Arbeit auf dem Markt, analog des zirkulierenden Blutes im menschlichen Körper. Mit Blick auf die Gestaltung urbaner Räume setzt sich mit der Entdeckung zirkulierenden Blutes (sowie der Entdeckung der Hautatmung) auch ein städtebaulicher Leitbildwandel durch, der die Funktionsweise des gesunden Körpers – insbesondere das Prinzip der Zirkulation – zum Ideal der Gestaltung von Städten erhebt. „Bewegung“ und „Zirkulation“ werden zu stadtplanerischen Leitbildern; in der Stadtgestalt lässt sich die Idee des Blutkreislaufs ablesen (vgl. ebd.).

Der Blutkreislauf wird mechanisch begründet: Harvey begreift das Herz als eine Zirkulationsmaschine: der Herzschlag treibt das Blut in den Körper, ein Kammernsystem reguliert den Hin- und Rückfluss – das Blut bewege sich in einem Kreislauf. Mechanische beziehungsweise mechanistische Vorstellungen bleiben nicht auf die Vorstellung vom Funktionieren des Blutkreislaufs beschränkt. Harveys Zeitgenosse Descartes begriff den menschlichen Körper als eine Maschine, die nach mechanischen Gesetzen funktioniere (Descartes 1969)[79], und die französischen Physiokraten stellten sich die Wirtschaft als kreislauferhaltende Maschine vor: wie die Maschine funktioniere der Markt selbsttätig, Interventionen seien nur dort sinnvoll, wo sie diese Selbstbewegung (wieder-)herstellen; grundlegend aber reguliere sich der aus Produktion, Verteilung und Verbrauch bestehende Wirtschaftskreislauf quasi naturgesetzlich selbst. Die Auffassung, Mechanik beziehungsweise mechanische Gesetze

79 Die Analogie von Maschine und menschlichem Organismus siehe auch Julien Offray de la Mettrie (2009).

bestimmten das Funktionieren des menschlichen Körpers und des Wirtschaftslebens, setzt gewissermaßen einen Säkularisierungsschub durch: „Konsequenz dieser mechanistischen Vorstellungen war es, Gott aus dem alltäglichen Funktionieren der Natur und der Gesellschaft zu entrücken" (Stölting 1999: 56): Nicht (mehr) Gott treibt Herz und Blut an, sondern natürliche Kräfte. An die Stelle der Vorstellung eines auf Erden waltenden Gottes tritt der Begriff des Gleichgewichts (vgl. ebd.).

Weitere Begriffe werden aus der Biologie übernommen, wie beispielsweise derjenige der „Funktion". Der Anthropologe Radcliff-Brown etwa erklärte soziale Tatbestände von ihren (sozialen) Funktionen her, die sie für die Stabilität einer sozialen Ordnung spielen (1935), und erläutert dabei sein Funktionsmodell als explizit in der Biologie wurzelnd. In Herbert Spencers organizistischem Denken ist Gesellschaft ein sozialer Organismus, der sich aus dem Zusammenwirken gegenseitig abhängiger Teile ergebe. Wie der Körper, dessen ausdifferenzierte Organe in einem funktionalen Zusammenhang stehen, differenziere sich auch die Gesellschaft in gegenseitig voneinander abhängige Teile. Diese Ausdifferenzierung unterliege Naturgesetzlichkeiten – „Organic and social evolution conform to the same law" –, und die Aufgabe der Soziologie bestünde darin, das „Wachstum", den „Bau" und die „Funktion" der durch menschliche Wechselwirkung konstituierten „sozialen Aggregate" zu untersuchen und dabei aufzuweisen, dass das „Gesetz von der Erhaltung der Kraft auch die gesellschaftliche Entwicklung im Ganzen und in ihren Teilen beherrsche." Die Integration der Gesellschaft passiere über die Kooperation seiner ausdifferenzierten Teile. In diesem Sinne ist soziale Ungleichheit funktional für den Fortbestand der Gesellschaft: So wie unterschiedliche Organe unterschiedliche Funktionen erfüllen und daher ungleich sind, müssen auch in der Gesellschaft Unterschiede existieren, dass es überhaupt zu einer Beziehung zwischen seinen Teilen kommen kann.[80]

Auch die Mitarbeiter der Sozialen Stadt Fredenberg streben nach solch einem Ideal einer organischen Einheit beziehungsweise Ganzheit. Ihr ganzheitlicher Stadterneuerungsansatz beinhaltet die Vorstellung einer Art Organismus als eines selbstreferentiellen Systems. Der Neufredenberg ist (gegenüber dem alten) das „organischere System" (Herr Behre). Er sei „selbständig lebensfähig", ohne

---

[80] Die Reihe derer, die sich der Gesellschaft-Organismus-Analogie bedienen, ließe sich fortsetzen. In seiner differenzierungstheoretischen Studie „Über soziale Arbeitsteilung" bezeichnet beispielsweise Durkheim die funktional differenzierte Gesellschaft als „organisch": sie konstituiere sich „aus einem System von verschiedenen Organen, von denen jedes eine Sonderrolle hat. So wie die sozialen Elemente nicht von gleicher Natur sind, so sind sie auch nicht auf die gleiche Weise angeordnet: sie sind weder linear aneinandergereiht wie die Ringe eines Ringelwurms, noch miteinander verschachtelt, sondern einander bei- und untergeordnet rund um ein Zentralorgan, das auf den Rest des Organismus eine mäßigende Wirkung ausübt. Dieses Organ selbst hat nicht mehr denselben Charakter wie im vorhergegangenen Fall; denn wenn die anderen von ihm abhängen, so hängt es auch von ihnen ab."

dass es besonderer Interventionen durch das Soziale Stadt-Management bedürfe. Sein „Herz“ (Herr Kemper) erblicken sie im Nachbarschaftszentrum des Diakonischen Werkes, das Gegenstand des folgenden Abschnitts ist.

4.2 Integration Bottom-up: Das Nachbarschaftszentrum

4.2.1 Von Lebenstedt ins Fredenberger Aussiedlerquartier

(Auszug aus dem Forschungstagebuch)
Ich mache mich auf den Weg nach Fredenberg zu Frau Weber vom Diakonischen Werk in der Schinkel-Straße. Die vierspurige Bruchmachtersen-Straße weist in der Mitte einen Grünstreifen auf und ist an den Seiten so von Büschen und kleineren Bäumen gesäumt, dass sie beinahe einen alleeartigen Charakter hat. Nachdem ich das Strahlenschutzamt hinter mir gelassen habe, sehe ich kaum noch Häuser. Eine Ausnahme stellt eine kleine Arbeitersiedlung da. Wenn man sie von oben betrachtete, nähme sie das Muster einer oder besser zweier Reihen von „H“-Buchstaben an, die zu beiden Seiten der Bruchmachtersen-Straße angeordnet sind. Anders als die mir aus dem Ruhrgebiet bekannte gleichsam festungsartige Karree-Bauweise handelt es sich hier also um zur Straße hin geöffnete Karrees. Die Öffnung wird dadurch akzentuiert, dass die Häuserreihen zu Füßen der Hs in überdachte Arkadengänge übergehen. Weil sie nur dort angeordnet sind, wo die „H-Füße“ die Straße berühren, wechseln sich die kurzen Abschnitte in Form von Arkadengängen mit längeren Abschnitten des Fußgängerwegs ab, die ohne diese architektonische Einverleibung auskommen müssen, dafür aber den Blick auf Innenhöfe frei geben.

Ich gehe weiter geradeaus, bis ich eine Reihe von Hochhäusern sehe, die den grün bedeckten Horizont himmelwärts durchstechen. Eine Fahrradfahrerin, deren kleiner Sohn mit dem Tretroller vor ihr herfährt, bestätigt mir, dass die Hochhäuser die ich hier sehe mitten in Fredenberg stehen. Von anderen Passanten erfahre ich, dass die Schinkelstraße weit hinter den Hochhäusern liegt. Die unterschätzte Distanz bringt mich jetzt doch noch unter Zeitdruck. Als ich dann mitten in Fredenberg angekommen bin, sehe ich auf der Gebäudewand einer Real- oder Hauptschule ein Graffiti: „Ich habe Hass!“ Ich komme an einem Einkaufszentrum vorbei, das wie eine Wagenburg im Zentrum des Ortsteils liegt. Als ich dem Schinkelweg schon näher komme und noch einmal nach dem Weg frage, entgegnet mir die Angesprochene: „Ach das Ghetto meinen Sie! ... Wir sagen immer Ghetto.“

Ich überquere die Ollenhauer-Straße und komme in das vermeintliche Ghetto, das gar nicht wie eines aussieht. Es handelt sich um drei- bis vierstöckige Mietshäuser mit freundlichen in frischen Farbtönen gestrichenen Balkonen. Auch hier ist nicht mit Fläche für Spazierwege, Parkplätze, Kinderspielplätze und Rasen gegeizt worden. Mitten in dieser Siedlung befindet sich die Begegnungsstätte des Diakonischen Werkes. Es sieht zunächst aus wie ein freundlicher lichtdurchfluteter gläserner Pavillon oder einfach wie ein großer Bungalow. Man erkennt die Menschen, die sich darin bewegen schon von weitem. Die Schwelle dieses Gebäude zu betreten, könnte vom architektonischen Standpunkt betrachtet nicht niedriger sein.

Ich betrete (durch einen Windfang hindurch) den Patio des Gebäudes, der gar keiner ist, weil er überdacht ist. Doch die Dachfenster in der Decke vermitteln das Gefühl, in einer Mischung aus Foyer und Innenhof zu stehen. Mitten in diesem Innenhof befindet sich eine rechteckig angeordnete Tischgruppe, die von Stühlen umstellt ist – eine Art Präsentierteller mitten im Gebäude. Vom Innenhof/Foyer führen Gänge in den rückwärtigen Bereich, wo sich Toiletten und einige Büroräume befinden. Die meisten Büros aber erreicht man unmittelbar vom Foyer aus und von hier aus kann man auch den Raum der Nähgruppe, eine große Küche, einen Versammlungsraum und das Hausmeisterbüro erreichen. Ich frage nach Frau Weber und man weist mir die Richtung zu ihrem Büro. Sie befindet sich gerade in einem Gespräch mit einer Frau und bittet mich zu warten. (...)

Das verabredete Interview findet nun inmitten der Begegnungsstätte statt. Wir sitzen an der besagten Tischgruppe im innenhofartigen Vorraum der Begegnungsstätte. Auf dem Tisch stehen Kuchen, drei Kuchenteller, Tassen und eine Kanne Kaffee. Offenbar rechnete Frau Weber noch damit, dass sich eine weitere Person zu uns setzen könnte. Anders als ich befürchte, hört uns niemand zu. Zwar sind hier alle Türen geöffnet, aber die Frauen in der Küche und auch die Rentnerinnen der Kochgruppe sind viel zu sehr mit sich selbst beschäftigt.

Auch nachdem wir im Patio wie auf einem Präsentierteller Platz genommen haben, um das Interview zu führen, behält Frau Weber die Fäden des uns umgebenden Geschehens in der Hand. So beobachtet sie durch die Glastüren und -fenster hindurch jene Leute in meinem Rücken, die sich dem Diakoniegebäude nähern, während sie zugleich meine Fragen beantwortet. Im Falle einer alten Frau, die den Eindruck macht, als wollte sie vielleicht eintreten, es aber dann doch nicht tut, denkt meine Interviewpartnerin inmitten des Gesprächs laut darüber nach, ob sie diese vielleicht ansprechen soll, um ihr den Zutritt leichter zu machen. Im nächsten Moment ruft Frau Weber einem Handwerker, der in diesem Moment vorbei geht, mitten in einem an mich gerichteten Satz folgendes zu: „Der Herr XY ist noch nicht da!“ Offenbar weiß sie, dass der Handwerker sich mit dem Herrn XY (wie ich später erfahre ist das der Hausmeister) verabredet hat. Wenig später kommt eine ältere, schlanke, müde und erschöpft wirkende Frau herein. Frau Weber erhebt sich sofort und die beiden drücken sich ganz zärtlich, geben sich Küsschen auf die Wangen. Gerade noch hatte mir Frau S erzählt, dass es in diesem Viertel viele Selbstmordfälle gebe und da stellt sich heraus, dass diese Frau gerade ihren Mann durch Selbstmord verloren hat. Wir unterbrechen das Interview kurz. Frau Weber erzählt mir noch schnell, dass der Mann dieser Frau aus dem Fenster gesprungen sei. Zuvor hatte er seine Frau mehrmals zu überreden versucht, in die Beratungsstelle zu Frau Weber zu gehen, um über Probleme oder Konflikte in der Ehe zu sprechen. Seine Frau habe dies leider aber mit der Begründung abgelehnt, dass es doch keine Probleme gebe und also auch keinen Grund für solch ein Gespräch.

Nach unserem Interviewgespräch sage ich Frau Weber, dass ich überrascht sei, hier so ein freundlich anmutendes Viertel zu sehen, denn auf dem Weg hierher habe eine Frau mir gegenüber von dem Viertel als einem Ghetto gesprochen. Sie steigt sofort darauf ein. Beschreibt noch einmal, dass das hier ganz neu ist, dass die Wohnungen alle einen Balkon haben und dass es hier mittlerweile größere Grünflächen gebe. Sie zeigt, wo sich zu Beginn ihrer Arbeit im Quartier jene Wohnung befunden habe, die damals als erste provisorische Begegnungsstätte fungierte. Sie ist stolz darauf, dass ihr Arbeitsplatz von einer privaten Wohnungsgesellschaft finanziert werde, und dass überhaupt das neue Begegnungszentrum, das vor einem Jahr erst fertig gestellt worden sei, zur Hälfte durch diesen Sponsor, der zur vermögenden Familie Munte gehöre, finanziert worden sei.[81] Ursprünglich, als sie mit ihrer Arbeit begann, und dieses Viertel noch eher einer Baustelle glich, habe sie für eine städtische Wohnungsbaugesellschaft gearbeitet. Da habe es größere Probleme gegeben und es habe eine „unschöne Trennung" gegeben. Doch nun laufe alles prima. Stolz ist sie auf die Tatsache, dass es in den Munte-Wohnungen nur wenig Leerstand gebe. Durch ihr Quartiersmanagement sei es gelungen, die Menschen an den Ort zu binden. Dagegen sei der Leerstand der städtischen Gesellschaft, die in Fredenberg beziehungsweise in diesem Quartier genauso viele Wohnungen unterhalte, um ein Vielfaches höher. Daran könne man sehen, dass die Arbeit der Begegnungsstätte allen nütze, der Wohnungsgesellschaft und den Menschen vor Ort.

Als wir eine kleine Runde durchs Quartier machen, sehen wir im Hintergrund eine Siedlung, die aus privaten Reihenhäusern besteht und ebenfalls von Aussiedlern bewohnt ist. Ich äußere mich verwundert darüber, woher diese Leute das Geld haben, Eigenheime zu bezahlen. Daraufhin entgegnet sie, dass diese Menschen extrem sparsam seien. Sie bauten ihr eigenes Gemüse an, weil es auf dem Markt zu teuer sei. Sie würden auch gleich ein halbes Schwein vom Bauer kaufen und das Fleisch dann einfrieren, aber vor allem würden sie

81 Dieses Begegnungszentrum wird von der evangelischen Diakonie getragen und von einer privaten Wohnungsbaugesellschaft finanziert. Die relativ großzügige Ausstattung des Begegnungszentrums ist darauf zurückzuführen, dass die private Wohnungsbaugesellschaft, die in diesem Ortsteil Lebenstedts ca. 50% der Mietwohnungen unterhält, dem zunehmenden Wohnungsleerstand entgegen wirken wollte und sich daher an die Diakonie gewandt hatte, um hier eine Art Quartiersmanagement mit Konfliktmediation aufzubauen. Im Zuge der Vorgespräche hat man sich für einen eher ganzheitlichen Ansatz mit extrem niedrigschwelligen Angeboten entschieden, die sich nicht bloß auf die Problemfälle, sondern an die gesamte Nachbarschaft richten. „Das von der Politik gewollte gemischte Viertel kriegen wir nicht hin" (Mitarbeiter des Munte-Wohnungsunternehmens), daher habe man auf „die Karte Spätaussiedler gesetzt." Das Modell war letztlich realisierbar, weil eine private Wohnungsbaugesellschaft vom kurzfristigen Profitdenken auf das langfristige Bemühen umschaltete, Wohnungsleerstände zu vermeiden und in Folge dessen großzügige finanzielle Mittel zur Verfügung stellte. Mit Blick auf die Errichtung des Nachbarschaftszentrums befindet das Unternehmen „Dafür gibt's Geld!"; ansonsten werden die Programmaktivitäten der Sozialen Stadt als wenig nachhaltig beurteilt: „Das sind ja nur kurzfristige Arrangements und Engagements, die sind nicht auf lange Zeit angelegt, nichts Ganzheitliches und nichts Langfristiges."

zusammenhalten. Einer helfe dem anderen. Dann frage ich, ob die Arbeitslosigkeit hier vielleicht geringer sei, als anderswo. Doch auch diese Frage verneint sie. Viele Männer würden hier aber irgendwo als Leiharbeiter auf dem Bau arbeiten und viele unbezahlte Überstunden machen. Die Frauen arbeiteten oft in dubiosen Putzfirmen, die ebenfalls die Bereitschaft zu unbezahlter Mehrarbeit als selbstverständlich voraussetzten. Und so würde das ökonomische Überleben schließlich doch funktionieren. Im Übrigen hätten auch die Mietwohnungen im Erdgeschoss der Häuser rund um die Begegnungsstätte kleine Gärten für den Gemüseanbau.

Zwischen der Reihenhaussiedlung und dem Quartier der Munte-Wohnungen befindet sich ein etwas barackenartig anmutendes Gebäude, das die Grundschule beherbergt. Auf dem Spielplatz der Grundschule halten sich viele Jugendliche und junge Männer auf, um dort Basketball zu spielen. Da gebe es immer mal wieder Probleme, weil die Jungs sich nicht an die Regeln hielten. Noch vor der Grundschule auf einem von hohen Stahlgittergestellen umfassten Grundstück, steht ein Eisenbahnwaggon. Das soll einmal der Treffpunkt für die Aussiedlerjugendlichen werden. Eigentlich hätte er schon als solcher fungieren sollen, aber im Waggon sei Asbest gefunden worden, und daher müsse man ihn nun erst mal genauer untersuchen und dann gegebenenfalls sanieren. Ursprünglich hatten Aussiedler-Jugendliche und türkeistämmige Jugendliche zusammen an der Errichtung eines gemeinsamen Jugendzentrums mitgewirkt. Das Zentrum sei jetzt fertig, aber es werde nur noch von türkischen Jugendlichen frequentiert. Die Aussiedlerjugendlichen hätten sich zurückgezogen. Warum? Welcher Konflikt? Frau S weiß hierauf keine Antwort. Meine Frage, ob es zwischen den Aussiedlerjugendlichen und den türkischstämmigen Jugendlichen Konflikte gebe, verneint sie mit der Begründung, dass jede Gruppe ihren eigenen Treffpunkt habe.

4.2.2 Im Aussiedlerquartier

Die Gruppe der Aussiedler lebt überwiegend im Stadtquartier Neu-Fredenberg, eine Erweiterung des in den 1960er Jahren entwickelten Stadtgebiets Fredenberg (das wiederum zum Stadtteil Lebenstedt gehört, aber räumlich-geographisch vom ihm getrennt ist), und ist somit von anderen in der Stadt lebenden Gruppen separiert. Nach Erfahrungswerten der lokalen Akteure der Sozialen Stadt sind ca. 80% (Dokumentation der Sozialen Stadt) der Bevölkerung Neu-Fredenbergs (spät-)ausgesiedelte Zuwanderer, in Gesamtfredenberg ca. 50% (Referat für Sonderaufgaben und Statistik der Stadt Salzgitter und Angaben der Wohnungsunternehmen/Statistik Salzgitter Fredenberg). Wer hier wohnt, muss mit Stigmatisierungen rechnen, die allerdings nur aus sicherer anonymer Distanz geäußert werden: Lebenstedter bezeichnen dieses Siedlungsgebiet als „Russenghetto“, „Klein Moskau“ oder „Klein Kalaschnikow“ und betrachten es als Ort allen Übels. Beispielsweise vermuten einige unserer Interviewpartner, die außerhalb Fredenbergs leben, dass hier Waffen getragen werden, dass es

Straßenprostitution gebe, mit illegalen Drogen gehandelt werde und anderes mehr. Generell geraten alle Fredenberger unter den Verdacht sozialer Randständigkeit („Da leben die Problemfälle!").

In diesem Neu-Fredenberg, einem Quartier mit auffallend gepflegten Häusern und Straßen, suchen und finden Aussiedler andere Schicksalsgenossen in gleicher Lage: Bänke auf öffentlichen Quartiersplätzen werden für spätausgesiedelte Frauen zu Orten des Wissensaustauschs über das richtige Vorgehen bei Ehescheidungen oder über die richtigen Lehren aus negativen Erfahrungen, die sie in den örtlichen Filialen des Sozialstaats gemacht haben. In einem Gruppeninterview mit Aussiedlerinnen bekunden diese beispielsweise, dass der Kontakt mit lokalen Behörden sie so frustriere, dass sie im Anschluss daran immer mit der „Rückkehroption" nach Kasachstan spielten. Die Erwägung der Rückkehroption kompensiert die weit verbreiteten Ohnmachtgefühle. Gleichzeitig geben die als Ablehnung interpretierten Erfahrungen den Anstoß bei Leidensgenossinnen Trost zu suchen, die diese Erfahrungen und Gefühle teilen. Nachdem sie die besagten Negativerfahrungen im Umgang mit Behörden unter anderem auch aufgrund ihrer oft unzureichenden Deutschkenntnisse machen, nehmen die Frauen dabei Zuflucht zur russischen Sprache.

Viele unserer Gesprächspartner werfen der Kommune heute vor, Anfang der 90er Jahre in Neu-Fredenberg ein „Aussiedlerghetto" errichtet zu haben. Wahr ist, dass die errichteten Wohnblöcke von Beginn an für die Unterbringung der Aussiedler vorgesehen[82] waren, die bis dahin in Notunterkünften haben leben müssen.

Die älter eingesessenen Lebenstedter nehmen die Aussiedleransiedlung später vor allem in Form reger Bautätigkeit am Stadtrand wahr. Begegnungen aus erster Hand sind dagegen selten: Äußerungen alteingesessener wie türkeistämmiger Gesprächspartner wie: „Dort, wo früher Brachland war" oder „Na, der Neu-Fredenberg ist entstanden", machen deutlich, dass die Ansiedlung der Aussiedler zunächst nur als ein Randereignis erscheint. Sichtbar werden die Einwanderer durch einen eigenen Bekleidungsstil[83] sowie über plötzlich unverhofft ansteigende Zahlen von Gottesdienstbesucher/innen in katholischen und evangelischen Kirchen.

Begegnungen zwischen der Gruppe der Aussiedler und den Alteingesessenen finden zunächst nur dort statt, wo sie institutionell vorgesehen sind. Solche Begegnungen führen die Aussiedler geradewegs in die labyrinthische Welt der Behörden – ins Arbeits-, Sozial- oder Jugendamt etc. – die sie auf

82 Wie in anderen Städten auch wurde der Bau dieser Wohnanlagen mit Fördermitteln unterstützt. Zur Übersicht über die Praxis der Bauförderung im Zusammenhang mit dem Aussiedlerzuzug in die Bundesrepublik Deutschland siehe die Zeitschrift „Informationen zur Raumentwicklung", Heft 5/1989.

83 „Die Frauen tragen Kopftücher, die Männer Hüte und die gehen mit weißem Hemd und schwarzen Anzug zum Rathaus" (Interview mit der Quartiersmanagerin in Neufredenberg).

schnellstmöglichem Wege wieder verlassen wollen[84]. Das soziale Leben der Aussiedler spielt sich zu großen Teilen hier im Quartier Neu-Fredenberg ab. Denn als Schlaf- beziehungsweise Wohnstadt mit langen und breiten Straßen bietet Salzgitter-Lebenstedt kaum attraktiv erscheinende Ziele, die es lohnen würden anzusteuern. Im Aussiedlerquartier gibt es unter anderem ein evangelisches Gemeindehaus, das ein Ort für kulturelle Veranstaltungen ist, eine Grundschule, eine Kindertagesstätte, eine Sporthalle, mehrere Spielplätze[85], einen Jugendtreff und ein Lebensmittelgeschäft. Fünf Fußminuten sind es bis zu den Freizeitanlagen des Salzgittersees. Im Mittelpunkt all dessen steht ein pavillonartiger Bau (der „Diakonietreff" – jene Begegnungsstätte des Diakonischen Werkes, von der im oben zitierten Tagebuchausschnitt die Rede ist), der in den Interviewgesprächen mit Akteuren der korporativen Welt wie auch mit Anwohnern immer wieder genannt wird, wenn sich das Gesprächsthema um die „Integration" der seit den Neunzigerjahren zuwandernden Aussiedlerpopulation dreht.

> ***„Dort wird einfach mal was gemeinsam gemacht"*** (Interview mit einer Redakteurin der Lokalzeitung)
>
> A: Also ein Integrationsnadelöhr in Fredenberg ist der Diakonietreff. I:Ja.
> A: Weil dort auf eine sehr sinnliche Weise gearbeitet wird. Ich würde sagen: Integration geht durch den Magen. Wenn ich für die einen Werbeslogan machen würde, ich würde das so formulieren. Das heißt, dort sitzen nicht die typischen Gruppen, die also irgendwie Präventionsverbände sind, die es in jeder Stadt gibt und sehr gerne Vernetzung in sehr vielen Worthülsen sich äußern. Sondern dort wird einfach mal was gemeinsam gemacht. Da sind ganz viele, dort ist ja ein großer Zuzug gewesen von Deutschrussen, viele aus Kasachstan im Fredenberg. Und

---

[84] Beispielsweise berichtet Neufredenbergs Quartiersmanagerin, dass bei Besuchen des Arbeitsamtes auf die Ausführungen eines Sachbearbeiters immer nur ein kurzes Kopfnicken seitens der Aussiedler erfolge, ohne auch nur irgendeine Frage zu stellen oder von sich aus ein Anliegen vorzubringen. Angst vor dem Sprechen, aber auch Unbeholfenheit im Umgang miteinander und Ohnmacht vor dem Bürokratischen machen aus solchen Gängen zum Amt unangenehme Ereignisse, denen man sich nicht über längere Zeit aussetzen will. Zudem fühlen sich viele Aussiedler dem Verdacht der Sachbearbeiter ausgesetzt, „Betrüger" und „Lügner" (Interview mit der Quartiersmanagerin) zu sein. Insofern wird die Welt von Ämtern und Behörden als Welt eines gegen sich gerichteten Misstrauens wahrgenommen: ständig müsse man gegenüber ihren Mitarbeitern seine ‚Würdigkeit' beweisen, in den Genuss sozialer Dienstleistungen zu kommen. Dem Gefühl beim Verlassen des Amtes, nun mehr Probleme zu haben als zuvor, folgen häufig Ratlosigkeit und Weinausbrüche (so die Aussagen in einem Gruppeninterview mit Aussiedlerinnen).

[85] Der zentrale Spielplatz in Neufredenberg wird von unterschiedlichsten Gruppen frequentiert. Tagsüber trifft sich hier eine herkunftsgruppenübergreifende Alt-Herren-Clique zum Erzählen oder Kartenspielen – die sog. „Tuschkasten-Gruppe", deren Name daher rührt, dass jeder der älteren Herrschaft eine Farbe als Nachnamen trägt. Am frühen Nachmittag wird der Platz von Kindern frequentiert; später stoßen Erwachsene hinzu, die in der warmen Jahreszeit den Spielplatz für Picknicks und gesellige Runden nutzen.

die haben eine Möglichkeit, insbesondere die Frauen werden angesprochen. Die können dort in einer Schneiderwerkstatt aktiv werden, Klamotten nähen, da gibt es Modeschauen; deren Fingerfood ist so beliebt; Sie können bei der evangelischen Landeskirche in Braunschweig in höchsten Kreisen zu einem Empfang eingeladen sein, sehen Fingerfood und wissen, das haben die russischen Frauen aus dem Fredenberg zubereitet. Und das vereint die miteinander. Also die haben einen Chor, da singen sie russische Weisen. Aber es sind eben auch, es kommen ganz viele Deutsche auch hin, aber es kommen auch türkische Frauen dort hin. Und das finde ich ist gelebte Integration. Wenn es in irgendeiner Stadt Probleme gäbe, mal vor dem Hintergrund, was Sie eingangs sagten, könnte ich denen nur empfehlen dieses Modell in irgendeiner Form nachzunutzen."

Dieser Interviewsausschnitt enthält bereits einen Hinweis darauf, dass sich das Nachbarschaftszentrum (oder „Diakonietreff") zu weiten Teilen jenseits der üblicherweise mit Integration befassten Akteure der korporativen Stadtgesellschaft entwickelt hat. Ohne sozialwissenschaftlich, pädagogisch oder kommunalpolitisch disponiert worden zu sein, hat sich dort so etwas wie ein Bottom-up-Modell der sozialräumlichen Integration entwickelt, das einer anderen Logik als der Top-down-Perspektive resp. Top-down-Intervention der Sozialen Stadt folgt und sich als eine Art lebensweltlich verankertes Quartiersmanagement etabliert hat.

Viele Gesprächspartner aus den korporativen Institutionen der Stadtgesellschaft halten das Neufredenberger Nachbarschaftszentrum gewissermaßen für ein empirisches Musterbeispiel sozialräumlich ansetzender Integrationsarbeit. Dass sich ihre Augen auf diese Einrichtung richten (sei es offen anerkennend, sei es hinter vorgehaltener Hand, um die Rolle der eigenen Institution nicht als eher nachranging erscheinen zu lassen), hat wesentlich damit zu tun, dass sie in ihr die zentrale Quartiersöffentlichkeit erblicken und einen Ort, an dem sich die Quartiersbewohner „die Klinke in die Hand geben" (Herr Kemper[86]).

Tatsächlich ist das Nachbarschaftszentrum der zentrale, von früh bis spät frequentierte Platz des Quartiers und so etwas wie ein Ort verdichteter Geselligkeit. Im zeitlichen Nacheinander des Tages erscheinen und wechseln ganz unterschiedliche Personen und Gruppen: etwa Frauenrunden, die sich zum geselligen Beisammensein treffen, eine Kochgruppe, die für die Schüler einer nahe gelegenen Grundschule den täglichen Mittagstisch organisiert,[87] während

[86] Der Quartiersplaner (Herr Kemper) metaphorisiert den Nachbarschaftstreff, auch bezogen auf dessen vorheriges Domizil in einer Drei-Zimmer-Wohnung in einem der Aussiedlerblöcke, auch als „Taubenschlag"; als Ort, an dem vielen Menschen ein und aus gehen. Sein mit Gemeinwesen- und Sozialarbeit befasster Mitarbeiter Herr Behre spricht mit Blick auf das Wirken des Nachbarschaftszentrums von dessen „Privileg, in internationale Arbeit hineingedrängt worden zu sein" (Herr Behre).

[87] Dreh- und Angelpunkt des Gebäudes (aber schon vorher einer als Nachbarschaftstreff vorübergehend genutzten Wohnung in einem der Aussiedlerwohnblöcke, bevor das jetzige Gebäude realisiert wurde) ist eine größere Küche. Hier wird der Mittagstisch für die Schulkinder

im Nachbarzimmer russlanddeutsche, türkische und kurdische Frauen in einer Nähwerkstatt arbeiten. In einem anderen neben der Küche gelegenen, ca. 30qm großem Raum, mit weiß gestrichenen Wänden, einer sich über die gesamte Länge erstreckenden Fensterseite und ausgestattet mit neuwertigem Mobiliar sowie in der Mitte mit einer Art langgestreckten bestuhlten Tafel versehen, werden Sprach- und Computerkurse angeboten. Er wird für gesellige Runden genutzt oder es werden unterschiedliche Maßnahmen durchgeführt, für die Projektmittel akquiriert werden (beispielsweise im Rahmen des Programms Lokales Kapital für soziale Zwecke LOS). Wiederum in einem anderen Raum wird eine quartiersbezogene Nachbarschafshilfe organisiert; am Nachmittag und frühen Abend treffen sich Mutter-Kind-Gruppen, ein Frauenchor und weitere ethnisch-kulturell heterogene Gesellungen.

Dass das Nachbarschaftszentrum heute die zentrale Quartiersöffentlichkeit des Stadtgebiets ist, verdankt sich einer längeren Anlauf- beziehungsweise Vorgeschichte. Gewissermaßen *mit* der Ankunft der neuen Bewohner in den neu errichteten Aussiedlerwohnungen Anfang der Neunzigerjahre beginnt eine Quartiersarbeit, mit der eine Person, die selbst einen Zuwanderungshintergrund hat, befasst ist; nennen wir sie Frau Weber.

(Auszug aus dem Forschungstagebuch)

Geteilte Aufmerksamkeit – Der erste Kontakt mit Frau Weber

Von ihrem Akzent und von ihrem Aussehen her (dunkelbraune Haare, braune Augen, kleine untersetzte Figur), hätte ich sie niemals als Aussiedlerin eingestuft. Eher hätte ich sie für eine Spanierin gehalten. Doch die Frauen – und es handelt sich fast nur um Frauen –, die hier umhergehen, sprechen russisch, polnisch oder deutsch mit starkem osteuropäisch klingenden Akzent. Schließlich wendet Frau Weber mir ihre geteilte Aufmerksamkeit zu. Sie behält dabei ein offenes Ohr für die Frauen, die immer mal wieder eine Anweisung oder eine Information von ihr erbitten.[88] Wenn Frau Weber zu ihnen spricht, dann reagieren sie, indem sie eine Mimik aufsetzen, die ein Leid ausdrückt, das sie offenbar empfinden, weil sie sich

organisiert, beschäftigungspolitische Qualifikationsmaßnahmen durchgeführt (etwa die Qualifizierung zum „Hilfskoch", die im Rahmen der lokalen LOS-Projekte durchgeführt wurde), ein Cateringservice organisiert und einfach nur so für sich oder für gesellige Runden (Frühstücks, Geburtstage) gebacken und gekocht.

88 Geteilte Aufmerksamkeit ist, das soll die weitere Feldforschung zeigen, kein Verhalten, das nur dem Feldforscher gelten würde. Geteilte Aufmerksamkeit ist vielmehr eine Eigenschaft von Frau Weber, die in den Interaktionen mit allen den Treff frequentierenden Personen zum Tragen kommt. Sie hat ihre Aufmerksamkeit, so scheint es, überall zugleich, so, dass man immer mitgucken will, worauf sich ihr Blick richtet. Sie verschafft sich einen Überblick über die anwesenden Frauen (und darüber, womit sie sich gerade beschäftigen), indem sie sie kurz ins Blickfeld nimmt und anscheinend beiläufig wahrnimmt. Selbst wenn es vorkommt, dass ihr Blick länger auf ihr Gegenüber gerichtet ist, kullern ihre Augen, als würde sie sich von ihrem Gegenüber ständig Informationen beschaffen, die über die gerade stattfindende verbale Kommunikation hinausgehen.

genötigt sehen, unser Gespräch zu unterbrechen. Ihre Mienen sagen: „Es tut mir leid! Was soll ich machen, aber ich muss stören!"

Frau Weber hat im polnischen Breslau Germanistik studiert und bis zu ihrer Aussiedlung aus Polen im Jahr 1988 an einer Forstschule als Deutschlehrerin gearbeitet. Nach ihrer Aussiedlung zieht sie schließlich nach Salzgitter und findet eine vorübergehende Anstellung im kommunalen Wohnungs-, Versicherungs- und Vertriebenenamt. Hier erlebt sie die Ankunft der (vorerst letzten) Zuwandererwelle der Aussiedler aus Polen und aus der ehemaligen Sowjetunion, die die Stadt Salzgitter erreicht. Die Zuwanderer müssen zunächst in Notunterkünften einquartiert werden, da Wohnraum zu dieser Zeit knapp ist. Erst jetzt beginnt im Stadtquartier Fredenberg eilig die Errichtung von Wohnunterkünften für die ausgesiedelten Zuwanderer. Frau Weber lernt in dieser Zeit die Nöte und Alltagssorgen sowie die Bedürfnisse der Aussiedler aus erster Hand kennen und beginnt schließlich zur Jahreswende 1993/94 – mittlerweile ist sie seit längerer Zeit ohne Anstellung – auf der Baustelle des neuen Aussiedlerquartiers (befestigte Wege und Straßen, eine Anbindung an das öffentliche Verkehrsnetz, Versorgungs- und öffentliche Einrichtungen gibt es nicht) mit „Straßenarbeit": „Als ich auf der Straße stand: Die Leute haben auf mich gewartet. Die Leute kamen von allen Seiten, hatten in der Tasche einen Brief zusammengefaltet, den musste ich dann übersetzen." Zu jener Zeit betreffen die Probleme der Zuwanderer vor allem defizitäre Sprachkenntnisse, den Zugang zum Arbeitsmarkt, die Unterbringung von Kindern in Kindergarten und Schule; aber auch (Haustür)Geschäfte mit Versicherungen und Versandhäusern gehören zu jenen Erfahrungen, die die Aussiedler in dieser Zeit machen. Aber gerade die ersten Kontakte in der Ankunftsgesellschaft, die die Aussiedler geradewegs in die leistungsverwaltenden Filialen des Wohlfahrtsstaates führen (Sozialamt, Arbeitsamt, Jugendamt, Schulamt) scheinen die Probleme in dem Sinne zu vermehren, dass ihnen hier Abschätzigkeit entgegengebracht wird und sie als „Betrüger" und „Lügner" diffamiert werden.

4.2.3 Auf dem Weg zur Quartiersgesellschaft

„Straßenarbeit" und die mit ihr verbundene ausdauernde Präsenz im lokalen öffentlichen Quartiersraum machen Frau Weber bald zu einer öffentlichen Figur. Mit Goffman könnte man sie – wenngleich eingeschränkt – auch als „offene Person" (2010: 138) bezeichnen; als Person, die für ihr Gegenüber ‚verfügbar' im Sinne von ‚ansprechbar' ist. Sie ist es deshalb, weil sie in einer „exponierten Position" steckt. Goffman begreift darunter insbesondere Personen (etwa Polizisten oder Pfarrer), die sich in ihrem Handeln auf einen korporativen Habitus stützen und deren Verhältnis zu ihrem Gegenüber (daher) asymmetrisch beziehungsweise durch soziale Distanz markiert ist. Schließlich inszenieren sie sich auch mit besonderen Insignien, die ihre Mitgliedschaft in der korporativen Welt zu erkennen geben (Talare, Uniformen, Visitenkarten, eigener Jargon/Fachsprache u.a.m.). Die „offene Person“ Frau Weber hat nun aber – und das ist die Einschränkung – sichtbar gerade keine korporative Verfasstheit im Hintergrund, die ihr (Inter)Agieren mit einer entsprechenden Autorität gewissermaßen „auspolstern“, ihr Vis-a-vis auf Distanz (beziehungsweise in eine Klientenrolle) bringen und eine soziale Asymmetrie zur (Interaktions)Basis machen würde. Frau Weber ist erst einmal einfach nur im öffentlichen Raum präsent und hat ein offenes Ohr für die Probleme der neuen Quartiersbewohner, die bei ihr Rat suchen. Viele Gesprächspartner aus der Gruppe der Aussiedler berichten, dass sie Frau Weber buchstäblich auf der Straße kennen gelernt haben. Hier wird sie gerade nicht mit der Ämterwelt identifiziert, deren stets als bedrohlich aufgefasste Sachanliegen und Sachforderungen tief in den Aussiedleralltag hineinragen und oftmals die besagten Ohnmachts- und Fluchtgefühle auslösen. In dieser Lage ist Frau Weber – einfach gesagt – diejenige, die jenen hilft, die sich nicht selbst helfen können; für die Zuwanderer ist sie die Person, die denen ersten Rat gibt, die ratlos sind. (Auch das Beherrschen der polnischen, russischen und deutschen Sprache sind dafür wichtig). Kurz: Sie ist die Kümmerin[89], die Behördenbriefe öffnet, die zuvor oft versteckt wurden, weil man nichts Gutes von ihnen erwartete, ihre Inhalte ins Russische übersetzt, Ratschläge im Umgang mit ihnen erteilt sowie Kontakte zu relevanten Stellen vermittelt, um Problemlösungen in die Wege zu leiten.[90] Rückblickend erweisen sich solche Ohnmachtserfahrungen gar als beziehungsstiftend: in der Not beziehungsweise im Zustand des ‚Nichtmehrweiterwissens' wenden sich Aussiedler/innen an den Anderen, der sich wiederum den an ihre Grenzen gekommenen Hilfesuchenden zuwendet. Personen, die ihre Hilflosigkeit offen zeigen, scheinen vertrauenswürdig; und „wenn man Menschen traut, beginnen sie Anteil zu nehmen an denen, die ihnen Vertrauen schenken“ (Sennett 2009: 322).[91] Darin liegt (im hier interessierenden Fall) das vergemeinschaftende Potenzial einer Begegnung zwischen Hilfesuchendem und Ratgebendem; unterhalb der Oberfläche dieses

---

[89] In der Beziehung Frau Webers zu den Aussiedler/innen ist soziale Hierarchie aber nicht einfach suspendiert. Sie besteht nicht nur in Gestalt einer exponierten Position zum Gegenüber; sondern auch in Form einer Mutter-Kind(er)-Beziehung: Im Nachbarschaftszentrum entwickelt sich schließlich ein familiales Beziehungsmuster, auf dem eine Art advokatorischer Maternalismus aufbaut.

[90] Rückblickend formuliert Frau Weber als Motto in der Startphase ihrer Arbeit: „Probleme bewältigen“.

[91] Mit Luhmann könnte man an dieser Stelle auch von Vertrauen als „Fessel“ (1973: 71) sprechen. Der Vertrauenschenkende bindet beziehungsweise fesselt sein Gegenüber durch eine Art strategisch-manipulativen Vertrauensvorschuss, den dieser als Verpflichtung gegenüber dem Vertrauensgeber empfindet.

Beziehungsformats werden andere (intimere) Beziehungsformen geknüpft; aus den Begegnungen auf der Straße werden schließlich Freundschaften.

Aber nicht nur auf der Straße werden die drängenden Probleme und Sorgen besprochen, die die spätausgesiedelten Zuwanderer in ihrem Alltag in der Ankunftsgesellschaft befallen. Auf Hilfeersuchen reagiert Frau Weber auch mit Besuchen der Hilfesuchenden in deren Wohnungen, die sich dann quasi in Büros und Wartezimmer verwandeln, weil dort noch andere Personen oder Familien warten, um ein Gespräch mit ihr zu führen und Fragen zu klären. Da Frau Weber ihre aussiedlerbezogene Arbeit „auf der Straße" beginnt und schließlich auch die privaten Domizile ihrer Klientel aufsucht und sich nicht mit den Insignien der korporativen Welt (Büros, Öffnungszeiten, Akten, Datenverarbeitungsgeräte) inszeniert und somit eben nicht das ganze „Gewicht" der korporativ verfassten Welt in der Interaktion mit den Zuwanderern spürbar werden lässt, bleiben (im Wort- wie im übertragenen Sinne) die Zugangsschwellen für die Gruppe der Aussiedler niedrig. Es sind ausschließlich persönliche Eigenschaften, die sie in den sozialen Verkehr einbringt und die dort wirksam werden. Für die Zuwanderer ist sie weniger als Person erkennbar, die der politisch-administrativen Welt entstammt und deren Anwesenheit sich aus einer Mitgliedschaft in Institutionen begründen würde.[92] Frau Weber bleibt eher als individuelle Person erkenn- und für die Zuwanderer ansprechbar. Später bezieht sie für ihre Quartiersarbeit eine Drei-Zimmer-Wohnung in einem der neu errichteten Aussiedlerwohnblöcke[93], die als Nähwerkstatt, Küche, für Beratungsgespräche genutzt wird. Schließlich bezieht sie ein eigens für die Zwecke der Quartiersarbeit errichtetes pavillonartiges Gebäude inmitten des Aussiedlerquartiers.

Blickt man auf die frühe Zeit des Aussiedlerzuzugs zurück, so prägen einige Missverständnisse im Kontakt mit Angehörigen der Ankunftsgesellschaft diese erste Zeit, die die Annahme der Abschottung der Aussiedlergruppe in den Augen einiger Alteingesessener scheinbar plausibilisieren. Noch deutlicher machen sie jedoch, das erwartet wird, dass Zuwanderer sich auf neue Alltagsnormen und – regeln umstellen müssen. Etwa lädt eine kommunale Wohnungsbaugesellschaft

---

92 Vertreter der korporativen Welt (anonyme Funktionsträger beziehungsweise Sachwalter), die durch sie autorisiert handeln, sind austauschbar; sie sind gerade dadurch charakterisiert, dass sie professionell handeln und ihr Gegenüber in „Fälle" transformieren; schließlich dadurch, dass sie ihre Individualität gerade ein ganzes Stück weit ablegen beziehungsweise ihrem Gegenüber keinen Einblick in ihre Individualität gewähren. Solche Personen sind nicht als individuelle Personen, sondern als ‚Vertreter' und ‚Mitglieder' erkennbar.

93 Zu dieser Zeit wird Frau Weber von zwei Wohnungsunternehmen, die sich den Mietwohnungsbestand teilen, finanziell unterstützt. Später zieht sich die kommunale Wohnungsbaugesellschaft aus dieser Konstruktion zurück. Ihre gegenüber dem zweiten Wohnungsunternehmen höheren Leerstände schreibt sie der mangelnden Arbeit Frau Webers zu, und nach einer „hässlichen Trennung" ist seither eine private, in Braunschweig ansässige Wohnungsbaugesellschaft alleinige Trägerin.

die Aussiedler/innen zu einer Weihnachtsfeier ein, nur kommt niemand. Auf Seiten des Wohnungsunternehmens wird dies als Beleidigung aufgefasst und als Abschottung interpretiert („Wenn die mit Deutschen nichts zu tun haben wollen, dann eben nicht. Dann sollen die ihre Miete zahlen, mehr brauche ich nicht“, so ein Mitarbeiter des Wohnungsunternehmens). Hingegen seien die Aussiedler unvertraut mit solchen Gesten und vermuteten, dass sie dafür einen finanziellen Beitrag leisten müssen. Da Geschäfte mit Versicherungsvertretern, Teppichhändlern oder Personen, die mit Haushaltsgeschirr und Töpfen Handel treiben, zu den besonders präsenten abschreckenden Erfahrungen zählen, die die Aussiedler schon bald nach Bezug ihrer Wohnungen machen, lag die Vorstellung, dass es bei der besagten Einladung *nicht* um eine Veranstaltung zum Zwecke des Aufschwatzens welcher Waren oder Dienstleistungen auch immer handelt, außerhalb des Denkbaren. Denn negative Erfahrungen (die wiederum auf Erlebnissen aufbauen) sedimentieren sich – wenn sie nicht vereinzelt bleiben! – als Deutungsmuster und organisieren auf diese Weise die Wahrnehmung und Interpretation von Situationen. Als diese Missverständnisse aber aufgeklärt werden, wollen die Aussiedler diese Situation bereinigen und übernehmen selbst die Rolle des Gastgebers, indem sie ein kleines Quartiersfest organisieren.

Zeitgleich mit dem Entstehen des neuen Fredenbergs holt Frau Weber kommunale Institutionen, die mit Blick auf die zuwandernden Aussiedler integrativ wirken wollen und ihre Maßnahmen zunächst außerhalb Neufredenbergs (im alten Lebenstedt) umsetzen wollen (zum Beispiel Sprachkurse) in das Quartier hinein. Parallel dazu aktiviert sie aber auch die korporativen Akteure der Stadtgesellschaft (etwa Mitarbeiter des Sozialamtes, Arbeitsamtes oder den städtischen Integrationsbeauftragten, aber auch Pressevertreter) zum Zwecke der Verständniswerbung für die besondere Lage der Zuwanderer und ermöglicht ihnen einen Einblick in deren Lebenssituation und in die besonderen Herausforderungen bei der Bewältigung ihres Alltags; eines Alltags, der für spätausgesiedelte Personen immer wieder eher errungen werden muss als dass er sich problemlos einstellt. Denn mit dem Tatbestand der Wanderung verlassen Migranten jenen Ort, dessen (Alltags)Regeln ihnen bekannt und unhinterfragt gültig sind, und die einem sagen, wie man in bestimmten Situationen zu handeln hat. Unbekannte korporative Regeln und Normen, die die Zuwanderer neu erlernen müssen, sind denn auch häufig die Quelle von Konflikten. Wer sich etwa nicht turnusmäßig im lokalen Arbeitsamt meldet oder wer keine Bewerbungen um einen Arbeitsplatz verfasst, gerät schnell in Verdacht, ein „Lügner“ und „Betrüger“ zu sein.

Schon während ihrer frühen „Straßenarbeit“ beginnt Frau Weber damit, sich nach Bedürfnissen und Interessen der Zuwanderer/innen zu erkundigen, um entsprechende Angebote entwickeln zu können[94], die bei deren Fertigkeiten und Fähigkeiten ansetzen. Viele spätausgesiedelte Zuwanderer können ihr Bildungskapital zunächst nicht in die lokalen Arbeitsmärkte transferieren. Im Nachbarschaftszentrum wird dieses Kapital in andere Bahnen gelenkt und etwa in Projekten der Textilwerkstatt[95], der Nachbarschaftshilfe, in der Entwicklung von Kinderbetreuungsangeboten in einer benachbarten Grundschule oder in rund um das Thema Kochen gruppierten Tätigkeiten (ein Catering für lokale und überlokale Veranstaltungen, Mittagstisch für Schüler) genutzt[96]. Insgesamt werden im Nachbarschaftszentrum kleine Dienstleistungen organisiert, die im Quartier (aber auch über seine Grenzen hinaus) herkunftsgruppenübergreifend in Anspruch genommen werden. Partiell ergeben sich aus diesen Angeboten, wie zum Beispiel über die Nachbarschafshilfe, auch Beschäftigungsverhältnisse. Hierfür steht auch das Beispiel einer spätausgesiedelten Sportlehrerin, die durch das Nachbarschaftszentrum an den örtlichen Sportverein vermittelt wird und heute dort Sportkurse gibt. Ein weiteres ausgewähltes Bespiel gibt ein in Kasachstan als Leiter einer Kunstschule tätiger Aussiedler, der (wenngleich auch nur vorübergehende) Betätigung bei der Akquirierung und Umsetzung von wohnumfeldbezogenen Projekten – dabei handelt es sich um das Projektieren und Anlegen einer Gartenlandschaft im Quartier – findet. In die Akquise und Durchführung dieser und weiterer Projekte und Maßnahmen werden die spätausgesiedelten Zuwanderer schließlich selbst eingebunden. So übernehmen sie selbst Verantwortung[97] für die vielen Einzelprojekte, die unter dem Dach des Nachbarschaftszentrums stattfinden. Eine von unten nach oben aufgebaute funktionale Hierarchie, in der sich jede Besucherin selbst ein stückweit als

---

94 „Die sind damals auch wirklich Türklinken putzend herumgelaufen und haben geklingelt und geredet und nach Interessen gefragt (...); also mit viel langem Atem haben sie Gruppen zusammen bekommen und dann lief es irgendwann super", erinnert sich rückblickend eine Mitarbeiterin einer lokalen Kindertagesstätte an die Arbeit der Quartiersarbeiterinnen des Nachbarschaftszentrums.

95 Unter Spätaussiedlerinnen gibt es ausgebildete Näherinnen, die im Nachbarschaftszentrum eine offene Nähwerkstatt betreiben und in temporären berufsbezogenen Qualifikationsmaßnahmen als Kursleiterinnen eingesetzt werden, die anderen das Schneiderhandwerk beibringen und mit eigenen Kleiderkollektionen auf überregionalen Modenschauen auftreten.

96 Kochen, Backen und Essen sind Tätigkeiten, die den ganzen Tag über beiläufig praktiziert werden. Die Normalität und Alltäglichkeit dieser Arbeit wird von den Frauen, Müttern und Großmüttern, die sich in der Küche beziehungsweise in ihrem Umfeld bewegen, auch als Grund genannt, weshalb sie den Nachbarschaftstreff besuchen. Jede kann erst einmal etwas beisteuern, ohne über Sprachprobleme zu stolpern. Schnell entsteht auch die Idee zu einem internationalen Kochbuch („Von Alaspannkaka bis Zigarrenbörek"); Besucher möchten aber auch profitieren vom Besuch der Einrichtung; es gehen Leute ein und aus, die vielleicht behilflich bei der Jobsuche o. ä. sein könnten.

97 Verantwortung können nur Menschen übernehmen, die sich nicht aufgegeben haben. In seiner Lebensphilosophie bezeichnete Simmel Verantwortung als „Kennzeichen des lebendigen Ich" und „Fundament der Persönlichkeit."

Funktionsrollenträgerin in „ihrem“ Projekt fühlen kann, unterstützt dies. Insoweit spricht seine Leiterin heute davon, dass die Quartiersbewohner die Einrichtung „tragen“ würden; das Funktionieren des Treffs brauche keine äußeren Anstöße (mehr). „Tragen“ ist aber auch im Sinne der Konnotation des „wirksam Werdens“ zu verstehen, als sich die Quartiersbewohner hier als tatsächlich handlungswirksam erleben.

Das Nachbarschaftszentrum ist ein Ort der Selbstorganisationsprozesse nicht nur der Fremden, sondern der gesamten Quartiersgesellschaft (auch herkunftsdeutsche oder türkeistämmige Personen engagieren sich dort) und der kaum zu umgehende Drehpunkt des Quartiersalltags und *die* leibhaftige wohnumfeldnahe Öffentlichkeit[98]. Dazu trägt auch bei, dass neben der selbstorganisierten Projektarbeit auch wohnungsbezogene Dienstleistungen bereitgestellt werden: hier werden Wohnungen vermietet, Mietprobleme geregelt, Mieterbeschwerden entgegen genommen und Hausmeistereinsätze koordiniert; auch der Quartiershausmeister hat ein kleines Büro im Nachbarschaftszentrum. Da Quartiersbewohner sowohl in die Organisation des Nachbarschaftszentrums als auch in die Entwicklung sowie Realisierung von Maßnahmen und Projekten eng eingebunden sind (und seine Räumlichkeiten vor allem für das gesellige Beisammensein nutzen), ist es ein Ort interaktiver Sinnstiftung.[99] Durch das sehr niedrigschwellige Vorgehen konnte er schließlich zu einem Ort der Selbstaktivierung der Quartiersöffentlichkeit werden.

4.2.4 Leibhaftige Vertrauensbildung mit korporativen Nebeneffekten

Die Unterstützung und Solidarität, die im Nachbarschaftstreff organisiert werden, haben nicht den Charakter großer, augenfälliger Akte sondern werden von den Interviewprobanden auf den Begriff „Kleinigkeiten“ gebracht. „Kleinigkeiten“ im Sinne eines integrationswirksamen Handelns wären falsch verstanden, setzte man sie mit den Konnotationen von Belanglosigkeit beziehungsweise unbedeutenden Sachen gleich. Kleinigkeit meint nicht Unwichtigkeit, Bagatelle oder gar Nichtigkeit. Eher sind es die Verknüpfungen

---

98 Das Konzept der leibhaftigen Öffentlichkeit ist von Jörg Hüttermann (2000) entwickelt worden; leibhaftige Öffentlichkeit bezeichnet ein Interaktionsforum, in dem soziale Akteure „im Medium ihres gewissermaßen auf den Leib geschnittenen interaktionsnah konstituierten Habitus“ (277) interagieren. Er unterscheidet sie von der korporativen Öffentlichkeit, in der formal organisierte und akkreditierte soziale Akteure miteinander interagieren und sich dabei auf Mitgliedschaftsrollen bzw. einen „korporativen Habitus“ beziehen. Foren leibhaftiger Öffentlichkeit sind beispielsweise Begegnungen auf öffentlichen Plätzen oder auf dem Bürgersteig, bei denen soziale Akteure sich nicht auf autoritätsverbürgende Mitgliedschaftsrollen beziehen.

99 Demgegenüber sind die Maßnahmen der Sozialen Stadt eher ein Sinnangebot: „Wer will, kann sich beteiligen“, so der Sozialarbeiter der Sozialen Stadt.

mit Alltäglichkeit, Alltag beziehungsweise kleinen, aber nicht irrelevanten Sachen, die einen Hinweis darauf liefern, wovon hier die Rede ist. Interpretiert man „Kleinigkeiten" in diesem Sinne, gewinnt man Einsicht in die sozialintegrative Kraft des Nachbarschaftszentrums (und dessen Funktion bei der Vorbereitung auf die korporative Welt).

Beispielsweise kommt in den Interviews mit den Aktiven des Quartierstreffs das Gespräch immer wieder auf die menschliche Grunderfahrung Krankheit, die durch die Zuwendung und den hohen menschlichen Einsatz der das Nachbarschaftszentrum frequentierenden Personen quasi mitbewältigt wird, indem sie spontane Solidarisierungen auslöst. So berichten mir Aussiedlerinnen, das sie im Umfeld der Behandlung ihrer Erkrankungen vom Nachbarschaftszentrum dauerhaft unterstützt wurden, indem Arzttermine vereinbart, Krankenhausbesuche organisiert oder Kinder bei etwaigen Abwesenheitszeiten beaufsichtigt wurden. Rückblickend stellt eine Gesprächspartnerin fest: „Für mich war das gute Gefühl, dass sie für mich etwas getan haben; das war gut (...), das hat so gut getan. Und ich wusste, die denken immer an mich." Daneben ist es die Erfahrung mit der Welt der Behörden, die die Aussiedler/innen oft ratlos zurücklässt und ihnen das Gefühl vermittelt, nun mehr Probleme als vorher zu haben. Die Reaktion auf solche Ohnmachtserfahrungen sind regelrechte Weinausbrüche; in Ohnmachtsgefühlen – die entstehen, wenn das „Unverhältnismäßige", das vom Einzelnen nicht mehr sinnhaft handhabbar ist, über den Menschen hereinbricht – gerät der auf „Verhältnismäßigkeit des Daseins" (Plessner) verwiesene Mensch in eine „Grenzlage", die eine körperliche „Krisenreaktion mit Antwortcharakter" (wie das Weinen, oder das Lachen) zur Abwendung dieser Grenzlage auslösen. Solche Situationen des Nicht-Mehr-Weiterkönnens enden (im hier interessierenden Fall) jedoch nicht in sozialer Isolation sondern haben ein vergemeinschaftendes Potenzial: man wendet sich dem Betroffenen zu, das Weinen weckt beim Anderen Empathie.

Im Falle des Nachbarschafszentrums spricht sich gewissermaßen herum, dass man hier Zuwendung und Hilfe erhält (aber auch Anteilnahme am eigenen Schicksal erfährt). Als Person mit gleichen und ähnlichen Erfahrungen hat man Teil an der Gefühlslage des Anderen und ist daher zu solidarischem, mitfühlendem Verhalten fähig, sowie auch zur Mitfreude, etwa wenn eine betroffene Person, die bei der Bewältigung ihrer Krankheit praktisch-organisatorisch und emotional unterstützt wurde, wieder Mut fasst. Die Erfahrung spontan geübter Solidarität, die viele Neuzuwanderer bei den ersten Besuchen des Nachbarschaftszentrums machen (und schon vorher in der Nachbarschaftswohnung), und das erfahrene Mitgefühl des Anderen (von dem einst Hume (vgl. 1978) annahm, es sei der „Klebstoff", der die Gesellschaft zusammen hält) sowie die Unterstützung bei der Bewältigung der Probleme praktischer Lebensvollzüge (in den Fällen, in denen die eigenen Mittel unuzlänglich sind) veranlassen die Quartiersbewohner schließlich wiederzukommen. Mit der Zeit entwickeln sich sympathetische Beziehungen.

Mit der unterstützenden wie einbeziehenden Art der quartiersräumlichen Arbeit des Nachbarschaftszentrums wird eine Ressource geschaffen, ohne die weder das Alltagsleben noch die Zukunft möglich wären: Vertrauen. Vertrauen ist deshalb wichtig, weil es eine Hypothek auf die Zukunft ist (Simmel)[100] und insofern Zukunft in Aussicht stellt. Denn viele spätausgesiedelte Zuwanderer trauen sich lange Zeit nicht, mit ihrem nur bruchstückhaftem Deutsch überhaupt die eigene Wohnung zu verlassen; Hilflosigkeit und Resignation machen sich dort breit, wo man seinen Kindern auf den Schulunterricht bezogen nichts beibringen kann oder wo etwa viele Probleme (Alkohol- und Drogenkonsum, Beziehungsprobleme) im Familienkreis nicht artikuliert werden können (im Sinne eines ‚Nichtwahrhabenwollens' etwaiger Schicksalsschläge). Die akkumulierten Probleme kontrastieren dabei mit dem „Gefühlsverlangen nach menschlicher Gesellschaft" (Elias 1988: 268), das nicht realisiert werden kann. „Die holen die Leute raus (aus ihren Wohnungen; der Verfasser)!", fasst der Leiter einer lokalen Schule die Arbeit des Nachbarschaftszentrums zusammen, wodurch sich Personen aufeinander zu bewegen würden statt in ihrem „tiefen Loch" zu bleiben.

Die unterstützenden Angebote, die Quartiersnachbarn veranlassen, das Nachbarschaftszentrum regelmäßig zu frequentieren, können die Anziehung dieser Einrichtung nicht hinreichend erfassen. Das Engagement im Nachbarschaftstreff begründen Gesprächspartner damit, dass man sich in der Schuld fühle, empfangene Leistungen irgendwie zu vergelten. Die Besucher erkennen nun selbst die Arbeit von Frau Weber als vorbildhaft an und übernehmen etwa die Verantwortung für die diversen Aktivitäten, die unter dem Dach des Nachbarschaftszentrums organisiert werden oder machen selbst eine Art aufsuchende Arbeit. Darüber hinaus haben sich aber auch im alltäglichen Umgang im Nachbarschaftszentrum „Selbstverständlichkeiten" sedimentiert, die es ermöglichen, Dinge als unhinterfragt vorauszusetzen, ohne sie explizit als Verhaltensregel formulieren zu müssen (man weiß, wer wann kommt, wer welche Aufgabe übernimmt, was erledigt werden muss etc.). In Gruppeninterviews und Einzelgesprächen bemerken die Interviewpartner die quasi private Atmosphäre im Treff bzw. dass es „wie zu Hause" sei. Man verrichte die gleichen Tätigkeiten, müsse nicht erst fragen, etwas Bestimmtes tun zu dürfen. Als privater Raum ermöglicht der Treff auch intime Dinge zu besprechen, die außerhalb des Nachbarschaftszentrums nicht verhandelt werden können.

---

[100] „Vertrauen, als die Hypothese künftigen Verhaltens, die sicher genug ist, um praktisches Handeln darauf zu gründen..." (Simmel 1992: 393).

In diesem (status)geschützten Raum ist es immer wieder Frau Weber, die bei persönlichen (intimen) Entscheidungen um Rat und Orientierung gefragt wird und so die Rolle eines signifikanten Anderen übernimmt (zum Beispiel bei Problemen im Zusammenhang mit Krankheiten, Kindern, Partnerschaft). Von „Besuchern" des Nachbarschaftstreffs zu reden ist daher kaum adäquat, wollte man die in Rede stehende Einrichtung charakterisieren, impliziert dieser Begriff doch eine klare Rollenverteilung im Sinne eines Gast-Gastgeber-Verhältnisses. Er ist eher eine Art „Wohnstube" des Quartiers[101], die von Personen frequentiert wird, die Austausch suchen, die gleichen Freizeitinteressen teilen oder ihren nächsten Besuch in den Vor-Ort-Filialen des Sozialstaates vorbereiten. Das Nachbarschaftszentrum ermöglicht es zunächst, dass sich seine Besucher, die unterschiedlichen Herkunftsgruppen entstammen, auch als individuelle Personen – und eben nicht nur als „Exemplar" respektive Vertreterin einer spezifischen Herkunftsgruppe – wahrnehmen (können). Es ist aber auch das „Hereingerissenwerden" in ansteckend wirkende lustige Geselligkeitsrunden, denen man sich überlässt, die temporäre Zerstreuung bieten und ein Plus an Leichtigkeit schaffen, die den Ort zu einem Magneten für die Quartiersbewohner machen.

Die umfangende, ihr Gegenüber einnehmende Art vermittelt schließlich vielen Hilfe- und Ratsuchenden, dass Frau Weber und die von ihr inspirierten Personen doch die Hand, die alles hält (Rilke) ist. Frau Weber besitzt die Fähigkeit, andere dazu zu veranlassen, Dinge zu wagen, die sie sich vorher nie zugetraut hätten, nicht nur Mut zu machen und Kümmerin zu sein, sondern auch Gelegenheiten zu verschaffen, sich zu erproben. Es werden so etwas wie Räume geschaffen, in denen sie agieren können, beispielsweise in Form eines Catering-Service durch die in der Großküche versammelten Frauen. Die Küche ist der lokalöffentliche Gesellungsort beziehungsweise eine wichtige Form der Gemeinschaftsbildung[102]. Auch werden hier Freundschaften geschlossen.

Das Nachbarschaftszentrum bietet auch eine Mietermediation an, um Konflikte unter Nachbarn zu regeln. Dafür kann es auch auf das Kapital des Diakonischen Werkes zurückgreifen, das auf dem Gebiet der Mediation professionalisiert ist beziehungsweise eine professionelle Mietermediation betreibt. Für Konfliktsoziologen kann der Einblick in konkrete Mediationsfälle einen interessanten Ansatzpunkt bieten, etwas über das Konfliktgeschehen im nahen Wohnumfeld zu erfahren. Verlaufen die Konfliktlinien im Quartier

---

[101] Dazu gehört auch eine „Quasi-Familiarisierung": neue Personen werden rhetorisch als „Schwester" empfangen, einander bekannte Personen begrüßen sich mitunter so, wenn sie das Nachbarschaftszentrum betreten.

[102] Küche bedeutet nicht nur „Essen", sondern ist auch ein sozialer Ort, der schon in den realsozialistischen Wohnformen eine bedeutende Rolle spielte; das russische Wort für Küche, „kuchnja", ist ein Synonym für intensive Gespräche im privaten Raum, etwa weil man Gäste oft nicht ins Restaurant führen konnte und daher meist Zuhause bewirtete.

zwischen ethnischen Gruppen, zwischen den Generationen, zwischen den Geschlechtern, zwischen Familien (oder in ihnen)? Im Neufredenberger Quartier betreffen solche Auseinandersetzungen vorzugsweise Streitigkeiten zwischen Kindern, die sich dann zu den Erwachsenen aufarbeiten oder Ehekonflikte, die mit einem außergewöhnlichen Alkoholkonsum spätausgesiedelter Männer zusammen hingen. Wie mir eine Gesprächspartnerin berichtete, sei schon lange vor der Ausreise der Konsum großer Mengen Alkohols für viele Ehepartnerinnen zwar ein Stein des Anstoßes gewesen, wurde jedoch „ertragen". Nach der Übersiedlung aber sähe man, dass „man auch anders leben kann". Dass diese Partnerschaftskonflikte schließlich auch ausgetragen werden, hinge wesentlich mit der gewährten Unterstützung durch wohlfahrtsstaatliche Einrichtungen (Beratung, Frauenhaus) zusammen.

Reibungspunkte zwischen Angehörigen unterschiedler Herkunftsgruppen sind dagegen selten und haben das Format verbaler Konflikte beziehungsweise Wortgefechte. So spricht eine ältere, spätausgesiedelte Frau eine türkischstämmige Frau, die an einem durch Spätaussiedler angebotenen Kunstkurs sowie einer Mutter-Kind-Gruppe teilnimmt, an, wann sie (die Türkin) denn beabsichtige, gewissermaßen auf ihren „Mutterboden" oder ihr „Vaterland", die Türkei, zu remigrieren: schließlich habe sie (die Aussiedlerin) mit ihrer Aussiedlung nach Deutschland ihre „ethnische Heimat" gefunden, daher gehöre zur „Ordnung der Dinge", dass sie, die Türkin, einst auch in „ihr" Land zurückkehren müsse.[103] Die Angesprochene pariert im Sinne einer argumentativen Rechtfertigung: dass sie die deutsche Staatsangehörigkeit besitze, die deutsche Sprache beherrsche und in einer deutschsprachigen Großstadt geboren worden sei. Schließlich stellt sie der Aussiedlerin eine Gegenfrage, die aber nicht zu einer Anschlusskommunikation auffordert, sondern die Wirkung ihrer Aussage verstärkt und Nachhall verschafft: „Ich möchte mal verstehen wollen: Sie sind 60 [Jahre alt; der Verfasser] – wieso sprechen Sie eigentlich nicht deutsch, wenn Sie Deutsche sind? Wie lange leben Sie in Deutschland? Warum haben Sie bis jetzt noch nicht deutsch gelernt?" Diese Interaktion eskaliert nicht weiter, sondern endet mit abruptem Schweigen, und die sich das kurze Wortgefecht liefernden Parteien gehen auseinander. Der En-passant-Konflikt verläuft diskret; er eignet sich schon gar nicht dazu, über diese Situation hinausgehend Konfliktparteien zu mobilisieren und sich in das Format einer gruppenbezogenen Konfliktgegnerschaft zu transformieren, weil sie nicht in harten Gegnerschaften gegliedert sind. Solcherart Konflikte (die im Übrigen selten auftreten) sind für die Mitarbeiter des Nachbarschaftszentrums kein Gegenstand, der unterdrückt oder unter den Teppich gekehrt wird, liefern

[103] Vor allem die ältere Generation kommt in das Land, das sie sich als quasi „ethnisches Zuhause" vorstellt, das sie aber nur symbolisch, in idealisierten, durch intergenerationelle Tradierung ‚fest'-gestellten Bildern einfangen kann.

aber auch keinen unmittelbaren Grund einer konfliktvermittelnden Intervention. Im Gegenteil: die Konfliktparteien sollen ihre Probleme „in eigener Regie klären“ (Frau Weber). Frau Weber tritt in solchen Situationen gewissermaßen einen Schritt hinter die Konfliktlinie der Streithähne zurück und lässt diese Tacheles reden und den Konflikt selbständig austragen.

4.2.5 Begegnung ohne Identität

Zwar sollen durch die Arbeit des Nachbarschaftszentrums die unmittelbaren Quartiersbewohner angesprochen und ins eigene Haus geholt werden. Aber im Gegensatz zur Sozialen Stadt richtet sie sich nicht allein auf den Stadtteil. Es ist nicht der Sozialraum, auf den hin man sich affirmativ vergesellschaften soll. Im Unterschied zur Sozialen Stadt, die mit Differenz nicht *umgeht* sondern sie *überwölben* will (mit dem Identifikationsangebot des „Fredenbergers“), verfolgt das Nachbarschaftszentrum nicht die Absicht, identifikationsbezogene Besonderheiten zu *stiften*. Die sozialintegrative Kraft der Solidarität hat nichts mit einer (sie vorgängig fundierenden) Einstellung gegenüber dem Sozialraum Fredenberg zu tun[104]. Gemeinschaftssinn kann höchstens verstanden werden als gegenseitige Hilfsbereitschaft unter Nachbarn und anderen Quartiersbewohnern. Im Nachbarschaftszentrum kümmert man sich nicht um Identitäten, sondern setzt an den Fähigkeiten, Kompetenzen und Interessen der Bewohner an. Die Soziale Stadt setzt beim Sozialraum an, das Nachbarschaftszentrum beim Menschen.

Im Unterschied zur Sozialen Stadt, dessen Mitarbeiter „schnell Erfolge sehen“ wollen (Herr Behre), setzen die Zeithorizonte der durch das Nachbarschaftszentrum getragenen Quartiersarbeit an den alltäglichen und außeralltäglichen Sorgen und Bedürfnissen der Einwohner an. Beispielsweise gab es unter den Zuwanderern „keine Orientierung in der deutschen Gesetzgebung“ (Frau Weber); durch die Bereitstellung diesbezüglicher Beratungsangebote, die helfen, sich in der korporativen Welt zurechtzufinden und sich zum Beispiel mit den Rechten und Pflichten eines Klienten des lokalen Wohlfahrtsstaates beziehungsweise mit Gesetzesnormen vertraut zu machen, ist das Nachbarschaftszentrum der Ort, an dem man sich trifft, bevor man den Weg zu Behörden wagt, wo man sich über Erfahrungen austauscht, den Berichten anderer zuhört, seinem Unmut Luft macht, Meinungen bildet und Schlüsse für das eigene Handeln zieht. Insgesamt ist das Nachbarschaftszentrum ein Ort, an dem trotz Problemdrucks keine passive Grundhaltung konserviert wird, sondern ein Ort, an dem man sich aktiv auf die Gesellschaft zubewegt. Stadtgesellschaft aktiviert sich hier selbst.

[104] Solch eine (sozialraumaffirmative) Einstellung ist aus Sicht der Mitarbeiter der Sozialen Stadt notwendig, um solidarische Prozesse zwischen den Quartiersbewohnern in Gang zu setzen.

Mit der immer neuen Ausdehnung der Aktivitäten der spätausgesiedelten Zuwanderer hat sich das Nachbarschaftszentrum zur zentralen leibhaftigen Öffentlichkeit entwickelt. Hier entfaltet sich eine lokale Zivilgesellschaft, die sich durch die Konnotationen des ‚Nichtmilitärischen', ‚Nichtformierten' und ‚Nichtuniformen' näher bestimmen lässt. Zivilgesellschaft ist dort, wo Akteure in der leibhaftigen Welt ohne Rückgriff etwa auf eine Amtsautorität oder Hinweis auf eine Vorstandsfunktion im Sportverein einander begegnen.

4.2.6 „Seele" statt „Beteiligung"

Es ist weniger die Summe der einzelnen „Leistungen", die das Nachbarschaftszentrum für viele auf dem Feld der Zuwandererintegration wirkenden Akteure zur „Seele" des Stadtquartiers machen. Die Soziale Stadt beschreibt auf dem Internet-Forum des Bundesprogramms das Nachbarschaftszentrum als „Anlaufstelle und 'Seele' des 'sozial problematischen' Bereiches Neu-Fredenberg."

Gerade in jener Einrichtung, die sich relativ losgelöst und unabhängig von der korporativen Stadtgesellschaft entwickelt hat, sehen heute die korporativen Akteure die „gute Seele des Quartiers". Erinnern wir uns, dass die Soziale Stadt auch den Begriff ‚Organismus' beziehungsweisc ‚organisches System' gebraucht. Um einen (lebensfähigen) Stadtteil zu beschreiben, macht die Rede von der „Seele" des Stadtteils durchaus Sinn. Ein Organismus beziehungsweise Körper ohne Seele ist ein toter Köper: die Seele verlässt den Körper, und es bleibt eine Leiche. Durch das Wirken des Nachbarschaftszentrums wird jedoch der Körper (der Stadtteil als Ganzes) lebendig und zusammen gehalten beziehungsweise er wird zu etwas Lebendigem. Die „Seele" des Quartiers sind die guten Seelen, die die gute Seele Frau Weber mitinspirieren kann und die ebenso wie sie als sozialintegrative Persönlichkeiten unter dem Dach des Nachbarschaftszentrums wirken. Zu einem ganzheitlichen Stadtteilkörper gehört insofern immer auch eine „Seele".

Mit dem Organismuskonzept ist die Vorstellung von einem Stadtteil als etwas Ganzem, was nicht nur toter Leib sein *soll*, sondern lebendiger Gesamtkörper, verbunden. Solche Vorstellungen haben immer auch ihr Gegenteil mitpräsent: nämlich dass er ein einziger „Leichnam" sein *könnte* – dass die Seele einmal den Körper verlassen könnte. Mit der Betonung der Seele des Quartiers werten die korporativen Akteure den Diakonietreff auf – die allein technisch-bauliche und soziokulturelle Erneuerung durch die Soziale Stadt wäre ohne diese Seele nichts. Gleichzeitig steckt darin aber auch ein abwertender Aspekt: indem sie sie aufwerten, werten sie sie ab. Abwertend ist das Anknüpfen an die abschätzige Semantik der guten Seele: nach Horkheimer/Adorno beschreibt die Rede von der guten und schönen Seele die „gebrochene"

Einbeziehung der Frau in die patriarchalische „Welt der Herrschaft“ (1988: 265), gewissermaßen als Resultat lange währender Rebellion der Frau gegen ihre Reduzierung auf bloße biologische Funktion, auf das Gegenbild zum produzierenden, tätigen Mann[105]. „Gebrochen“ ist dieser Einbezug deshalb, weil ihr (der Frau) in der Welt der Herrschaft ein Platz zugewiesen und ihr die Rolle der „Pflege des Schönen zuerkannt“ (ebd.: 266) wird. Mit der Rede von der guten Seele des Stadtquartiers können die korporativen Akteure ihre unsichtbaren Handlanger ‚wert'-schätzen.

„Die haben ihre Fäden überall drin“, fasst der Leiter der örtlichen Realschule die Aktivitäten des Nachbarschaftszentrums zusammen und denkt dabei zunächst an die Nähwerkstatt, darüber hinaus aber auch an die aufsuchende Arbeit der Mitarbeiterinnen (die selbst aus den Reihen der Spätaussiedler kommen) – „Frau Weber arbeitet da im Grunde als gute Seele. Die hol'n die Leute `raus!“ Greift man das „Nadelöhr der Integration“ (Zeitungsreporterin) an dieser Stelle auf könnte man halb scherzhaft, halb ernst behaupten, dass die Quartiersgesellschaft durch Fäden zusammengehalten wird, die im Nachbarschaftszentrum eingefädelt werden und schließlich die gesamte Quartiersgesellschaft auffädeln.

4.3 Fazit

4.3.1 Rollenambivalenz bei der Sozialen Stadt

Die Fredenberger müssten „nach außen“ „wie ein Mann!“ und „geschlossen“ zusammenstehen – so ein Programmmitarbeiter, der mit diesem Wort den Wunsch für die zukünftige Entwicklung des Stadtgebiets formuliert. Die Form ihres Vorgehens kleiden die Akteure der Sozialen Stadt in Begriffe, die ihrem Tun gewissermaßen die Form eines militärischen Feldzugs geben.

„Wir stehen sozusagen an vorderster Front“ (Interview mit Herrn Behre)

> „Also es gibt da noch Phasen, wo bestimmte Dinge, die eigentlich schon sicher waren und dann wieder in Frage gestellt werden, oder dann noch mal über die Politik – es ist ja ne höchst politische Arbeit, die wir hier betreiben – dann doch wieder so ein bisschen Gegenwind aufkommt, der nicht von uns gemacht ist. Das Problem ist immer, wir haben da keine Stellschrauben, um da was zu machen. Wir stehen sozusagen an vorderster Front, sind da auch angewiesen, dass hinter uns die Reihen einigermaßen gerade bleiben. Und wenn das nicht funktioniert, dann wird's natürlich auch für uns wacklig, dann wird's problematisch, weil Projekte dann gefährdet sind, die wir dann umsetzen möchten, und wo wir uns dann rückversichern müssen und erst mal so wieder zurückgehen mit dem Kollegen,

[105] „Die Frau ist nicht Subjekt. Sie produziert nicht, sie pflegt die Produzierenden“ (Horkheimer/Adorno 1988: 264).

> mit dem man zusammenarbeitet, ‚Wo ist jetzt das Problem?' ‚Warum kann man das nicht einfacher lösen?', und dann merken wir, dass die [Verwaltungs-; der Verfasser] Strukturen noch relativ fixiert sind (...) Wir haben da nicht den starken Arm, um kommunale Strukturen zu verändern, das muss von innen heraus geschehen, wir können nur mit gutem Beispiel voran gehen und sagen ‚Wenn man so arbeitet, dann geht es schneller, dann kann man das einfacher umsetzen'".

Die Akteure der Sozialen Stadt sehen sich zum einen als eine Art Avantgarde, die unabhängig, kreativ und unkonventionell im Stadtteil wirkt. Gerade auch dort, wo die aus ihrer Sicht kreative und innovative Arbeit, die nach eindeutigen Regeln und Vorschriften, nach klaren Tätigkeiten aufgeteilten und nach fachtechnischen Verfahren operierenden bürokratischen Verwaltungsstrukturen vor Probleme stellt. „Wir müssen eher Acht geben, dass die Verwaltungsstrukturen mitziehen. Wir sind so die Vorreiter" und daher sei es mitunter „schwierig, die anderen Fachdienste mitzureißen." Die „Befangenheit" ihrer „Nachhut" – das bürokratische, ressort- und spartenspezifische Denken der Mitarbeiter/innen kommunaler Fachämter – mache ein reibungsloses Agieren der Akteure der Sozialen Stadt schwierig: „Da knirscht es manchmal im Getriebe!", jedoch fehlten die „Stellschrauben, um da etwas anders zu machen" (Herr Behre).[106]

Andererseits sehen sie sich als eine Art Späher, der in der Militärsprache mit ‚Weisungsgebundenheit' sowie ‚Vom-Generalstab-entsandt-sein' konnotiert ist. Hier sind die Akteure der Sozialen Stadt eben nicht die kreative Avantgarde sondern konventionell, angepasst und mimikryhaft Handelnde. Als Avantgarde beziehungsweise Vorhut – „Wir stehen an vorderster Front" – kämpfen die Mitarbeiter mit der Nachhut, von der sie letztlich abhängig sind. An dieser Stelle sind sie nicht mehr Avantgarde, sondern wechseln in die Rolle eines Kundschafters beziehungsweise „Spähers": „Gucken: Was braucht der Stadtteil?"; „ich gucke so im Stadtteil: Wo kann ich Dinge verbinden, wer könnte mit wem zusammen arbeiten?"; „Was braucht dieser Stadtteil noch an neuen Möglichkeiten" (Herr Behre). Kundschafter sind sie vor allem für die lokale Politik und Verwaltung, wo letztlich die Entscheidungen getroffen werden. Die Soziale Stadt ist schließlich keine unabhängig wirkende Institution sondern agiert im Schatten der Hierarchie[107]: „es ist ja nun eine höchst politische Arbeit, die wir hier machen"; und es ist diese Hierarchie, deren Spitze (quasi der „Generalstab", bestehend aus dem interfraktionellen Arbeitskreis und dem kommunalen Städtebaureferat) den Soziale Stadt-Mitarbeitern Anerkennung verschafft, die sich als „Vorschuss auf die nächste Projektbewilligung" äußert, nachdem man ein Projekt als erfolgreich durchgeführt dargestellt hat. Die

---

106 „Wir können nur mit gutem Beispiel voran gehen und aufpassen, dass wir da nicht zu weit nach vorne schießen, weil wir so euphorisch motiviert sind" (Herr Behre).

107 Der derzeit als besonders effizient gehaltene Steuerungsmodus der netzwerkgestützten kooperativen Verhandlungen steht letztlich doch im Schatten der Hierarchie.

Soziale Stadt will, bleibt man im Jargon, so etwas wie eine geschlossene Formation schaffen, die sich in organisierten Bewegungen über die Weite des städtischen Raums Fredenberg ausdehnen soll.

Woher kommt das, dass man sich mal als Avantgarde und mal als Kundschafter sieht? Sowohl im Diskurs der Sozialen Stadt wie auch im Nachhaltigkeitsdiskurs (vgl. Abschnitt 2.1) stecken Utopieentwürfe. Weil diese beiden Diskurse mit Blick auf ihre Umsetzung jedoch unbestimmt bleiben, impliziert die Rolle der Akteure der Sozialen Stadt die Notwendigkeit, diese Leerstellen zum einen kreativ-avantgardistisch auszufüllen; zum anderen sind sie in die kommunale Hierarchie eingebunden und auf kommunale Geld- und Sachressourcen angewiesen. Diese Rollenambivalenz wird durch die Form eines ständigen Hin- und Herwechselns zwischen beiden Rollen verarbeitet. Sie ist letztlich Ausdruck der gescheiterten Identitätskonstruktion. Die Soziale Stadt selbst überdehnt ihre Möglichkeiten, weil sie das Unmögliche will. Die Konsequenz: sie simuliert Partizipation und Machbarkeit, indem sie sich selbst in diese beiden Komponenten teilt.

4.3.2 Kreuzung herkunftskultureller Kreise im Nachbarschaftszentrum

Neufredenberg ist kein bloßer Durchgangsort für die „avancierenden Fremden" (vgl. Hüttermann 2000), der die erfolgreichen, aufwärtsmobilen Zuwanderer von den ärmeren Schichten separieren würde. Ein Downgrading des mehrheitlich von Aussiedlern bewohnten Stadtteils ist nicht zu erwarten, weil sich hier zusehends mehr Eigenheimbauer, sei es deutscher, türkeistämmiger Herkunft oder aus den Reihen der Spätaussiedler niederlassen. Mit dem Nachbarschaftszentrum hat Neufredenberg eine Einrichtung, in der sich die herkunftskulturellen Kreise kreuzen und die einer möglichen Verhärtung herkunftsgruppenbezogener Konfliktlinien entgegenwirken. In seinem Integrationshandeln setzt es nicht wie eine korporative Institution an, die Individuen/Gruppen vorwiegend als Problemfälle und Klienten betrachtet. Im Gegensatz zur Sozialen Stadt, dessen Umsetzungs- beziehungsweise Durchführungsbeauftragte auf schnell vorzeigbare Ergebnisse setzen[108] und dabei – neben den baulichen Maßnahmen – mit ihren soziokulturellen Spielen auf außeralltägliche kulturell-ästhetische Erlebnisse zielen und ihre Vergesellschaftungsversuche von der „Welt des Alltags" entsozialisieren, verlaufen die Zeithorizonte der Nachbarschaftsarbeit entlang alltäglicher Sorgen und Bedürfnisse und sind eingefasst in alltagsweltliche Normalitätshorizonte.

[108] „Ich möchte eigentlich gerne auch Wirksamkeit sehen und auch sehr schnell sehen, das macht ja den Bereich Management aus, das man also `n Ziel hat, `n Ziel für diesen Stadtteil, für seine, ja, Veränderungen, seine Erneuerungen (...) einzutreten" (Herr Behre).

Das Nachbarschaftszentrum ist das Modell einer Integration jenseits der weit verbreiteten, eher sozialtechnologischen Top-down-Projekte; diese fügen sich zwar in die Logik der administrativen Machbarkeitsillusionen ein und bedienen deren Leitbegriffe (Soziokultur, Nachhaltigkeit, Gewaltprävention oder etwa Zivilgesellschaft), bleiben aber oft leere Institutionen und erreichen zu wenig, wenn es um Integration auch und gerade im Sinne einer faktischen Begegnung unterschiedlicher Herkunftsgruppen geht.

Georg Simmel wusste: Wer sinnlich aufeinander wirkt, verflechtet sich in Wechselwirklungen (vgl. Simmel 2008). So abgeschmackt der Spruch „Integration geht durch den Magen" (Redakteurin der Lokalzeitung) auch scheinen mag, so bedeutsam ist er mit Blick auf seine sinnlichen Konnotationen: den Geruchs- und Geschmackssinn. Durch das „Nadelöhr der Integration" beziehungsweise durch das Tor zur Stadtgesellschaft gelangen erst einmal Küchengerüche des Nachbarschaftszentrums. Der Geruchssinn ist – verglichen mit anderen menschlichen Sinnen – der „dissoziierende Sinn" (Simmel), weil er „mehr Abstoßung als Anziehung vermittelt." „Anziehung" ist damit nicht völlig ausgeschlossen, aber „Abstoßung" ist dominant. Im Falle der „Anziehung" ist der Geruchssinn aber auch der „Sinn für Sympathie" (Guttandin 1994). Wo immer die Zuwanderer kochen und backen – ob für Stadtteilfeste, Empfänge, Basare etc. – stimulieren sie die Sinne. Vielleicht kann man „Geruch" aber noch in einem anderen Sinne gebrauchen: im übertragenen Sinne eines ‚Nähe' markierenden „Stallgeruchs". Frau Weber ist vielleicht auch deswegen erfolgreich, weil sie selbst einst aus Osteuropa emigriert ist, entsprechende Mentalitäten und Umgangformen kennt und sowohl in der polnischen und russischen Sprache bewandert ist.

5. Intergruppenleben im Lichte zentraler Begriffe in der Integrationsdebatte

5.1 Segregation in ausgedehnten Sozialräumen

In Salzgitter ist die sozialräumlich konzentriert lebende Aussiedlergruppe vielen Lokalpolitikern ein Stein des Anstoßes. Zwar ist dieser Tatbestand das Ergebnis früherer baupolitischer Entscheidungen. Gegenwärtig (zum Zeitpunkt des Interviewgesprächs) jedoch wird diese Tatsache als Defizit interpretiert und schließlich zum Anlass genommen, die Mitarbeiter der Sozialen Stadt mit dem „Zusammenwachsen" (Interview mit einem Vertreter der Sozialen Stadt) der Quartiersgebiete Alt- und Neufredenberg zu beauftragen. Weshalb weckt deren vorgeblich unverbundenes Nebeneinander heute Missbehagen?

In Abschnitt 5.1.1 wird zunächst die Logik der Besiedlung des Salzgittergebietes dargestellt. Es wird gezeigt, dass die Separation ethnisch-kultureller Gruppen beziehungsweise residenzielle Trennung kein auf den Aussiedlerzuzug beschränktes Phänomen ist; denn historisch siedelte jede Zuwandererwelle nach Salzgitter an einem anderen Ort. Deutlich gemacht wird (Abschnitt 5.1.2), dass diese Form siedlungs- beziehungsweise wohnumfeldbezogener Separation nicht per se desintegrativ ist. Nicht etwa nur deshalb, weil, wie dem einschlägigen wissenschaftlichen Diskurs entnehmbar ist, sozialräumlich konzentriert lebende migrationsbezogene Gruppen in segregierten Arrealen einen „Schutzraum" (Häußermann 2000: 16) finden, in dem durch die Gemeindesolidarität der Co-Ethnics besondere Ressourcen mobilisiert werden können, die für einen Einstieg in die Vor-Ort-Niederlassungen der Funktionssysteme bedeutsam sind (vgl. Heitmeyer 1998). Räumliche Separation verhindert im hier interessierenden Fall vielmehr, dass die eingelebte lebensweltliche Ordnung der eingesessenen Quartierspopulation durch die spätausgesiedelten Zuwanderer irritiert und ihre Geltung infrage gestellt wird. Denn alltägliche Begegnungen von Angehörigen unterschiedlicher Zuwanderungswellen im unmittelbaren Wohnumfeld sind eher selten. Die migrationsbezogenen Gruppen verstricken sich daher nicht in lokalräumliche Rangordnungskämpfe, die geeignet wären, das Intergruppenklima auf soziale Spannungen einzustellen. Gleichzeitig kommen Vertreter unterschiedlicher Herkünfte auf einer dem Wohnumfeld übergeordneten Ebene wieder zusammen und vergesellschaften sich beispielsweise in alteingesessenen lokalen Vereinen. Anschließend rekonstruiert Abschnitt 5.1.3 die aktuelle Diskussion in der Stadtsoziologie zum Thema Segregation, die sich mit der Verteilung von sozialen Gruppen im Raum befasst. Mit den dort gewonnenen Befunden und

Ergebnissen wendet sich Abschnitt 5.1.4 wiederum dem hier interessierenden Sozialraum zu.[109]

5.1.1 Das Nacheinander der Zuwanderungswellen – Gruppenseparation in ausgedehnten Sozialräumen

Der Zuwanderung nach Salzgitter wohnt, wie bereits gezeigt wurde (vgl. Abschnitt 3.2.1), eine besondere Logik inne. Mit jeder Zuwanderungswelle dehnt sich das tatsächlich besiedelte Gebiet innerhalb der weiten Stadtgrenzen nach und nach aus. Es entstehen neue Wohnareale, Verkehrsstraßen, Kindergärten und Schulen sowie bescheidene Nahversorgungseinrichtungen. Siedlungsgeschichte und Einwanderungsgeschichte sind somit aufeinander zu beziehen. Der die gesamte westdeutsche Nachkriegsgesellschaft prägende Fordismus hat gerade mit Blick auf die Zuwandereransiedlung in Salzgitter-Lebenstedt zu seiner ursprünglichen Form und Bedeutung zurückgefunden – nämlich in Gestalt einer quasi seriellen Produktion von Wohnraum für die Industrie. Dass Zuwanderer weniger in bereits existierende Wohnumfelder integriert werden, sondern immer auch Siedlungspioniere sind, schlägt sich in der moralischen Ordnung der Stadtgesellschaft nieder und stiftet einen bis heute fortlebenden Pioniergeist insbesondere in der erwachsenen Bewohnerschaft. „Die Bevölkerung ist offen (…), weil sie selber alles noch Siedler sind. Pioniere. Der Pioniergeist herrscht hier noch“ (Interview mit einem Alteingesessenen).

Aufgrund der polyzentralen Stadt- beziehungsweise Siedlungsgeographie sowie des Tatbestands, dass es sich im Falle Salzgitters um eine bloß nominelle (administrativ geeinte) Stadt handelt, hat sich auch keine wirksame zentrale Öffentlichkeit herausgebildet, in der die Stadt als Ganzes auf sich selbst einwirken könnte. Salzgitter ist eine schwache Stadtgesellschaft. Es dominieren segmentierte Öffentlichkeiten oder gar einander indifferent gegenüberstehende Teilöffentlichkeiten. Vieles von dem, was die Bewohner Salzgitter-Bads interessiert, ist für die Lebenstedter ohne Belang, und umgekehrt. Wegen des Fehlens einer übergreifenden Öffentlichkeit spielen sich politisch-administrativ organisierte Versuche, eine die kleinteilige Grundstruktur zusammenfassende Stadtgesellschaft gewissermaßen von oben nach unten aufzubauen – beispielsweise durch Identitätsdiskurse, wie sie etwa als Leitbilddebatten geführt werden – weitgehend ohne Publikumsinteresse ab. Bislang findet sich denn auch nichts, was allen Stadtteilen als unumstrittene Identifikationsfolie dienen könnte. Mit der Schablone „Stahlstadt“ können die vielen ländlich geprägten Satellitendörfer und auch das eher bürgerliche, im Nachglanz eines ehemaligen

[109] Die Abschnitte 5.1.1 sowie 5.1.2 gehen – in einer hier ergänzten Form – auf einen an anderer Stelle vom Autor publizierten Beitrag zurück (vgl. Fußnote 27).

Kurortes stehende Salzgitter-Bad wenig anfangen.[110] Im größten Stadtteil (Lebenstedt) ist die stählerne Identität aber umso lebendiger. Dementsprechend sehen viele unserer Gesprächspartner in Lebenstedt die Zukunft des Stadtteils (und der Gesamtstadt) kaum von lokalpolitischen Entscheidungen sondern vor allem von der Entwicklung der Großkonzerne abhängig.

Städtische Identität und stählerner Identitätszwang

> „Da gibt es ein Gegeneinander, es gibt keine prägende gemeinschaftliche Kultur. Diese Debatte um das Stadtbild-Leitbild reflektiert das ja auch ganz deutlich, dass es die nicht gibt" (Interview mit einem Vertreter der Stadt Salzgitter).
>
> „Wenn man von Salzgitter redet, reden alle von der Hütte!" (Gruppeninterview mit Mitarbeitern der Personalabteilung der Salzgitter Flachstahl AG).

Man wohnt zwar separiert und findet eben darum auf der Grundlage funktionaler Differenzierung beziehungsweise auf den übrigen Figurationsfeldern zusammen. Vergesellschaftung kann hier erfolgen, ohne dass die Individuen verhärteten, ethnisch, geographisch, religiös oder kulturell definierten Gruppengrenzen ausweichen müssten: Sportler treiben Sport, Gläubige glauben und Jugendliche flirten und interessieren sich erst in zweiter Linie für die über das Figurationsfeld hinausweisenden Gruppenidentitäten des jeweils anderen.

5.1.2 Vergesellschaftung jenseits herkunftsbezogener Gruppen trotz (oder wegen?) residenzieller Separation

Im vorangegangenen Abschnitt wurde gezeigt, dass das zeitliche Nacheinander der Zuwanderergruppen ihr räumliches Nebeneinander begründet. Die für Salzgitter charakteristische Weite des Raums ist eine wichtige Ressource für diese lokale Siedlungslogik. Die ausgedehnten Sozialräume der Stadt erweisen sich als einflussreich hinsichtlich einer relativ konfliktfreien Integration der die Stadt erreichenden Zuwanderergruppen: So erleichtern es die weiten Abstände des segregierten lokalen Raumes den Zuwanderergruppen, einander im unmittelbaren Wohnumfeld auszuweichen oder gar nicht erst zu begegnen (und sich möglicherweise in Rangordnungskonflikte zu verstricken), um sich dann auf den anderen Feldern ohne nahraumbezogene, belastende Konflikterfahrungen herkunftsneutral zu vergesellschaften. Die räumliche Segregation im Wohnbereich wird in anderen Bereichen wieder aufgehoben und ermöglicht gruppenbezogene Interaktionen; etwa bei der organisierten Freizeitbeschäftigung

[110] Experten der lokalen Wirtschaftsförderung oder der lokalen Filiale der Arbeitsagentur sehen für Salzgitter keine andere Zukunft als die eines Industriestandorts. Eine postindustrielle Identität, die die schwache stadtgeographische und stadtgesellschaftliche Einheit kompensieren könnte, ist für Salzgitter kaum vorstellbar.

in Sportvereinen und auf dem Feld der jugendlichen Gesellung; oder am Arbeitplatz, wo aus dem Nebeneinander der migrationsbezogenen Gruppen im Wohnumfeld ein kollegiales Miteinander im Produktionsprozess in den lokalen Großbetrieben wird. Beim Verlassen der Werkstore wiederum geht das Miteinander aufgrund einer dann reduzierten Kontaktdichte (die aber die Pflege lockerer Kontakte einschließt) wiederum in ein Nebeneinander über, ohne aber in ein Gegeneinander zu verfallen.

„Nachbarn“ (Interview mit einem türkeistämmigen Lebenstedter)

> „Ich bin 1994 dorthin [in das Stadtquartier Fredenberg; der Verfasser] gezogen. Und 2000 habe ich mir eine Wohnung gekauft und bin wieder nach Lebenstedt. Das war schon so: ‚Wo willst du hin? Nach Fredenberg? Klein Moskau? Oh oh oh!' Ja, wirklich so. Vor allem auf der Arbeit war das so. Mit der ersten Generation von russischen Familien,.. die sind so was von prima die Leute. (…) Die Familien sind so was von …Ich habe lieber mit denen zusammen gewohnt als, sage ich mal, als mit deutschen Familien. Da habe ich viel weniger Probleme gehabt. Weil die aus Russland rübergekommen sind. Die haben sich dort als Fremde gefühlt. [Wir haben?] versucht so miteinander zu helfen. Waren so freundlich. Es war prima mit denen. Ich habe nie Probleme mit denen gehabt (…), wo ich damals in Fredenberg gewohnt habe: So bisschen nachbarschaftliche Verhältnisse hat man gehabt. Dass man miteinander Gebäck ausgetauscht hat oder Essen. Und wenn man sich gesehen hat: ‚Hallo, wie geht es?' Draußen, der eine hatte einen Schwiegersohn aus Kasachstan gehabt und ihre Vorfahren waren, glaube ich, sogar mal Türken oder Muslime. Mit dem hatte man so gute Kontakte als Nachbarn. Auf der Arbeit habe ich jetzt aus Kirgisien Arbeitskollegen, mit dem komme ich auch wunderbar aus, noch nie Probleme.“

„Aber Heinz und Ali verbringen ihre Zeit nicht gemeinsam“ (Interview mit einem türkeistämmigen Lebenstedter)

> „Wir haben hier Hüttenwerke, MAN, damals LHB, ist alles nun VW und so große Betriebe. Und da haben natürlich, haben die Gewerkschaften hervorragende Arbeit geleistet. Und deshalb gibt es also ne gewisse Ruhe. Ali kennt den Heinz sehr gut – auf dem Arbeitsplatz. Aber Heinz und Ali verbringen ihre Zeit nicht gemeinsam. Es gibt vereinzelt so Kontakte. Vereinzelt so gute Kontakte, die sich weiter fortsetzen, auch in der Freizeit, aber nicht in der Regel.“

Die Ausstrahlung der Großunternehmen reicht bis in die lokalen Bildungseinrichtungen. In Fredenberg befindet sich eines der größten Schulzentren Niedersachsens, in das täglich rund 3.500 Schüler ein- und auspendeln. Eine der größten Schulen ist die berufsbildende Schule, die unter anderem von den Auszubildenden der großen ortsansässigen Industrieunternehmen besucht wird. Die Azubis vergesellschaften sich in den Pausenzeiten auf dem Schulgelände gewissermaßen betriebsintern und (damit) herkunftsgruppenübergreifend: VW-Mitarbeiter mit VW-Mitarbeitern und auch MAN-Mitarbeiter mit ihresgleichen. Das drückt sich u.a. auch in

Begrüßungsritualen aus, bei denen man nicht als Person, sondern als Angehöriger einer Firma angesprochen wird: „Hallo MANlerin!"

5.1.2.1 Mischung der Gruppen in Vereinen

Gerade die alteingesessenen Sportvereine entwickeln mit Blick auf die (nicht nur russlanddeutschen) Zuwanderer eine bedeutende Anziehungskraft, sodass sich in ihnen die unterschiedlichen Herkunftsgruppen mischen. Separation verläuft nicht entlang unterschiedlicher ethnisch-kultureller Herkünfte sondern erfolgt entlang sportlicher Disziplinen: Boxer boxen, Fußballer spielen Fußball, Schwimmer schwimmen.

In Salzgitter gibt es ca. 115 Sport- und Freizeitvereine, in denen rund 30.000 Salzgitteraner, knapp 30% der Stadtbevölkerung, organisiert sind. Die Sportvereine in Salzgitter sind gegenüber den Zuwanderern relativ offen: sowohl in den alteingesessenen wie in den jüngst gegründeten Vereinen begründet migrationsbezogene Herkunft kein Kriterium für Vereinsmitgliedschaften oder für die Zusammensetzung von Teams. Kursorisch seien einige Beispiele angeführt: In einem alteingesessenen großen Sportverein werden junge türkeistämmige Nachwuchsringer von einem Aussiedler trainiert, im größten türkischen Fußballverein kicken unterschiedliche migrationsbezogene Herkunftsgruppen zusammen (dort spielen Fußballer aus insgesamt neun Nationen). In Salzgitters größtem Sportverein können Mitglieder unterschiedlicher Herkunftsgruppen ihre sportlichen Interessen geltend machen und im ältesten Schwimmverein Salzgitters ziehen Alteingesessene, Aussiedler und junge Türkeistämmige beiderlei Geschlechts ihre Bahnen. In der Sporthalle einer Lebenstedter Grundschule treffen sich regelmäßig Aussiedlerinnen, Türkinnen und Alteingesessene zur Gymnastik. Auch die Tatsache, dass der jüngste Lebenstedter Fußballverein (gegründet 2004), der von einer türkischen Freundesclique gegründet wurde, keinen „ethnischen Namen" trägt, sondern sich schlicht „Lebenstedt 04" nennt, und dass in ihm nach nur einer Spielsaison Fußballer aus fünf Nationen spielen, ist ein weiterer Beleg dafür, dass Bindekräfte durch den gemeinsamen Gegenstand – das Fußballspiel – und nicht durch die Orientierung an der Herkunftsgruppe oder gar am Ethnos erzeugt werden.

Natürlich bilden in Vereinen, die einen türkischen Vereinsnamen tragen, auch Türken beziehungsweise Türkeistämmige die Mehrheit der Aktiven. Und auch in den alteingesessenen Sportvereinen lässt sich ähnliches beobachten. Die Tendenz geht aber eher dahin, dass Mitgliedschaften nicht aus kulturellen Loyalitäten abgeleitet werden. Bei der Entscheidung für eine Mitgliedschaft spielt vielmehr die Attraktivität eines Vereins die entscheidende Rolle – insbesondere die Höhe der Spielklasse (etwa im Fußball), die Qualität der Nachwuchsausbildung oder charismatische Figuren und Vorbilder. So kann etwa der im obigen Beispiel genannte Ringer-Trainer aus der Gruppe der Aussiedler auf die sportliche Reputation von Meisterschaftstiteln verweisen und übt damit eine besondere Anziehungskraft auf junge Nachwuchsringer aus.

Der junge Vorsitzende eines Lebenstedter Fußballvereins – selbst ein Nachfahre türkeistämmiger Gastarbeiter – beschreibt sportlichen Erfolg als einzige Möglichkeit, als Sportverein auf sich aufmerksam zu machen und neue Mitglieder zu gewinnen. Bei der Suche nach Erfolg auf dem Felde des Sports werden vermeintliche Unterschiede zwischen migrationsbezogenen Herkunftsgruppen zunehmend eingeebnet. In Lebenstedt sind keine verfestigten Gruppengrenzen zwischen türkeistämmigen Zuwanderern, Aussiedlern und Alteingesessenen auf dem Figurationsfeld Sport erkennbar. Wenn im Sport aus individuellen Interessen der Mitglieder unterschiedlicher Herkunftsgruppen (am Fußballspielen, am Boxen, am Schwimmen etc.) ein gemeinsames Engagement im Verein wird, dann können die Lebenstedter Sportvereine als bedeutsame Vergesellschaftunginstanzen beschrieben werden, die über herkunftskulturelle Differenzen hinweg wirksam sind.

5.1.2.2 Diesseits und jenseits der ethnischen Eigengruppen: Jugendliche Gesellung

Auch auf dem heiklen Feld der jugendlichen Gesellung darf der Tatbestand sozialräumlicher Separation nicht mit exklusiver eigengruppenbezogener Vergesellschaftung kurzgeschlossen werden. Zwar gab (und gibt) es Gruppengrenzen, zugleich bewegen sich Jugendliche regelmäßig über sie hinweg. Die Gleichzeitigkeit von Separation und Pendelverhalten kennzeichnet die Beziehungen zwischen Jugendlichen unterschiedlicher Herkunftsgruppen.

Eine angemessene Beschreibung der Intergruppenbeziehung auf diesem Feld beginnt mit der Feststellung, dass Salzgitter aus der Perspektive von Jugendlichen wenig Erlebnisqualität hat. Die Sehnsüchte der Jugendlichen richten sich daher auf das Nachtleben und Shoppingerlebnisse im benachbarten Braunschweig, Wolfsburg und Hannover. Der Erwerb eines Führerscheins ist dementsprechend eine wichtige Statuspassage im Leben vieler Jugendlicher: die Zeit des an den Ort Gekettetseins scheint dann vorbei und die Welt steht einem frei.

Innerhalb Salzgitters bildet Lebenstedt gewissermaßen das Zentrum der Freizeitwelt Jugendlicher. Sämtliche anderen Stadtteile des Salzgittergebietes sind, wie es ein junger Lebenstedter formuliert, „Sperrzone – da ist ja noch weniger gegeben für die Jugendlichen oder noch weniger los“. In Salzgitter-Lebenstedt gibt es vier Jugendfreizeittreffs. In ihnen vergesellschaften sich Jugendliche über die Grenzen ihrer migrationsbezogenen Herkunftsgruppen hinweg und haben gemeinsame Räume, ohne dabei auf herkunftsbezogene Räume zu verzichten.

Das Jugendzentrum D7 im Lebenstedter Ortsteil Fredenberg wird überwiegend von jungen Türkeistämmigen besucht sowie von albanischen und libanesischen Jugendlichen. Derzeit vollzieht sich dort ein Generationswechsel bei den Besuchern: Freundschaften, die in Kindergarten und Grundschule geknüpft werden, setzen sich in der hier gemeinsam verbrachten Freizeit fort. So besuchen heute zunehmend auch junge Nachfahren der russlanddeutschen Zuwanderer das D7, was tendenziell auf eine Vergleichgültigung der ethnisch-kulturellen Herkünfte hindeutet. Das war nicht immer so. Die Beziehung zwischen spätausgesiedelten Jugendlichen und jungen Türkeistämmigen wird von einschlägigen Sozialarbeitern für einen langen Zeitrum als von Animositäten charakterisiert beschrieben. Eine Phase von Auseinandersetzungen zwischen Aussiedlerjugendlichen und Türkeistämmigen um das D7 in den 90er Jahren mündete jedoch nicht in handfesten Intergruppenkonflikten.

Infolge dieses Konflikts weichen die Russlanddeutschen zunächst auf ein Veranstaltungshaus der evangelischen Kirche aus. Die gleichsam im Überfluss zur Verfügung stehenden Raumressourcen ausnutzend gestalten sie später in Fredenberg in Kooperation mit einer ortsansässigen Berufsschule ihren eigenen Jugendtreff, den sog. „Kreml“[111] (der zweite Jugendtreff Lebenstedts). Letzterer ist ein aufwendig sanierter, ehemaliger Bahnwaggon, der mitten im bedeutsamsten Siedlungsgebiet der Russlanddeutschen in Lebenstedt steht. Das typisch Lebenstedter beziehungsweise typisch Salzgitteraner Muster eines weiträumigen residenziellen Nebeneinanders der unterschiedlichen Zuwanderergruppen wird somit auch auf dem Felde freier jugendlicher Gesellung wirksam.

Der dritte Jugendfreizeittreff ist das „Graffiti“. Es wird heute von Mitgliedern aller Herkunftsgruppen besucht. Dass dem so ist, hat seine Konfliktgeschichte. So schildern jugendliche Besucher des Graffiti in einem Gruppeninterview ihre frühere Begegnung mit einer Clique junger Türkeistämmiger: Demnach taucht diese Gruppe irgendwann im Graffiti auf und man beginnt sofort sich zu „zoffen“. Dabei geht es um die Durchsetzung von Hausregeln, die Graffities betreffen. Der Konflikt eskaliert bis es zur Ausübung des Hausrechts beziehungsweise zum Aussprechen von einzelnen Hausverboten kommt. Die türkischen Jugendlichen bleiben dem Jugendtreff dennoch treu. So wird diese Konfliktgeschichte heute von den Jugendlichen selbst als Erfolg verbucht. Der Konflikt hat hier eine integrative Funktion erfüllt; mit Blick auf diesen sozialen Tatbestand (dem Tatbestand, dass Konflikt ein Mittel der Bindung der Konfliktgegner sein kann) spricht Coser – im Anschluss an Georg Simmels Streitsoziologie – vom inspizierenden Einbezug des/der „bislang Unbekannten“ (1965: 146). Konflikt ist ein Mittel der Kontakt- und Beziehungsanbahnung

[111] Die türkeistämmigen Jugendlichen begegnen der Einrichtung des Jugendtreffs „Kreml“ mit „Desinteresse“ (Interview mit einem Sozialarbeiter des D7).

zwischen bisher einander unverbundenen Akteuren/Akteursgruppen. Dabei kann die anfängliche Konfliktinteraktion später in andere Beziehungsformen wie etwa „freundschaftliche Interaktion“ übergehen.

Schließlich ist – viertens – das Gebiet des Salzgittersees in den Sommermonaten der bedeutsamste informelle Freizeittreff. Hier kann man baden, Inliner oder Wasserski fahren. Freunde verbringen den Nachmittag am See, Erwachsene grillen und Senioren genießen das Ambiente. Deutliche Intergruppenfigurationen manifestieren sich hier nicht, dieser Ort ist nicht ethnisch parzelliert. Unter Freunden, die hier täglich nach Schulschluss den Rest des Tages verbringen, spielt ethnische Herkunft keine Rolle. Dass sich an diesem Ort auch Cliquen und Gruppen die Zeit vertreiben, in denen sich ausschließlich entweder Russlanddeutsche oder Türkeistämmige oder Nachfahren älter eingesessener Deutsche versammeln, ist genauso Bestandteil der sozialen Realität der Intergruppenbeziehungen (beziehungsweise des Soziallebens) wie die heterogene Zusammensetzung anderer Cliquen und Gruppen. Beide Gesellungsformen schließen einander nicht aus: Jugendliche haben die Option, sich sowohl innerhalb der Herkunftsgruppe als auch über sie hinausgehend zu vergesellschaften und zu flirten.[112] Und dieser Sachverhalt deutet darauf hin, dass Jugendliche sich nicht nur als Angehörige von migrationsbezogenen Herkunftsgruppen, sondern auch als Individuen wahrnehmen.

Gleichwohl ist Ethnizität beziehungsweise der Rekurs auf Herkunft kein erledigtes Thema. So ermöglicht der Rekurs auf die russische Sprache den Jugendlichen, sich kulturell-expressiv zu vergemeinschaften und sich Gruppenerlebnisse zu verschaffen (Stichwort: Russendisko). Auch spielen Herkunftsbezeichnungen wie „Deutscher“, „Türke“ oder „Russe“ als En-Passant-Zuschreibungen im sozialen Verkehr zwischen Jugendlichen dann eine Rolle, wenn es etwa um Begrüßungen geht. Unterhalb dieser Oberfläche werden Sozialbeziehungen beziehungsweise entsprechende Freundschaften aber quer zu den geographischen Herkünften der Eltern geknüpft. In diesen Zusammenhang gehört auch, dass Jugendliche mit ihrer Herkunftsidentität spielerisch umgehen und mit ihr kokettieren.

Das Nacheinander und Nebeneinander sind in Salzgitter keineswegs der Integration auf dem Felde jugendlicher Gesellung oder auf dem Gebiet des Vereinslebens oder des Arbeitslebens hinderlich. Separation und Integration wirken auf diesen Feldern vielmehr positiv zusammen.

---

[112] Am anschaulichsten ist das in einem Cafe („Lyon“) zu beobachten, das räumlich zwischen Lebenstedt und Fredenberg liegt. Für die Jugendlichen (gleich welcher Herkunftsgruppe), die den offiziellen Jungentreffs entwachsen sind und keine Gelegenheit haben, in andere Städte zu fahren, ist dies ein bevorzugter Treffpunkt.

5.1.3 Segregation in stadtsoziologischen Debatten

Die voranstehenden Abschnitte haben gezeigt, dass der Tatbestand residenzieller Separation, der aus der Unterbringung der Zuwanderer in der Fläche resultiert, sowohl Zuwanderer wie Alteingesessene nicht daran hindert, sich zueinander zu gesellen. Das voneinander entfernte (An)Siedeln der Migrantengruppen bedingt eine unproblematische Gruppenkoexistenz einschließlich transitiver Vergesellschaftung. In Salzgitter verhindert die räumlich-residenzielle Trennung der Herkunftsgruppen, dass sie sich im Wohnumfeld in einer Weise begegnen, die Konfliktanlässe hervorbringt und eingelebte Rangordnungshierarchien irritiert. Das für Salzgitter charakteristische separierte Gruppensiedeln bewirkt, dass man sich im Wohnumfeld quasi nicht auf die Füße tritt und kaum Reibungsflächen erzeugt, sich dann jenseits des wohnumfeldbezogenen Nahraums untereinander relativ offen und gelassen verhalten kann. Die ausgedehnte Stadtgeographie ist in dieser Hinsicht integrationsfördernd.

Dass in diesem Abschnitt nun die Segregationsdebatte aufgegriffen wird, scheint vor diesem Hintergrund kaum nahe liegend. Ist nicht klar, dass Segregation nicht zum Forschungsgegenstand passt? Schließlich ist die Konzentration der Aussiedlerpopulation in Neufredenberg keine Folge von sozialer Entmischung der Wohnbevölkerung, die Stadtforscher immer dann heranziehen, wenn sie sich der Genese von segregierten Vierteln widmen. Der Segregationsbegriff impliziert zunächst eine Durchmischung der Bevölkerung, die sich schließlich entmischt (lat. segregare = absondern, trennen). Sozialräumliche Wohnkonzentration ist in Neufredenberg jedoch das Ergebnis administrativer Entscheidungen vor Ort, eine Vermischung im Wohnumfeld hat es nie gegeben. In Ermangelung besserer Begrifflichkeiten wird diese „Konzentration ohne Segregation" mit dem oben benutzten Begriff der Separation statt dem der Segregation bezeichnet.[113]

Auf den zweiten Blick jedoch macht die Beschäftigung mit dem Thema Segregation und Separation da Sinn, wo die korporativen Akteure der Stadtgesellschaft Anstoß am Tatbestand eines ethnisch-kulturellen Ballungsgebietes nehmen. Die separierte Unterbringung zugewanderter Personen derselben Herkunft weckt schlicht Unbehagen. Segregation und Separation sind für korporative Akteure Defizitvorstellungen und werden in ihren Augen schließlich zu den bestimmenden Merkmalen für das Gruppenzusammenleben beziehungsweise für die Qualität der Intergruppenbeziehungen. Es wird eine Grenze in Form eines Straßenverlaufs behauptet, die Gruppen auf Abstand halte

[113] Gleichwohl ist sich der Verfasser bewusst, dass auch dieser Begriff nicht restlos gegenstandsangemessen ist, denn „Separation" setzt letztlich etwas Ganzes voraus, das schließlich getrennt wurde. Er führt jedoch nicht die Konnotationen mit (weil er schließlich auch kein in der Stadtsoziologie gebräuchlicher Terminus ist), die dem Segregationsbegriff anhaften. Separation soll hier einfach nur auf die Tatsache der Trennung hinweisen.

und Interaktionen verhindere. Wer Defizite benennt, aus dessen Sicht könnte alles ganz anders sein: das idealisierte „Zusammenwachsen" der beiden Stadtgebiete gehört zur Machbarkeitsfantasie der lokalen Administration.

5.1.3.1 Stadtplanung und das Leitbild der sozialen Mischung

Tatsächlich ist in der Stadtplanung wie in der Wohnungspolitik der Bundesrepublik „soziale Mischung" das nach wie vor dominante regulative Leitbild; jede abweichende Entwicklung erfährt daher besondere Aufmerksamkeit von kommunaler Seite wie von Wohnungsunternehmen (vgl. Münch/Kirchhoff 2009). Das Mischungsideal ist zunächst im Baugesetzbuch (BauG, §1) sowie im Wohnraumförderungsgesetz (§6) institutionell verankert. Bereits einleitend heißt es im BauG mit Blick auf die Ausgestaltung der Bauleitplanung, sie solle die „Wohnbedürfnisse der Bevölkerung bei Vermeidung einseitiger Bevölkerungsstrukturen" bevorzugt berücksichtigen. Im gleichen Gesetzeswerk erhält auch die Bund-Länder-Initiative Soziale Stadt einen gesonderten Rechtsparagraphen (§171); programmatisch sieht sie den „Erhalt beziehungsweise Wiederherstellung gemischter Bewohnerstrukturen" (Leitfaden zur Ausgestaltung der Gemeinschaftsinitiative Soziale Stadt, Abschnitt 3.5, ohne Seitenangabe) vor. Selbst der im Jahr 2007 in Kraft gesetzte Nationale Integrationsplan formuliert als „Leitbild für die Stadt- und Quartiersentwicklung (...) die Schaffung und Sicherung sozial und ethnisch gemischter Quartiere" (Bundesregierung 2007: 112). Die Wirksamkeit dieses Ideals zeigt sich aber auch darin, das jüngst unternommene vorsichtige Versuche, Segregation ein stückweit zu enttabuisieren, auf Vorbehalte und Zurückweisungen aus der Praxis stoßen. So tritt ein von einer bundesweit agierenden Stiftung initiiertes und koordiniertes Städteprojekt unter dem Motto „Integration trotz Segregation" an, verliert jedoch bei der Umsetzung des Projekts zunehmend mitmachende Kommunen, weil diese Losung an sedimentierte Selbstverständlichkeiten rührt, die aus Sicht von Wohnungspolitik und Wohnungsunternehmen (vorerst) nicht zur Disposition stehen (vgl. Münch/Kirchhoff 2009).

Denn die heimlichen Drohbilder, von denen dieses Leitbild zehrt und an denen es sich implizit abarbeitet, sind Bilder der Separation und der Segregation oder gar des Ghettos. Historisch waren es die Revolutionsängste bürgerlicher Schichten, die in der sozialräumlich konzentriert lebenden politisierten Arbeiterklasse ein Bedrohungspotential für den Status Quo erblickten (vgl. Häußermann/Oswald 1997). Das Mischungsideal versprach hier eine Möglichkeit, dieses ‚Gefahrenpotential' zu entschärfen. Schmoller etwa befürchtete in seinem „Mahnruf in der Wohnungsfrage" (1983/1890) die „socialen Revolutionen, die kommen müssen, wenn wir nicht aufhören, die unteren Klassen in unseren Großstädten durch die Wohnverhältnisse zu Barbaren

(...) herabzudrücken“ (174). Gegen die drohende Barbarei galt es die proletarischen Massen quasi zu zivilisieren: Mit Blick auf die städtebauliche Praxis war es der mit der Stadterweiterung Berlins beauftragte James Hobrecht, der mit seinem Bebauungsplan aus dem Jahre 1863 das Ziel einer Zivilisierung durch soziale Mischung verfolgte: „Nicht die Abschließung, sondern Durchdringung scheint mir aus sittlichen und darum aus staatlichen Rücksichten das Gebotene zu sein“ (Hobrecht; zit. nach Scarpa 1995: 205). Die soziale Realität in den Berliner Mietskasernen verhielt sich vorerst kontrafaktisch zu diesem Postulat (vgl. von Saldern 1995). Erst im sozialtechnologischen Machbarkeitsglauben in der fordistischen Stadtentwicklung in den Nachkriegsjahrzehnten setzt sich der Mischungsgedanke als Leitbild auch praktisch durch (vgl. Holm 2009). Eine modernisierungseuphorisch gestimmte Stadtsoziologie wollte „Rückständige Viertel“ (Zapf 1969) mittels einer „Aufhebung von Rückständigkeit in der (...) sozialen Dimension“ (Zapf 1968: 1350) sozialstrukturell aufbessern. Modernisierung hieß schlicht soziale Mischung. Deren positive Effekte wurden zwar nie nachgewiesen aber doch stets postuliert – „social diversity (...) is ‚good' has been repeated so often that it has been considered as a kind of truth“ (Atkinson 2005) –, sodass Mischung zum „Mantra der Stadtentwicklung“ (Holm 2009: 24) wurde. Richteten sich einst die besorgten und verängstigten (weil destabilisierende Effekte vermutenden) Blicke auf die sozialräumliche Konzentration proletarischer Massen, so sind es heute die vorgeblichen Parallelgesellschaften der Zuwanderer sowie die Exkludierten einer new urban underclass (Wilson 1987), die öffentliche Aufmerksamkeit erzeugen.

All dies mag für die korporativen Akteure Salzgitters eine Rolle spielen, doch angesichts der oben dargelegten integrativen Effekte der Stadtgeographie der Stahlstadt greift das Leitbild der Mischung an der lokalen Lebenswirklichkeit vorbei.

5.1.3.2 Segregation in der wissenschaftlichen Diskursarena

Kommen wir von der stadtplanerischen, Leitbilder kreierenden Debatte um Segregation nun zu den stadtsoziologischen Ursprüngen des Segregationsbegriffs. Welchen Beitrag kann eine segregationssoziologische Perspektive leisten, um der Lebenswirklichkeit der von Einwanderung geprägten Stadtgesellschaft gerecht zu werden? Ist der sporadische Rekurs der lokalen Akteure auf den Segregationsbegriff und seine implizite Situationsdefinition sinnvoll?

Residenzielle Segregation bezeichnet die „ungleiche Verteilung der Wohnstandorte von sozialen Gruppen in einer Stadt“ (Dangschat 1998: 207). Wohn- beziehungsweise sozialräumliche Segregation ist in der stadtsoziologischen Diskussion ein bedeutendes Thema und wird überwiegend als Verräumlichung sozialer Ungleichheit behandelt. Dort, wo segregiert lebende soziale Gruppen schließlich ethnischen Kategorien zugerechnet werden, spitzt sich die aktuelle Debatte über die Auswirkungen dieses Tatbestandes auf die Integration der Stadtgesellschaft in der Frage zu: „Behindern Migrantenviertel die Integration“ (Häußermann 2009)? In der medialen Berichterstattung wird die sozialräumliche Segregation migrationsbezogener Gruppen häufig mit Abschottung und der vermeintlichen Herausbildung von Parallelgesellschaften kurzgeschlossen, gespickt mit „Hinweisen“ auf das vorgebliche Scheitern der multikulturellen Gesellschaft.

Die räumliche Dimension sozialer Ungleichheit ist seit der Chicago School of Sociology ein zentrales Thema in der Stadtforschung. Die Soziologen der Chicagoer Schule haben zu Beginn des 20. Jahrhunderts beobachtet, dass Migranten in der Regel zunächst in die Nähe ihrer Landsleute ziehen und dort ethnische Viertel („colonies and segregated areas“, Park 1915: 582) entstehen. In einer durch Ernest Burgess (1925) erstellten Kartographie Chicagos, einer um die Wende zum 20. Jahrhundert durch massive Einwanderung (vgl. Bulmer 1986: 12ff.) sowie forcierte Industrialisierung[114] enormen räumlichen und sozialstrukturellen Veränderungen unterworfenen Großstadt, wird der Stadtraum in fünf konzentrische Kreise zoniert (Burges 1925).

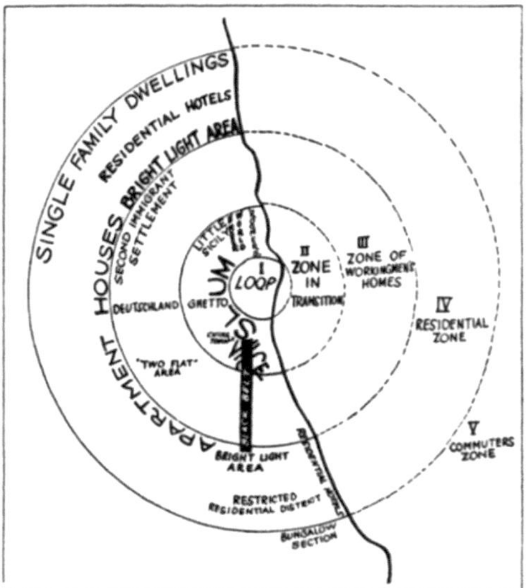

Abbildung 5: Burgess’ Zeichnung der städtischen Gebiete Chicagos

[114] Die urbane Industrialisierung löste auch eine enorme Landflucht der eingesessenen amerikanische Bevölkerung aus.

Zuwandererarreale wie „Little Sicily“, „China Town“ oder „Black Belt“ befinden sich in Zone II („Zone of Transition“), in der zudem ein Viertel organisierter Kriminalität („Underworld“), des Vergnügens und der Unterhaltung („Rialto of the Slum“) und ein Bohemienviertel sowie ein Wohnarreal für die damals noch junge Berufsgruppe der Angestellten („rooming area“) lokalisiert sind sowie schließlich ein Quartier, das von Wanderarbeitern („Hobohemia“) frequentiert wird.

In den ethnischen Kolonien innerhalb dieser Zone II, deren Lebenswelten der engere Forschungsgegenstand der Chicagoer Soziologen war, hatten Migranten eine Fülle von Problemen zu bewältigen, bei denen sich durch Zuwanderung verursachte Herausforderungen und Probleme (Armut, Erosion alter sozialer Bindungen und traditionaler Familienstrukturen, Mobilitätsanforderungen u.a.m.) mit denen einer forcierten Industrialisierung (gesundheitliche Risiken, scharfe Ungleichheit zwischen besitzenden und besitzlosen Schichten) häufig überlagern. Dies führte jedoch nicht zur Herausbildung einer sich den drohenden anomischen Zuständen passiv überlassenden Zuwandererpopulation, sondern zur kreativen Entwicklung „ganz neue(r) Milieus und kleine(r) soziale(r) Welten mit eigenen Normen und kulturellen Werten“ (Schubert 2007: 142) beziehungsweise zu Formen neuer soziokultureller Bindungen und Beziehungen[115] (die allerdings der amerikanische Mittelschichtenblick oft nicht verstand sondern kopfschüttelnd als Werteverfall begriff). In den ethnischen Kolonien pflegten die Einwanderer aber auch ihre (Bindewirkung entfaltende) Kultur beziehungsweise Sitten und Gebräuche der Herkunftsgesellschaft; für die zuwandernden Deutschen waren Kultur- und Sportvereine eine bedeutende Gesellungsform. Die Pflege mitgebrachter „home mores“ (Park 1915: 596) war ein zentraler Mechanismus für die Aufrechterhaltung (informeller) sozialer Kontrolle, die bei den Nachfahren der ersten Zuwanderergeneration mehr und mehr durch die formale Kontrolle durch Gesetze – „control based on positive law“ (597) – substituiert wurde.

Die allochthonen Kolonien wurden insgesamt als eine Art Durch- und Übergangsort („Transition“) gedacht, den aufwärtsmobile Zuwanderer mit ihrem Einstieg in die Mehrheitsgesellschaft auch wieder verlassen. Im Falle Chicagos führt dieser Aufstieg zumeist in die „Zone of Workingmen's Home“, ein überwiegend mit Zweifamilienhäusern bebautes Gebiet, dessen Wohnraum wiederum in mehrere Wohneinheiten aufgegliedert ist. Meist lebte der Hauseigentümer im Unter-, der Mieter im Obergeschoss (vgl. Friedrichs 1995). Segregierte Zuwanderergebiete werden daher nicht als Integrationshürden aufgefasst, sondern als Passagen in die Mehrheitsgesellschaft. Die Finalität des

[115] Beispielsweise wurden durch die Institution der Taxi-Dance Hall (Cressey 1932), bei der Tänzerinnen gewissermaßen wie Taxis von (männlichen) Kunden gemietet werden konnten, Begegnungen zwischen den die Einwanderungsstadt charakterisierenden Mitgliedern von Zuwanderergruppen möglich (vgl. Schubert 2007: 149f.).

Migrationprozesses bestünde darin, dass sich Zuwanderer an die Mehrheitsgesellschaft assimilieren[116].

Ob die innerstädtischen „Zones of Transition" gegenwärtig noch als Ausgangspunkt sozialer Aufwärtsmobilität gelten können, das bezweifelt William Wilson (1987) mit seiner Diagnose einer „new urban underclass".[117] Die Inner Cities amerikanischer Städte sind Wilson zufolge aktuell nicht nur durch die Konzentration einer neuen Schicht der zurückgebliebenen städtischen Armen charakterisiert, sondern auch durch den deutliche Missstände anzeigenden Zustand kommunaler Einrichtungen wie etwa Schulen und öffentliche Gebäude. Sozialräumliche Isolation, eine hohe Armutsquote und die Entfremdung von den Werten der amerikanischen Gesellschaft hätten zu Formen abweichenden Verhaltens („tangle of pathologies") in diesen deprivierten Gebieten geführt, aus denen es für die Bewohner schließlich kein einfaches „Heraus" und aufwärtsmobile Übergänge in die Mehrheitsgesellschaft (mehr) gäbe. Deprivation habe sich strukturell verfestigt. Im Unterschied zum Ghetto älteren Typs (das fordistische Black Ghetto) sind die Bewohner des postfordistischen „Outcast Ghetto" (Marcuse 1998: 178) quasi nicht einmal mehr in den kapitalistischen Produktionsprozess (in dessen untergeordnete und randständige Positionen) eingespannt. Sie werden zu einer Enklave der Ausgeschlossenen.[118]

---

116 Park begreift Assimilation nicht als Substitution der Herkunfts- durch die Kultur der Ankunftsgesellschaft; die mitgebrachten Orientierungen und Praktiken würden vielmehr aufgenommen/„take up" und zu etwas anderem ein- und umgeschmolzen/„incorporate" (Park 1915).

117 Wilson interessiert sich für den Tatbestand der sozialräumlichen Konzentration armer Bevölkerungsgruppen in den Innenstadt(rand)bereichen amerikanischer Städte, die einst Zentren der Industrieproduktion waren. Beherbergten diese Gebiete einst die für die Fabrikarbeit nötigen Arbeitskräfte, würden mit dem urbanen ökonomischen Strukturwandel von einer gütererzeugenden Industrie beziehungsweise vom produzierenden Gewerbe zu einer Dienstleistungsökonomie die Gelegenheiten einfacher bluecollar-jobs spürbar schrumpfen, für die man oft nur angelernt werden musste. Die neuen dienstleistungsbezogenen Beschäftigungsformen würden höhere formale Qualifikationen benötigen, und die daraus erwachsende Disparität zwischen mangelndem Ausbildungsstand großer Teile der Fabrikarbeiterschaft und den neuen Erfordernissen in der Dienstleitungsindustrie führe zu einer nachhaltigen Beschäftigungslosigkeit vieler Innenstadtbewohner (die meist afroamerikanischer oder lateinamerikanischer Herkunft sind). Verschärft wird diese Situation durch die zunehmende soziale und räumliche Isolation im Gefolge des Exodus der „weißen" Wohnbevölkerung und (ab Mitte/Ende der 1960er Jahre im Zusammenhang mit dem Civil Rights Movement) der afroamerikanischen Mittelschichten aus den Innenstädten, die in die neu entstehenden Suburbs der Großstädte ziehen.

118 Wacquant sieht im (amerikanischen) Ghetto den sozialräumlichen Ausdruck einer Machtfiguration zwischen den in die nordamerikanischen Industriestädte zuwandernden Afroamerikanern und der angelsächsischen alteingesessenen Gruppe, für die das Ghetto zu einem „Instrument der Schließung und Kontrolle" der Zuwanderergruppe wird, basierend auf räumlicher Verbannung, Ausbeutung und Rassismus. Konstitutiv für das Ghetto sei ethnische Homogenität, eine geringe Organisationsdichte, kaum (Sozial)Staatspräsenz, hohe physische

Mit Blick auf den Tatbestand stadträumlich konzentriert lebender ethnisch-kultureller Gruppen hat der Ghettobegriff hierzulande bisher keinen Platz in der Fachdiskussion. Schon bei der quantitativ bestimmbaren Frage der Existenz/Nichtexistenz ethnischer Viertel[119] könne von ethnischen Kolonien in deutschen Städten kaum die Rede sein. Die vereinzelt feststellbaren höheren Konzentrationen Türkeistämmiger seien im Vergleich etwa zu Großstädten in den USA, England, Frankreich oder den Niederlanden vernachlässigbar. Nach quantitativen Merkmalen wird eine vergleichsweise geringe Ausprägung ethnischer Segregation festgehalten (vgl. Häußermann/Siebel 2001a: 43; Häußermann 2007: 463; Söhn/Schönwälder 2007: 17ff.).[120]

---

sowie soziale Unsicherheit. Die soziale Ächtung der afroamerikanischen Zuwanderer durch die Alteingesessenen, die quasi durch alle Poren des Alltags dringe, hätte bei den Zuwanderern eine Zuflucht in jene Quartiere erzwungen, in denen sie eine eigene Infrastruktur mit eigenen Zeitungen, Geschäften, Kirchen u.a.m. aufbauen, um schlicht das Überleben in einer ihnen sonst feindlich gesonnen Umwelt zu sichern. Diese „aufgezwungene institutionelle Parallelwelt" (134) sichere der machtüberlegenen alteingesessenen weißen Gruppe materielle und symbolische Vorteile, errichte aber zugleich auch für die im Ghetto Eingeschlossenen einen „schützenden Panzer" (Wacquant 2006: 12). Diese Doppelgesichtigkeit des Ghettos verschwinde aber in dem Maße, wie sich durch die residenzielle Entmischung der afroamerikanischen Unter- und Mittelschicht das Black Ghetto zum ‚Hyperghetto' entwickelt, das nun zwar kein Arbeitskräftereservoir für die industrielle Fertigung bereithält, aber die Funktion erfülle, entehrte und deprivierte Gruppen ein- und damit auszuschließen. Ihnen werde ein Ort aufgezwungen, „in welchen Raum und Rasse miteinander verbunden sind, um eine bestimmte Bevölkerungsgruppe, die von der herrschenden Gesellschaft als minderwertig angesehen und dementsprechend behandelt wird, zu definieren, zu isolieren und einzugrenzen" (Marcuse 1998: 179). Auf europäische marginalisierte städtische Sozialräume lasse sich dieser Ghettobegriff Wacquant (2006) zufolge nicht übertragen. Der basale Unterschied bestünde darin, dass sozialräumliche Ausschließung etwa in den französischen Vorstädten hauptsächlich auf Schichtzugehörigkeit basiere, in den amerikanischen Inner Cities jedoch auf dem physischen Merkmal der Hautfarbe. Auch von einer kompletten Abwesenheit des Sozialstaates in den marginalisierten Arrealen könne – im Gegensatz zu den USA – in europäischen Großstädten keine Rede sein. Hingegen kommt Lapeyronnie (2009) bei der Beobachtung von Wohnsiedlungen am Pariser Stadtrand („Quartiers populaires") zu dem Schluss, dass das Anti-Ghetto kein passender Begriff mehr für die derzeit feststellbaren Entwicklungen ist: die marginalisierten Sozialräume entwickelten sich immer mehr in Richtung eines Ghettos, in ihnen überlagerten sich eine forcierte Segregation, stärkere rassistische Diskriminierung, ein deutlicher Anstieg der Arbeitslosigkeit und die Herausbildung von ghettospezifischen sozialen Organisationen.

[119] Für eine quantitative Bestimmung eines ethnischen Viertels dienen 30 beziehungsweise 40 Prozent als Schwellenwert: gehören 30 (und mehr) Prozent der Quartiersbewohner *einer* ethnischen Zuwanderergruppe an oder stellen Zuwanderergruppen *insgesamt* mehr als 40 Prozent der Quartierspopulation, dann reden kanadische und US-amerikanische Migrationsforscher von ethnischen Kolonien (vgl. Häußermann 2007: 462).

[120] Mit Blick auf Zuwanderergruppen werden derzeit Prozesse residenzieller Entmischung innerhalb der Migrantenpopulation beobachtet (Worbs 2009: 231), die entlang der Leitdifferenz aufwärtsmobiler Erfolg/Misserfolg verlaufen. Zugleich wird mit dem Exodus der Erfolgreichen ein Wohnquartier beziehungsweise der entsprechende Sozialraum unterschichtet. In solchen

Die Segregationsdebatte befasst sich weniger mit der schieren sozialräumlichen Kondensation einer Zuwandererpopulation sondern damit, wie dieser Tatbestand *wirkt*. Bezogen auf den Diskurs zur Sozialen Stadt orientiert sich die Diskussion über entsprechende Quartiers- beziehungsweise Nachbarschaftseffekte weniger an tatsächlich vorfindbaren, empirisch erhärteten Entwicklungen in deutschen Städten. Die befürchteten Szenarien werden eher aus der Beobachtung der über einen längeren Zeitraum sich vollziehenden Entwicklung US-amerikanischer (zum Teil auch französischer) Städte abgleitet (vgl. Güntner 2007: 336ff.)[121]. Die segregierte amerikanische Stadt avanciert hierzulande gewissermaßen zum Worst-Case-Paradigma unter dem Motto: Wenn Stadtpolitik segregativen Entwicklungen nicht entgegensteuert, dann droht uns Amerika. Präventiver Konsens besteht schließlich darin, dass „Mischung“ richtig und gut sei. Das drohende Negativszenario wird in folgende Hypothesen gekleidet:

1. Segregation etabliere eine räumliche Hürde für den Aufbau neuer Kontakte zu Institutionen und Personen der Mehrheitsgesellschaft, wodurch Zuwanderer auf eigenethnische wohnumfeldnahe Kontaktnetze angewiesen blieben. In ihnen könne jedoch nicht jenes Beziehungskapital generiert werden, das für eine Verbesserung der persönlichen Situation hilfreich sei. Die sich hier bildenden Netzwerke könnten kaum gesamtgesellschaftlich angesehenes Kapital erzeugen beziehungsweise den Zugang zu begehrten Gütern ermöglichen. Gefahr bestehe, dass das erworbene Kapital als Mobilitätsfalle (Wiley 1967) wirken könnte.

2. Räumliche Konzentration einer Herkunftsgruppe erleichtere den Rückzug in die Eigengruppe, die sich – unter der Bedingung einer ausreichend großen Personenzahl – auf Abschottung im Sinne einer „Institutional Completeness“ (Breton 1964)[122] zubewege, in der ethnischen Kolonie einrichte und dort (mit Blick auf die Mehrheitsgesellschaft differente) soziale Praktiken pflege und Wertestandards entwickle, die der Gefahr der Bildung von Parallelgesellschaften zuarbeiten würden.

3. Die durch ein allochthones Ballungsgebiet bewirkte Sichtbarkeit des Fremden löse bei älter Eingesessenen Bedrohungsgefühle aus, wecke

Entmischungsprozessen sah Wilson (1987, 2001) die Gründe für die Entstehung einer neuen urbanen Armutsklasse.

121 „Zentrale Sprecher im entsprechenden [Soziale Stadt-]Diskurs waren Stadtforscher, die mit Szenarien argumentierten, die sie aus Entwicklungen insbesondere in den USA und in Frankreich ableiteten. (...) es ging nicht um die nachträgliche Behebung eines Problems, sondern um die Vermeidung des Eintretens eines bestimmten Szenarios“ (Güntner 2007: 337).

122 Von institutioneller Vollständigkeit kann nach Breton dann gesprochen werden, wenn „the ethnic community could perform all the services required by its members. Members would *never had to* make use of native institutions for the satisfaction of any of their needs (1964: 194). Breton identifiziert drei Typen von Institutionen, die institutionelle Vollständigkeit anzeigen („religious organization“, „periodicals“, „welfare organizations“); deren einfache Verfügbarkeit mache es einer Gruppe schließlich möglich, soziale Beziehungen auf die Eigengruppe zu beschränken.

vorurteilsvolle Aggression gegenüber dem kulturell Fremden, sedimentiere soziale Distanz zwischen Alt- und Neueingesessenen und könne zu manifester Diskriminierung führen (Anhut/Heitmeyer 2000: 40).

4. Mit dem Exodus der an sozialem und kulturellem Kapital starken Bewohner drohe problembelasteten Sozialräumen der Verlust seiner „Repräsentation auf der Ebene der Gesamtstadt" (Häußermann/Wutzbacher 2005: 444) und lasse die Quartierspopulation im Wortsinne sprachlos zurück. Sie gerieten außerhalb des Radars der kommunalen Politik, die die lokalen Probleme und Bedürfnisse daher nicht kenne beziehungsweise ihnen kaum Aufmerksamkeit widme. Aus dem „innerstädtischen Verteilungskampf" um begehrte und stets knappe Güter seien diese Stadtgebiete dann quasi herausgenommen.

5. Die sozialräumliche Ballung sozioökonomisch randständiger Gruppen gehe mit einem lokal defizitären Konsumgüter- und Dienstleistungsangebot einher, weil niedrige Kaufkraft zu spürbarer Konsumbescheidenheit zwinge (vgl. Häußermann/Siebel 2001a:43). Dieser Mangel würde materiell besser gestellte Haushalte zum Verlassen des Quartiers in Richtung besser ausgestatteter und beleumundeter Mittelschichtsquartiere bewegen.

6. Daher würden schließlich auch die Miet- und Bodenpreise sinken und Hauseigentümer veranlasst, kaum mehr in ihre Bestände zu investieren, wodurch das Quartier weiter abgewertet und von denen, die es sich leisten können, verlassen würde.

7. Mit der schwachen Einkommensstruktur der Haushalte komme auch die Möglichkeit informeller Beschäftigung in haushaltsbezogenen Dienstleistungen zum Erliegen, weil die Nachfrage durch einkommensstarke Haushalte fehle (Häußermann/Siebel 2001a: 44).

8. Schließlich sei mit Auswirkungen auf Verhalten und Normen und damit auf Lebenschancen zu rechnen, die integrationsbezogen nachteilig wirkten: quartiersräumliche Homogenität habe „homogenisierende Sozialisationseffekte" (Häußermann 2009: 461), sodass etwa im Falle einer hohen räumlichen Konzentration „eines einheitlichen ethnischen Milieus" (ders.) fehlende Rollenvorbilder letztlich das Aspirationsniveau junger heranwachsender Menschen senke, in die Mehrheitsgesellschaft überhaupt ein- und aufsteigen zu wollen.

Negative Konsequenzen residenzieller Segregation sind dann zu erwarten, wenn sich herkunftsgruppenbezogene sozialräumliche Fragmentierungen im Laufe der Generationen strukturell verfestigen und nicht bloße Übergangsorte der Zuwanderer auf ihrem Weg in die Mehrheitsgesellschaft bilden (vgl. Heitmeyer 1998).

5.1.4 Zurück in die Zuwandererstadt – zur lokalen Kultivierung des Segregationsdiskurse

Welche Einsichten ergeben sich also, wenn man die Entwicklung Salzgitters durch die Brille des wissenschaftlichen Segregationsdiskurses betrachtet? Deklinieren wir die Faktoren mit Blick auf den hier interessierenden Sozialraum durch:

1. Schauen wir etwa auf die räumliche Anordnung Alt- und Neufredenbergs sowie Lebenstedts. Der durch die breite Erich-Ollenhauer-Straße hergestellte räumliche Abstand sowohl zum älteren Teil Fredenbergs, aber auch zum zwei Kilometer entfernten Lebenstedt, zu dem Fredenberg im administrativen Sinne gehört, verhindert weder den Zugang zu den Institutionen der Mehrheitsgesellschaft (was sich etwa in der Übernahme von Leistungs- und Klientenrollen in den lokalen Filialen der Funktionssysteme zeigt beziehungsweise in der Verwandlung der Aussiedler in Arbeitnehmer auf dem lokalen Arbeitsmarkt, in Konsumenten auf dem lokalen Konsumgütermarkt, in Klienten berufsbildender Qualifizierungsmaßnahmen, in Hartz-IV-Empfänger, in Renten- und/oder Wohngeldbezieher, in Schülerrollen, in Klientinnen des lokalen Frauenhauses, in Patienten u.a.m.), noch zu Vertretern der Eingesessenengruppe (etwa in Vereinen, im Nachbarschaftszentrum oder am Arbeitsplatz). Der Tatbestand des Kontakts – statt der einer Isolation der Zuwanderer – schafft sich möglicherweise auch begrifflich seinen Platz: Die symbolische Degradierung des Neufredenberger Quartiers als „Kalaschnikowsiedlung“ erfolgt aus dem fernen Lebenstedt, wird von den eingesessenen Fredenbergern jedoch nur vereinzelt unterstützt. Die eingesessenen Alt-Fredenberger im (nicht unmittelbaren aber weiteren) Umfeld des Aussiedlerquartiers etikettieren es lyrisch als „Wolgaauen“ (Gruppeninterview mit Alteingesessenen). Als Aue wird eine Uferlandschaft bezeichnet, die in ständigem Austausch mit einem Fluss/dessen Einzugsgebiet steht, wodurch sie ihre physische Gestalt gewinnt und wodurch sich zudem bestimmt, welche Populationen dort siedeln. Aufseiten der Eingesessenen mag hier zur Sprache kommen, dass es keine hermetischen Kontaktgrenzen gibt.

2. Von Rückzug, Abschottung und struktureller Segregation kann keine Rede sein. Die Institutionen im Quartier (Nachbarschaftszentrum, Schule) sind auf die Mobilität in die Mehrheitsgesellschaft ausgerichtet. Das Quartier steht nicht etwa für eine sozialräumliche Mobilitätsfalle, sondern für das genaue Gegenteil: für einen Integrationsmotor. Gerade das Neufredenberger Begegnungszentrum verleiht so einem zahlenmäßig eindeutig von Aussiedlern dominierten Quartier den Charakter eines funktional segregierten Wohnumfeldes (vgl. Heitmeyer 1998), das von seinen Bewohner/innen als Zwischenstation auf dem Weg in die Mitte der Gesellschaft genutzt werden kann. Gerade diese Einrichtung ist auch

der Ort, an den sich korporative Akteure wenden, wenn sie den Zugang zur Aussiedlerklientel suchen (mit Vertretern örtlicher Kindertagesstätten und der Grundschule besteht enger Kontakt zum Nachbarschaftszentrum, etwa wenn es um „Problemkinder" geht oder um die Rekrutierung von Personen zum Zwecke der Nachmittagsbetreuung in den entsprechenden Einrichtungen). Mit Blick auf institutionelle Vollständigkeit als mögliche Vorstufe zum eigenethnischen Ghetto gibt es im Aussiedlergebiet nicht einmal Anzeichen (mit der Nichtexistenz eigenethnischer Einrichtungen fehlt schließlich auch die Bedingung der Möglichkeit, in Mobilitätsfallen zu geraten). Nicht eigenethnische Institutionen sondern eine diesbzgl. weitgehende Unauffälligkeit kennzeichnet die Anwesenheit der Aussiedler in Salzgitter. Sie werden weder mit einer eigenen religiösen Sakralarchitektur sichtbar, noch können Anzeichen einer gruppenbezogenen Identitätspolitik beobachtet werden. Auch die Herausbildung einer ethnischen Ökonomie und ethnischen Infrastruktur (Geschäfte, Vereine) sucht man vergebens: Ein Lebensmittelgeschäft[123] und eine Nähwerkstatt bieten auch hier keinen Ansatzpunkt für eine derartige Entwicklung.[124] Und durch die herkunftsgruppenübergreifende Vergesellschaftung in alteingesessenen Vereinen sowie durch Aktivitäten im Umfeld des zentralen Nachbarschaftszentrums werden Kontakte zu eingesessenen Deutschen wie auch zu Personen anderer Herkunftsgruppen möglich.[125]

3. Von einer visuellen Präsenz der Aussiedlergruppe im Sinne sichtbarer, exklusive Zugehörigkeit markierender Symbole und Zeichen, kann kaum sinnvoll die Rede sein. Rückblickend betrachtet hat die ausdauernde Präsenz der Nachbarschaftsarbeit so etwas wie den Quasi-Dorfplatz oder die „gute Stube" des Quartiers geschaffen, der/die von früh bis spät frequentiert wird. Zu den Möbeln dieses „Wohnzimmers des Quartiers" gehören eine Großküche, Nähmaschinen und Computerarbeitsplätze sowie Orte, an denen Geselligkeit gepflegt wird. Dieses Mobiliar ist sichtbar nicht „ethnisch imprägniert" in dem Sinne, dass es aufgrund seiner äußeren Attribute allein der Existenz der Aussiedlergruppe zuschreibbar wäre: Die Architektur der guten Stube und ihre ‚Ausstattung' hat nichts, was die einstige Heimat der Fredenberger

---

[123] Dabei handelt es sich nicht einmal um ein Geschäft, das Lebenstedts Aussiedler selbst gegründet hätten, sondern um die Filiale eines deutschlandweit tätigen Unternehmens mit Stammsitz im schwäbischen Herrenberg, das sich auf den Vertreib von russischen Lebensmitteln spezialisiert hat und gegenwärtig in der Bundesrepublik 100 Supermärkte (mit dem Namen „MixMarkt") betreibt.

[124] Überhaupt zeichnet sich Salzgitter durch eher bescheidene Konsumangebote aus. Schon immer galt: Wer Shoppen will, fährt ins benachbarte Braunschweig.

[125] Im übrigen: auch innerhalb der russlanddeutschen Zuwanderergruppe werden in sozialen Praktiken Distinktionen prozessiert, die feine Unterschiede herstellen und stabilisieren; die Aussiedler zerfallen in Milieus. Räumliche Nähe aufgrund des gleichen Wohnortes darf nicht mit sozialer Nähe kurzgeschlossen und mit hoher Kontaktdichte verwechselt werden.

Spätaussiedler symbolisch zur Anwesenheit bringen und damit die symbolische Zugangsschwelle für Personen anderer Provenienz hoch legen würde, indem sie in der Semiotik des Raums Grenzen markieren würde. Es verstärkt nicht die Präsenz der Aussiedler und visibilisiert auch keine gruppenbezogenen Differenzen. Zudem bleibt auch die Semiotik des Altfredenberger Wohnzimmers im Gefolge der Aussiedlerzuwanderung unangetastet. Das insgesamt unauffällige Fremdsein der Aussiedlerpopulation wird zusätzlich verstärkt durch die Zuwanderung in den Rand der Stadt. Mit seinem lokalöffentlichen Wohnzimmer hat sich in Neufredenberg der zentrale Ort der Selbstbegegnung der Quartiersgesellschaft entwickelt, jenseits der zentralen Plätze des Altquartiers, die in und um ein Einkaufs- und Kommunikationszentrum aus den Siebzigerjahren verortet sind.

4. Von einer Unaufmerksamkeit oder gar Ignoranz des Stadtteils auf der Ebene der lokalen Administration kann ebenfalls nicht ausgegangen werden. Gerade das Label Soziale Stadt verschafft ihm besondere Aufmerksamkeit. Aber nicht nur das. Auch durch ein langjähriges Ratsmitglied, das im Fredenberg beheimatet ist, ist der Ortsteil schon lange vor Bestehen der Sozialen Stadt mit der Politik verbunden.

5. Das in Fredenberg tatsächlich bescheidene Dienstleistungs- und Konsumgüterangebot hat nichts mit der Ansiedlung der Aussiedlergruppe zu tun sondern kennzeichnet den Stadtteil seit seiner Entstehung. Bis in die 70er Jahre wurden die subsistenzwichtigen Güter immer herbeigeschafft. Mit der Errichtung eines kleinen, in Beton gegossenen Einkaufszentrums war schließlich eine auf das nötigste beschränkte Nahversorgung gewährleistet. Schon immer richtete sich das Konsumverhalten der Fredenberger auf Lebenstedt, mehr noch auf das benachbarte Braunschweig.

6. Vernachlässigte und heruntergewirtschaftete Wohnungs- und sonstige bauliche Bestände können nicht beobachtet werden. Eher entspricht die Fredenberg zum Teil kennzeichnende Plattenbauweise den heutigen zeitgeistigen Bedürfnissen nicht mehr. Auf die dekorierende Sanierung dieser Areale richtet sich der Großteil der Baumaßnahmen der Sozialen Stadt. In den Flächenbestand wird aber auch durch das Neufredenberger Nachbarschaftszentrum „investiert“, indem unter der Leitung von Vertretern der Aussiedlergruppe eine parkähnliche Landschaft im Wohnumfeld entsteht (gefördert wird das Projekt durch das Bundesamt für Migration und Flüchtlinge). Im Fredenberger Aussiedlerquartier vollzieht sich auch keine durch Wohnsegregation verursachte Unterschichtung des Wohngebietes.[126] Der Gefahr der Herausbildung eines Armutsgebietes wird

126 Im Übrigen: Als städtebauliches Konzept kannte selbst der fordistische Städtebau in Salzgitter Segregation: entlang von Berufsgruppen beziehungsweise –hierarchien. So entstanden etwa Wohnungen in Straßenzügen, die für den einfachen Arbeiter und solche, die für Meister gedacht waren und sich in Wohnungsgröße und Wohnungszuschnitt unterschieden (Interview mit einem ehemaligen Stadtplaner).

in Neufredenberg dadurch entgegengewirkt, dass der Stadtteil keine Segregation entlang der aufwärtsmobilen und der beruflich-ökonomisch nicht erfolgreichen Neueingesessenen erlebt; im Gegenteil: finanziell erfolgreiche Aussiedler ziehen nicht weg sondern bilden im Quartier Wohneigentum. Dort, wo sie Privathäuser errichten, mischen sich auch die Gruppen beziehungsweise lassen sich schließlich auch Hausherren anderer Herkünfte nieder (ohne dass dabei der Mischungsgedanke im Vordergrund steht). Auch der bei der älter Eingesessenengruppe immer noch wirksame Besiedlungs- beziehungsweise Pioniergeist scheint einer durch residenzielle Mobilität bedingten Unterschichtung des Gebietes entgegenzuwirken.

7. Haushaltsbezogene Dienstleistungen werden im Nachbarschaftszentrum als „Nachbarschaftshilfe" organisiert, für die jedem Helfer/jeder Helferin eine kleine „Aufwandsentschädigung" gezahlt wird.

8. In die Mehrheitsgesellschaft nicht ein- und aufsteigen zu wollen, kann für die Aussiedlerklientel nicht gelten. Bildungsorientierung in der Schule aber auch enorme Anstrengungen der der Schule und Ausbildung bereits entwachsenen Personen zielen auf das Gegenteil.[127]

Das wissenschaftlich diskutierte harte Segregationsmodell bestimmt das Handeln der Vor-Ort-Akteure nicht. Viele der am Modell debattierten Probleme spielen in der Quartierswelt keine Rolle. Auch Maßnahmen zur Durchmischung der Aussiedlerwohnblöcke werden durch die Akteure der Sozialen Stadt lokal nicht ergriffen. Ihre Mitarbeiter begreifen – anders als Vertreter der Lokaladministration – die residenzielle Aussiedlerkonzentration auch nicht als Problem. Desintegrative Konsequenzen können sie daraus nicht ableiten. Mit Blick auf den entsprechenden Sozialraum äußert eine mit der Umsetzung des Programms befasste Person (alteingesessen): „An sich `n sehr gesunder Stadtteil, wenn man seine Sozialindikatoren betrachtet. Dann kriegt man Probleme hier von einem Problemstadtteil zu sprechen. Was ich allerspätestens dann bei LOS [Lokales Kapital für soziale Zwecke, der Verfasser] gemerkt habe, als ich die Antragstellung vorbereitet habe, es war alles andere als einfach, glaubwürdig zu machen, dass dieser Stadtteil irgendwie in dieses Beschäftigungsprogramm hinein soll; warum?"[128] Lehrer und Schulleiter der in Fredenberg angesiedelten Schulen berichten von einem von Konflikten eher unbelasteten Einfädeln der spätausgesiedelten Jugendlichen (teilweise sogar mit Hebung des

[127] Ein alteingesessenes Unternehmen, das im Auftrag der lokalen Arbeitsagentur die russlanddeutschen Zuwanderer zu Berufskraftfahrern ausbildet (und die Absolventen auch in die lokalen und überlokalen Arbeitsmärkte vermitteln kann), bringt die Motivation Fuß zu fassen auf den Satz: „Da sitzt wirklich Ehrgeiz dahinter. Die wollen ihr ganzes Scheiß-Leben ändern."

[128] In Kommunalpolitik und Kommunalverwaltung gibt es auch keinen Konsens über die Notwendigkeit, das Soziale-Stadt-Programm in Fredenberg zu implementieren. Der gesamte Prozess von der Antragstellung bis zur Umsetzung sei im Rathaus daher „eng zugeschnitten auf zwei Personen" (Interview mit einem Vertreter der Sozialen Stadt).

Unterrichtsniveaus im mathematisch-naturwissenschaftlichen Bereich). Zudem gibt es den Imperativ eines Zusammenwachsenmüssens:

> ***„Seht zu, die Stadtteile müssen zusammenwachsen!"*** (Interview mit Herrn Kemper)
>
> „Es ist, denke ich mal, diese sehr massive Ansammlung von einer ethnischen Gruppe, die glaube ich, als ‚bedrohlich' erscheint für irgendwelche anderen Gruppen; vielleicht auch für die Dörfer, ich weiß nicht für wen. Aber ich glaube, das ist erst mal ein riesengroßes Problem. Und unsere wichtigste Aufgabe – am Anfang wurde uns das gesagt – ‚Das ist eure Aufgabe: Seht zu, die Stadtteile müssen zusammenwachsen!'"

Es scheint mehr das pure Faktum der „Menschenmasse" selbst zu sein, das Anlasse zur Sorge ist.[129] Die bloße Konzentration der Masse der Aussiedler erweckt schließlich den Eindruck eines geschlossenen Milieus. Menschenmassen erkennt der (homogenisierende) Blick nur aus der Distanz; aus der Nähe betrachtet würde sich die Masse in Einzelindividuen auflösen. Der eine Menschenmasse identifizierende Blick aus der Ferne ist in Salzgitter-Lebenstedt insofern plausibel, als die korporative Stadtgesellschaft die Ansiedlung der Aussiedlergruppe zunächst als administratives Problem im Sinne eines Herbeiführens schneller baupolitischer Entscheidungen begreift, um die Aussiedler als anonyme Manövriermasse in Wohnungen unterzubringen. Kontakte aus erster Hand gibt es kaum. Die Zuwandererpopulation bleibt auch fast unsichtbar und hinterlässt, wie bereits erwähnt, in der Semiotik des Raums keine Spuren. Auch der Tatbestand, dass die zeitgleich mit dem Eintreffen der Aussiedler aufgenommene Nachbarschaftsarbeit Frau Webers wie dargelegt relativ entkoppelt von den mit Integration befassten Akteure der korporativen Welt ist, plausibilisiert die Annahme, dass die „Masse" noch nicht durch korporative Maßnahmen in die Stadtgesellschaft gelenkt ist. Die propagierte Parole des „Zusammenwachsens" greift scheinbar Ängste vor symbolischer Degradierung beziehungsweise Stigmatisierung auf, indem sie die lokale Aussiedlerkonzentration als „Missstand" problematisiert. In die Akteure der Sozialen Stadt wird schließlich die Hoffnung gesetzt, diese Siedlungskonzentration durch das Zusammenwachsen Alt- und Neufredenbergs (wenn nicht aufzuheben so aber doch) weniger „greifbar" zu machen. Mithin mag sich mit Blick auf die Aussiedlerkonzentration ein diffuses Unbehagen artikulieren, dass zu viel (allochthone!) Homogenität salopp gesprochen nicht gut ist – ohne dieser diffusen Wahrnehmung angebbare Gründe an die Seite stellen zu können. Darin drückt sich einmal mehr das tief verwurzelte Mischungsideal aus (vgl. Abschnitt 5.1.3).

---

129 In eigenen Verlautbarungen bezeichnet die Stadt Salzgitter den Tatbestand der sozialräumlich kondensiert lebenden Aussiedlerpopulation als „Missstand", ohne zu erläutern oder Belege zu liefern, warum diese Tatsache eigentlich ein Missstand ist: "Die Aussiedlerhaushalte sind räumlich konzentriert" (Stadt Salzgitter ohne Jahr – c: 41.)

Die Rede vom „Zusammenwachsen“ verweist aber noch auf einen anderen Aspekt, der weniger von Ghettoisierungsängsten geleitet oder von der befürchteten Entstehung eines schlecht beleumundeten Sozialraums motiviert ist. Jene korporativen Akteure, die heute mit dem Programm Soziale Stadt in Salzgitter befasst sind – sei es, dass sie auf den öffentlich sichtbaren Bühnen auftreten und soziokulturelle Veranstaltungen organisieren, sei es, dass sie in einem vor der Öffentlichkeit abgeschirmten Arkanabereich agieren – erfüllen sich gewissermaßen einen Traum. So bekennt eine maßgeblich mit der Programmumsetzung beschäftigte Person: „Es ist schade, dass der Fredenberg nie ein eigener Stadtteil geworden ist“. Mittels der Erfindung eines Quartierslogos, der Durchführung von Großveranstaltungen sowie der Behauptung einer quartierspaltenden Grenze in den Köpfen der Bewohner, die mit Mörtel, Soziokultur und Stelenskulptur überwunden werden müsse, lässt sich diese Eigenständigkeit aber trefflich simulieren. Gleichwohl lässt sich die Aussiedlergruppe nicht ins Fredenberg-Forum, das den Stadtteil als Ganzes repräsentieren wollte, lotsen. Die selbständigen eigenverantwortlichen Akteure in Neufredenberg integrieren sich gewissermaßen am Fredenberg-Forum vorbei.

Das Fazit: Statt Separation und Segregation zu beklagen, sollten die Akteure der Stadtgesellschaft daher das offensichtliche Auseinander-Driften von institutionell-administrativer Simulation und gelebter lokaler Interaktion reflektieren.

5.2 Zwischen simuliertem Multikulturalismus und traditionellem Internationalismus

Das sozialräumlich ansetzende Integrationshandeln der Akteure der Sozialen Stadt wird durch den Bezug auf eine ethnisch differente Fredenberger Quartiersbevölkerung angeleitet und mit dem Label Multikultur versehen: „Wir leben in einer multikulturellen Gesellschaft“ (Herr Behre). Mit Blick auf das eigene Agieren sprechen sie davon, „lebendige multikulturelle Arbeit zu bieten“. Aufgrund der propagierten Multikulturalität des Stadtteils läge es zunächst nahe, sich nun dem Diskurs des Multikulturalismus zuzuwenden und mit den gewonnenen Erkenntnissen aus dieser Debatte wiederum an den Fredenberg zurückzukehren und ihn durch die multikulturelle Brille zu betrachten. Dies wäre jedoch ein nur zum Teil ertragreiches Unterfangen. Denn die unterschiedlichen Herkunftsgruppen der Stadtgesellschaft machen sich die multikulturelle Rhetorik nicht zu eigen, schon gar nicht im Sinne einer Gruppengrenzen pflegenden „Politik der Anerkennung“ (Charles Taylor) beziehungsweise: sie übersetzen sie nicht in die Einforderung kollektiver Sonderrechte zum Zwecke der Ermöglichung ihrer „kulturelle(n) Selbsterhaltung“ (Taylor 1993: 59). Selbst bei den Akteuren der Sozialen Stadt wird deutlich, dass sie das multikulturelle

Etikett schließlich eher im Sinne einer Selbstvermarktung ihrer Beteiligungsangebote nach dem erlebnisorientierten Motto „Es-ist-für-jeden-was-dabei“ verwenden. Insofern ist es schlicht Teil des Stadtteilmarketings. Multikulturalität ist letztlich kein passendes Etikett für die Beschreibung des Zusammenlebens unterschiedlicher Herkunftsgruppen im Quartier. Die lokalen Gruppenbeziehungen stehen vielmehr im Kontext einer moralischen Ordnung, die sich in Anlehnung an die lokalen fordistischen Großbetriebe entwickelt: die *proletarische Solidarität* einer gerade in dieser Stadt starken Arbeiterbewegung.

Zunächst konzentriert sich der Blick auf den lokalen stadtgesellschaftlichen Umgang mit kultureller Differenz (5.2.1). Anschließend wird in gebotener Kürze die Debatte um den Multikulturalismus rekonstruiert, da der Begriff zur Beschreibung der Koexistenz unterschiedlicher Herkunftsgruppen durch die korporativen Sozialen Stadt Akteure benutzt wird. Dabei wird kurz auf die angelsächsische Diskussion eingegangen sowie die Entwicklung des Multikulturalismusdiskurses in Deutschland beleuchtet (Abschnitt 5.2.2). Der anschließende Abschnitt (5.2.3), der sich zum Teil auf einen veröffentlichen Beitrag des Autors bezieht (vgl. Mewes 2010) befasst sich mit der in der lokalen fordistischen Großindustrie der Stadt wurzelnden lokalen moralischen Ordnung. Das Ethos einer betrieblich wie außerbetrieblich starken Arbeiterbewegung und ihrer internationalistisch ausgerichteten Ideale wirkt in Salzgitter länger nach als in anderen, von wirtschaftlichem Strukturwandel (postindustrielle Entwicklung) betroffenen Industriestädten der Bundesrepublik.

5.2.1 Umgang mit kultureller Differenz – koordinierend und kooperativ

Auf welche Weise stellt sich die Herausforderung des „Umgang(s) mit soziokultureller Differenz“ (Schiffauer 2008: 14) in Salzgitter-Lebenstedt? Bestimmt kulturelle Differenz die Relevanzen in den alltäglichen Interaktionsbeziehungen beziehungsweise im Handlungserleben zwischen den Herkunftsgruppen der Stadtgesellschaft?

Anders als akademisch-intellektuell geführte Multikulturalismusdebatten wird die Frage des Arrangements beziehungsweise des Umgangs mit kultureller Differenz in Salzgitter nicht entlang von Begriffen geführt, die sich um den des Multikulturalismus herumgruppieren: Kulturelle Relativität, kulturelle Identität oder kulturelle Anerkennung (vgl. Abschnitt 5.2.2) sind Begriffe, die den Denkformen der Arbeiterschicht Salzgitter-Lebenstedts fern liegen. Lokale Herkunftsgruppen machen keine im Stile multikulturalistischer Politik auftretenden, differenzmarkierenden normativen Forderungen öffentlich geltend. Eine der Interaktion zwischen Zuwanderergruppen vorgängige Identitätsbildung gemäß der Herkunftskultur konnte nicht beobachtet werden. Die mit der Wanderung der Aussiedlerpopulation verbundenen nach Salzgitter drängenden

Bezugsprobleme lassen sich schließlich nicht auf den Begriff „Identitätsbildung“ reduzieren.[130]

Das Arrangement kultureller Differenz folgt – in einer von der großindustriellen Arbeiterbewegung geprägten mechanischen Solidarität – einer Logik, die die soziale Welt nicht entlang exklusiver kultureller Gemeinschaftssemantiken sondern materialistisch deutet. Die lebendige stählerne Identität Salzgitter-Lebenstedts beziehungsweise die für die Zuwanderer nach Salzgitter relevante Identitätsschablone – diejenige des (Hütten)Arbeiters – verleiht dem Tatbestand migrationsbedingter kultureller Differenz in der Stadtgesellschaft nicht jene Bedeutung, die den sozialen Verkehr der migrationsbezogenen Gruppen vorordnen könnte. Die eher universalistischen Ansprüche der Arbeiterbewegung kümmern sich nicht um kulturelle Unterschiede; Zuwanderergruppen fädeln sich vielmehr in die lokal dominante Konfliktlinie zwischen Arbeit und Kapital ein (vgl. Abschnitt 5.2.3). Korporativ entwickelte Versuche, diese durch die lokale fordistisch-großindustrielle Arbeiterbewegung geprägte Identitätsschablone kulturalistisch aufzuspalten, verlaufen ohne Publikumsinteresse: Der lokale interreligiöse Dialog als Strategie der „Transformation von (muslimischen) Einwanderern zum eingewanderten Moslem“ (Tezcan 2006: 31), die hierzulande seit einigen Jahren praktiziert wird und gesellschaftspolitisch die multiethnische beziehungsweise multikulturelle Gesellschaft „regierbar“ (ebd.: 26) machen soll, ist dafür beispielgebend.

Zum Leidwesen der damit befassten Person kommt dieser korporativ vorgedachte, sozialtechnologische Versuch einer Kulturbegegnung in Lebenstedt nicht vom Fleck und bleibt schon in seinen Ansätzen stecken. Statt im Interreligiösen Dialog sieht ihre Initiatorin insbesondere in den „1.-Mai-Veranstaltungen vom DGB“ das Ereignis, das alle migrationsbezogenen Gruppen der Stadtgesellschaft zusammenführt. Ihre Beobachtung, dass auf diesen Veranstaltungen die unterschiedlichen muslimischen Gruppen gleichzeitig auftreten würden, die sie in ihrem (vorerst eine leere Institution bleibende) Dialogvorhaben nicht an einen Tisch bringen kann, unterstreicht die fortdauernde moralische Dominanz des Arbeiterethos im öffentlichen Leben Salzgitter-Lebenstedts. In Salzgitter-Lebenstedt scheitert bisher der Versuch, kulturelle Differenz zum bewegenden Thema der Stadtgesellschaft zu machen, deshalb, weil seine Leitdifferenz von Islam und Christentum im Schatten der in Gesamtsalzgitter dominanten moralischen Ordnung, die sich in Anlehnung an die fordistischen Großbetriebe entwickelt hat und vom Ethos proletarischer Solidarität durchwirkt ist, nicht gedeihen kann (vgl. Anschnitt 5.2.3). Die binäre

130 Vor allem der Umgang mit den autochthonen Gesetzesregeln und formalen Verfahren in der korporativen Welt stellt die Zuwanderer vor besondere Herausforderungen, aber auch der Transfer des im Herkunftsland erworbenen Bildungskapitals in die deutsche Gesellschaft.

Ordnung der Stadtgesellschaft ist nicht religiös codiert, sondern orientiert sich an der Sozialen Frage und erhält damit die Leitdifferenz von Arbeit und Kapital.[131]

Die Stadtgesellschaft wendet sich den migrationsbedingten Differenzen pragmatisch zu. Es geht dabei nicht um ein aktives Verstehenwollen des kulturell Anderen; und auch nicht, wie Taylor sich das vorstellt, um die Herbeiführung einer systemischen Stabilisierung kultureller Werte, indem den kulturellen Praktiken von Herkunftsgruppen rechtlich codifizierte Überlebensgarantien zuerkannt werden (vgl. Abschnitt 5.2.2). So wendet sich derzeit ein Moscheeverein aus alltäglichen, mal mehr und mal weniger existenziellen Sorgen der Gastarbeitergeneration und ihrer Nachfahren an Vertreter der Mehrheitsgesellschaft. Es geht dabei um Fragen, die die Betreuung betagter Menschen in der Altenpflege betreffen oder die Sterbebegleitung von Muslimen durch die Hospizbewegung. Bei diesen Fragen ist „Kultur" natürlich „wirksam" – beispielsweise in Form von differenten Auffassungen, Handlungsmustern und Werten. Das macht sie aber nicht zu Problemen der Kompatibilität oder Inkompatibilität von Kultur, sondern eher schon zu pragmatischen Fragen sachbezogener Koordinierungen und Arrangements.

„Ein Beispiel geben: Ein Altersheim" (Auszug aus einem Gruppeninterview mit Mitgliedern eines Lebenstedter Moscheevereins)

„Wir haben hier in Salzgitter einen engen Kontakt zur evangelischen Gemeinde und wo wir uns ständig austauschen und wir zu denen mal hingehen und die mal zu uns kommen. Ob das jetzt der 3. Oktober ist, Tag der offenen Tür [der Moscheevereine] oder halt zu irgendwelchen anderen Anlässen, dass die uns aufsuchen. Oder halt mit anderen Aktivitäten, Sachen, die zukunftorientiert seitens der Kirche geplant sind. Die dann bei uns oder in uns einfach eine Gemeinde sehen oder eine Gruppe sehen, auf die können wir zurückgreifen und auch unterstützen. Eine gewisse Information und Hilfe zu holen für die Zukunft, um den muslimischen Bürgern auch behilflich zu sein. Sprich: ich kann da ein Beispiel geben: ein Altersheim. Es ist jetzt wie gesagt, in den letzten ein bis zwei Jahren ist es ein ganz akutes Thema in den Kirchen. Oder halt in den christlichen Gemeinden, wo man sich Gedanken macht. Auch die ausländische oder muslimische oder türkische Bevölkerung, die altert. Auch wenn jetzt gerade bei dieser Bevölkerung der Familienzusammenhalt eigentlich sehr stark ausgeprägt ist, kommt es hin und wieder doch mal vor, dass einer keine Verwandtschaft hat, der dann aus Altersgründen dann in den Altersheim muss. Nur wenn dann so eine Person in eine christliche Institution reinkommt, dann muss man auch mit dem umgehen können. Man muss sich auf gewisse Dinge einstellen. Und um auf diese Dinge vorbereitet zu sein, war es halt so, letztes Jahr war das halt so, dass über die Kirche der Kontakt zu Stande kam".

---

[131] Mithin macht dies auch deutlich, dass der Tatbestand bloßer kultureller Unterschiede an sich kaum handlungswirksam ist. Es geht immer um die *soziale Bedeutung* kultureller Differenz im interaktiven Handlungserleben zwischen Gruppen, die ihr erst eine Relevanz für die Gruppeninteraktion verleihen.

In einem Gruppeninterview im mitgliederstärksten Moscheeverein Lebenstedts wird die Qualität der Beziehungen zur christlichen Kirche (denn auch) als eine „Hilfeleistung“ beschrieben. Die bewegenden Themen dort betreffen das Problem der Unterbringung alter Menschen, die Frage, wie Kinder erfolgreich ihre Schullaufbahn absolvieren können oder die Sorge um Ausbildungs- und Arbeitsplätze, Arbeitslosigkeit sowie etwa das Problem, wie man Bewerbungen für eine Arbeitsstelle verfasst.

> ***„Das, was uns bewegt ist halt der Alltag hier in Deutschland“*** (Auszug aus einem Gruppeninterview mit Mitgliedern eines Moscheevereins)
>
> „Das, was uns bewegt ist halt der Alltag hier in Deutschland. Oder speziell Salzgitter. Weil, das ist eigentlich das, was am meisten bewegt. Weil wenn ich mit meinen deutschen Kumpeln zusammen bin, interessiert mich auch der Alltag in Salzgitter. Und wenn ich mit meine türkischen Freunde zusammen bin, ist es nicht viel anderes“.

Der Quartiersmanager der Sozialen Stadt favorisiert mit seiner Rede von der multikulturellen Stadtteilgesellschaft einen erlebnisorientierten Multikulturalismus. Tatsächlich kann man in Fredenberg mit russischer Küche bewirtet werden, türkisch etikettiertes Fastfood finden, einem italienischen (Vocale Italiano, in dem auch ein türkeistämmiger Sänger mitwirkt) sowie einem russischen Chor (Sudaruschki) lauschen oder den älter eingesessenen Fredenberg-Chor hören, die alle drei auf größeren Kulturveranstaltungen gemeinsam auftreten. Multikulturell angehaucht mutet das einmal jährlich veranstalte Volks- beziehungsweise Stadteilfest an, auf dem sichtbar ethnisch codierte Spezialitäten an den errichteten Imbissständen angeboten werden.

Herkunftsgruppenunterschiede werden zwar vereinzelt wahrgenommen (vor allem entlang äußerer Lebensstilattribute!), bestimmen aber nicht nachhaltig die Relevanzen im alltäglichen interaktiven Handlungserleben zwischen sozialen Akteuren oder Akteursgruppen. Diese wahrgenommenen Differenzen, die sich sowohl an „ästhetisch auffällige Unterschiede des nach außen hervortretenden Habitus“ (Weber 1980: 239) wie an „Unterschiede in der Lebensführung des Alltags“ heften, mobilisieren temporär durchaus Überlegenheitsgefühle. (Denn) die typisierende Wahrnehmung des migrationsbezogenen Anderen in nationalen Kategorien wie „Deutscher“, „Türke“ oder „Russe“ transportiert schließlich immer auch wertende Selbst- und Fremdzuschreibungen mit, in denen sich die Mehrheitsgesellschaft als Avantgarde der soziokulturellen Entwicklung imaginiert, den zugewanderten Anderen als rückschrittlich und mit seinen Lebensformen als „nicht auf der Höhe der Zeit qualifiziert“ (Berking 2010: 297): „Der Migrant wird vom ‚Ausländer’ zum Angehörigen einer ethnischen Minderheit, während die Mehrheit sich selbst nicht in ethnischen, sondern in universellen Terms als moderne, enttraditionalisierte, individualisierte Gesellschaft etc. thematisiert“.

„Einzusteigen in unser Leben“ (Interview mit einer älter Eingesessenen)

> „Manchmal habe ich so eine Aversion, unbegründet. Mir hat keine von denen [den Aussiedler/innen; der Verfasser] etwas getan. Aber so ist der Mensch wahrscheinlich, ja. Oder wenn ich da wieder so eine Oma sehe mit so einem Knoten im Haar und so ein Haartuch drüber, und dann schlürft sie da mit ihren braunen Socken und ihrer Kittelschürze. Oh Gott, wärst du doch da [in Kasachstan; der Verfasser] geblieben. Ich weiß, dass das ungerecht ist. Aber manchmal ist es... Aber zu mir persönlich hat, ich habe persönlich mit den Leuten ein gutes Verhältnis, weil meine Kinder je eben natürlich durch die Schule viel in diese Familien hineinwachsen und ich da eben so Berührungspunkte habe. Und ich habe da jetzt überhaupt gar nichts konkret irgend jemanden, gegen den ich irgendwas habe. (...) Das ist immer so, erstens bemerke ich, dass die [Aussiedler-; der Verfasser] Frauen noch eine andere Rolle haben in den Familien, die sind noch nicht so weit wie wir. Das regt mich manchmal auf, weil ich denke, ich bin voll emanzipiert und denke ‚Mein Gott, könnt ihr nicht auch mal ein bisschen nachziehen’. Also ich merke, da [in den Aussiedlerfamilien] ist die Verteilung noch ganz anders als bei uns in den Familien. Das erzürnt mich manchmal. Weil wenn es zum Beispiel darum geht: wir gehen mal schön Essen oder machen mal was Schönes, da kommen die alle nicht mit. Es ist auch anscheinend nicht üblich, dass Frauen jetzt sich einfach so abends... Vielleicht gibt’s auch dafür kein Geld, das kann auch sein, für so etwas. Man kocht eher was Zuhause in der Familie. Oder vielleicht dürfen die Frauen auch nicht. Ich weiß es nicht, keine Ahnung. Weil da merke ich doch teilweise, dass da so verschiedene Auffassungen aufeinanderprallen. Also da habe ich noch nicht soo viele dazu gebracht, da so einzusteigen in unser Leben hier“.

Der Restaurantbesuch deutscher Mittelschichtsangehöriger nach einer Elternvertretersitzung in der lokalen Grundschule oder Kindertagesstätte, auf die die gerade zitierte Gesprächspartnerin Bezug nimmt, mag hierzulande schon fast den Status eines informellen integrierenden Rituals haben. Das sich Vertreter der Aussiedlergruppe dem mitunter entziehen, ist aber kein Anlass für lautstarke Beschwerden sondern verläuft diskret. Mit der im Gesprächsausschnitt zumindest implizit mitschwingenden modernisierungstheoretischen Annahme ist die Vorstellung essentieller Differenzen, die die Gruppen der Einwanderungsgesellschaft voneinander schiede, zu ergänzen um die Vorstellung von Differenzen gewissermaßen des „Fortschritts“ der Kulturen. Der „Einstieg in unser Leben hier“ wäre dann nicht durch vorgebliche Wesensdifferenzen versperrt.

5.2.2 Multikulturalismus – Annäherungen

Ein Eintrag in einem Soziologielexikon definiert den Begriff der multikulturellen Gesellschaft als „Projekt von Einwanderungsländern, die Gruppenbildung der Einwanderer nach Kategorien ihrer ethnisch-kulturellen, religiösen und räumlichen Herkunft zu *tolerieren*" (Schmid 1997: 450; Herv. der Verfasser). Die multikulturelle Gesellschaft ist gemäß dieser Begriffsbestimmung also zunächst eine Anstrengung (lat. tolerare – erdulden, aushalten), die im Stehenlassen und Ertragen der Differenz besteht. Gleichzeitig markiert sie ein Machtverhältnis: eine autochthone Gesellschaft bringt ihr zugewandertes Gegenüber in die Position eines zu Tolerierenden, und dadurch dominiert sie es. Die geübte Toleranz hat Konsequenzen: die Verantwortung dafür, ob sie aufrechterhalten oder entzogen wird, liegt letztlich auf den Schultern der Zuwanderergruppe. Denn die „Gruppenbildung der Einwanderer" ist aus Sicht der Toleranz Gewährenden solange hinnehmbar, wie dabei Grenzen eingehalten werden. Deren Übertreten könnte schließlich Intoleranz provozieren. Gegenwärtig jedoch scheint der Differenzdiskurs „nicht der Toleranz und der Respektierung zu dienen" (Schiffauer 2002: 58) sondern via eines Kulturalisierungsdiskurses der „Festschreibung und Festlegung" kultureller Unterschiede zwischen Menschen zuzuarbeiten. Kultur avanciere zum bevorzugten Motiv bei der Erklärung sozialer Tatbestände; dadurch wird bei der Auseinandersetzung der mit Einwanderung verbundenen Herausforderungen und Umstellungsprobleme einer gewissermaßen ‚kulturmonadologischen Resignation' Vorschub geleistet.

Als idealistischer politischer Gesellschaftsentwurf geht „Multikulturalismus" aber über den bloßen Tatbestand tolerierter Gruppenbildung hinaus; sein normativer Fluchtpunkt zielt auf ein statusgleiches horizontales Nebeneinander ethnisch differenter Gruppen in der Einwanderungsgesellschaft. Zum Zwecke ihrer „kulturellen Selbsterhaltung" (1993: 59) will Charles Taylor, der im Zusammenhang mit der Debatte zur multikulturellen Gesellschaft oft zitiert wird, migrationsbezogenen Gruppen Sonderrechte gewähren[132]. Mit ihrer Hilfe

[132] Taylors Argumentation setzt letztlich nicht unmittelbar bei kulturellen Gruppen an, sondern beim Einzelnen beziehungsweise bei der Frage nach einer authentizitätsverbürgenden Lebensführung und der Ausbildung eines qualitativen Selbstbildes. Das individuelle Authentizitätsideal stellt sich nach Taylor so dar, „dass jeder von uns seine eigene originelle Weise des Menschseins hat. (...) es gibt eine bestimmte Weise, Mensch zu sein, die *meine* Weise ist. Ich bin dazu aufgefordert, mein Leben in dieser Weise zu führen, ohne das Leben irgendeiner anderen Person nachzuahmen. Doch damit wird der Treue zu sich selbst neue Wichtigkeit verliehen. Wenn ich mir nicht treu bleibe, verfehle ich den Sinn meines Lebens; mir entgeht, was das Menschsein für *mich* bedeutet" (Taylor 1995: 38). *Gruppen* kommen bei Taylor dann ins Spiel, wenn es um die Bedingung der Möglichkeit eines authentischen Lebens geht: Für die Einlösung seines Anerkennungsbedürfnisses beziehungsweise seines So-seins brauche der Einzelne die (affine) Gruppe, die sein Selbstbild gewissermaßen ratifiziert. Und gerade die Gruppenidentität, an der das Anerkennung suchende Individuum partizipieren muss, sei gefährdet, wenn kulturelle Gruppen öffentlich nicht anerkannt würden. (Kritisch zu diesem Identität als Substanz auffassenden Ansatz siehe Goffman (1959), bei dem Identität in soziale Darstellungen/Darstellungsformen sowie soziale Beziehungen aufgelöst wird und daher gerade nicht substanziell definiert wird.

könnten sich kulturelle Herkunftsgruppen, die in der Einwanderungsgesellschaft einander als verschieden wahrnehmen, reziprok auf Distanz bringen und eine Art unversehrte Authentizität wahren. Mit der Zuerkennung kollektiver Rechte sei ethnisch-kulturellen Großgruppen eine von drohenden wanderungsbedingten lebensgeschichtlichen Brüchen relativ unbelastete kulturelle Reproduktion der Lebenswelt möglich, die Gruppen davor schütze, bislang gepflegte Selbstverständlichkeiten, Werte, Institutionen und Weltbilder aufzugeben und schließlich in die Lage versetze, sie „wahren und pflegen" (31) zu können – nicht „nur für eine gewisse Zeit, sondern für immer". Das Arrangement ethnisch-kultureller Differenz, das das Bezugsproblem des Multikulturalismus ist, wird bei Taylor letztlich in Form von institutionell verankerten Normen und rechtlichen Verbindlichkeiten abgesichert. Die auf diesem Wege (dem einer im Namen der Vielfalt herbeigeführten rechtlichen Absicherung kultureller Differenz) systemisch stabilisierten Werte macht die herkunftsgruppenbezogene Kopräsenz schließlich zum Gegenstand eines formalen Regelungsmechanismus: über die Berufung auf in Form von gruppenexklusiven Regeln und Gesetzen formalisierte Werte könne die multikulturelle Gesellschaft durchgesetzt werden.

Es ist dem Zwang zur äußerst knappen Darstellung geschuldet, dass an dieser Stelle nicht alle bedeutenden Theorien, politisch-philosophische Ordnungsentwürfe und normativen Vorstellungen zur multikulturellen Gesellschaft mit der ihnen gebührenden Aufmerksamkeit gewürdigt werden können. Stattdessen lohnt aber ein genaueres Hinsehen bei Taylor.

Taylor entwickelt seine Gedanken am Beispiel der frankokanadischen Bevölkerung in der kanadischen Provinz Quebec. Das dort öffentlich vorgetragene „Verlangen dieser Bevölkerungsgruppen nach kultureller Selbsterhaltung oder Überleben" führt schließlich zu gesetzlichen Regelungen, die vor allem die Sprache betreffen und etwa regeln, ob Kinder eine englischsprachige oder französische Schule besuchen (Frankophonen und Einwanderern bliebe erstere verwehrt), dass die im öffentlichen Raum präsente

---

Habermas hat die Taylor'sche Forderung nach Gruppenrechten als Form eines „administrativen Artenschutzes" kritisiert (vgl. 1993: 173f.). Gleichwohl will auch Habermas nicht auf kollektive Schutzrechte verzichten; jedoch werde dies allein durch die Auslegung individueller Grundrechte und nicht durch die normative Forderung der Gewährung exklusiver gruppenbezogener Partikularrechte ermöglicht (vgl. 1993: 172). Mit der Rede von der ethischen Imprägnierung des Rechtsstaates konzediert der späte Habermas eine Art Absicherung kultureller Hegemonie der Mehrheitsgesellschaft: „In der Regelung kulturell empfindlicher Materien wie der Amtssprache, dem Curriculum der öffentlichen Erziehung, dem Status von Kirchen und religiösen Gemeinschaften, strafrechtlichen Normen (etwa der Abtreibung), aber auch in weniger auffälligen Angelegenheiten, die etwa die Stellung von Familie und eheähnlichen Lebensgemeinschaften, die Akzeptanz von Sicherheitsstandards oder die Abgrenzung zwischen privater und öffentlicher Sphäre betreffen, spiegelt sich oft nur das ethisch-politische Selbstverständnis einer aus historischen Gründen vorherrschenden Mehrheitskultur" (Habermas 1996: 173).

Plakatwerbung nur die französische Sprache nutzen darf oder dass die Verkehrssprache in größeren Unternehmen Französisch ist. Die französische Sprache scheint insofern als besonders wirksames Anerkennung vermittelndes beziehungsweise identitätsverbürgendes Element und zentral für einen Binnenkohäsion erzeugenden „Gemeinsamkeitsglauben" (Weber 1980: 234) der Frankokanadier (vgl. Armony 2010: 61ff.).

Als bestimmendes Merkmal einer Kultur unterliegt aber auch sie, die Sprache, einer gewissen Wetterwendigkeit: solange das Identität stiftende Gegenüber das anglophone Kanada war, dem gegenüber die Frankokanadier ihre Besonderheit einklagten, konnte die französische Sprache als Abgrenzungskriterium zwischen beiden Gruppen fungieren. In Situationen der Kulturbegegnung erfährt sie jedoch quasi eine Auszeit: „Das [die Betonung der französischen Sprache als herausragendes Identitätsmerkmal der frankokanadische Population; der Verfasser] führte zu einer Politik, welche die Zuwanderung von Gruppen aus Nordafrika und Schwarzafrika förderte. Da sich infolgedessen das Gleichgewicht zwischen Neuankömmlingen und Alteingesessenen verschob, besannen sich Letztere auf ein weiteres Merkmal ihrer Identität, das nunmehr herausgestellt wurde, nämlich die Religion. Die katholischen und atheistischen Bewohner Quebecs erkannten sich in den frommen Muslimen nicht wieder, die mittlerweile ihre Mitbürger geworden waren, und bauten ihre Identität gleichsam um" (Todorov 2010: 82). Vor diesem Hintergrund scheinen Identität verbürgende kulturelle Besonderheiten schließlich doch einer flexiblen Handhabung zugänglich und markieren eben keine „letzten Werte": man wählt jene kulturellen Eigenschaften aus, die zu einer spezifischen Situation oder einem besonderen Kontext *passen*, etwa wenn sich mit ihrer Hilfe Grenzen ziehen lassen.

Insgesamt schreibe die Idee des Multikulturalismus das Denkgebäude des Nationalismus (vgl. Radtke 1996) fort, denn die Konstitution von Großgruppen durch das Ziehen von Grenzen zum Anderen sei bereits aus der nationalen Denkform vertraut. Dieses im Grunde nationalkulturelle Begriffsverständnis, das die Multikulturalismusidee aber doch gerade überwinden will, konzipiere „Kultur" als ganzheitliches homogenes soziales Gebilde, das dem Einzelnen eine feste normative Bindung und Zugehörigkeit an seine Herkunftskultur zuschreibe und ihn unter Authentizitätsdruck stelle. Die Betonung der Differenzen hat Konsequenzen: zugespitzt formuliert könnte die Übernahme von Lebensstilelementen und Verhaltensweisen, die die Milieus der eingesessenen Gesellschaft charakterisieren, den Allochthonen in tiefe Identitätskrisen führen. Der Renegat könnte von seinen Co-Ethnics aber auch den Vorwurf des Verrats an der Eigengruppe auf sich ziehen.

Mit der sozialen Normen und kulturellen Werten zugeschriebenen Konsistenz und Dauerhaftigkeit[133] weiß der normative Multikulturalismus immer schon, wie sich Zuwandererpopulationen – und mit ihr die Einwanderungsgesellschaft – entwickeln sollen: zu einem Nebeneinander distinkter Herkunftsgruppen. Er nimmt damit vorweg, was er nicht wissen kann; denn Einwanderung hat zunächst nur einen Anfangspunkt – den der Wanderung von Menschen.

Der Multikulturalismusbegriff wird im einschlägigen Diskurs auch als „Sammelbegriff für eine große Bandbreite von Maßnahmen in Bereichen wie der Gesundheitsversorgung, der Gestaltung von Grundschullehrplänen oder der Erstellung von Richtlinien für Vielfalt in den Medien, bis hin zu Besonderheiten der Gesetzgebung und Rechtsprechung“ (Vertovec 2011: 74) verwandt. Im Sinne dieses Modells einer korporativ entwickelten und top-down-gesteuerten multikulturellen Gesellschaft formiert sich Ende der 1960er Jahre ein programmatisch antretender Diskurs und gewinnt zunächst in politischen Leitbilddebatten vor allem in den klassischen Einwanderungsländern Kanada, USA sowie Australien Einfluss. Als Leitbild beziehungsweise regulative Idee richtet sich das Politikmodell des Multikulturalismus der Intention nach gegen jeden assimilationistischen Überwältigungsversuch.

In Australien etwa reagiert der zur Staatsdoktrin erhobene Multikulturalismus auf das Scheitern der „*White Australia*-Politik“ (Baringhorst 2003: 15; Herv. i.O.) des 1907 begründeten Australisches Bundes. Mit ihr verband sich eine Einwanderungspolitik, die ausschließlich als assimilierbar geltende Anglo-Celtic People (Engländer, Iren, Schotten, Waliser) einwandern lassen will, in den 50er und 60er Jahre jedoch auf südeuropäische und asiatische Zuwanderer setzen musste. Deren anhaltende defizitäre Sozialintegration motiviert die staatliche Politik schließlich zur Abkehr von assimilatorischen Strategien, um die „besonderen sozialen Bedürfnisse der Einwanderer“ (15) besser zu berücksichtigen.

In den USA ist der Aufstieg des Multikulturalismus eng mit der Bürgerrechtsbewegung verbunden, die sich an der Diskriminierung afroamerikanischer Zuwanderer beziehungsweise ihrer Nachfahren und ihren elenden Verhältnissen entzündete und letztlich das Scheitern der älteren Leitidee des melting pot dokumentiert, die eine Art Ein- und Umschmelzen der Zuwanderer vorsah und die Herausbildung einer neuen („amerikanischen“) Suprakultur befördern wollte. Das egalitäre Pathos des melting pot wird jedoch durch zementierte vertikale Ungleichheiten wie auch dadurch irritiert, dass die kulturellen Traditionen der Zuwanderer in der amerikanischen Gesellschaft nicht einfach eingeschmolzen werden sondern fortbestehen (Novak 1972). Der sich

[133] Empirisch ist das Gegenteil der Fall. Mitgebrachte kulturelle Verständnisse ändern sich in der Migrationssituation in einer Weise, die sich als Reaktion auf die wahrgenommene Mehrheitskultur verstehen lässt. Schiffauer hat das unter anderem am Wert der „Ehre“ bei türkeistämmigen Zuwanderern gezeigt (2002: 29ff).

mit der Civil Rights Movement schließlich durchsetzende Diskurs des Multikulturalismus generiert sog. Affirmative Action-Programme, deren Maßnahmen auf die Bereiche Wirtschaft, Bildung, Militär oder öffentliche Verwaltung zielen und beispielsweise Quotierungsregeln bei der Vergabe von Studienplätzen an Universitäten oder bei der Stellenbesetzung im öffentlichen Dienst beinhalten.

Der in Kanada einst geprägte Begriff der multikulturellen Gesellschaft (Mintzel 1997: 22f.) verdankt seine Entstehung letztlich einem Rangordnungskonflikt zwischen den um den Status einer gesamtgesellschaftlich verbindlichen Leitkultur rivalisierenden „founding nations“ (Franzosen und Engländer). Die Identität der Frankokanadier, deren bestimmendes Merkmal und Binnenkohäsion erzeugender „Gemeinsamkeitsglaube“ (Weber) die französische Sprache wird (nach dem Bedeutungsverlust des Katholizismus!), schlägt in den 1960er Jahren im Zuge der Revolution tranquille[134] in einen sich radikalisierenden, zum Teil gewaltförmigen Zentrismus um (Attentate und Terroranschläge der Front Liberation du Quebec), der sich gegen die Vormachtstellung der Anglokanadier richtete und auch die Unabhängigkeit Quebecs befürwortete. In diesem sozialen Klima, in dem sich schließlich die Anerkennung der französischen Sprache als statusgleich mit der englischen abzuzeichnen beginnt (und mit dem Official Language Act von 1969 besiegelt wird, in dem Englisch und Französisch zu den beiden Amtssprachen des Landes erhoben werden), wird aus dem universitären Milieu heraus das Selbstverständnis der kanadischen Gesellschaft als bikulturell in Frage gestellt: „In reality Canada never was bicultural“ (Yuzyk 1965: 22). Kanada wird schließlich als „**the** multicultural society of the world“ postuliert. Als Folge der Aufwertung der französischen Sprache fordern nun die die kanadische Gesellschaft kennzeichnenden Gruppen ihrerseits staatliche Anerkennung und Unterstützungen ein.[135]

5.2.2.1 Die Multikulturalismusdebatte in Deutschland

Die multikulturelle Debatte in der Bundesrepublik wird in erster Linie mit dem Ziel der Überwindung des Volksgemeinschaftsdenkens und einer Relativierung des Homogenitätsdenkens geführt, das „Volk“ mit „Nation“ gleichsetzt, die

[134] Revolution tranquille beziehungsweise Quiet Revolution beschreibt einen Prozess des allmählichen Statusaufstiegs der frankophonen Bevölkerung in der kanadischen Provinz Quebec, der mittels umfangreicher staatlich induzierter Modernisierungsprogramme vorbereitet wird. Gegen die bis zu dieser Zeit machtstarken Anglophonen, die die Machtpositionen in Politik, Wirtschaft und Verwaltung innehaben, regt sich vonseiten der Frankophonengruppe zunehmend Widerstand mit dem Ziel, „Herr im eigenen Haus“ zu werden (Mintzel 1997).

[135] Seit 1999 verwalten beispielsweise die zu den First Nations zählenden Inuit eigenständig das Territorium Nunavut. Ihre Sprache Inuktitut zählt neben Englisch und Französisch zu den akkreditierten Amtsprachen dieses Gebietes.

wiederum kulturell begründet wird. Die Vorstellung einer kulturellen Homogenität verbindet sich mit der Geschichtsphilosophie Herders (1989), der jedoch noch weiter ging: eine Kulturnation bezeichne nicht einfach die Summe von Menschen, die die gleichen Werte, Sitten und Gebräuche teilen; metaphysisch überhöht würden nationale Gemeinschaften ein Eigenleben führen, besäßen eine Seele und könnten denken und fühlen. Ihr besonderer (National)Charakter unterscheide sie von jeder anderen. Die ihr unterstellte Eigenart und Einzigartigkeit bewahrte Herder aber davor, Nationen zu hierarchisieren und ihre Überlegenheit/Unterlegenheit gegenüber anderen zu behaupten (vgl. Koselleck 1992: 317f.). Ihre Gleichwertigkeit sei nur dort gefährdet, wo sie miteinander verschmelzen: „Völker sollen nebeneinander, nicht durch- und übereinander drückend wohnen" (Herder, zit. nach Koselleck 1992: 318).

Die Multikulturalismusdebatte wird als Frage der Zuwandererinklusion in das deutsche Staatsangehörigkeitsrecht der Bundesrepublik geführt. Sie opponiert gegen ein Konzept, das legitime Zugehörigkeit zu einer nationalstaatlich verfassten Gesellschaft quasi an die Existenz gemeinsamer Ahnen und damit an biologische Abstammung knüpft (ius sanguinis). So wurde gesellschaftlicher Zusammenhalt aus den in einer homogenen Nationalkultur verankerten einheitlichen Werten und Normen begründet. Über die bloße Frage staatsbürgerlicher Gleichstellung hinaus begreifen Cohn-Bendit/Schmid (1992) die multikulturelle Gesellschaft als Konfliktgesellschaft, die nicht über gemeinsam geteilte Werte und Gemeinsinn definiert ist, sondern sich durch soziale Konfliktakteure in „Streit und Auseinandersetzung" (330) integriert.

In der öffentlichen Debatte um die Integration der Einwanderungsgesellschaft scheint der Multikulturalismusbegriff gegenwärtig keine besonders positiven Gefühle (mehr) auslösen zu können; selbst in jenen politisch-kulturellen Milieus nicht, die ihn einst propagierten (vgl. Bielefeldt 2007: 57).[136] Heute hätte er einen nur noch „abschätzigen Klang" (14). Eine „Vision für den Umgang mit soziokultureller Differenz" (Schiffauer 2008: 13) werde von dieser Seite kaum noch hörbar. Das Festhalten an der Multikulturalismusidee begründen ihre Verteidiger mit den aktuellen Entwicklungen in der Integrationsdebatte, die mehr und mehr als Diskussion um Parallelgesellschaften und Leitkultur[137]

[136] Überblickt man den einschlägigen Diskurs, so fällt schließlich auf, dass von der „multikulturellen Gesellschaft" nur noch sehr sparsam die Rede ist. Dieser Begriff wird von dem der „kulturellen Differenz" (auch „Diversität") abgelöst. Damit setzt sich ein eher unbelasteter Begriff durch, der von den moralischen Implikationen und normativen Vorstellungen des älteren Multikulturalismusbegriffs gewissermaßen gereinigt ist.

[137] Wiederkehrend taucht in der politisch-öffentlichen Integrationsdebatte der Begriff einer Leitkultur (auch deutsche oder europäische Leitkultur) auf. Der Begriff impliziert zunächst eine einfache Hierarchie: es gibt jene, die leiten, und andere die geleitet und damit assimiliert werden sollen. Beim Versuch der inhaltlichen Bestimmung dessen, was „deutsch" ist, (und damit, was Zuwanderer „zu übernehmen" hätten), können ihre Verfechter ganz konkrete Normen und

geführt und somit der „Gefahr einer antipluralistischen Engführung des Integrationsdiskurses“ den Weg bereiten würde. Ihre Befürchtungen richten sich auf die Tendenz eines quasi mimetischen Integrationsverständnisses, das „Menschen mit einer Einwanderungsgeschichte nur dann als Mitglieder dieser Gesellschaft willkommen [sind; der Verfasser], wenn sie bereit sind, sich möglichst unauffällig in die Gesellschaft einzufügen und auf die Pflege ihrer kulturellen Besonderheiten zu verzichten“ (Bielefeldt 2007: 18). Nur ein durch Aufklärung geläuterter Multikulturalismus, der durch den Bezug auf universelle Menschenrechte angeleitet wird, sichere das „normative Selbstverständnis einer liberalen Gesellschaft, die sich durch den Respekt grundlegender Freiheitsrechte definiert“. Der „aufgeklärte Multikulturalismus“ wird also in den Werten der Menschenrechte fundiert gedacht und zieht dem bloßen „Kultus der Differenz“ (Radtke 1994: 233) ein normatives Korsett ein, das letztlich festlegt, welche „kulturellen Besonderheiten“ tolerabel sind und welche nicht. Dem aufgeklärten Multikulturalismus scheint es letztlich immer „ums große Ganze“ beziehungsweise um „letzte Werte“ zu gehen. Wenn beispielsweise das Tragen des Kopftuches zu einer im Lichte der Menschenrechte verhandelten Streitfrage wird (vgl. Bielefeldt 2007: 139ff.), wird die Möglichkeit verspielt, diese Tatsache anders zu rahmen und sie etwa als „Problem des Verhaltens in der Öffentlichkeit oder als der Etikette“ (Appadurai 2011: 31) zu behandeln.

Für einen „klugen Umgang mit Differenz“ (Schiffauer 2002: 68) müsse die mit Integrationsfragen befasste korporative Welt schließlich jene Begriffe tatsächlich ernst nehmen, die ihren Diskurs derzeit bestimmen: „Zivilgesellschaft“ sei zwar in aller Munde, finde aber mit Blick auf Zuwanderergruppen häufig Grenzen. Für die Bearbeitung der durch den Tatbestand der Wanderung gezeitigten Erfahrung lebensgeschichtlicher Brüche – vor allem des Bruchs zwischen der lebendigen, alltäglich gelebten Kultur des Herkunftslandes (ein Leben mit geteilten Selbstverständlichkeiten und nach geteilten Regeln) und der Ankunftsgesellschaft, deren Regeln und Selbstverständlichkeiten der/die Wandernde nicht kennt –, durch die Zuwanderer oft zu einem Leben im dilemmatischen Spagat zwischen unterschiedlichen normativen Ordnungen mit einer Fülle von „schwierigen Situationen“ (Ders. 2008: 125) gezwungen seien, stünden aufseiten der

Werte nicht beschreiben und müssen sich schließlich auf die deutsche Sprache sowie die die bundesdeutsche Rechtsordnung fundierenden Verfassungsideale zurück ziehen – die von ihnen im Munde geführte „westliche Wertegemeinschaft“ kondensiert schließlich in Verfassungswerten. Wer mit Blick auf Integration von leitkulturellen Normen spricht, droht jedoch implizit idealisierte Werte mit realen sozialen Strukturen kurzzuschließen; Alltagsnormen (Normen im alltäglichen Verhalten) werden als ununterscheidbar zu institutionell verankerten Normen gesetzt. Soziale Ordnung realisiert sich jedoch nicht über die Akklamation von Werten, sondern über menschliche Interaktion: das durch soziales Handeln „tatsächlich Hervorgebrachte“ ist der „Vater des Geltenden“ (Weber 1980: 14). „Sprache“ rhetorisch-praktisch als „letzten Wert“ zu stilisieren unterminiert tendenziell ihre integrative Funktion als Instrument beziehungsweise *Mittel* sozialer Verständigungsprozesse.

Migrantenpopulation selbstbewusste und ernstzunehmende Akteure bereit, die nicht länger durch Stellvertreter oder Advokaten – gleich, ob sie sich aus der Mehrheitsgesellschaft oder der Zuwanderergruppe rekrutieren – sprechen wollen. Von Vertrauen in die zivilgesellschaftliche Selbstorganisation der Zuwanderer (und damit in die darin enthaltenen Regulationskräfte) könne derzeit aber in Deutschland keine Rede sein; im Gegenteil: nicht die eine kluge Politik der Differenz charakterisierende Unaufgeregtheit und „Gelassenheit" (Ders. 2002: 71) kennzeichne die Integrationsdebatte, sondern die Unterstellung an die Zuwandererpopulation, Parallelgesellschaften zu errichten sowie archaisch-atavistische Praktiken zu pflegen: nämlich Kinder zwangszuverheiraten oder ein rückschrittliches Ehrverständnis zu haben. Zum klugen Umgang mit kulturellen Unterschieden gehört das Ernstnehmen von Artikulationsbedürfnissen und Repräsentationsansprüchen kultureller Gruppen; etwa in Form des Rechts, Religionsunterricht zu erteilen oder repräsentative Sakralbauten zu errichten (72). Eine differenzierte Kenntnis der Lebenswelt von Zuwanderern könne helfen, den „abgehobenen", diskursiv erzeugten Multikulturalismus politisch-sozialer und akademisch-urbaner Milieus an die „Lebensrealität in den Einwanderervierteln" (Ders. 2008: 15) deutscher Städte heran zu führen.

5.2.3 Zuwandererstadt und die Genese eines inklusiven Ethos

Zu diesem Zweck und zur Beantwortung der Frage nach der Entstehung einer bis in die Gegenwart integrativ wirksamen moralischen Ordnung in Salzgitter kehren wir zunächst an die Anfänge der Stadtgründung zurück und erinnern uns: Die in das Salzgittergebiet zuwandernden Menschen sollen vorrangig in die Organisationsform des Betriebs integriert werden. Es ging weniger um ‚Integration in die Stadt'.

> ***„Erst die ganzen Hochöfen"*** (Interview mit einem Mitarbeiter eines lokalen Großunternehmens).
>
> „Man hat hier erst die ganzen Hochöfen und so was hingestellt. Und danach erst – die Leute lebten hier in Baracken – die Leute hergekarrt, die hier gearbeitet haben. Und dann ist erst danach eigentlich das Stadtleben hier entstanden."

Mit der Ansiedlung immer neuer Unternehmen in der Nachkriegszeit entwickelt sich der „Betrieb Salzgitter" zu einem Magneten der internationalen Arbeitsmigration. Schon mit der simplen Tatsache der Zuwanderung von Spaniern, Italienern, Griechen, Jugoslawen, Türken und Marokkanern ist der Tatbestand der (Ko)Existenz kultureller Differenz gegeben. Dies deshalb, weil zuwandernde Personen unterschiedlicher Provenienz nicht nur Träger ihrer Arbeitskraft und schon gar keine eigenschaftslosen, abstrakten Personen „sans phrase" (Preuß 1998: 61) sind sondern eine Geschichte haben, im Zuge ihrer

Sozialisation normative Auffassungen enkulturieren, Werte verinnerlichen, Weltbilder entwickeln und spezifische Lebensstile ausbilden. Über den lokalen *Umgang* mit soziokultureller Differenz – und damit über die „Ausgestaltung der multikulturellen Gesellschaft" (Schiffauer 1997: 144) – ist mit diesem Tatbestand migrationsbedingter kultureller Differenz erst einmal noch nichts gesagt.

Es ist vor allem der Arbeitspatz, an dem sich älter Eingesessene[138] und Einwanderer kennen lernen. Als Arbeitskraft des lokalen Fordismus werden die sozialen Beziehungen zwischen Eingesessenen und den Zuwanderern über das Gastrecht geregelt (Tezcan 2000). Der Gastarbeiter der 1960er Jahre fühlt sich schließlich selbst als Gast, der dereinst seine Koffer packen und in die Heimat zurückkehren wird. Am Arbeitsplatz nimmt er zunächst eine soziale Randposition ein und macht in den lokalen Betrieben die Erfahrung eines entmündigten Befehlsempfängers.

„Machen und nicken und gut ist" (Gruppeninterview mit Mitgliedern eines Lebenstedter Moscheevereins).

„Alles machen und tun. Die ganzen Pflichten einhalten aber keine Rechte haben, wie die erste Generation. Immer machen und nicken und gut ist. „Ja Chef. Ja Chef." Damit sie immer wie ein Ballon größer werden."
Zwar verändert sich diese Machthierarchie zwischen alteingesessenem Platzanweiser und randständigem Fremden[139] in den folgenden Jahren zusehends; bis hin zur vereinzelt feststellbaren Umkehrung der einst hierarchischen Figuration: der Gastarbeiter wird selbst zum weisungsbefugten Vorarbeiter gegenüber seinem einstigen Platzanweiser.

„Nach einem halben Jahr war der Spieß dann umgedreht" (Interview mit einem Mitglied eines Lebenstedter Moscheevereins)

„Die ersten Hürden haben sich dann jetzt auch in meinem Berufsleben gezeigt, als man ins Berufsleben eingetreten ist. Ganz interessant bei mir. Ich habe irgendwo mal angefangen als Konstrukteur, dann auch so von einer Leihfirma so zu sagen. Ich wurde zu einer Firma hingeschickt, wo ich dann als Konstrukteur tätig sein sollte. Ich war vielleicht zwei, drei Wochen in diesem Unternehmen, da hat dann, da wurde mir das Angebot gemacht, dass ich nach Ablauf dieser befristeten Zeit, die ich da tätig sein sollte, ein halbes Jahr bei denen direkt anfangen könnte. Gut, das habe ich dann lange Rede, kurzer Sinn, dem habe ich dann zugestimmt. Nur es war dann bei mir so, dass ich gesagt habe, ich würde gerne hier bei euch anfangen, nur nicht als Konstrukteur, sondern im Bereich Projektleitung, Projektmanagement, wo ich auch

138 Der Verfasser wurde während seiner Feldforschung immer wieder mit der Frage konfrontiert, wer eigentlich die „Alteingesessenen" seien. Denn Salzgitter sei „mit denen [den Zuwanderern; Anm. der Verfasser] groß geworden" (Interviewgespräch mit einem älter eingesessenen Lebenstedter).

139 Zur Figurationssoziologie der deutschen Einwanderungsgesellschaft siehe Hüttermann 2009.

eine Führungsrolle übernehmen wollte. So zwei, drei Gespräche mit der Unternehmensleitung, dann hat es gleich geklappt.
Nur es war dann halt so, ich habe dann ein halbes Jahr, habe ich als Konstrukteur in einer Abteilung gearbeitet, wo ich einen Abteilungsleiter hatte, dem ich untersetzt war. Er war mein Vorgesetzter und ich habe gearbeitet. So nach einem halben Jahr war der Spieß dann umgedreht, dann war ich dann plötzlich sein Vorgesetzter und er musste das tun, was ich haben wollte. Und er musste wie gesagt. Er hat mir dann Bericht erstattet, musste mir Bericht erstatten. Und das war für diesen einen Mann – es war noch ein weiterer, das waren zwei Leute – für die war es ein unheimliches Problem. Erstens, war das eine Situation, da war ein Leiharbeiter, der für uns gearbeitet hat. Der ist jetzt plötzlich mein Vorgesetzter. Zweitens ist es ein Ausländer. Und es war in diesem Unternehmen das erste Mal, dass ein Ausländer halt eine Führungsposition übernimmt. Es war ein unheimliches Problem für die.
Es ging gleich über zwei Jahre, bis ich die dann dahin hatte, wo wir ein harmonisches Arbeitsleben zusammen hatten. Wie gesagt, im Arbeitsleben (...), wo man dann wirklich auch Verantwortung übernimmt (...) und auch eine Führungsrolle hat, da ist (...) die Anzahl der Leute, die mit dieser Situation nicht umgehen können oder Schwierigkeiten haben, größer. Und es ist ganz einfach so, weil die Leute, die sind es nicht gewöhnt oder die kennen es nicht so.
Es war, wie gesagt, vor 30 Jahren, das habe ich Ihnen auch schon gesagt, war ganz einfach so, der Ausländer der hat halt die Drecksarbeit gemacht und der hat auch alles gemacht. Der durfte nicht einmal nein sagen, der hat nie nein gesagt. Der hat immer ja gesagt. Der hat alles gemacht, was er machen sollte. Ob es seine Arbeit war oder nicht, das sei mal dahingestellt. Man hat ihm gesagt, tu dies! Und heute ist es anders. Heute ist die dritte Generation. Man kann mit mir nicht so umgehen wie mit meinem Vater oder meinen Großeltern. Und ich denke mal, das wird noch zehn oder zwanzig Jahre dauern, bis man komplett so diese Denkensweise der deutschen Kultur mal dahin kriegt, dass die das dann akzeptieren: Mensch, das sind ja eigentlich genau solche Menschen wie wir, leisten genau so die Arbeit. Oder [sie] gehen mit uns genau so um, wie mit jedem anderen."

Die partielle Überwindung der Randseiterposition durch den „avancierenden Fremden" (Hüttermann 2000) verläuft jedoch relativ diskret[140]: die Verschiebung belegschaftsinterner Machtdifferenziale weckt bei der deutschstämmigen Belegschaft nur vereinzelt Unmut, entzündet aber keine Konflikte zwischen den Gruppen. Ein Personalmanager der Salzgitter Flachstahl AG sagt in diesem Zusammenhang, dass Intergruppenkonflikte innerhalb des Betriebs weder derzeit noch zukünftig ein Problem darstellen würden, weil sie im Schatten des dominanten Konflikts zwischen Arbeit und Kapital nicht gedeihen könnten: „Es gibt eher `nen Konflikt zwischen Arbeitgeber- und Arbeitnehmerschaft. Der hier

[140] Den Nachfahren der türkischen Gastarbeiter ermöglichte das Engagement in der Arbeiterbewegung besondere Statuskarrieren. Es beschreibt eine Erfolgsgeschichte des Fußfassens. Türkeistämmige Bürger sitzen heute in vielen Betriebsräten der unter dem Dach der Salzgitter AG versammelten Betriebe und stellen beispielsweise im größten (dem Stahlwerk) den Vorsitz.

natürlich im Rahmen der gelebten Mitbestimmung ausgetragen wird" (Interview mit den Personalmanagern eines Industrieunternehmens). Der gelassene Umgang miteinander am Arbeitsplatz gilt nicht nur für das Verhältnis zwischen Eingesessenen zu Türkeistämmigen sowie zu den Aussiedlern, es charakterisiert auch die Beziehungen zwischen den Gastarbeitern/ihren Nachfahren und den spätausgesiedelten Neusalzgitteranern (vgl. S. 130f.).
Außerhalb der Werkstore siedeln die frühen türkeistämmigen Migranten nicht in schon bestehende Wohnumfelder sondern beziehen die einst errichteten Holzbaracken im Stadtteil Watenstedt (im Zuge weiterer Zuwandererwellen werden in Werksnähe auch neue Massenunterkünfte errichtet). Als geringe Mietkosten verursachend ist diese Form der Unterbringung für längere Zeit ein akzeptiertes Provisorium (vgl. S. 56f.). Mit dem Nachzug der Familien aus der Türkei orientiert sich ein Teil der Gastarbeiter nach Salzgitter-Lebenstedt, das als bevorzugtes Wohnungsbaugebiet im Nachkriegssalzgitter mittlerweile zu einer kleinen Stadt heranzuwachsen scheint. So beginnt Durchmischung der türkischen Gastarbeiterfamilien mit der bereits ansässigen Bevölkerung, wodurch die grundsätzlich starke Konzentration der Gastarbeiter auf werksnahe Ortsteile etwas aufgelockert wird, sich mittelfristig aber doch eine kleinräumige Segregation durchsetzt; sie und ihre Nachfahren leben heute vor allem im Nordosten Lebenstedts. Im Vergleich zur betrieblichen Kontaktdichte reduziert sich schließlich der gruppenübergreifende Kontakt.

Vom Einschmelzen[141] beziehungsweise von der Inklusion in „Hochofen Salzgitter", der jede Zuwanderergruppe erfasst, geht eine egalisierende und homogenisierende Wirkung aus, die mit Blick auf das Arrangement kultureller Differenz in ihrer Wirksamkeit nicht unterschätzt werden darf. Denn in den Großbetrieben spielen die Herkunftsidentitäten unter den Arbeitskollegen keine Rolle, weil der Produktionsprozess und Arbeitersolidarität (siehe unten) diese weitgehend ausblenden. So werden beispielsweise auch bei Problemen wie Massenarbeitslosigkeit die für die eigene Notlage vermeintlich Schuldigen nicht bei einer spezifischen Herkunftsgruppe gesucht. Türkischstämmige Interviewpartner deuten sie nicht als Ergebnis einer Diskriminierung durch älter eingesessene Eliten, sondern diese wird vielmehr individuell verantwortet und darauf zurückgeführt, sich nicht genug qualifiziert haben. Offenbar kommt darin das klassische Gebot der Arbeiterbewegung zum Ausdruck, sich auf der

[141] Die Rede vom „Einschmelzen" impliziert auch ein Umschmelzen, das in seiner Form (nicht aber in seinem Inhalt) an den Melting-Pot Mythos der USA erinnert. So werden die Zuwanderer zu Trägern des Ethos der Arbeitersolidarität gleichsam umgeschmolzen. Dies ist möglich, weil Salzgitters Stunde Null eben die ‚Stunde der Arbeiter' war. An diese universalistischen Ansprüche der Arbeiterbewegung können Zuwanderergruppen andocken. So ist der Integrationsmodus Arbeitersolidarität (und seine heute eher zivilgesellschaftlichen Nachklänge) sowohl für die Gastarbeiter und ihre Nachfahren als auch im Hinblick auf die Aussiedler von großer Bedeutung.

Grundlage von Gemeinsamkeiten der Klassenlage und nicht aufgrund der Herkunftskultur zu solidarisieren. Das dichotomisch aufgebaute „Gesellschaftsbild des Arbeiters“ (Popitz u. a. 1967), das entlang der Oben-unten-Differenz sowie durch den Gegensatz von Arbeit und Kapital organisiert ist, kann als eine wichtige Ressource gelten, dass Verteilungskonflikte nicht als kulturelle Konflikte missverstanden sondern materialistisch gedeutet werden.

> ***Klassenlage statt Nation*** (Interview mit einem Mitarbeiter der IG Metall, alteingesessen)
>
> „Debatten kamen dann stärker auf, als wie sich dieses Thema Massenarbeitslosigkeit verfestigte. Dann war das aber auch mehr ein Problem gegenüber den Türken. Also so mit Italienern, Griechen und so das war eigentlich nie so ein Thema, sondern das war eher so eine Diskussion mit den Türken. Das war aber nie so eine richtig große Dimension, dass man hier sagen muss, dass sich das irgendwie in einem massiven Konflikt ausgetragen hat. Also weil es ja hier eigentlich, diese Stadt ist eigentlich durch die Industrie geprägt auch durch die Industriearbeit so und in den ganzen Betrieben waren auch die Türken mit drin, so dass es also zwangsläufig ein gewisser Umfang an Miteinander gegeben hat (…) [so] dass die Konflikte eigentlich nie so zwischen den Nationalitäten ausgetragen wurden, sondern es waren eher Auseinandersetzungen mit den Unternehmen selber. Also eher über die Belegschaft organisiert.“

In dem von der Arbeiterbewegung geprägten städtischen Wahrzeichen (siehe unten), das von der Stadtbevölkerung auch heute noch rezipiert wird, indem es als Treffpunkt für öffentliche Zusammenkünfte dient (vgl. S. 61f.), wird das Ethos der Arbeitersolidarität schließlich auch für Gruppen, die nicht dem Arbeitermilieu entstammen, konkret erlebbar oder doch zumindest zu einem moralischen Anknüpfungspunkt für ihr Engagement. Im Forschungstagebuch ist dieser zentrale lokale Gedächtnisort aufgezeichnet. (Anselm Strauss hat empirisch arbeitenden Stadtsoziologen mit auf den Weg gegeben, sich ihrem Gegenstand auch unter Berücksichtigung von „urban icons“ (2009:519) zuzuwenden. Methodisch-konzeptionell bleibt ihre Erforschung bei Strauss offen. Vielleicht sind die folgenden Ausführungen einer von mehreren möglichen Wegen, das lokale Besondere am Wahrzeichen einer Stadt aufzuspüren.)

> (Auszug aus dem Forschungstagebuch)
> ***Das Wahrzeichen der Stadt***
>
> Auf einem trapezförmigen Platz im Einkaufszentrum Lebenstedts steht eine säulenartige, offenbar bronzene Skulptur. Man könnte ihre Form auch als einen spitz zulaufenden Kegel bezeichnen, bei dem sich insgesamt sechs durch Zwischenwände markierte Etagen abzeichnen. Jedes einzelne Stockwerk verweist auf die Kriegs- und Nachkriegsgeschichte beziehungsweise indirekt auf die jüngere Geschichte Salzgitters und insbesondere Salzgitter-Lebenstedts.
>
> Zuunterst, auf dem Sockel im „Erdgeschoss“ liest man einen Aufruf der deutschen Besatzungsmacht des Jahres 1939: „Polen meldet euch freiwillig zur

Arbeit im Großdeutschen Reich!" Man kann sich vorstellen, dass die „Angeworbenen" nicht freiwillig unterschrieben, sondern als Zwangsarbeiter in der Rüstungsindustrie Salzgitters eingesetzt worden sind. Jedenfalls erkennt man auf dem Relief Soldaten mit Schäferhunden, die Männer in Zivil (offenbar Polen, die sich eben nicht freiwillig zur Arbeit melden) bedrängen. Von der anderen Seite betrachtet, aber noch auf der gleichen Ebene gelegen, liest man die Losung „Kanonen statt Butter!" Im zweiten Stock – als einziger in weiß gehalten und sich dadurch von den anderen Stockwerken markant abhebend – schuften Bergleute im Stollen. Sie schieben eine Lore. Im nächst höheren Stock sieht man einen Förderturm. Darüber sind Szenen der Vertreibung zu sehen. Im fünften Stock kämpfen Soldaten der Wehrmacht und der Roten Armee gegeneinander. Darüber, gewissermaßen an der Spitze der Pyramide steht ein überlebensgroßer Stahlarbeiter mit hoch geklappten Hitzeschutz-Visier und einer langen Schöpfkelle in den Händen. Er vollführt eine Drehbewegung, als würde er mit der Kelle etwas von einem Punkt zu einem anderen bewegen – flüssigen Stahl? Offenbar symbolisiert er die hier zusammenlaufende Geschichte und das Blut von Juden, Zwangsarbeitern, Arbeitern, Soldaten und Zivilisten, das für den Aufbau dieser Stadt geflossen ist.

Dieser Stahlkocher bringt nach meinem Empfinden keineswegs Heroismus oder Proletenkult zum Ausdruck. Die Figur des Stahlkochers feiert nichts und niemanden. Er symbolisiert kein letztendlich Heil bringendes Ziel, kein die stadtgeschichtliche Entwicklung sinnvoll abschließendes Telos, sondern eher schon die Anwesenheit der abwesenden Opfer, die als die andere Seite des Arbeitslebens auch dann stets präsent sind, wenn wir in unsere Arbeitsroutinen versunken sind. Und schließlich verweist er auf die Salzgitter AG, von der die Stadt auch heute noch abhängt.

Anhand dieses Denkmals kann der jüngeren Stadtgeschichte in etwa so nachgegangen werden, als handelte es sich um Sedimentschichten eines zu Tage geförderten Bohrkerns. In der „Buchhandlung im Ärztehaus" frage ich, ob es eine Publikation gebe, die dem Turm gewidmet sei. Die freundliche Verkäuferin sagt mir, dass sie eine Art Broschüre anbieten könne, und führt mich in eine Ladenecke mit Literatur aus der Region (Dorfchroniken, Gedichtsammlungen, Fotobände). Sie zieht einen schmalen Band mit dem Titel „Monument zur Stadtgeschichte – Turm der Arbeit" aus dem Regal, der genau das behandelt, was mich interessiert.

Einleitend werden in diesem dünnen Bändchen die Motive dargelegt, warum überhaupt in Salzgitter in den 1990er Jahren ein neues Denkmal errichtet werden sollte: „Die Bürger der Stadt, die die Aufbaujahre aus eigenem Erleben kennen, werden immer weniger und bei vielen beginnt die Erinnerung zu schwinden. Sie wandert in Archive und Dokumentationen und kann dem weitaus größeren Teil der Bevölkerung deshalb nur noch aus zweiter Hand vermittelt werden, denn den später Geborenen fehlt die persönliche Bindung an diese Zeit. Sie können sich die brutale Menschenverachtung eines politischen Systems, wie dem des Nationalsozialismus kaum vorstellen. Deshalb war es für die Stadt an der Zeit, sich auf ihren Ursprung zu besinnen und die bewegenden Jahre des Aufbaus in einer bleibenden künstlerischen Dokumentation festzuhalten“ (Stadt Salzgitter: ohne Jahr, ohne Seitenzahl). Das Monument soll die Erinnerung an die Aufbaujahre der Stadt wach halten und stabilisieren.

Ich denke, Erinnerungen hervorzurufen und kollektive Identitäten zu stiften – das ist nichts Neues; das ist vielmehr die ureigene Funktion eines Denkmals. Meine Aufmerksamkeit erregen dann vielmehr die Umstände der Entstehung des Monuments: Der Bildhauer Jürgen Weber, der den „Turm der Arbeit“ geschaffen hat, erzählt in seinem Buch „Das Narrenschiff“ von der besonderen Herausforderung, die die künstlerische Umsetzung der Wurzeln der Stadt Salzgitter – eben die Zwangsarbeit – für ihn bedeuteten. Deutlich wird bei der Lektüre Webers, dass das Monument Ausdruck einer Opposition gegen alle bisherigen Versuche in der Bundesrepublik Deutschland ist, das Thema Zwangsarbeit zum Gegenstand von Kunst zu machen. Besonders kritisch setzt er sich mit einer Eisenskulptur auseinander, die Mercedes-Benz Ende der 80er Jahre im schwäbischen Untertürkheim in Erinnerung an die Zwangsarbeit im Zweiten Weltkrieg aufstellte. Webers Kommentar zu diesem Werk und zur darauf bezogenen Presseinformation des Automobilkonzerns lautet: „Eine abstrakte Eisenplastik, die ‚Tag und Nacht', ‚Harmonie und Technik' oder ‚die Synthese von Technik und Natur' versinnbildlichen soll, wird als Erinnerung an die Verschleppung von Millionen Sklavenarbeitern aus ihrer Heimat und an hunderttausendfache Folter und Morde durch die Technik aufgestellt. (...) Niemand scheint zu bemerken, dass dies so zynisch ist wie der Spruch ‚Arbeit macht frei' über dem Eingang von Auschwitz. Auf jeden Fall aber wird mit Falschgeld gehandelt: Der Konzern hat seine obligate Verbeugung vor den Opfern gemacht, anscheinend ein Mahnmal errichtet und in Wirklichkeit nichts getan. Die Skulptur ist so unverbindlich, dass sie ebenso sehr für ‚Harmonie, Technik und Natur' stehen kann wie für ‚Mord durch Technik'. Niemand, der auf dem Weg in das Verwaltungsgebäude von Daimler an der Plastik vorbeigehen muss, kommt auf die Idee, dass sie überhaupt etwas bedeutet, geschweige denn dieses. In Salzgitter hat man es sich nicht so leicht gemacht“ (Weber 1994; zit. nach ebd.). Das „Monument zur Stadtgeschichte“ erscheint vor diesem Hintergrund als Ausdruck des Bemühens um einen selbstkritischen Umgang mit der deutschen Geschichte.[142]

[142] Webers „Turm der Arbeit“ hat in Aufbau und Gestalt eine starke Ähnlichkeit mit einem von Auguste Rodins ebenso als „Turm der Arbeit“ bezeichneten Entwurf eines Denkmals, das jedoch nie verwirklicht wurde, da Rodin dafür keinen Auftraggeber fand. Die gesamte Bandbreite menschlicher Arbeit sollte darin übereinandergeschichtet realistisch dargestellt werden. Über eine Wendeltreppe sollte es begehbar sein. Georg Simmel erinnert sich: „Wie für Michelangelo das Julius-Denkmal, das immer Fragment bleiben sollte, ein Lebensverhängnis war, so begleitete Rodin der Plan eines gigantischen Werkes durch viele Jahre: er nannte es den »Turm der Arbeit«; es sollte, nach dem kleinen Modell, das er mir zeigte, eine riesenhafte Säule werden, von einer Wendeltreppe umgeben; die Säule zeigte in Form eines fortlaufenden Bandes alle Arten menschlicher Arbeit, in realistischer und symbolischer Darstellung. Er sprach mit Erschütterung von diesem Werk, an dem offenbar sein ganzes Herz hing. ‚Ich werde es nie ausführen', sagte er. ‚Aus eigenen Mitteln kann ich es nicht und niemand hilft mir dazu. Man bestellt Porträts bei mir und kauft einzelne Figuren, aber für die Hauptsache werde ich im Stich gelassen“ (Simmel 1917 [27.11. in d. Vossischen Zeitung]).

Als Fazit aus den voranstehenden Ausführungen kann festgehalten werden, dass Akteure, die integrativ wirken wollen, besser zur eigenen, historisch gewachsenen lokalen Kultur der Integration stehen sollten statt zu viel Multikultur im Munde zu führen. Die Multikulturalismusdebatte verstellt den Blick aufs Eigene mehr, als dass sie hilft, zu einem tieferen Verständnis der Lebenswirklichkeit der Einwanderungsstadt Salzgitter beizutragen.

5.3 Zivilgesellschaft und Sozialkapital

Die Soziale Stadt verfolgt das Ziel, den von einem Downgrading bedrohten (oder bereits betroffenen) Stadtteilen beziehungsweise den mit sozialstruktureller und imagebezogener Inferiorität belasteten Sozialräumen durch Interventionsmaßnahmen von solch einer negativen Aussicht ab und auf einen anderen Weg zu bringen oder optimistischer: ihnen möglichst zu einem Upgrading zu verhelfen. In der Aktivierung der lokalen Zivilgesellschaft sieht das Programm eine unumgehbare Station auf dem Weg zu einer sozialräumlichen Aufwärtsentwicklung. Der „Leitfaden zur Ausgestaltung der Gemeinschaftsinitiative ‚Soziale Stadt'" führt mit Blick auf das zivilgesellschaftliche Aktivierungsvorhaben in Punkt 3.1 folgende Ziele auf: „- Aktivierung örtlicher Potenziale, Hilfe zur Selbsthilfe, – Entwicklung von Bürgerbewusstsein für den Stadtteil, – Schaffung selbsttragender Bewohnerorganisationen und stabiler nachbarschaftlicher sozialer Netze. (...) Von Beginn der Städtebauförderung an ist auf die Bürgerbeteiligung als grundlegende Voraussetzung für den erfolgreichen Ablauf der Stadterneuerung großer Wert gelegt worden. Die Bürgermitwirkung war aber nicht eigentliches Ziel der Quartiersentwicklung. Im Falle der vom sozialen Abstieg bedrohten Stadtteile geht der Anspruch weiter. In diesen Quartieren ist die Mitwirkung der Bürger am politischen Leben oft völlig zum Erliegen gekommen. Die Bürger identifizieren sich nicht mehr mit dem Stadtteil, sie engagieren sich nicht mehr für die Gemeinschaft. Nachbarschaftsbezogene soziale Netze sind zerrissen" (Leitfaden zur Ausgestaltung der Gemeinschaftsinitiative ‚Soziale Stadt', ohne Seite).

Die Quartiersakteure der Sozialen Stadt in Salzgitter-Fredenberg greifen den Aktivierungsgedanken in der Form auf, dass sie die Quartiersbevölkerung im Sinne einer „Bewohnerbeteiligung" erstens in die bauliche Erneuerung einbeziehen wollen. Zweitens begreifen sie Aktivierung als Einbezug der Stadtteilbewohner in soziokulturelle Großveranstaltungen. Mit beiden Schritten ist das übergeordnete Ziel der Stärkung „bürgerlicher Strukturen" verbunden. In Abschnitt 5.3.1 wird das aktivierungsbezogene Handeln der Mitarbeiter der Sozialen Stadt dargestellt. Es wird gezeigt, dass dieses Handeln vor allem die korporative Welt der Stadtgesellschaft vernetzt. Diese Integration der korporativen Stadtteilakteure ist dabei stets zeitlich befristet; von der Umsetzung des von den Mitarbeitern der Sozialen Stadt propagierten Ideals einer perennierenden Vergesellschaftung lokaler Akteure kann keine Rede sein. Abschnitt 5.3.2 widmet sich der im Umfeld des Nachbarschaftszentrums statthabenden Selbstaktivierung der zugewanderten Quartierspopulation. Dabei wird deutlich, dass sich hier spontan ein Bottom-up-Modell sozialräumlicher Integration entwickelt hat, das an lebensweltlichen Logiken anschließt, relativ unspektakulär in den Bahnen des Alltagslebens verläuft und gerade deshalb integrationswirksam ist. Anschließend wird die Debatte zum Thema Zivilgesellschaft – unter besonderer Berücksichtigung einer den Zusammenhang von Zivilgesellschaft und Sozialraum aufgreifenden Diskussionsrichtung rekonstruiert (Abschnitt 5.3.3). Die Rekonstruktion der Zivilgesellschaftsdebatte ist kein Selbstzweck sondern verfolgt das Ziel zu sehen, ob die Debatteninhalte die Lebenswirklichkeit im hier interessierenden Sozialraum zu erhellen helfen. Der folgende Abschnitt (5.4) wendet sich aus dem diskursiven Raum wiederum dem lokalen Sozialraum zu und zeigt, dass die Aktivitäten der Sozialen Stadt an der Stelle des Übergangs von der korporativen zur leibhaftigen Welt schwächeln. Gerade der Versuch der Erzeugung von Intergruppenbeziehungen im Medium von Soziokultur scheitert.

5.3.1 Aktivierung von oben – temporäre Vernetzung der korporativen Akteure

Die Soziale Stadt beschreitet in Fredenberg zwei Wege, die helfen sollen, das Aktivierungsziel zu erreichen. Zum einen soll dies durch die (unter Bewohnerbeteiligung realisierte) Erneuerung und Sanierung des Baubestands und sie begleitende „Wohnumfeldmaßnahmen“ wie etwa das Anlegen von Spielplätzen, Grünflächen oder Verbindungswegen zwischen den Stadtgebieten Neu- und Altfredenberg geschehen. Zum anderen werden lokale soziokulturelle Großveranstaltungen, die u.a. Gruppenspiele beinhalten, initiiert, von denen sich die Verantwortlichen eine quartiersbezogene vergemeinschaftende Wirkung versprechen.

Die Einbeziehung des zugewanderten Anderen *über* beziehungsweise *in* soziokulturelle Spiele wird aufseiten der Akteure der Sozialen Stadt mittels funktionaler Vernetzung und Koordination der mitmachenden korporativen Vor-Ort-Akteure vorangetrieben. Die Begegnung zwischen Gruppen wird insofern organisatorisch vorgedacht: wer bei Soziokultur mitmacht, begegne sich auch. Diese Akteure beziehungsweise die ihnen anvertrauten Gruppen (das Stammklientel einzelner Stadtteileinrichtungen wie Treffs, Vereine, Schulen) übernehmen in diesem Setting insoweit erst einmal eine funktionale Rolle: die eines Mitspielers. Man könnte versucht sein, in diesem Sinne die Beziehungen der Akteure zueinander als auf einen funktionalen Zweck gerichtet zu bezeichnen: den der Umsetzung eines soziokulturellen Spiels. Aber diesem Impuls folgt sogleich ein Einwand, denn für die aktiv Mitmachenden ergeben sich in der Veranstaltungspraxis keine Wechselwirkungen mit anderen Mitspielern beziehungsweise keine Punkte, die Anschlüsse an die Spielzüge oder Spielbeiträge jeweils Anderer markieren und notwendig machen würden. Jedes Teilprojekt ist mehr oder weniger in sich geschlossen und agiert isoliert. Zu einem *Teil*projekt wird es schließlich erst in der (Meta-)Perspektive der Spielveranstalter beziehungsweise der korporativen Programmmacher. Aber selbst aus dieser Perspektive erschließt sich kein roter Faden, der die Teile schließlich sinnhaft miteinander verbinden würde; zum Beispiel derart, dass sich Spieler A in seinem Handeln an den Handlungsresultaten oder Verhaltenserwartungen von Mitspieler B orientieren *müsste* und auch *könnte*.[143] Eher ist es ein einfaches bloßes zusammenhangloses Sich-Abspielen von Freizeitaktivitäten. Wechselwirkungsbeziehungen zwischen den (zumindest nominell) *Mit*machenden ergeben sich nicht. Die institutionell vorgedachte Vergemeinschaftung im Medium von Soziokultur führt Einzelne und/oder Gruppen nicht zusammen, sondern versorgt die schon bestehenden Gruppen (Schülergruppen, Sportgruppen, regelmäßige Besucher lokaler Einrichtungen) gewissermaßen temporär mit Beschäftigungen, die eine Art „Abwechslung" in den Gruppenalltag bringen. Der mit Blick auf die Integration der migrationsbezogenen Gruppen formulierte und an sie adressierte Imperativ zu „erkennen, dass sie [die differenten Herkunftsgruppen; der Verfasser] aufeinander angewiesen sind" (Herr Behre) – als würde zwischen ihnen ein unsichtbares Band existieren, das mittels Soziokultur sichtbar gemacht werden könne – stolpert schon bei der Frage der faktischen Begegnung zwischen Gruppen über die Bedingung der Möglichkeit seiner Realisierung. Soziokultur in Fredenberg setzt nicht bei der Interaktion der das Zuwandererviertel charakterisierenden Gruppen an.

Die unter dem Dach „Soziokultur" veranstalteten Aktivitäten haben letztlich die latente Funktion der Aufrechterhaltung des lokalen Rangordnungsgefüges unter den mit quartiersräumlicher Integrationsarbeit befassten Akteuren (und der durch sie für legitim befundenen Form): Zwar erhöht sich mit der Programmumsetzung der Sozialen Stadt die Sichtbarkeit der auf dem Feld der Quartiersarbeit wirkenden Akteure (neben das alteingesessene Fredenberg-Forum tritt nun das Nachbarschaftszentrum), aber mit dem Tätigwerden eines mit Soziokulturarbeit befassten Forumsmitarbeiters auch bei der Sozialen

[143] Allenfalls werden die Veranstaltungen durch eine begriffliche Klammer (etwa „Wurzelwerke") zusammengehalten, nicht aber durch Gruppeninteraktion im Sinne eines gemeinsam zu erreichenden Ziels.

Stadt[144] wird der altetablierte, integrativ wirken wollende Weg der Soziokultur strukturell abgesichert, indem ihm im Rahmen der Sozialen Stadt ein neues institutionelles Fundament eingezogen wird. Insoweit wird die soziokulturelle Arbeit des alteingesessenen Fredenberg-Forums im Rahmen der Sozialen Stadt einfach fortgesetzt und dient damit gewissermaßen der Sicherung des Status Quo.[145] Die soziokulturelle Arbeit soll nun mit der Verankerung bei der Sozialen Stadt und im Fredenberg-Forum geöffnet werden für alle heute in Fredenberg siedelnden Gruppen: alle sollen „mitmachen". Das hier zugrunde liegende Motto „Beim Spielen sind wir alle gleich!" verweist auf ein Integrationsmodell, das die Realität des Kindergartens und der Spielstube mit der lokalen Zivilgesellschaft verwechselt. Integration „ist" hier immer dann, wenn es um nichts geht, was die Erwachsenen betrifft.

Im Gegensatz zum selbstgesetzten Anspruch entwickeln die Programmaktivitäten der Sozialen Stadt keine die beiden Stadtquartiere Alt- und Neufredenberg übergreifende gemeinsame Öffentlichkeit. Die kommunikativ-interaktive Integration von migrationsbezogenen Gruppen, die eine faktische Begegnung sowie eine auf reziproker Anerkennung beruhende Kommunikation voraussetzt, wird zwar intendiert, findet jedoch in soziokulturellen (und auch in den bau-/sanierungsbezogenen) Maßnahmen keinen adäquaten Raum. Aus der Top-down-Perspektive der Sozialen Stadt sind soziale Intergruppenbeziehungen schwierig zu steuern.

Vorübergehende Zweckvergesellschaftungen finden dort statt, wo zwischen den korporativen Akteuren der Stadtgesellschaft zur Umsetzung spezifischer Maßnahmen gemeinsam Abläufe erstellt oder abgestimmt werden müssen. Insbesondere die Repräsentanten lokaler Schulen werden zum Zweck etwa der Schulgeländesanierung in einem „Netzwerk der Schulen" integriert. Sind diese unmittelbaren Zwecke erledigt, hört auch die Vergesellschaftung auf und bleibt nur noch dem Namen nach bestehen. Sie endet nach punktuellen Aktionen oder

---

144 Dass die unter dem Aktivierungsparadigma stehenden sozialräumlichen Interventionsprogramme mitunter zur Finanzierungsquelle lokaler zivilgesellschaftlicher Gruppen werden, die gewissermaßen als ‚Gegenleistung' diese Programme ratifizieren beziehungsweise umsetzen würden, hat ihre empirische Bestätigung dort, wo die Soziale Stadt Fredenberg einem mit soziokultureller Arbeit befassten alteingesessenen Akteur aufgrund der Mittelkürzungen im städtischen Haushalt eine Subsistenzmöglichkeit bietet: Herr Behre vom Fredenberg-Forum erhält eine Anstellung bei der Sozialen Stadt und wird dort mit der Gemeinwesenarbeit beauftragt. Er erhält somit die Möglichkeit, seine Position als Soziokulturarbeiter zu sichern.

145 Hinter vorgehaltener Hand erfährt der Interviewer dann schon einmal von dem mit der Umsetzung des Programms Soziale Stadt beauftragten externen Stadtplaner, dass für den hypothetischen Fall einer Nichtzusammenarbeit mit dem (von den korporativen Akteuren der Stadtgesellschaft zudiktierten) Fredenberg-Forum sondern in Kooperation mit dem Nachbarschaftszentrum (das zwar priorisierte, aber dem Druck der Auftraggeber nicht standhaltende gewünschte Arrangement), gänzlich anderen Wege beschritten worden wären als derjenige der Soziokultur. Insoweit kann das Programm durch machtstarke alteingesessene korporative Akteure schließlich strategisch gehandhabt werden.

kommt erst gar nicht vom Fleck und existiert daher nur auf dem Papier. Die Absicht der Akteure der Sozialen Stadt, neben bewohnerbezogenen auch Vergesellschaftungsprozesse unter den korporativen Akteuren anzustoßen und diese schließlich in ein perennierendes soziales Gebilde münden zu lassen, bleibt vorerst uneingelöst[146]. Die korporative Welt der Stadtgesellschaft entwickelt sich eher fragmentarisch, wenig einheitlich und kooperiert (stets unter mühsamer Motivation durch die Mitarbeiter der Sozialen Stadt) nur sporadisch. Wo dies vereinzelt gelingt, kommen eher Funktionsrollenträger beziehungsweise Akteure der korporativen Welt zu projektbezogenen Absprachen und Arrangements zusammen. Quartiersbewohner finden sich in diesen temporären Zusammenschlüssen nicht. Von einer Verselbständigung dieser sporadischen Zusammenkünfte kann keine Rede sein. Auch nicht von herkunftsgruppenübergreifenden Solidaritätsnetzwerken, die durch die soziokulturellen Maßnahmen der Sozialen Stadt herbeigeführt worden wären. Dass dem kein nachhaltiger Erfolg beschieden ist, weiß selbst Stadtteilmanager Kemper, wenn er beispielsweise davon spricht, dass der Stadtteil im Grunde eine „Pflegeversicherung“ brauche: „Das heißt eigentlich kann man überhaupt niemals so’n Programm entlassen“ (Herr Kemper).

Mit Blick auf das Ziel „Beteiligung der Quartiersgesellschaft“ an der Erneuerung des Stadtteils ist deren Einbezug dort erfolgreich, wo die Soziale Stadt gewissermaßen Möglichkeiten zum Trittbrettfahren eröffnet: wo eine schon lange Zeit vor dem Programmstart der Sozialen Stadt bestehende Initiative (vor allem mittelschichtsgetragen) die Veränderung ihres unmittelbaren Wohnumfeldes zu erwirken versucht und sich mit der Programm-implementation eine erfolgversprechende, finanzielle Ressourcen bereitstellende Gelegenheitsstruktur bietet, tatsächlich etwas bewirken zu können (Beispiel Bürgerpark Hüttenring).

Die gestaltungsbezogenen Workshops, in die aggregierte Gruppen (Kinder-/Schülergruppen) eingebunden werden, illustrieren einmal mehr die Simulationsarbeit der Sozialen Stadt: während dabei die Machbarkeit von zivilgesellschaftlicher Partizipation und Beteiligung öffentlich vorgeführt wird, werden auf der Hinterbühne, in einem von der Öffentlichkeit abgeschirmten Bereich, die tatsächlich folgenrelevanten Schritte eingefädelt und Entscheidungen getroffen (Beispiel Jugendbibliothek), die sich dann auch nicht mehr vor der lokalen Zivilgesellschaft rechtfertigen müssen. Und wo es in Fredenberg jene aggregierten Gruppen nicht gibt oder diese sich nicht mobilisieren lassen (etwa durch Grenzgänger zwischen korporativer und Lebenswelt), bleiben die Akteure der Sozialen Stadt ratlos und resigniert zurück:

---

[146] In den Gesprächen mit Vertreter/inne/n lokaler Filialen großer Wohlfahrtsverbände wird oft der bürokratische Aufwand beklagt, der mit den Projektmaßnahmen der Sozialen Stadt verbunden ist, sodass sich Projektträger mitunter wieder zurückziehen.

„Was sind eigentlich die Interessen derjenigen, die dort und dort wohnen?!“ (Herr Kemper). Trotz des Umschaltens von der Bewohner- auf die Akteursbeteiligung (vgl. Abschnitt 4.1) bleibt der Zugang zur Quartiersbevölkerung insofern defizitär, als die Akteure der Sozialen Stadt im Unklaren über die Probleme und Interessen derjenigen bleiben, die nicht als Aggregat sicht- und vernehmbar sind. Bezüglich der Koordination ihrer Handlungen appelliert die Soziale Stadt zwar an die Zustimmung der Bewohnerschaft, kann diesen Anspruch insgesamt mangels Zugang aber nicht nachhaltig umsetzen (was die Mitarbeiter auch selbstkritisch reflektieren). Deutlich wird vielmehr die Relevanz informeller Strukturen und eines die Öffentlichkeit aussparenden stadtgesellschaftlichen Arcana-Bereichs, in dem maßgebliche Entscheidungen gefällt werden. Man mag dies bedauern, aber er gehört zum Modus städtischen Regierens (Schabert 1991). Dieser Bereich bildet gleichsam den Schatten, in dem sich öffentlich sichtbare zivilgesellschaftliche Aktivierungsbemühungen abspielen.

Mit dem der Sozialen Stadt beigeschalteten Programm Lokales Kapital für soziale Zwecke (kurz LOS) wollen die korporativen Akteure der Stadtgesellschaft auch gezielt auf beschäftigungslose Personen aktivierend einwirken und sie in Projektmaßnahmen einbinden, in denen berufsbezogene Qualifikationen vermittelt werden sollen, um deren Chancen individuell-funktionaler Systemintegration zu verbessern. Ob man aber etwa als „Hilfsnäherin“ oder als „Hilfskoch“ über einen Titel verfügt, der einen Zugang zum entsprechenden Funktionssystem eröffnet, daran zweifeln selbst die in diesem Rahmen beschäftigten Ausbilder/innen. Persönliche Investitionen in berufliche Qualifikationen, bei denen beschäftigungslose Zuwander/innen sich mangels Alternativen unter Beweis stellen wollen, würden sich kaum auszahlen. Lediglich eine Person (aus der Gruppe der Aussiedler) hätte von der Qualifizierung zur Hilfsköchin quasi als Mitnahmeeffekt profitiert; sie besaß bereits vor der Maßnahme einen Arbeitsplatz in einem Alten-/Pflegeheim in Lebenstedt. Mit dem erworbenen Zertifikat kann sie die für die Stellenbesetzung formal notwendige Qualifikation vorweisen. Das erworbene kulturelle Kapital lässt sich jedoch insgesamt in den Augen lokaler Experten nicht in den dominanten Sozialraum übertragen.

Für die Akteure der Sozialen Stadt ist die politisch-administrative Stadtgesellschaft schließlich die vornehmliche Anerkennungsquelle ihres Tuns. Die Präsentation der Projektergebnisse gegenüber den in einem interfraktionellen Beirat versammelten Lokalpolitikern – diejenigen, die die Arbeit der Sozialen Stadt „schätzen“ (Herr Behre) würden – verschafft den Akteuren Anerkennung etwa in Form eines „Vorschusses auf die nächste Projektbewilligung“. Der „enge Draht“ in die Lokalpolitik und der „Zugriff auf Ämter“ verleihen das Gefühl, das Richtige zu tun und Vorbildhaftes zu bewirken. Die vernetzte korporative Elite der Stadtgesellschaft ist ein Ort der Anerkennung der geleisteten

Integrationsarbeit und schließlich auch der Ort, wo Macht und Einfluss auf die Programmumsetzung geltend gemacht werden.

Die Soziale Stadt Fredenberg, so das Resümee, trifft also auf schon aktivierte Personen und Personengruppen und profitiert als Trittbrettfahrer von ihnen oder ermöglicht Mitnahmeeffekte. Wo sie auf jene bereits Aktivierten nicht stößt, aggregiert sie (insbesondere Kinder- und Schüler-)Gruppen zum Zwecke der Simulation von Beteiligung und Partizipation. Dass dies in der eigenen Bilanz, die im Falle der Soziale Stadt das Format von „Sachstandsberichten" hat, mit Blick auf das Aktivierungsziel ein formal „günstiges Bild" ergibt (weil Simulation, Mitnahmeeffekt und Trittbrettfahrer nicht dargestellt sondern als Aktivierung umgedeutet werden), unterstreicht einmal mehr das institutionelle Geschäft der Simulation von Machbarkeit.

5.3.2 Aktivierung von unten – Selbstaktivierung im Zuwandererquartier

Ganz anders im Neufredenberger Nachbarschaftszentrum. Dies ist ein Ort der Begegnung und alltäglichen Interaktion zwischen Mitgliedern der migrationsbezogenen Gruppen in der leibhaftigen Welt, vor allem aber der von spätausgesiedelten Zuwanderern genutzte alltägliche Quartierstreffpunkt (80% der Quartiersbevölkerung haben einen Aussiedlerhintergrund). In ihm bewegt man sich über herkunftsbezogene Gruppengrenzen (die in der sozialen Welt zwar meist beklagt jedoch allgegenwärtig sind) hinweg und auf andere zu, genauso wie mitgebrachte kulturelle Gewohnheiten gepflegt werden (etwa bei der Zubereitung von Speisen oder bei der Pflege russischen Liedguts). Integration folgt hier einer lebensweltlichen Logik. Wechselbeziehungen werden eingegangen, weil Interessen und Bedürfnisse, aber auch ökonomische Notwendigkeiten (wie beispielsweise die Möglichkeit des Herstellens preiswerter Bekleidung) die Zuwanderer veranlassen, mit anderen Kontakt aufzunehmen.[147] Es ist mithin der zentrale Ort des Quartiers, an dem Personen unterschiedlicher Provenienz emotionale Anerkennung erfahren können. Die Vergemeinschaftung in emotionalen, expressiven Beziehungen sowie eine interaktive Sinnstiftung sind die diesbzgl. wichtigen Ressourcen.

Im Gegensatz zu anderen mit der Integration von Zuwanderern befassten Maßnahmen (wie im Kontext der Sozialen Stadt) verdankt sich die Arbeit des Nachbarschaftszentrums keiner befristet programmförmigen Akkreditierung. Im Gespräch mit Vertretern des Diakonischen Werkes, das als Träger des Nachbarschaftszentrums fungiert, kommen wir auf das Vorgehen vor Ort im

---

147 Dabei werden unter den Besuchern auch Sympathien kultiviert. Sympathie beschreibt „Prozesse, die man Mitfreude, Mitleid nennt" (17), ohne dabei – so sah es Scheler – das Gegenüber erst nach der Würdigkeit des ihm gezollten Gefühls zu taxieren; Sympathie sei „prinzipiell wertblind" (18) und daher potentiell grenzüberwindend.

Aussiedlerquartier zu sprechen, für das es selbst aus der Perspektive der Verantwortlichen kein passendes Etikett zu geben scheint:

> ***„Es muss etwas passieren"*** (Gespräch mit Vertretern des Diakonischen Werkes Salzgitter)
>
> Im Laufe unseres Gesprächs kommen wir auf sozialpädagogische Top-down-Konzepte zu sprechen...
> Herr Voigt: „Bei uns ist es umgekehrt, das ist natürlich keine wissenschaftliche Herangehensweise. Wir fangen erst mal an. Das Konzept entwickelt sich dann erst durch die Arbeit vor Ort. Ich weiß, dass das eigentlich so nicht die Vorgehensweise ist, wie man es grundsätzlich machen sollte. Andererseits hat sich gezeigt, dass, wenn wir vor Ort nicht präsent sind mit Arbeit und den Menschen keine Möglichkeit bieten, und wenn wir sehr lange brauchen, um konzeptionell zu arbeiten, dann sind die wieder weg. Dann sind wir uninteressant für die. Also unglaubwürdig. Also die erwarten unmittelbar vor Ort, es muss etwas passieren. Das ist die Schwierigkeit. Wir haben nicht die Zeit uns lange mit Konzepten zu befassen, die ausgefeilt sind. (...) Das erleben wir hier überall bei Institutionen, die Konzepte schreiben; wir haben hier dieses „D 7" ein Jugendtreff erlebt. Die haben anderthalb Jahre einen Entwurf gemacht, haben immer wieder daran gefeilt ... mit dem Effekt, dass da überhaupt keine Jugendlichen mehr sind. (...) Wir brauchen ein Konzept, um einzelne Dinge zu koordinieren und Bausteine noch in einen Gesamtrahmen einzubauen. Das ist völlig klar. Aber darin orientieren wir uns sehr stark an den Gegebenheiten vor Ort. Wir bieten den Menschen dann auch sehr schnell die Möglichkeit, etwas zu tun. Die Richtung, was sie dort tun, die können wir immer noch korrigieren, letztlich. Aber es muss etwas passieren. Es kann dann ruhig auch mal was Falsches sein in Anführungsstrichen. Sowie die Menschen merken, da passiert nichts, das spricht sich rum ... und Sie haben keinen Zugang mehr zu den Menschen."
> Frau Strauss-Schröder: „Aber man braucht, das muss man auch sagen, Leute mit Charisma. Das ist Frau Weber, da muss man sie einfach mal loben, die deutsch und polnisch und russisch [spricht] ... und die mit sehr viel Herz einfach auch arbeitet."
> Frau Weber: „Wir haben schon ein Konzept. Wir wollen den Leuten helfen. Nur dann der zweite Schritt ist, was brauchen sie und was wollen sie, was bringen sie mit."
> Frau Strauss-Schröder: „Immer ressourcenorientiert."
> Frau Weber: „Das heißt Konzepte haben wir schon."
> Herr Voigt: „Habe ich was anderes gesagt?"
> (Alle lachen.)
> Frau Strauss-Schröder: „Das hörte sich so an als ob die Konzepte mit der heißen Nadel gestrickt sind. Das sind sie nicht."
> Weber: „Wir achten schon wirklich... Und wenn wir dann Berichte schreiben. Das geht dann immer ganz schnell, dann wundern wir uns: Mensch, wir haben ja alles erreicht, was wir wollten."
> Frau Strauss-Schröter: „Unsere Ziele sind so formuliert, dass wir sie dann auch im Jahresbericht als erfolgreich beschreiben können. Das kriegen wir hin. Das passt."

Frau Weber: „Die [Resultate] sind oft noch umfangreicher als wir es uns vorgenommen hatten. Bei den Projekten zum Beispiel LOS, wir haben jetzt so Mini-Projekte, im ersten Schritt sollten Köchinnen ausgebildet werden. Im zweiten Schritt sollte ein Mittagstisch für die Schüler gemacht werden. Und wir haben gleich im ersten Jahr den Mittagstisch auf die Beine gestellt, und wir durften gar nicht darüber berichten, denn sonst hätten wir keine Gelder bekommen."
Frau Strauss-Schröder: „Zu langsam waren wir mit unseren Zielen. Das ist so eingeschlagen, dass immer mehr Leute anrufen und sich bei uns zum Essen anmelden wollen: Opas rufen an, die ihre Enkel begleiten wollen, wollen auch bei uns essen ..."
Herr Voigt: „Aus diesen Tätigkeiten entwickelt sich etwas... Und jetzt haben wir die Idee, dass ältere Menschen in Wohnungen in der Nähe des Treffs einziehen können, dann dort essen und so weit betreut werden – möglicherweise auch über diese Nachbarschaftshilfen, die wir dort organisieren wollen aber auch über die ambulante Pflege der Diakonie-Sozialstation –, dass sie nicht so früh ins Altersheim umziehen müssen. Also sozusagen wie die Spinne im Netz – ich übertreib mal – die Dinge im Blick haben, diese Bausteine zueinander ordnen und das dann auch zueinander koordinieren und miteinander koordinieren."

Die unter dem Dach des Nachbarschaftszentrums stattfindenden Aktivitäten und Praktiken werden spontan entwickelt und von den dort verkehrenden Personen selbst organisiert. Als familienübergreifend wirksame Freundin des Quartiers (deren Strahlkraft über den Quartiersraum hinausreicht und auch Personen aus der korporativen Welt erreichen kann) schaut Frau Weber den Gruppenaktiven stets über die Schultern und wirkt für die im Treff Verkehrenden als zusätzliches Bindungsmotiv (als eine Art Bannstrahl aus Autorität, Charme und Charisma).

Wie in der Integrationsarbeit oft beobachtet, werden auch im Nachbarschaftszentrum integrationsbezogene (Bundes- und Landes-)Programme vorübergehend integriert und praxisbezogen umgesetzt, die der polykontexturalen Inklusion der Zuwandererpopulation in die lokalen Funktionssysteme der Gesellschaft dienen sollen. Die individuell-funktionale Systemintegration in den Arbeitsmarkt ist denn auch die besondere Herausforderung, vor der ein Großteil Neufredenbergs Aussiedler/innen steht. Zu diesem Zweck werden sie temporär in Klienten von Maßnahmen überführt, um in Kursveranstaltungen unter Anleitung professioneller Kräfte die dazu nötigen Qualifikationen zu erwerben.

Zum Zwecke der hier organisierten Sozialberatung werden auch Frauen aus der Aussiedlerpopulation rekrutiert und ausgebildet, um dann andere hilfe- und ratsuchenden Quartiersbewohner mit Informationen zu versorgen. Solche Informationen betreffen insbesondere institutionenbezogene Normen, Regeln und Verfahrensweisen, die es ermöglichen, sich in der labyrinthischen Welt der Behörden (Arbeitsamt, Sozial- und Schulamt) zurechtzufinden und sich mit den von den Funktionssystemen der Gesellschaft erforderten Leistungs- und Klientenrollen vertraut zu machen. Wer sich etwa mit den Rechten und Pflichten eines Beziehers von Arbeitslosengeld vertraut macht, kann sich im sozialen Verkehr etwa mit den zuständigen Behörden auf sie berufen, um Ansprüche geltend zu machen.

Der Weg in die gesellschaftlichen Teilsysteme beziehungsweise der Einbezug in Märkte und Institutionen ist für den *Einzelnen* wichtig, lässt uns aber im Stich, wenn es um Intergruppendynamiken und die Qualität von *Intergruppenbeziehungen* in der durch Zuwanderung charakterisierten Stadtgesellschaft geht. Neben Maßnahmen, die ihrem Charakter nach auf die Inklusion von Individuen in die Funktionssysteme der Gesellschaft zielen, haben die im und um das Nachbarschaftszentrum herum organisierten Aktivitäten vor allem Effekte auf die Integration der in Neufredenberg siedelnden Herkunftsgruppen. Ohne dass Gruppeninteraktion in den Projekten des Nachbarschaftszentrums programmatisch vorgedacht ist, w*irken* sie jedoch so, dass sie Herkunftsgruppen zusammenführen – in der Nähwerkstatt, in der Großküche, in der Nachbarschaftshilfe. Der Tatbestand des herkunftsgruppenübergreifend wirksam werdenden Tuns des Nachbarschaftszentrums wird (statt intendiert) eher beiläufig generiert.

Rückblickend betrachtet hat die ausdauernde Präsenz der Nachbarschaftsarbeit so etwas wie den ‚Quasi-Dorfplatz' oder die ‚gute Stube' des Quartiers geschaffen, der/die von früh bis spät frequentiert wird. Zu ihren ‚Möbeln' gehören eine Großküche, Nähmaschinen und Computerarbeitsplätze sowie Orte, an denen Geselligkeit gepflegt wird. Sichtbar ist dieses Mobiliar nicht ‚ethnisch imprägniert' in dem Sinne, dass es aufgrund seiner äußeren Attribute allein der Existenz der Aussiedlergruppe zuschreibbar wäre: Die Architektur der guten Stube und ihre „Ausstattung" hat nichts, was die einstige Heimat der Fredenberger Spätaussiedler zur Anwesenheit bringen und damit die symbolische Zugangsschwelle für Personen anderer Provenienz hoch legen würde, indem sie in der Semiotik des Raums Grenzen markieren würde. Sie verstärkt nicht die Auffälligkeit der Aussiedler und visibilisiert auch keine gruppenbezogenen Differenzen. Eher bringt es das insgesamt unauffällige Fremdsein der Aussiedlerpopulation zum Ausdruck, die sich nicht etwa durch Sakralarchitektur oder ethnische Infrastruktur (Geschäfte, Vereine u.a.) oder andere kulturelle Repräsentationsbedürfnisse sicht- und vernehmbar macht. Ihre Unauffälligkeit wird zusätzlich verstärkt durch die Zuwanderung in den Rand der Stadt.

Mit seinem lokalöffentlichen Wohnzimmer hat sich in Neufredenberg der zentrale Ort der Selbstbegegnung der Quartiersgesellschaft entwickelt, und zwar jenseits der zentralen Plätze des Altquartiers, die in und um ein Einkaufs- und Kommunikationszentrum aus den Siebzigerjahren verortet sind.

Der Nachbarschaftstreff ist auch ein *Zufluchtsort* (insbesondere nach negativen Erfahrungen in der Welt der Bürokratie) sowie ein Ort, mit dem die Hoffnung auf soziale Mobilität verknüpft wird: mitunter gelingt es, hier verkehrenden Personen kurz- oder längerfristige Beschäftigungsmöglichkeiten zu vermitteln. Dann setzt so etwas wie der „Tunnel-Effekt" (Hirschman 1989) ein, der besagt, dass im Falle der Mobilität von Personen *im unmittelbaren Umfeld* auch andere Personen aufwärtsmobile Erwartungen entwickeln. In einem Gruppeninterview mit der im Nachbarschaftszentrum wirkenden Kochgruppe bemerken die Gesprächspartnerinnen, dass sie neben anlassbezogenen Kochaktionen einen Großteil ihrer Freizeit dort verbringen, weil es sein könne, dass sich Kontakte ergeben, von denen man profitieren könnte, etwa in Fragen der Vermittlung von Beschäftigungsmöglichkeiten; beispielgebend seien andere, bei denen dies bereits geklappt habe.

Bei primär moralischen Interaktionen spielt erst einmal das Hereinholen des Individuums in die Funktionssysteme der modernen Gesellschaft keine Rolle, sondern die Pflege von Beziehungen und die Organisation gegenseitiger Unterstützung und Gewährung von Beistand, die im Neufredenberger Nachbarschaftszentrum neben der Kontaktpflege *innerhalb* der Spätaussiedlergruppe auch die zu Personen *anderer* Herkunftsgruppen umfasst. Dies passiert quasi parallel zu anderen, beratenden oder qualifizierungsbezogenen Aktivitäten. Gruppen müssen hier nicht entlang spezifischer Maßnahmen mobilisiert und aggregiert werden, wie es sonst in der auf Integration abzielenden Sozial- und Gemeinwesenarbeit der Fall ist, sondern hier suchen und treffen sich Menschen mit gleicher Lage und gleichen Interessen (im Falle des Interesses an Kochaktionen stolpern die Beteiligten auch erst einmal nicht über Sprachprobleme, die das gemeinsame Tun durchkreuzen würden). Kurz gesagt: Im Nachbarschaftszentrum werden Aktivitäten entwickelt, die nicht nur dazu da sind, dass sich Aussiedler untereinander bei der Bewältigung alltäglicher Probleme unterstützen, sondern durch den immer mitgedachten Einbezug der gesamten Quartiersbewohner kreuzen sich beispielsweise bei der Nachbarschaftshilfe unterschiedliche Herkunftskreise.

Mit der nachbarschaftsbezogenen Arbeit – die Anfang der Neunzigerjahre buchstäblich auf der Straße beginnt, später in einer Wohnung inmitten der Aussiedlerblöcke organisiert wird und schließlich vor wenigen Jahren in ein eigens für diesen Zweck errichtetes Gebäude im Aussiedlerquartier umzieht – hat sich ein nicht bloß vorübergehendes, sondern dauerhaftes soziales Gebilde entwickelt, das heute die zentrale wohnumfeldnahe Öffentlichkeit bildet. Dadurch, dass sich im hier stattfindenden sozialen Verkehr die migrationsbezogenen Gruppen kreuzen, ist er ein bedeutender Ort, an dem Zuwander/innen Kompetenzen erwerben und Vertrauen aufbauen können, was es ihnen ermöglicht, sich in der sozialen Welt zu bewegen. Dies mag banal oder unspektakulär klingen, ist aber von fundamentaler Bedeutung, denn hier werden die besonderen Herausforderungen deutlich, vor denen Zuwanderer in der Ankunftsgesellschaft stehen: die Umstellung ihres Relevanzsystems auf die neue Umgebung, um sich in ihr orientieren zu können.

Mit der Migration verlassen wandernde Personen nicht nur einen physischen sondern auch einen sozialen Ort, eine vertraute normative soziale Ordnung beziehungsweise einen Ort eingelebter alltäglicher Routinen und Orientierungen und ein eingeübtes Geflecht sozialer Beziehungen, dessen Regeln und Regulative sich als „Selbstverständlichkeiten" (vgl. Hallsson 1996) lebensweltlich sedimentieren und die soziale Welt als fraglos erscheinen lassen. Entsprechende Verhaltensregeln haben die Personen quasi verleiblicht (sie sind in Fleisch und Blut übergegangen). Mit ihrer Hilfe konnten sie nach bekannten Mustern nach Anerkennung und sozialer Wertschätzung streben oder beispielsweise wissen, wie man dem sozialen Gegenüber Höflichkeit bezeugt, es beleidigt oder wie man Konflikte regelt. Diese Selbstverständlichkeiten werden in der Fremde fragwürdig. Der Wandernde kann sich in der sozialen Ordnung, in die er einwandert, nicht mehr blind auf sie verlassen. „Die Kultur- und Zivilisationsmuster der Gruppe, welcher sich der Fremde nähert, sind für ihn kein Schutz, sondern ein Feld des Abenteuers, keine Selbstverständlichkeit, sondern ein fragwürdiges Untersuchungsthema, kein Mittel um problematische Situationen zu analysieren, sondern eine problematische Situation selbst und eine, die hart zu meistern ist" (Schütz 1972: 67). Folgt man Schütz, kann sich der Migrant diesen gruppenbezogenen Zivilisationsmustern immer nur *annähern*; eine Finalität dieses Annäherungsprozesses, die in einer Ununterscheidbarkeit zwischen Zuwanderndem und den Gruppenmitgliedern, denen er sich nähert, führt, hält Schütz für unwahrscheinlich. Gleichwohl muss er versuchen, diese Muster zu erlernen und anzuwenden. Mit Blick auf die Bewältigung von migrationsbedingten Umstellungsproblemen ist das Nachbarschaftszentrum eine wichtige Einrichtung für den Erwerb von Kompetenzen des durch Wanderungsbewegungen ausgelösten tertiären Sozialisationsprozesses (vgl. Hallsson 1997: 293).

Wie bereits angedeutet, betreffen die Herausforderungen der Aussiedler nicht nur individuelle Probleme, die auf die funktionale Systemintegration fokussieren. *Gruppen*bezogen müssen die spätausgesiedelten Zuwanderer (nicht nur in Salzgitter) mit Abneigung markierenden abschätzigen Äußerungen und Stigmatisierungen rechnen, die allerdings nur aus sicherer Entfernung geäußert werden. In Salzgitter bleiben Stigmatisierungen gleichwohl unterhalb einer Schwelle, jenseits derer sich ein die Stadtgesellschaft dominierender Schimpfklatsch zwischen den migrationsbezogenen Gruppen entwickeln würde. Dass sich mit dem Nachbarschaftszentrum inmitten des Aussiedlerquartiers die zentrale wohnumfeldnahe Teilöffentlichkeit entwickeln konnte und sich im und um das Nachbarschaftszentrum herum die leibhaftige Öffentlichkeit des Quartiers organisiert, verdankt sich nicht zuletzt dem Umstand, dass die

Gruppenbeziehungen im Wohnumfeld wenig belastet sind und keine Kämpfe um die Geltung einer wohnumfeldbezogenen lebensweltlich sedimentierten Hausordnung ausbrechen[148]; kurz: man kann sich relativ gelassen zueinander verhalten. Das soziale Klima ist nicht von harten herkunftsgruppenbezogenen Polarisierungen charakterisiert. Die typisierende Wahrnehmung des migrationsbezogenen Anderen als Russen, Türken oder Deutschen gibt es allerdings auch im Fredenberger Quartier.
Dass Personen gleichsam als Exemplare von Herkunftsnationen wahrgenommen werden, *kann* zwar Quelle von abschätzigem Verhalten und Diskriminierung sein, ist aber auch ein Modus, um Personen in die Alltagswelt hineinzuholen: Im sozialen Alltag orientieren sich Menschen mittels (Stereo-)Typisierungen und Vorurteilen gegenüber anderen Individuen und Gruppen und holen diese so in ihren alltagsweltlichen Horizont hinein.[149] Man kommt aber aus solchen Zuschreibungen quasi „auch wieder heraus", indem man unterhalb dieser Oberfläche individualisierte Sozialbeziehungen unterhält. Wer sich über Gruppengrenzen hinweg bewegt, dem schlägt keine Ablehnung entgegen, sondern er kann persönliche Beziehungen zu Personen anderer Herkunftsgruppen knüpfen.

Destruktiv oder gar desintegrativ sind diese Kategorisierungen nur dann, wenn mit Hilfe ihrer instrumentellen Handhabung stadtgesellschaftliche Probleme kulturalisiert werden beziehungsweise die mit Zuwanderung verbundenen Fragen und Schwierigkeiten als Kulturprobleme missverstanden werden. In Salzgitter-Lebenstedt jedoch scheitert bisher der Versuch, kulturelle Differenz zum bewegenden Thema der Stadtgesellschaft zu machen. So wurde bereits gesagt, dass der interreligiöse Dialog in Salzgitter – zur Enttäuschung ihrer Initiatorin – in den Ansätzen stecken bleibt. Dies deshalb, weil seine Leitdifferenz von Islam und Christentum im Schatten der in Gesamtsalzgitter dominanten moralischen Ordnung, die sich in Anlehnung an die fordistischen Großbetriebe entwickelt hat und vom Ethos proletarischer Solidarität durchwirkt ist, nicht gedeihen kann. Die binäre Ordnung der Stadtgesellschaft ist nicht religiös codiert, sondern entzündet sich an der Sozialen Frage und erhält damit die Leitdifferenz von Arbeit und Kapital.

Das Fredenberger Nachbarschaftszentrum ist der bedeutsamste Ort beiläufig generierter, kommunikativ-interaktiver herkunftsgruppenübergreifender Sozialintegration. Im überwiegend unspektakulären und unauffälligen Alltagshandeln der diesen Ort frequentierenden Personen, die hier in der

[148] Dies deswegen, weil die Zuwanderer in nicht schon bestehende Wohnumfelder integriert wurden (was Rangordnungskonflikte möglich macht), sondern buchstäblich Neuland besiedeln.

[149] Vgl. zur typisierenden Erfassung des Anderen in der Alltagswelt etwa Berger/Luckmann 2007: 31ff., Simmel 2008 oder Rave/Schenkein 1974). Der Rekurs auf Gruppenkategorien im Alltag urbaner Individuen ist geradezu ein Schmiermittel des sozialen Lebens, weil sie dem Einzelnen eine schnelle Orientierung bieten.

alltäglichen Beziehungspflege miteinander vertraut werden, hat sich so etwas wie ein Ort kollektiv geteilter Selbstverständlichkeiten herausgebildet. Hier gibt es eine Art auf basaler Anerkennung beruhende Interaktion der Gruppen, die die Einwanderungsstadt kennzeichnen. Die Quartiersbewohner werden ermutigt, eigene Ressourcen und Verantwortlichkeiten zu mobilisieren und sich aktiv auf die labyrinthische Welt des Sozialstaates und die Arbeitsgesellschaft zuzubewegen. Wer hier lebt, findet einen schnellen Einstieg in die Mehrheitsgesellschaft. Das Quartier steht somit nicht etwa für eine sozialräumliche Mobilitätsfalle, sondern für das genaue Gegenteil: für einen Integrationsmotor. Das Begegnungszentrum verleiht so einem zahlenmäßig eindeutig von Aussiedlern dominierten Quartier den Charakter eines funktional segregierten Wohnumfeldes (vgl. Heitmeyer 1998), das von seinen Bewohner/inne/n als Zwischenstation auf dem Weg in die Mitte der Gesellschaft genutzt werden kann. Jeder kann was beisteuern ohne über Sprachprobleme zu stolpern und ohne sich als Klient oder Laie fühlen zu müssen. Nicht zuletzt wirken dort Personen, die in der Lage sind, Ausdauer und Ausstrahlung miteinander zu verbinden – Langfristigkeit, Beharrlichkeit sowie Bodenständigkeit prägen das Geschehen. Schrittweises Begreifen auf der Grundlage des Umgangs mit einem leibhaftigen konkreten Gegenüber, dauerhafte soziale Interaktionen, wenig Kontaktschwellen, dezentes Auftreten kommen hinzu.

5.3.3 Mörtel, der die Stadtgesellschaft zusammenhält – Zivilgesellschaft, Sozialkapital und Sozialraum

Eine kurze Google-Recherche ergibt für den Begriff Zivilgesellschaft mehr als eineinhalb Millionen Treffer. Speziell im Integrationsdiskurs der korporativen Welt avanciert „Zivilgesellschaft" gegenwärtig zu einem Signalbegriff, der in Verbindung mit dem des „Sozialkapitals" als Integrationsmotor der modernen Gesellschaft propagiert wird. Die Kalibrierung dieser Begriffe insbesondere auf den urbanen Raum begründet heutzutage quartiersbezogene Interventionsprogramme (wie etwa die Soziale Stadt), die sozialräumlich identifizierte Missstände mittels einer Aktivierung der lokalen Zivilgesellschaft und Vernetzung der Bewohner beheben möchten. Sozialem Kapital wird dabei die Funktion zugeschrieben, soziale Bindungen zwischen Quartiersbewohnern zu (re)vitalisieren, solidarische Beziehungen zu stiften und Personen in Netzwerken zu vergesellschaften. Insofern ist Zivilgesellschaft – normativ gewendet – gewissermaßen das „Gegengift" gegen soziale Missstände, die die Gegenwartsgesellschaft vorgeblich kennzeichnen (Vereinzelung, Rückzug ins Private, Entsolidarisierung, Politikverdrossenheit, abnehmendes Vertrauen u. a. m.).

5.3.3.1 Zivilgesellschaft – Annäherung an einen schillernden Begriff

Die kondensierte Gemeinsamkeit einer Vielzahl von Theoriekonzeptionen und Ansätzen zum Zivilgesellschaftsbegriff besteht in der Behauptung eines ausdifferenzierten Handlungsraums beziehungsweise „eine(r) vom Staat unterschiedene(n) Sphäre des Handelns und der Institutionen" (Cohen 2008: 1515), in der öffentlich agierende, selbstorganisierte, auf freiwilliger Mitgliedschaft beruhende, sich eine rechtliche Organisationsform gebende Gruppen wie Vereine, Verbände, Bewegungen oder Initiativen selbst gesetzte Zwecke verfolgen und soziale oder kulturelle Probleme/Themenstellungen bearbeiten. Die diskursive Konstitution der Zivilgesellschaft benennt auch deren autonomieverbürgende normativen Ideale: zivilgesellschaftliche Assoziationen sind in ihrem Wirken weder von den Interessen wirtschaftlicher Akteure beeinflusst noch staatlich dirigiert/beeinflusst oder (das ist bereits umstrittener!) alimentiert.[150] Mit der Selbstorganisation von Personen in Gruppen wird die Erwartung verknüpft, dass mit ihr „die Entstehung von Solidarität, Öffentlichkeit und Problembewusstsein" gefördert sowie die „Entwicklung liberaler und demokratischer Werte" (1519) vorangetrieben wird. So gesehen Sinne sind zivilgesellschaftliche Akteure, die im hierzulande geführten Diskurs als (Aktiv)Bürger[151] handeln, nichts weniger als die Agenten einer demokratischen Utopie: in der öffentlichen Sphäre würden sie „ihre Anliegen als Gleiche

150 Dass sich die soziale Wirklichkeit kontrafaktisch zu diesem Ideal verhält, bildet gegenwärtig einen wesentlichen Kritikpunkt am Konzept der Zivilgesellschaft. So hält etwa Joan Cohen fest, dass sich Zivilgesellschaft gegenüber Staat und Ökonomie kaum realistisch über die Steuerungsmedien dieser Teilsysteme (Geld, administrative Macht) abgrenzen lasse: „Parlamente und Unternehmensvorstände schließen freie Kommunikation ebenso wenig aus wie zivilgesellschaftliche Assoziationen und Öffentlichkeiten Geld ausschließen" (2008: 1520). Die Rolle des Staates besteht in der rechtlichen Absicherung der zivilgesellschaftlichen Sphäre durch Rechtsgüter wie etwa das Vereinsrecht oder die Versammlungsfreiheit. Damit gewährleistet er die Bedingung der Möglichkeit der Entstehung zivilgesellschaftlicher Assoziationen.

151 Der im Zivilgesellschaftskonzept imaginierte Modellbürger bezieht sich in seinem Handlungserleben auf eine quasi idealistische „innere Haltung (...), für die Gemeinschaft aus einer freiwillig übernommenen Verantwortung etwas zu tun; der alte Begriff dafür lautet: Bürgertugend; der Begriff der freiwilligen Selbstverpflichtung übersetzt dies in ein modernes Staats- und Gesellschaftsverständnis" (Enquete-Kommission *Zukunft des Bürgerschaftlichen Engagements* des 14. Deutschen Bundestages: 34). Soziale Akteure würden also nicht nur von einer utilitaristischen Moral beseelt sein und wollen egoistisch ihre Interessen realisieren, sondern würden auch Verantwortung für andere übernehmen wollen und sich daher als „Bürger" an Gemeinsinn und Tugenden orientieren. In der neorepublikanischen politischen Theorie liest sich das so: „Bürger – das heißt in konturierender Distanz zu Staat und Markt hier weder Untertan noch Inhaber von Rechten, auch nicht kalkülrationaler Nutzenmaximierer oder vorausschauender Selbstunternehmer. Vielmehr beschreibt der Begriff einen Akteur, der sich des Wertes wie der Voraussetzung eines auf politischer Partizipation und gesellschaftlicher Solidarität begründeten Zusammenlebens bewusst ist, der die Lasten der Selbstregierung kennt und sich im Wissen um die langfristig negativen Folgen der Verweigerung dieser Lasten ihnen unterzieht" (Münkler 2002: 118).

diskutieren, die Meinungen, Interessen und Perspektiven der anderen kennen lernen sowie Normen, Gesetze und politische Programme kritisch beurteilen" (1517). In diesem Sinne begreifen Arato/Cohen die zivilgesellschaftliche Sphäre als eine Arena einer im Zuge ihrer kulturellen Modernisierung auf sich selbst einwirkenden Gesellschaft.[152] In der Theorieperspektive einer deliberativen beziehungsweise diskursiven Zivilgesellschaft siedelt Habermas sie in seiner Gesellschaftstheorie[153] in der Lebenswelt an. Zivilgesellschaft bildet im Habermas'schen Theoriemodell den Ort, an dem über öffentliche Angelegenheiten öffentlich räsoniert und – im Austausch von Argument und Gegenargument – eine in Vernunftgründen verankerte Entscheidung über strittige Angelegenheiten herbeigeführt wird[154]. Zivilgesellschaft ist damit letztlich ein Synonym für eine kritische Öffentlichkeit[155]. Folgt man Habermas' Überlegungen zu Entstehung und Verfall der bürgerlichen Öffentlichkeit beziehungsweise zum „Strukturwandel der Öffentlichkeit" (Habermas 1990), dann sind die genannten Akteure (vor allem Verbände und Vereine) längst Teil jenes Arrangements, das gegenwärtig als Zivilgesellschaft figuriert. Denn der mit der Durchsetzung des Industriekapitalismus im späten 19. Jahrhundert

---

[152] „Civil society is a dimension of the life-world, institutionally secured by rights and, of course, distinct from, but presupposing, the differentiated spheres of economy and state. Moreover, the differentiated spheres of economy and state. Moreover, the thesis of the modernization of the life-world points beyond those interpretations that either make unacceptable concessions to the traditional version of civil society (...) or reduce it to a purely individualistic, privatized and/or class version of capitalist or bourgeois society (...). *A modernized life-world involves the commumcative opening up of the sacred core of traditions, norms and authority to processes of questioning and discursive adjudication*" (1988: ; Herv. d. Verf).

[153] Habermas' Gesellschaftstheorie differenziert zwischen einer mittels Verständigung sowie Normen und Werten integrierten Lebenswelt und einer durch die Medien Geld und Macht gesteuerten Systemwelt (Ökonomie, Staat) (vgl. Habermas 1982).

[154] Rhetorisch gewendet ließe sich zivilgesellschaftliche Öffentlichkeit auch als „Zwangsmechanismus" beschreiben: wollen soziale Akteure private beziehungsweise Partikularinteressen öffentlich geltend machen, sind sie gezwungen, diese Interessen als allgemeine zu maskieren und glaubhaft darzustellen.

[155] Zivilgesellschaftliche Assoziationen und Öffentlichkeiten seien in ihren Macht- und Einflusschancen auf politisch-administrative Entscheidungsfindungen jedoch beschränkt: die Funktion eines systemweltbezogenen Steuerungszentrums erfüllten sie nicht: „Allerdings darf die Zivilgesellschaft nicht als ein Fokus betrachtet werden, in dem sich die Strahlen einer Selbstorganisation der Gesellschaft im Ganzen konzentrieren (...) Die Zivilgesellschaft kann unmittelbar nur sich selbst transformieren und mittelbar auf die Selbsttransformation des rechtsstaatlich verfassten politischen Systems einwirken. Im Übrigen nimmt sie Einfluss auf dessen Programmierung. Aber sie tritt nicht an die Stelle eines geschichtsphilosophisch ausgezeichneten Großsubjekts, das die Gesellschaft im ganzen unter die Kontrolle bringen und zugleich legitim für diese handeln sollte" (Habermas 1998: 449f.). Auf die Rationalität administrativer Macht will Habermas im demokratischen Staat nicht verzichten (denn sie erbringt eine Fülle von Ordnungsleistungen). Ihm geht es (demokratietheoretisch) eher um die zivilgesellschaftliche Kontrolle staatlicher Aktivität und ihrer öffentlichen (und somit: demokratischen) Legitimation (vgl. ebd.).

einhergehende verstärkte Eingriff des Staates in den Privatverkehr der Bürger – und die damit eingeleitete Aufhebung der Trennung von Staat und Gesellschaft – hätte zur „Übertragung öffentlicher Kompetenzen auf private Körperschaften" (226) geführt. Als „staatlich lizenzierte Verbände" (Münch 2010: 81) übernehmen spezialisierte Vereinigungen (Habermas 1990: 229f.) mit den ihnen übertragenen Ordnungsaufgaben eine bedeutsame öffentliche Rolle in der Organisation der Gesellschaft.

Dieses korporatistische Modell einer Zusammenarbeit von Staat und Großverbänden hat jedoch nichts mit einer staatsfernen beziehungsweise –freien Selbstorganisation der Gesellschaft zu tun. Zivilgesellschaft wird hier eher von oben organisiert. Münch spricht daher auch von einem „Modell der staatlich beaufsichtigten Selbstorganisation der Zivilgesellschaft" (Münch 2010: 83). Neben Großverbänden zählt zu diesem Arrangement auch die Kirche. Die historisch nie ganz vollzogene Trennung von Staat und Kirche habe ein „subsidiär-korporatistisches Arrangement" etabliert, in dem die katholische und evangelische Kirche zur Übernahme wohlfahrtspflegerischer Funktionen staatlich autorisiert werden" (ebd.: 47). In dieser Funktion sind beide Kirchen „an allen wesentlichen Sachverständigen- und Beratungskommissionen der Politik beteiligt" (ebd.: 48); somit sind sie signifikante diskursmächtige Akteure in der öffentlichen Bestimmung des Gemeinwohls. Dieses Arrangement verschulde jedoch „die fehlende Öffentlichkeit für die Inklusion anderer religiöser Gemeinschaften christlicher oder nicht-christlicher Art in die Gesellschaft." Die nachhaltige Wirksamkeit dieses Arrangements lässt aus Sicht Münchs schließlich auch die Durchsetzung des von Habermas aufgegriffenen Begriffs des Verfassungspatriotismus scheitern: „Gegen die von christlichen Traditionsbeständen befreite Institutionalisierung des Verfassungspatriotismus wirkt schon die institutionelle Trägheit der Zusammenarbeit des Staates mit der evangelischen und katholischen Kirche." Die weichenstellende Folge dieser Verquickung von Staat und Verbänden besteht nach Münch darin, dass diese neuen Themen und Problemstellungen den Weg über den politischen Raum gehen müssten, um sich überhaupt öffentlich bemerkbar zu machen. Dass etwa aus der Friedens-, Ökologie- und Frauenbewegung schließlich eine Partei wurde, eröffnet den mit diesen Bewegungen verbundenen Frage- beziehungsweise Themenstellungen erst eine Chance auf politisch einflussreiche Artikulation; und die Chance, ein „abgeriegeltes Kartell der staatlich lizenzierten Selbstorganisation der Gesellschaft" (ebd.: 83) aufzubrechen. Auch Migrantengruppen belasse die „kartellartige Struktur der Zivilgesellschaft in Deutschland" (ebd.: 84) wenig Ressourcen für eine mittels gesellschaftlicher Selbstorganisation betriebene Integration in die öffentliche Sphäre. Vielmehr führe der Weg wiederum nur über „die Auseinandersetzung im politischen Raum", in dem jedoch eher Stellvertreterdiskurse geführt als dass zuwandernde Personen selbst als denk- und artikulationsfähig ernstgenommen würden.

Zuwanderergetragene zivilgesellschaftliche Gruppen hätten *als* zivilgesellschaftliche Gruppen kaum Einfluss auf die politische Agenda – dazu müssten sie in den (partei)politischen Raum kooptiert werden. Zur sozialen Integration gehöre insofern zunächst das „Aufbrechen der kartellartigen Verflechtung von Staat und Zivilgesellschaft" (ebd.: 86) beziehungsweise der Auf- und Ausbau eines Raums ziviler Selbstorganisation jenseits staatlicher Aufsicht. Aktuell sieht Münch zumindest die eingespielte „exklusive Zusammenarbeit der Großverbände mit dem Staat und deren Ergänzung durch repräsentative Meinungs- und Willensbildung durch die zunehmenden Aktivitäten neuer Initiativen unter Öffnungsdruck" (ebd: 22).

Der Diskurs zur Zivilgesellschaft fokussiert, wie bereits erwähnt, auch die Vielfalt real-existierender freiwilliger Vereinigungen, in denen sich Bürger engagieren. Braun definiert freiwillige Vereinigungen als „frei gewählte Zusammenschlüsse von Menschen (...), die ihre Ziele gemeinsam im Rahmen einer formalen – d.h. geplanten, am Ziel der Vereinigung ausgerichteten und von bestimmten Personen unabhängigen – Organisationsstruktur zu verfolgen suchen" (Braun 2007: 201)[156]. Solche Formen überwiegend vereinsorganisierter (Freizeit)Beschäftigung betreffen beispielsweise Aktivitäten in und um Sportgruppen herum (Sportvereine bilden den gegenwärtig mit Abstand größten beziehungsweise mitgliederstärksten Bereich freiwilliger Vereinigungen in der Bundesrepublik). Um beim Beispiel Sport zu bleiben: Einer unter das Dach des Zivilgesellschaftsdiskurses gezogenen Vereinsforschung geht es weniger um die Interaktion von Individuen/Gruppen in einem Verein, um gemeinsames Handlungserleben bei Sportveranstaltungen oder um sportbezogene expressive Gruppenerlebnisse. Sondern sie interessiert sich dafür, ob hier – einfach gesprochen – „Citoyens" sozialisiert werden (vgl. Braun/Hansen/Ritter 2007: 109). Dabei nimmt sie Anlauf aus dem Diskursraum zum Thema

[156] Dazu zählen Vereine und Wohlfahrtsverbände sowie Stiftungen, Berufsverbände, Wirtschaftsverbände, Gewerkschaften und andere formell akkreditierte, auf gesatzter Ordnung aufruhende Zweckgesellungen, die im sog. „Dritten Sektor" angesiedelt sind. Dessen Organisationen sind gemeinwohlorientiert ausgerichtet und verfolgen keine Profitinteressen. „Zivilgesellschaft" und „Dritter Sektor" beziehungsweise die in ihm sich versammelnden Organisationen werden mit Blick auf den zivilgesellschaftlichen Integrationsdiskurs faktisch synonym gesetzt (Adloff 2005: 108f.). Zivilgesellschaftliche Gruppen sind nicht schon bloße Eckenstehergruppen, sondern stehen unter dem Vorbehalt einer rechtlichen Klammer: sie müssen sich eine rechtliche Organisationsform suchen (als Verein, gGmbH, Kirche...). Solche rechtlich institutionalisierten – und durch grundrechtlich verbürgte Versammlungs- und Vereinigungsfreiheit/Vereinsrecht auch *rechtlich geschützte* – Gruppen, erhalten im Gegenzug (zu ihrem Absehen von Profiten beziehungsweise ihre Gemeinwohlorientierung) vonseiten des Staates bestimmte Privilegien (etwa Steuervorteile oder Nutzung öffentlicher Einrichtungen zu günstigen Konditionen). Damit wird durch den Staat ein Rahmen für zivilgesellschaftliches Engagement gesetzt und durch die Bevorteilung der Verteilung von Ressourcen resp. ihre *staatliche Alimentierung* auch motiviert; ob aber Bürger diese Gelegenheitsstrukturen tatsächlich nutzen, ist nicht mehr staatlich „aktivierbar" sondern ist instrinsisch motiviert.

Zivilgesellschaft und bei den in ihm verhandelten Integrationsbegriffen – wie aktuell etwa „Bürgerkompetenz" und „Sozialkapital" – und prüft dann, ob Vereine tatsächlich „Generator von Sozialkapital", „Radiatoren kognitiv-prozeduraler" oder „Treibhäuser affektiv-habitueller Bürgerkompetenz" (110) sind. Eine Vereine als Sozialisationsagenturen zur Prägung von „Aktivbürgern" auffassende Integrationsforschung fragt schließlich danach, ob Vereinsmitglieder „soziale sowie politische Dispositionen und Kompetenzen" erwerben, die sie außerhalb des Vereinslebens einbringen können. Eine solcherart vorgehende vereinsbezogene Integrationsforschung ist bestrebt, die dem Diskursraum entnommenen Ideale (etwa „Bürgerkompetenz") in der Wirklichkeit eines Vereinsalltags zu entziffern. Die hier entwickelten Integrationsbegriffe spiegeln jedoch nicht die Logik des Wirkfeldes („Sport"), sondern eben des Diskurses.[157]

[157] Der Integrationsgedanke tritt in der korporativen Welt der Sportfunktionäre zunehmend an die erste Stelle. Damit werden Outputversprechen verbunden, die den Sport mit Ansprüchen schier überfrachten. Von unmittelbar aktivitätsbezogenen Integrationsbegriffen – wie etwa das Fairplay der Akteure auf dem Fußballrasen oder etwa „Integration durch Identität stiftende Gegnerschaften" auf dem Fußballrasen oder auch durch „Kampf" (Vergesellschaftung im Aufstiegs-/Abstiegs"kampf" oder Wett"kampf") – entfremden sich korporativ entwickelte Integrationsvorstellungen deutlich. Die auf dem Wege einer „Integration durch Sport" (so auch der Titel eines großen Maßnahmenprogramms des Deutschen Olympischen Sportbundes) gehegten und gepflegten Machbarkeits- und Steuerungsillusionen produzieren letztlich enttäuschungsanfällige Erwartungen. „Die Repräsentanten des organisierten Sports stehen für kraftvolle Proklamationen: ‚Sport ist gelebte Integration'! So kann man es nicht nur in einem neueren Positionspapier des Deutschen Olympischen Sportbundes lesen (...) Schon seit längerem kennen wir die variantenreichen Gesundheitsversprechen, die auch vom organisierten Sport ständig erneuert werden: als Gesundheitsförderung gegen den zivilisationsbedingten Bewegungsmangel, als Drogen- und Suchtprävention gegen das rauschhafte Abdriften der nachwachsenden Generationen oder auch als aktuelle Jugendbotschaft des Präventionssports gegen zu schnelles und zu morbides Altern. Neuerdings werden wir zunehmend von Integrationsbotschaften heimgesucht: die Vereinsgemeinschaft gegen die zunehmende Vereinzelung in einer individualisierten Gesellschaft; Fairness im Sport als soziales Modell für einen gewaltfreien Umgang miteinander; soziales und politisches Engagement im Sport gegen eine um sich greifende Politikverdrossenheit und grassierendes soziales Desengagement; der ‚familienfreundliche Sportverein', der Sportverein als Ort einer intergenerationalen Integration – ‚Generation gemeinsam gestalten', so der viel versprechende Titel eines ‚Generationenprojekts' der Deutschen Sportjugend (...). Und nicht zuletzt: soziale Integration in die Vereine gegen Fremden- und Ausländerfeindlichkeit und für eine Multikulturalität auch in den Sportvereinen und im vereinsorganisierten Sport. Die Sportorganisationen gefallen sich offenbar darin, dass ihnen das alles nicht nur zugetraut, sondern auch zugemutet wird. Vor allem die Sportverbände und allen voran der DOSB [Deutscher Olympischer Sportbund] – die Sportvereine sind in realistischer Selbsteinschätzung offenbar deutlich zurückhaltender – scheinen alles daran zu setzen, sich als Sozialstationen für gesellschaftliche Leiden jeglicher Art zu profilieren, indem sie jene gesellschaftlichen Erwartungen umstandslos aufgreifen, um sie ihrerseits wiederum als selbst gesetzte Ansprüche in die gesellschaftliche Öffentlichkeit zurück zu spielen: der Sportverein als ‚Sozialstation Nr. 1', ‚Training als gelebte Demokratie', und eben auch: Sport als ‚gelebte Integration'. Jedoch: wer hochgesteckte gesellschaftliche Erwartungen zu noch höheren

Darin zeigt sich einmal mehr, dass der Zivilgesellschaftsdiskurs aufgrund seiner normativen Aufladung kaum zur Beschreibung und zum Verständnis urbaner und gesamtgesellschaftlicher Wirklichkeiten beitragen kann.

5.3.3.2 Sozialraum, Sozialkapital und Zivilgesellschaft in der wissenschaftlichen Debatte

Mit Blick auf gegenwärtig implementierte sozialräumlich ansetzende, sich auf den Zivilgesellschaftsdiskurs beziehende „Bevölkerungsaktivierungsprogramme" (Kessl 2006: 161) werden problembelastete urbane Räume nicht mehr nur unter dem Blickwinkel der dort identifizierten Missstände betrachtet, sondern zugleich auch als Stätte der Heilung dieser Defizite imaginiert. In diesem Zusammenhang spielt das Konzept des Sozialkapitals (vgl. Putnam 1993; 1995; 2001) eine bedeutende Rolle. Denn in die Deutungskultur von sozialräumlichen Problemlagen – etwa ein als kriminell etikettiertes Verhalten oder die Wohnkonzentration sozioökonomisch marginalisierter Personen – habe sich dieser Begriff (der des Sozialkapitals) eingraviert. Er werde in der stadtpolitischen Debatte dafür benutzt, soziale Probleme in erster Linie als mangelnde soziale Kohäsion beziehungsweise defizitäre Bindungen und Kooperationen unter den Quartiersbewohnern zu interpretieren (vgl. Mayer 2005). Eine so gestaltete Situationsdefinition lege es nahe, „kleinräumig das sogenannte Bindungskapital (bonding social capital) der Bewohner/innen zu aktivieren" (Landhäußer 2009: 162). In sozialräumlich benachteiligten Stadtteilen sollen nahräumliche Gemeinschaften aktiviert und *als* Netzwerke organisiert werden, um so die lokalen „Selbsthilfekräfte" (87) zu stimulieren. Soziale Integration sei schließlich durch einen Mangel an brückenbildendem Sozialkapital (bridging social capital) zwischen den die Stadtgesellschaft charakterisierenden Gruppen gefährdet.

Der hier Anwendung findende Deutungsbegriff des Sozialkapitals ist den Arbeiten des amerikanischen Kommunitariers Robert Putnam entlehnt. Er definiert Sozialkapital als „features of social organization such as networks, norms and social trust that facilitate coordination und co-operation for mutual benefit" (Putnam 1993: 36). Es bezeichnet jene „Ressourcen, die aus der Einbindung von Individuen in Netzwerke resultieren, resultierend aus wechselseitiger Kompetenzzuschreibung, Wertschätzung und direktes Vertrauen" (Braun/Weiß 2008: 1225). Sozialkapital bildet im Putnam'schen Begriffsverständnis eine Art alltagsweltliche Grundlage sowohl erfolgreichen politisch-administrativen Handelns als auch wirtschaftlicher Prosperität. Generiert werde dieses Kapital in den Interaktionen zwischen Akteuren, die in

Eigenansprüchen hochstilisiert, muss notwendigerweise Enttäuschungen produzieren, weil Anspruch und Realität immer weiter auseinanderdriften" (Baur 2009: 103f).

mehr oder weniger dauerhafte soziale Arrangements beziehungsweise Zweckgesellungen eingebunden sind. Putnam selbst hat dabei keine großen, anonymen Organisationen im Blick, bei denen sich Mitgliedschaft auf die bloße Zahlung von Beiträgen beschränkt, sonst aber keine Aktivität erfordern; und auch keine internetbasierten sozialen Netzwerke (wie heute beispielsweise Facebook). Ihm geht es eher um durch Wechselwirkung herbeigeführte, auf physisch-leiblicher Kopräsenz beruhende bodenständige Gesellungsformen, wie er sie etwa in Bowlingvereinen, kirchlichen oder Gesangsgruppen erblickt und die für ihn so etwas wie alltägliche Integrationsmodelle bilden.[158] Im Gegensatz zu Bourdieu, der soziales Kapital als in „Beziehungsarbeit" generierte „Ressourcen [definiert], die auf der Zugehörigkeit zu einer Gruppe beruhen" (Bourdieu 1983: 190f.) und mit seiner Hilfe Mechanismen der Reproduktion sozialer Ungleichheit aufzeigt (und dabei seine Abhängigkeit von ökonomischem und kulturellem Kapital hervorhebt!)[159], scheint es in Putnams Sozialkapitalverständnis weniger um die strategische Handhabung eines sozialen Beziehungsnetzwerks zum Zwecke des eigenen Vorankommens zu gehen, sondern um die Einbindung des einzelnen in solidarische, emotionale, subjektiv gefühlte Wir-Gemeinschaften. Gerade in alltäglichen face-to-face-Interaktionen könnten reziproke Austauschverhältnisse „gelebt", generalisierte Verhaltenserwartungen (verbindliche Normen) generiert, vertrauensbasierte Solidarbeziehungen gepflegt und verantwortungsethisch gehandelt werden.[160]

---

[158] In Parsons Terminologie könnte man bei diesen zivilgesellschaftlichen Vergesellschaftungsformen auch von gesellschaftlichen Gemeinschaften sprechen.
Putnams Problemdiagnose setzt bei einer vermeintlichen oder tatsächlichen Atomisierung des gesellschaftlichen Zusammenhangs an. In seinem Aufsatz *Bowling alone* (1995) diagnostiziert er einen Verlust von Sozialkapital beziehungsweise einen immensen Rückgang des Freiwilligenengagements in der amerikanischen Bevölkerung seit den 1960er Jahren. Dies indizierten etwa rückläufige Mitgliedschaften in Gesangs- und Sportgruppen oder etwa politischen Organisationen, eine sinkende Wahlbeteiligung oder der Rückgang eines zeitunglesenden Publikums, aber auch die sinkende Beteiligung in konfessionellen Gruppen, Gewerkschaften oder Elternvereinen. Nach Putnam sind die Amerikaner misstrauischer gegenüber ihren Mitmenschen geworden: glaubten 1960 noch 58%, anderen trauen zu können, waren es 1993 nur noch 37%.

[159] Bourdieu (1983) unterscheidet die (ineinander konvertierbaren) Kapitalformen soziales, kulturelles und ökonomisches Kapital sowie das symbolische Kapital. Soziales Kapital meint den Umfang an Beziehungen, die in Mitgliedschaften und Freundschaften institutionalisiert sind; kulturelles Kapital ist in (Bildungs-)Titeln sowie kulturellen Gütern und ökonomisches Kapital in Besitzrechten sowie Vermögen in eine sozial anerkennte Form gebracht. Symbolisches Kapital ist eine Art gesellschaftliche Anerkennung der objektiven Position, die ein sozialer Akteur aufgrund seiner Ausstattung mit sozialem, kulturellem und ökonomischem Kapital einnimmt. Indem es als Renommee, Prestige beziehungsweise Ehre erkennbar wird und sozial wirksam wird, legitimiert es gewissermaßen die Ungleichverteilung der drei Kapitalsorten.

[160] Gemeinschaften sind bei Putnam nicht durch einen „Wesenwillen" bestimmt, wie Tönnies in seiner Gegenüberstellung von *Gemeinschaft und Gesellschaft* behauptet, sondern konstituieren sich in alltäglichen Interaktions- und Kommunikationsprozessen. Putnams Face-to-Face-

Solch ein binnenintegrativ wirksames „bonding social capital" unterscheidet Putnam von einem gruppengrenzentranszendierenden „bridging social capital", das Beziehungen zwischen unterschiedlichen Gruppen stifte.[161]

Mit der begrifflichen Klammerung von Vertrauen, Normen und Netzwerken zu „Sozialkapital" kann Putnam an der Frage nach dem Zusammenhalt der Gesellschaft, die in der politischen und sozialwissenschaftlichen Öffentlichkeit seit den 1990er Jahren vermehrt Aufmerksamkeit findet, ein griffiges „Passepartout [liefern], um das Spannungsverhältnis zwischen gesellschaftlicher Moral und Individualisierung aufzulösen" (Braun 2001: 2). Mit Blick auf den hier interessierenden Gegenstand setzen urbane Erneuerungsprogramme ganz im Sinne des Putnam'schen Sozialkapitalkonzepts auf den Einbezug der Stadtbewohner und lokaler zivilgesellschaftlicher Organisationen als „Koproduzenten bei der Quartiersentwicklung" (Olk 2004: 10) und zielen dabei auf „Aufbau und Entwicklung von sozialen Netzen der Kommunikation und Kooperation" (11), um die Selbstorganisation der Quartierspopulation anzuregen.

Margit Mayer sieht in der Durchsetzung sozialkapitalbildender sozialpolitischer Maßnahmen[162], die statt (problem)gruppenbezogen nun

---

Assoziationen lassen sich eher als eine Art „primary group" im Sinne Cooleys verstehen (Cooley 1909).

161 Die Thematisierung von Vertrauen, Normen und sozialen Beziehungen ist in der Soziologie alles andere als neu. Was Putnam als Sozialkapital labelt, ist gewissermaßen das Schmiermittel des sozialen Lebens. So hat neben Simmel in seiner „Soziologie" etwa Luhmann schon Anfang der 1970er Jahre darauf hingewiesen, dass Vertrauen zum Sozialleben überhaupt gehört und seinen grundlegenden Mechanismus bildet. Vertrauen entlastet den Menschen, weil es „eine wirksame Form der Reduktion von Komplexität" ermöglicht. Vertrauen ist gewissermaßen die Vorwegnahme der Zukunft: ein vertrauender Akteur erbringt „riskante Vorleistungen", indem er so handelt, „als ob er der Zukunft sicher wäre". Als Hypothek auf die Zukunft reduziert Vertrauen die Komplexität möglicher Handlungen, wodurch erst die Möglichkeit neuer Handlungen geschaffen wird. Für sozial Handelnde ist Vertrauen deswegen eine bedeutsame Ressource, als dass eine Person, die anderen Personen nicht traut, zu „riskanten Vorleistungen" eben nicht fähig ist sondern zu „nur sehr einfache(n), auf der Stelle abzuwickelnde(n) Formen menschlicher Kooperation (...). Vertrauen ist unentbehrlich, um das Handlungspotenzial eines Systems über diese elementaren Formen hinaus zu steigern". Auch ein anderer Aspekt des Putnam'schen Sozialkapitalbegriffs, die Teilhabe an sozialen Gruppen, Netzwerken und Kreisen, birgt nichts Neues, sondern gehört zu den Urthemen der Soziologie; Simmel beschrieb das Paradox der Individualisierung durch *Gruppen*zugehörigkeit: die Partizipation an (unterschiedlichen) sozialen Kreisen beziehungsweise die Wechselwirkung mit den Mitgliedern ganz unterschiedlicher Gruppen begriff er als Individuierungsvorgang und damit als zentral für die persönliche Identitätsbildung. Schließlich ermöglicht die Teilhabe an einer Vielzahl von Gruppen die Einübung unterschiedlicher Standpunkte wie dem des verallgemeinerten Anderen.

162 Die Umorientierung „von einer sozialen zu einer räumlichen Definition von Entwicklung", bei der statt (Problem)Gruppen nun Quartiere gefördert werden, gelte nicht allein für die Bundesrepublik; sämtliche Programme der Europäischen Union agierten in diesem Sinne. In diesem Zusammenhang deutet sich ein sozial- und stadtentwicklungspolitischer Leitbildwechsel an, der eng mit zivilgesellschaftlichem Sozialkapital verknüpft ist: soziale Dienstleistungen etwa

ganzheitlich-sozialräumliche Strategien fokussiere (und dabei strukturelle Ursachen der identifizierten Missstände völlig invisibilisiere, indem sie sie analytisch erst gar nicht in den Blick nimmt[163]), eine tendenzielle Durchsetzung neoliberaler Programmpolitiken am Wirken. Zwar bleibe vorerst offen, ob die Aktivierung von zivilgesellschaftlicher Selbstorganisation nur einen „neoliberalen Rückzug des Staates aus sozialen Sicherungssystemen" bemäntelt oder die „tatsächliche Stärkung lokaler Demokratie" vorantreibt (Mayer 2005: 589). Letzteres aber hält sie insofern für unwahrscheinlich, als das Sozialkapitalkonzept einen eher harmonischen, um soziale Konflikte (auch um die Themen Macht und Herrschaft sowie konfligierende Interessen) bereinigten Charakter habe und etwa Protest- beziehungsweise Oppositionskulturen ausblende – und damit jene zivilgesellschaftlichen Akteure marginalisiere, von denen bisher demokratisierende Effekte ausgingen wie beispielsweise von den sozialen Bewegungen der späten 60er bis 80er Jahre.[164] Die mit der Politik des

in der Altenpflege oder in der Kinder- und Jugendhilfe seien nicht mehr (allein) Sache des Sozialstaates sondern Aufgabe der sich selbst organisierenden Bürger. Der Einzelne übernimmt also nicht nur mehr eine Publikumsrolle und fordert die Bereitstellung wohlfahrtsstaatlicher Leistungen ein, sondern übernimmt selbst Leistungsrollen in der Herstellung dieser Leistungen. Das, was der Einzelne in der Erstellung sozialer Güter leistet, wird auch als Bürgerschaftliches Engagement bezeichnet. Otto/Ziegler beobachten eine gegenwärtig sich vollziehende, durch neue urbane Governanceformen angestoßene Substitution „des Primats einer aktiven sozialstaatlichen Gesellschaftsintegration" zugunsten einer „gemeinschaftsbezogene[n], kulturell-solidarische[n] Integration" (2004: 131). Regulative Idee städtischer Politik sei dabei eine „Re(Aktivierung) sozialer Bindemittel in kleinen lokalen Gemeinschaften" (9), deren programmbezogene Umsetzung die „nahraumorientierte Inklusion von Bewohnerinnen und Bewohnern so genannter benachteiligter Quartiere anstrebt". Bei den auf Grundlage des Vernetzungsgedankens konzipierten sozialräumlichen Interventionsprogrammen gehe es dann schließlich „nicht mehr um die Umverteilung sozialstaatlicher Leistungen, sondern um die Mobilisierung vorhandener Ressourcen und das kompensierende Engagement der Bürger/innen in einem neuartigen sozialraumbezogenen Interventionstypus" (Hoch/Otto 2005: 500).

163 Nach Stövesand (2007) ist in der Suspendierung struktureller Bedingungen eine zentrale Machttechnik neoliberaler Interventionsprogramme am Werke: sie wirkten so, „als ob sie soziale Strukturierungen übergreifend, auf neutrale Subjekte träfen" (284). Den Tatbestand sozialer Ungleichheit in die Verantwortung der Betroffenen zu stellen, diene als Vehikel der Mobilisierung von Kräften und Aktivitäten, Potenzialen und Ressourcen sowie der Anrufung des Einzelnen als aktiver Bürger. Fokus liegt auf den Ausgegrenzten selbst und nicht etwa auf den Ursachen der Ausgrenzung; sie seien schließlich selbst die „Agenten ihres Überlebens" (594). Der Diskurs zum Sozialkapital liefe so unter der Hand darauf hinaus, „Exklusionsprozesse zu depolitisieren und zu moralisieren" (595).

164 Ohnehin hätten sich die einst emanzipativen Bewegungen und Organisationen unter dem Druck knapper Ressourcen und auf der Suche nach subsistenzsichernden Mitteln heute zu bloßen Vollstreckern „staatlich implementierter sozialstaatlicher Programme" entwickelt – aus zivilgesellschaftlichen Gruppen seien Dienstleister geworden. Viele der einstigen Bewegungsakteure sind heute zu Drittsektor-Institutionen geworden. Deren einstiger emanzipativer Impetus wird hier zusehends umgestellt: Die „Invasion von Marktlogiken in den Dritten Sektor" drohe gegenwärtig die einst partizipativ-demokratischen Ideale dieser Akteure

Sozialkapitals intendierte „Identifizierung und Mobilisierung der Potenziale und Ressourcen problembehafteter Stadtteile" (Mayer 2005: 593) erwarte von „Bewohnern benachteiligter Quartiere (...), dass sie maßgeblich selbst aus eigener Kraft zur Veränderung der desolaten Situation beitragen" (Stövesand 2007: 280).

Für die Entwicklung urbaner Entwicklungsprogramme liege die Anziehungskraft des Sozialkapitalkonzepts darin, dass „die positiven, effizienz- und demokratiesteigernden Konsequenzen zivilgesellschaftlicher Vernetzungen" unterstützend bei der „Suche nach (kostengünstigen) Lösungen für soziale Probleme" (Mayer 2005: 591) wirken würden. Die mit Sozialkapital verbundene „Betonung des Nutzens von wechselseitiger Unterstützung, Kooperation, Vertrauen und institutioneller Effektivität" (590) komme einer Auffassung von Stadtpolitik entgegen, die sich in erster Linie an der betriebswirtschaftlichen Logik des Standortwettbewerbs orientiert. In dieser Lesart vollzieht sich mit dem Begriff Sozialkapital unter der Hand auch eine rhetorische Kapitalisierung sozial-moralischer Qualitäten (vertrauensvolle Beziehungen aufzubauen/zu führen, sich gegenüber anderen verpflichtet zu fühlen u.a.). Die semantische Nähe des Kapitalbegriffs zu einer betriebswirtschaftlichen Staats- und Gesellschaftsauffassung – sowie einer allein ökonomischen Standortlogiken verpflichteten Stadtpolitik – spiele einem neoliberalen Umbau des Wohlfahrtsstaates beziehungsweise der Substitution wohlfahrtsstaatlicher Programme durch gemeinschaftsgetragene Leistungserbringung derzeit vor allem konservativen politischen Gruppen in den USA in die Hände (vgl. Cohen 1999).

Mit Blick auf das die Aktivierung der Quartiersbevölkerung gerichtete Programm Soziale Stadt „droht bei massiven sozialen Problemen im Quartier die Gefahr der Kulissenpolitik. Zwischen dem sozialpädagogisch inszenierten Beteiligungsrummel und den realen Ressourcentransfers klafft eine mehr oder weniger große Lücke" (Roth 2004: 180). Roth befürchtet den Effekt, Armut und Randständigkeit zu normalisieren.[165] Greiffenhagen gibt zu bedenken, dass

---

aufzuzehren und ihre Handlungslogiken schließlich auf „instrumentelle[n] Orientierungen" umzustellen, bei denen sich erfolgreiches Wirken „vor allem an deren wirtschaftlichen Nutzen misst" (Evers 2009: 80).

165 Darüber hinaus bemerkt Roth, dass „Zivilgesellschaft" nicht per se die ihr zugeschriebenen demokratischen, partizipatorischen oder gemeinwohlorientierten Wirkungen entfaltet. Zivilgesellschaftliche Gruppen können auch nichtzivile Werte pflegen wie etwa fremdenfeindliche rechtspopulistische Bewegungen. Vorstellungen „der weitgehenden Eigenständigkeit wie der genuin demokratischen Substanz des zivilgesellschaftlichen Assoziationswesens" (2004: 57) seien reine Fiktion. Auch können zivilgesellschaftliche Akteure nichttransparente Entscheidungen fällen beziehungsweise transparente Verfahren umgehen. Jenseits einer zivilreligiösen Aufladung kommt Rueschemeyer zu einer wirklichkeitsnäheren Begriffsdefinition: „This ensemble of associations, organizations, and institutions constitiute a pattern of unequal power relations as well as a complex network of communication through

„Problemstadtteile kaum Partizipationsstrukturen“ (2003) aus eigener Kraft heraus aufbauen könnten; daher seien sie eher auf eine lobbyorganisierte Interessenvertretung angewiesen.

Was trägt nun der Zivilgesellschaftsdiskurs mit seinen Konzepten (zum Beispiel Sozialkapital) zum Verständnis dessen bei, was die Lebenswirklichkeit der lokalen Einwanderungsgesellschaft Salzgitters auszeichnet?

5.3.4 Zurück in den Sozialraum Fredenberg

Sieht man durch die Brille des normativen Begriffsverständnisses von Zivilgesellschaft, so kann festgestellt werden, dass in Salzgitter-Fredenberg von einer kritischen Öffentlichkeit, der gegenüber sich die Aktivitäten der Sozialen Stadt verteidigen (müssen), kaum sinnvoll die Rede sein kann. Denn entweder interessiert sich die Quartiersbevölkerung für die Sanierungsvorhaben nicht; oder es werden hinter dem Rücken der Öffentlichkeit seitens der Akteure der Sozialen Stadt Entscheidungen gefällt und Konzepte „aus dem Hut gezaubert“ (beispielsweise Jugendbibliothek), und so wird Bürgerpartizipation dort organisiert, wo Entscheidungen schon längst gefallen sind. Der Tatbestand, dass bauliche (aber auch soziokulturelle) Maßnahmen statt in der Quartiersbevölkerung stets vor den Kommunalpolitikern im Lebenstedter Rathaus legitimiert werden müssen, verweist auf eine von sozialtechnologischen Mustern geprägte politisch-administrative Stadtgesellschaft. Für die mit Blick auf politisch-administrative Entscheidungsfindungsprozesse sedimentierte politische Kultur der Stadt Salzgitter sind eher informelle Regelungen beziehungsweise Regelungszusammenhänge denn bürgerpartizipative Verfahren signifikant. Der Vertreter einer lokalen Filiale eines großen Wohlfahrtsverbands charakterisiert dies in einem Interviewgespräch folgendermaßen:

„Plattenbauten und `ne Verwaltung, die alles entscheidet“

P: „N´Kollege hat mal gesagt: ‚Das ist hier der allerletzte Rest DDR!'“
I: [Lacht].
R: „[.../1Wort], Plattenbauten und ´ne Verwaltung, die alles entscheidet.“

Die durch die Soziale Stadt intendierte Entwicklung aktiver Bewohnerstrukturen kann zwar zum Teil tatsächlich beobachtet werden, allerdings ohne absichtsvoll programmförmig herbeigeführt worden zu sein. Die zivilgesellschaftliche Selbstorganisation der Zuwanderer im Neufredenberger Aussiedlerquartier konnte Erfolg haben, weil:

---

which situations are defined, interest claims are articulated, normative expectations are expressed, and hegemonic influence is exerted. Civil society in this sense is indeed of critical importance for the chances of democracy, but (...) it does not necessarily offer strong support, it may also undercut the chances of democracy (1998: 18).

1. eine ebenso erfahrene wie engagierte Frau eingestellt wurde, die zudem mit der Reputation des eigenen Migrationshintergrunds auftreten konnte. Selbst auf die Gefahr hin, dass es despektierlich klingen mag ist herauszustellen, dass sie zu einer Art „Übermutter" und „Überfreundin" des Quartiers geworden ist. Sie entwickelte Charisma und Charme im Umgang mit der Klientel[166] und setzte diese Ressourcen dann effektiv und professionell (vor dem Hintergrund eines selbst entwickelten – wenn auch nicht sozialwissenschaftlich ausformulierten – Bottom-up-Modells) ein.

2. sie nicht durch eine generalstabsmäßig geplante top-down-gesteuerte Intervention ins lokale Leben gerufen wurde, sondern durch ein besonnenes Vorgehen, das systematisch für Überraschungen und neue Anregungen offen bleibt.

3. eine private Wohnungsbaugesellschaft von kurzfristigem Profitdenken absah und stattdessen auf nachhaltiges Wirtschaften setzte. Weil sie großzügige finanzielle Mittel zur Verfügung stellte, bewahrte sie das Begegnungszentrum vor der Atemlosigkeit der üblichen, zeitlich eng befristeten Integrationsprojekte.[167] Durch die alltagsweltliche Einbettung des Nachbarschaftszentrums wird eine Nähe zur Lebenswelt der Bewohner (die hier auch Beschäftigung finden) hergestellt, die durch die in eher außeralltäglichen Bahnen verlaufenden soziokulturellen Projektveranstaltungen der Sozialen Stadt nicht erreicht wird. Auf dieser Grundlage wird eine bedeutende zivilgesellschaftliche Integrationsressource entwickelt: das Miteinandervertrautwerden der im Stadtteil siedelnden Personen und Personengruppen (vgl. Mewes 2010: 224).

Die Vernetzung der lokalen korporativen Welt bleibt, wie bereits erwähnt, sporadisch. Die gezielten Vernetzungsabsichten der Sozialen Stadt werden aber auch durch staatliche Regulierungen demotiviert, sodass der Entwicklung selbstorganisierter korporativer Netzwerke kein nachhaltiger Erfolg beschieden ist (vgl. Fußnote 146).

---

[166] Entgegen sozialphilosophischer Annahmen lässt sich soziales Handeln, so die Beobachtung des sozialen Verkehrs im Nachbarschaftszentrum, über Charme, Gefühle, Anweisungen, Autorität und Charisma mitunter besser mobilisieren als durch Vernunftgründe.

[167] Die von unten entwickelten Initiativen irritieren mitunter die Funktionslogik korporativer Institutionen. So muss sich die lokalräumlich entwickelte, im Nachbarschaftszentrum koordinierte Nachbarschaftshilfe seitens der Vertreter eines Wohlfahrtsverbands (der wiederum selbst Träger des Nachbarschaftszentrums ist) den Vorwurf gefallen lassen, bei diesen Hilfsgeboten weit über das ihnen zugestandene Maß hinauszugehen und Hilfe an Punkten zu leisten, die schon im Hoheitsbereich ihrer professionellen Akteure lägen. Die vitalen Selbsterhaltungsinteressen setzen dem Freiwilligenengagement schließlich Grenzen; die Nachbarschaftshilfe wird aus dem Nachbarschaftszentrum in die lokale Geschäftsstelle zwecks präventiver Observanz umgesiedelt.

Aufgrund der polyzentrischen Siedlungsstruktur Salzgitters[168] entwickelt sich auch keine die Gesamtstadt übergreifende, wirksame zentrale Öffentlichkeit, in der die Stadt als Ganzes auf sich selbst einwirken könnte. Bisherige, politisch-administrativ initiierte Versuche, top-down eine gemeinsame stadtgesellschaftliche Öffentlichkeit aufzubauen – beispielsweise die als Leitbilddebatten geführten Identitätsdiskurse – finden in der Stadtbevölkerung keine Resonanz und kommen nicht vom Fleck. Mit dem in der Tradition eines Kurortes stehenden Salgitter-Bad können die unter der Identitätsschablone „Stahlstadt" versammelten Lebenstedter nichts anfangen (und umgekehrt!).

Salzgitter ist eine schwache Stadtgesellschaft. Schwache Stadtgesellschaften haben eine schwache lokale Öffentlichkeit. Aus diesem Grund sind sie nicht dazu in der Lage, individuelle Sorgen oder individuelles Leid, das einer überindividuellen Problemlösung bedarf, zu einem lokalöffentlichen Thema hochzustemmen oder an schon bestehende lokale Debatten anzuschließen. Stattdessen bearbeiten schwache Stadtgesellschaften selbst heikle Probleme, die alle angingen, entweder unter Ausschluss der lokalen Öffentlichkeit oder sie tun das gar nicht. Schwachen Stadtgesellschaften fehlt zudem die Kompetenz, faktische oder auch nur drohende lokale Ausprägungen globaler Problemstellungen lokalöffentlich zu verhandeln.

Schwache Stadtgesellschaften dürfen jedoch nicht per se als ein Makel begriffen werden, wie es eine vom Zivilgesellschaftsdiskurs geprägte Sichtweise nahe legte. Denn wie bereits gezeigt wurde, besetzen die das Salzgittergebiet erreichenden Zuwandererwellen aufgrund der Weitläufigkeit der Stadt ihren eigenen Raum (und werden nicht in schon bestehende Wohnumfelder integriert)[169], weshalb die migrationsbezogenen Gruppen durch beiläufige Alltagskonflikte nicht in ein konflikthaltiges Gegeneinander geraten. Weil man sich im Wohnumfeld nicht „auf die Füße tritt" kann man sich im Vereinsleben zueinander relativ offen und gelassen verhalten. Die ausgedehnte

---

[168] Die rein technokratische Gründungsgeschichte der Stadt bewirkt, dass es sich im Falle Salzgitters um eine bloß nominell geeinte Stadt handelt, die aus zwei in raumgreifender Distanz angesiedelten defacto-Städten besteht, die wiederum von einer Vielzahl kleiner Siedlungsflecken und Dörfer umgeben sind.

[169] Die Wohnbevölkerung der ehemaligen Gastarbeiter und deren Nachfahren ist heute insbesondere auf den Nordosten Lebenstedts konzentriert. Es sind hier zwei längere Straßenzüge, deren Wohnblockbestand insbesondere zum Zwecke der Bildung von Wohneigentum von den Türkeistämmigen erworben wird. Wo an anderen Orten in Lebenstedt Alteingesessene und Türkeistämmige zusammen in der gleichen Nachbarschaft leben, geschieht dies in Form eines unaufgeregten Nebeneinanders; Differenz und Indifferenz greifen hier in dem Sinne zusammen, dass sie die Abwesenheit von Konflikten strukturell absichern. Gewissermaßen den bevorzugten Sozialräumen der türkeistämmigen Bewohner/inne/n diagonal gegenüber, auf der anderen Seite des Salzgittersees, lebt der Großteil der Aussiedlerbevölkerung. Auch hier gibt es keine Anhaltspunkte für die Existenz verhärteter Gruppengrenzen zwischen Türkeistämmigen und Aussiedlern, sofern diese sich im gleichen Wohnumfeld bewegen.

Stadtgeographie ist in diesem Sinne integrationsfördernd: Separation im unmittelbaren Wohnumfeld ermöglicht Interaktion auf übergeordneten Feldern wie etwa dem der jugendlichen Gesellung oder der Sportvereine. Bonding und Bridging social capital gehen hier eine ganz eigene funktionale Beziehung ein.

Insgesamt ist Salzgitter-Lebenstedts Alltag migrationsbezogener Gruppen der eines unaufgeregten passiven Nebeneinanders. Zwar weiß man von der Existenz anderer Herkunftsgruppen, aber der Rekurs auf die entsprechenden Gruppenidentitäten dominiert nicht das Handlungserleben der einzelnen. Die Herkunftsgruppen haben weder ein besonderes Interesse aneinander, noch gibt es zwischen ihnen verhärtete Gruppengrenzen. Räumlich lebt man schlicht nebeneinander, was in ein Miteinander auf anderen Feldern wie etwa dem lokalen Vereinswesen oder der lokalen Ökonomie übergeht. In Salzgitters Großbetrieben spielen die Herkunftsidentitäten unter den Arbeitskollegen ohnehin keine Rolle, weil Produktionsprozess und Arbeitersolidarität diese weitgehend ausblenden. Beim Verlassen der Werkstore werden die unterschiedlichen Herkünfte dann wieder insofern handlungswirksam, als Arbeiter und Angestellte unterschiedlicher Herkunftskulturen ihren gruppenübergreifenden Kontakt im Vergleich zur betrieblichen Kontaktdichte reduzieren; ohne dabei freilich in ein Gegeneinander zu verfallen sondern in den Modus gegenseitig indifferenter Kopräsenz überzugehen.

Indifferenz als ein zwangloses Nebeneinander der migrationsbezogenen Gruppen im Wohnumfeld ermöglicht vor allem auf den Bühnen jenseits des lokalen Wohnumfeldes – in Sportgruppen und an Freizeittreffpunkten, in Konfirmandengruppen und in Schulen –, lockere Kontakte zwischen Alteingesessenen und Zuwanderern zu pflegen. Mit Blick auf die Organisation der Zivilgesellschaft im Form des Vereins ist festzuhalten, dass die Vereine in Salzgitter gegenüber den Zuwanderergruppen relativ offen sind, das Vereinsleben also nicht in dem Maße nach Maßgabe alt- und neueingesessener Gruppen segregiert ist wie in anderen Stadtgesellschaften mit hohem Aussiedleranteil. Dies hängt, wie zuvor schon deutlich gemacht worden ist, mit der außergewöhnlichen Stadtgeographie beziehungsweise der Stadtentwicklungspolitik und der historisch gewachsenen fordistischen Integration durch Großbetriebe zusammen. Das gewerkschaftliche Ethos der Integration wirkt hier mit dem Tatbestand der stadtgeographischen Polyzentralität in für Salzgitter charakteristischer Weise zusammen. Im Unterschied zu andernorts sehr problematischen Beziehungen zwischen Älter- und Neueingesessenen greifen in Salzgitter die Polyzentralität der Stadtgeographie, gedehnte Räume, Separation und Interaktion sowie schließlich die integrative, universalistische moralische Ordnung Salzgitters so zusammen, dass sie migrationsbezogenen Intergruppenkonflikten vorbeugen.

Die „schwache Stadtgesellschaft" Salzgitter bietet damit ganz eigene lokale Voraussetzungen für die kommunikativ-interaktive Integration sozialer Gruppen.

Wer hier mit dem Konzept der Zivilgesellschaft im Rücken interveniert, muss eben darum schon am lokalen Eigensinn der Stadt scheitern.

6 Fazit und Bilanz

Als Fazit der vorangehenden Abschnitte zu den Themen Segregation, Multikulturalismus sowie Zivilgesellschaft kann festgehalten werden, dass alle drei Großbegriffe dazu beitragen, dass die Akteure der Sozialen Stadt für den Eigensinn Salzgitters blind bleiben. Segregations-, Multikulturalismus- und Zivilgesellschaftsdiskurs helfen nicht dabei, hinsichtlich der sozialen Lebenswirklichkeit im hier interessierenden Sozialraum zu einem vertieften Verständnis zu gelangen. Die empirische Realität steht gewissermaßen im Schatten der Diskurse. Die Eigenlogik der integrativen Stadtgesellschaft wurde am Beispiel der gruppenbezogenen Konfliktdynamik in der Stadt als Bivalenz rekonstruiert, die einerseits in der außerordentlichen Weite des städtischen Raums besteht, andererseits in der durch die fordistische Großindustrie lokal verankerten moralischen Ordnung. Abschließend wollen wir uns der Frage zuwenden, was „Aktivierung" vor dem Hintergrund der Eigenlogik der Stadtgesellschaft bedeuten kann. Erinnern wir zunächst an die beiden Integrationsakteure, um die es in dieser Arbeit ging. In Salzgitter-Fredenberg wurden zwei Integrationsmodelle identifiziert: das lebensweltlich verankerte Integrationsmodell des Nachbarschaftszentrums sowie das von oben eingesetzte, politisch legitimierte Modell der Sozialen Stadt.

Die Soziale Stadt ist ein Integrationsmodell, das sich bemüht, alle möglichen Personen und Personengruppen des Stadtteils einzubeziehen. Nachdem die diesbezüglich unternommenen Anläufe zur unmittelbaren Bewohneraktivierung scheitern, wird dieser Weg durch den Versuch einer Vernetzung korporativer Stadtteilakteure substituiert, dem jedoch ebenso kein nachhaltiger Erfolg beschieden ist. Mit Blick auf die von der Sozialen Stadt intendierte, selbstvernetzte lokale Akteurswelt bleiben nach einiger Zeit schließlich nur wenige eingespielte Funktionsrollenträger und sich notorisch kümmernde Bürger übrig. Die Soziale Stadt Fredenberg ist hinsichtlich ihres Beteiligungs- und Aktivierungsanspruchs vor allem ein mit Simulationsarbeit befasster Akteur. Diese Simulationsarbeit beginnt mit der Simulation einer Grenze zwischen den beiden Stadtgebieten Alt- und Neufredenberg; mit deren behaupteter Existenz bringen die korporativen Akteure das Problem erst hervor, das dann durch die Soziale Stadt quasi „bearbeitet" wird. Simulationsarbeit setzt sich auf den lokalen öffentlichen Bühnen in der Form fort, dass zwar Gestaltungsworkshops zur Umfeldgestaltung veranstaltet werden, ihren Ergebnissen jedoch hinter den Kulissen der lokalen Öffentlichkeit ausgewichen wird, indem dort die tatsächlichen folgenrelevanten Schritte eingeleitet werden. Die Simulationsarbeit der Sozialen Stadt kommt auch in der Konstruktion und Inszenierung eines Stadtteillogos als Identifikationssymbol zum Ausdruck sowie im Versuch der Herstellung eines fiktiven sozialräumlichen Zusammengehörigkeitsgefühls, für das die Identifikationsfigur „Fredenberger" angeboten wird. Und schließlich wird sie auch da deutlich, wo mit Blick auf die individuell-funktionale Systemintegration ein besonderes Grundproblem der Integration – die Organisierung positionaler Anerkennung – gelöst werden muss und schnell öffentlich vorzeigbare (etwa berufsqualifizierende) Programme entwickelt und umgesetzt werden, sich die Beteiligten bei diesen Maßnahmen aber selbst etwas vormachen, wenn ihnen klar ist, dass dabei kulturelles Kapital akkumuliert wird, das kaum in den dominanten Sozialraum übertragbar ist. Die einruckvollste Objektivation der Simulationsarbeit der Sozialen Stadt besteht in der Holzstelen-Installation an der vorgeblich quartierspaltenden Grenze, die dort eine Bewohnerkonferenz simuliert.

Mittels Praktiken der Simulation, Fiktion und Inszenierung überwinden die Mitarbeiter der Sozialen Stadt oberflächlich das strukturelle Dilemma, wegen fehlender genauer programmatischer Zielvorgaben (bei gleichzeitigem Beteiligungsgebot!) einerseits kreativ agieren zu müssen, andererseits aber in restringierende lokale Macht- und Statushierarchien eingebunden zu sein, was schließlich zu einer Art Zerrissenheit beziehungsweise Rollenambivalenz der Vor-Ort-Akteure führt – einer Zerrissenheit zwischen kreativer Antwortsuche auf vage bleibende Programmziele und ihrer Abhängigkeit von kommunalen Hierarchien und mächtigen lokalen Eliten. Jedoch sind es nicht allein die unbestimmt bleibenden Utopieentwürfe des Soziale Stadt-Diskurses (und darüber hinaus des Nachhaltigkeits- und Agenda-21-Prozesses), die die lokalen Akteure geradezu zwingen, diese Leerstellen kreativ zu füllen. Es ist schließlich auch der enge zeitliche Fahrplan, der ständige Akquisitions- und Legitimationsdruck sowie der Wunsch schnell Vorzeigbares präsentieren zu können, was sich deutlich von der durch ausdauernde Präsenz bewirkten, vertrauengenerierenden Integrationsarbeit des Nachbarschaftszentrums unterscheidet. Im Gegensatz zu den sporadischen, einen Eventcharakter tragenden (soziokulturellen) Angeboten der Sozialen Stadt setzt diese Einrichtung auf einen langfristigen Einbezug der Nachbarschaft in gemeinsame Aktivitäten. Selbstaktivierung passiert hier aufgrund des Problemdrucks und folgt der Logik interaktiver Sinnstiftung. Deutlich wurde am Beispiel des Nachbarschaftszentrums zudem, dass Integrationsarbeit Beziehungsarbeit ist und gegenüber der Sozialen Stadt in einem völlig anderen Zeithorizont verläuft, beziehungsweise nach einer langfristigen Logik funktioniert.

Das von der Sozialen Stadt offerierte Angebot der Identifikationsfolie „Fredenberger", das ein lokales Zusammengehörigkeitsgefühl stiften soll, aber auch die (punktuelle) Vernetzung korporativer Akteure zum Zwecke von Beratung oder organisierter Freizeitbeschäftigung (soziokulturelle Veranstaltungen) dürfen nicht mit Sozialintegration verwechselt werden. Denn hier handelt es sich erst einmal nur um die Kooperation von korporativen Stadtteilakteuren beziehungsweise Funktionsrollenträgern, um individuelle

Quartiersbewohner temporär in Klienten von Maßnahmen zu verwandeln oder sie mit Informationen zum Zwecke einer ‚Hilfe zur Selbsthilfe' zu versorgen (für den Fall, dass sich die Mittel schließlich als unzulänglich herausstellen, werden die Personen oft in weitere Klientenverhältnisse überführt). In der Regel wenden sich korporative Akteure an „Problemkinder“ beziehungsweise „Problemgruppen“, die sich etwa durch Bildungsmisserfolg, die unzulängliche Beherrschung der deutschen Sprache oder etwa durch ein als kriminell etikettiertes Verhalten auszeichnen. Sofern diese Klientenverhältnisse geeignet sind, dass einzelne, mit besonderen Problemlagen behaftete Personen in die Lage versetzt werden, diese zu bearbeiten oder Individuen dazu befähigen, sich in der für sie relevanten (sozialstaatlichen) Institutionenwelt zurechtzufinden, so können solche Modelle adäquat sein. Hinsichtlich einer (institutionengestützten) Regulierung drängender Probleme und der Unterstützung bei der Bewältigung schwieriger Statuspassagen sind die Instrumente des Sozialstaats nicht zu unterschätzen. Die Methoden der Steuerung von Integrationsprozessen – das Setzen rechtlicher Normen, die Bereitstellung finanzieller Mittel sowie die Versorgung mit Informationen (vgl. Schulte 2006) können hier adäquat sein. Mit Blick auf das Thema Intergruppenbeziehungen und Intergruppenklima führt die Vernetzung der mit Migranten befassten lokalen Akteure nicht schon zu einer auf grundlegender reziproker Anerkennung fußenden Interaktion jener sozialer Gruppen, die die Zuwandererstadt kennzeichnen.

Zur Beantwortung der Frage nach der Möglichkeit steuerungsbezogener Einwirkung auf eine zivile urbane gruppenbezogene Vergesellschaftung in der Einwanderungsstadt – sowie mit Blick auf die zu Beginn dieser Arbeit konstatierte Ratlosigkeit bezüglich des richtigen Mischungsverhältnisses von Top-down-Ansätzen und Bottom-up-Strategien – lässt sich festhalten, dass es den lokalen Besonderheiten angemessen sein muss, sollen nachhaltige und nicht bloß kurzfristige Veränderungen angestoßen werden. Die Kenntnis des lokalen Kontextes hilft zunächst einmal dabei, die Bedingungen auszuloten, unter denen ein Steuerungshandeln stattfinden soll, das auf die Kultivierung von Intergruppenbeziehungen und die Aktivierung stadtgesellschaftlicher Integrationspotenziale zielt. Dazu zählt zunächst eine vertiefte Analyse der Intergruppenbeziehungen im Vorfeld eines zu implementierenden Steuerungsprogramms; schon allein die Rede von der Eigenlogik der Stadtgesellschaft macht deutlich, dass nicht alle von Zuwanderung betroffenen Städte die gleichen Ausgangsbedingungen und Probleme haben und erst deren Kenntnis adäquate Anhaltspunkte liefert, wo Aktivierung ansetzen sollte. Erst mit Hilfe einer soziologischen Aufklärung der Ausgangssituation kann entschieden werden, ob eine Stadtgesellschaft aufgrund kumulierender Problemlagen oder verhärteter Gruppengrenzen aktiviert werden muss oder ob sie dort, wo auf den Intergruppenbeziehungen auch kein besonderer Problemdruck liegt und weder belastete Gruppenbeziehungen noch manifeste

Intergruppenkonflikte beobachtet werden können, gewissermaßen zu beruhigen ist. Wenn solch eine Analyse aber kein gangbarer Weg sein sollte, weil Interventionsprogramme andere Prioritäten setzen, was dann?

Aus Sicht der modernen Sozialintegration, die im Konflikt beziehungsweise in der produktiven Austragung von Konflikten den zentralen, die multiethnische (Stadt)Gesellschaft zusammenhaltenden Modus sieht (vgl. Sander/Heitmeyer 1997), heißt das, jenen Gruppen, die von einer strittigen Entscheidung betroffen sind, Ressourcenzugänge zu öffnen, die nötig sind, um in einen Interessenstreit einbezogen beziehungsweise am Konfliktprozess beteiligt und damit als Gegner im Interessenstreit anerkannt beziehungsweise ernst genommen zu werden (vgl. Anhut 2002). Denn wer einen Konflikt führt, macht sich gewissermaßen angreifbar; schon in dem basalen Sinne, dass er seitens seines Konfliktgegners mit Widerspruch zur eigenen exponierten Position rechnen muss – wer da nicht mit- und gegenhalten kann, droht schnell ins Abseits und nicht mehr gehört zu werden. Gerade mit Blick auf die Interaktion von Gruppen, deren Beziehung durch Machtasymmetrie beziehungsweise nichtsymmetrische Informationsverteilung und soziale Hierarchie gekennzeichnet ist, bestehen solche Ressourcen beispielsweise in der Kenntnis von Verfahrensregeln oder Sprachregelungen. Zum idealen Zustand integrativer Konfliktaustragung gehört zudem, dass Entscheidungen auf den öffentlichen Bühnen der Stadtgesellschaft (im und durch Konflikt) – und nicht auf ihren Hinterbühnen (vgl. Schabert 1991) – getroffen werden. Die Integration der Stadtgesellschaft erfolgt (nicht durch jede sondern nur) durch jene Form von Konflikt, die die Bedingungen erfüllt, sich erstens im Rahmen der Rechts- und Verfassungsordnung zu bewegen und damit ein geregelter Konflikt zu sein. Integrative Konflikte stützen sich zweitens auf einen basalen, von allen Konfliktakteuren anerkannten Hintergrundkonsens (dazu gehört insbesondere die Ablehnung von Gewalt als Mittel der Konfliktaustragung); schließlich werden (drittens) Stadtgesellschaften durch die Überkreuzung von Konfliktlinien integriert: wenn aus Gegnern in einem Konfliktfeld wieder Bündnispartner in einem anderen werden können. Wenn sich hingegen auf den verschiedenen Konfliktfeldern immer wieder die gleichen Gegner gegenüber stehen, besteht die Gefahr, dass sich die Gegnerschaften verhärten. Neben dieser über den Einbezug in den Interessenstreit realisierten moralischen Anerkennung zeichnen sich integrierte Stadtgesellschaften dadurch aus, dass ihre Bewohner(gruppen) positionale (Einbezug in die lokalen/überlokalen Arbeits- und Ausbildungsmärkte, Wohnraum- und Gesundheitsversorgung u.a.) sowie emotionale Anerkennung (emotionale Bindung an signifikante Andere/Wir-Gruppen) erfahren. (vgl. Anhut/Heitmeyer 2000, vgl. Coser 1965, Hirschman 1994).

Zur Frage aktivierungsbezogener Einwirkungsmöglichkeiten gehört zunächst die Einsicht, dass sich Zivilgesellschaft nicht durch einen steuernden Zugriff beziehungsweise mit wohlfahrtsstaatlichen Interventionen im Sinne absichtsvollen Schaffenwollens von oben herbeiführen lässt. Dies deshalb, weil angesichts des Sei-spontan-Paradoxes (Watzlawick/Beavin/Jackson 2000: 184) solch ein Unterfangen keine Erfolgschancen hat: denn Menschen können nicht zu einem bestimmten Verhalten aufgefordert werden, das hinsichtlich seiner Eigenart innen-/selbstmotiviert ist (und nicht durch Beeinflussung) und sich durch die Kreativität und Spontanität menschlichen Handelns auszeichnet (vgl. Hüttermann 2008). Zivilgesellschaft ist denn auch Nebenfolge des alltäglichen Tuns und Handelns und wird dabei gewissermaßen beiläufig (vgl. ders. 2010: 296ff.) generiert, jedoch mit nachhaltiger mittelbarer Wirkung auf die Qualität der Integrationskultur einer Stadtgesellschaft. Statt vorschnell auf Versuche gesteuerter Gruppenbegegnungen beziehungsweise (expressiver) Vergemeinschaftungsversuche im Stile soziokultureller Projekte zu setzen, sollten integrationsbezogene Maßnahmen auf der Einsicht aufbauen, dass die Begegnungen von Migrantengruppen im Alltag einer Stadtgesellschaft eher flüchtig sind und en passent-Charakter haben. In Alltagsbegegnungen in der „leibhaftige[n]" beziehungsweise „wohnumfeldnahe[n] Öffentlichkeit" (Hüttermann 2000: 277) der Stadtgesellschaft interagieren Personen „im Medium ihres gewissermaßen auf den Leib geschnittenen interaktionsnah konstituierten Habitus" und/oder beziehen sich dabei auf eine Gruppenidentität. Mit anderen Worten: in der leibhaftigen Öffentlichkeit bewegen sich leibhaftige Personen, die sich im Gegensatz zu korporativen Akteuren nicht auf eine vorgängige Autorität im Sinne einer Organisationsmitgliedschaft, auf die Autorität von Funktionsrollen beziehungsweise auf einen korporativen Habitus stützen. In der Regel sind es Letztere, die sich den zu integrierenden Personen der leibhaftigen Welt zuwenden und sie in Klienten von Maßnahmen verwandeln bzw. in korporativ ersonnene Integrationsprogramme einbinden und so zur Integration der Stadtgesellschaft beitragen wollen. Der Übergang zwischen beiden Welten ist bedeutsam, denn er ist durch eine Schwelle gekennzeichnet, die die Erreichbarkeit der zu Integrierenden oft nicht einfach macht. Denn diese Beziehungen sind durch eine (sich im Habitus der Beteiligten ausdrückende) Asymmetrie zwischen korporativen und leibhaftigen Akteuren geprägt, was die Schwelle zwischen ihnen noch erhöht; mit der Konsequenz, dass die anvisierten Gruppen nicht erreicht werden. Dieser Übergang kann dort gelingen, wo – wie im Falle des Nachbarschaftszentrums – an dieser Schwelle lokale Persönlichkeiten mit Charme und Charisma stehen. (Inwieweit dies aus Steuerungsperspektive „organisierbar" ist, ist fraglich. Was man aber möglicherweise organisieren kann, ist die Übertragung des „Integrationsmodells Küche" des Nachbarschaftszentrums an Multiplikatoren, die genau diese Eigenschaften haben: die – auch wenn es despektierlich klingen mag – eine „Attraktion" für die Klientel sind).

Mit Blick auf das von städtischen beziehungsweise korporativen Akteuren oftmals beklagte gruppenbezogene ‚Nebeneinanderherexistieren' sollten sozialräumlich ansetzende Programme quasi mehr Realismus zulassen; auch deshalb, um die Enttäuschungsanfälligkeit aufgrund überzogener Erwartungen der mit Integrationsaufgaben befassten Akteure gewissermaßen zu minimieren. Hinsichtlich interethnischer Kontakte wusste Max Weber, dass zu den normalen Reaktionen auf Zuwanderergruppen nicht die unvoreingenommene Neugier auf das zugewanderte Gegenüber gehört, sondern dass dieser Tatbestand auf autochthone Personen/Personengruppen eher verunsichernd und ablehnend wirkt: „Die Abstoßung ist dabei das Primäre und Normale“ (1980: 234). Dies kann die Quelle nachhaltiger Stigmatisierung und Diskriminierung sein, muss es aber nicht. Sofern soziale Beziehungen unterhalb dieser Oberfläche – einer Oberfläche, auf der sich begegnende, urbane Menschen zur schnellen Orientierung reziprok als verallgemeinerte Andere wahrnehmen und sich gegenseitig lebensweltlich sedimentierten Gruppenkategorien zurechnen – möglich sind und gepflegt werden, sollte Gelassenheit in der Einschätzung des Intergruppenklimas nicht fehlen. Stadtgesellschaften können das Nebeneinanderherexistieren statt als Defizit auch als Stärke im Sinne eines unproblematischen beziehungsweise unangestrengt-unaufgeregten Nebeneinander begreifen, das so lange nicht als Problem aufzufassen ist, wie dieses passives Nebeneinander – für den Fall, dass Gruppen tatsächlich von strittigen Entscheidungen betroffen sind – durch eine integrative Konfliktaustragung im oben skizzierten Sinne ‚unterbrochen’ wird.

Literatur

Adloff, Frank (2005): Zivilgesellschaft. Theorie und politische Praxis. Frankfurt am Main: Campus.

Aehnelt, Reinhard (2005): Zwischenevaluierung des Bund-Länder-Programms "Soziale Stadt" – zentrale Ergebnisse. In: Informationen zur Raumentwicklung, Heft 2/3, 63-73.

Agenda 21. http://www.un.org/

Alheit, Peter (1980): Leben in der Stadt. Überlegungen zur politischen Soziologie des urbanen Alltags. In: Volkhard Brandes, Joachim Hirsch und Roland Roth (Hrsg.): Leben in der Bundesrepublik: die alltägliche Krise. Berlin: Olle & Wolter, 49-81.

Alheit, Peter 1998: Soziokultur ist politisch – ob sie will oder nicht. In: Alexander Flohé und Reinhold Knopp (Hrsg.): Drehpunkte. Kontexte und Perspektiven soziokultureller Praxis. Essen: Dr. – und Verlag – Kooperative Stattwerk, ohne Seitenangabe.

Alisch, Monika/Herrmann, Heike (2002): Handlungsansätze für soziale Nachhaltigkeit. Kontinuität und Wandel – Ein Anspruch gewinnt Konturen. In: Informationen zur Raumentwicklung, Heft 1, 33-40.

Anhut, Reimund (2002): Die Konflikttheorie der Desintegrationstheorie, In: Thorsten Bonacker (Hrsg.): Sozialwissenschaftliche Konflikttheorien. Opladen: Leske + Budrich, 381-407.

Anhut, Reimund/Heitmeyer, Wilhelm (2001): Bedrohte Stadtgesellschaft? Soziale Desintegration, Fremdenfeindlichkeit und ethnisch-kulturelle Konfliktpotenziale. In: Edda Currle (Hrsg.): Deutschland – ein Einwanderungsland? Rückblick, Bilanz und neue Fragen. Stuttgart: Lucius & Lucius, 419-432.

Anhut, Reimund/Heitmeyer, Wilhelm (2000): Desintegration, Konflikt und Ethnisierung. Eine Problemanalyse und theoretische Rahmenkonzeption. In: Dies. (Hrsg.): Bedrohte Stadtgesellschaft. Soziale Desintegrationsprozesse und ethnisch-kulturelle Konfliktkonstellationen. Weinheim: Juventa, 17-75.

Appadurai, Arjun (2011): Vom Risiko des Dialogs. In: Susanne Stemmler (Hrsg.): Multikultur 2.0. Willkommen im Einwanderungsland Deutschland. Göttingen: Wallstein, 25-36.

Arato, Andrew/Cohen, Jean (2007): Die Zivilgesellschaft und die postmoderne Stadt. In: Ulrich Mückenberger und Siegfried Timpf (Hrsg.): Zukünfte der europäischen Stadt. Ergebnisse einer Enquete zur Entwicklung und Gestaltung urbaner Zeiten. Wiesbaden: VS, 75-117.

Arato, Andrew/Cohen, Jean (1988): Civil Society And Social Theory. In: Thesis Eleven. Critical Theory and historical sociology. No. 21, 40-64.

Armony, Victor (2010): Leben in Quebec. Soziokulturelle Betrachtungen eines Zugewanderten. Heidelberg: Synchron Publishers.

Atkinson, Rowland (2005): Neighbourhoods and the Impacts of Social Mix: Crime, Tenure Diversification and Assisted Mobility. CNR Paper 29.

Bahrdt, Hans Paul/Herlyn, Ulfert (Hrsg.) (1998): Die moderne Großstadt. Soziologische Überlegungen zum Städtebau. Opladen: Leske + Budrich.

Baringhorst, Sigrid/Hunger, Uwe/Schönwälder, Karen (2006): Staat und Integration. Forschungsperspektiven zur politischen Intervention in Integrationsprozesse von

Migranten. In: Dies. (Hrsg.): Politische Steuerung von Integrationsprozessen. Wiesbaden: VS, 9-26.

Baringhorst, Sigrid (2003): Australia – the Lucky Country? Multikulturalismus und Migrationspolitik im Zeichen neokonservativer Reformen, In: Aus Politik und Zeitgeschichte (APUZ), Beilage zur Zeitung DAS PARLAMENT, B26, 12-18.

Baugesetzbuch (BauGB). www.gesetze-im-internet.de

Baur, Jürgen (Hrsg.) (2009): Evaluation des Programms ‚Integration durch Sport'. ASS-Materialien Band 1 Nr. 35. Potsdam.

Becker, Heidede/Franke, Thomas/Löhr, Rolf-Peter/Rösner, Verena (2002): Drei Jahre Programm Soziale Stadt – eine ermutigende Zwischenbilanz. In: Deutsches Institut für Urbanistik Die Soziale Stadt. Eine erste Bilanz des Bund-Länder-Programms „Stadtteile mit besonderem Entwicklungsbedarf – die soziale Stadt". Berlin: ohne Verlag, 12-51.

Becker, Heidede/Löhr, Rolf-Peter (2003): Resümee: Umsetzungserfahrungen und Perspektiven für die Soziale Stadt. In: Deutsches Institut für Urbanistik (Hrsg.): Strategien für die Soziale Stadt Erfahrungen und Perspektiven – Umsetzung des Bund-Länder-Programms „Stadtteile mit besonderem Entwicklungsbedarf – die soziale Stadt". Bericht der Programmbegleitung. Berlin: ohne Verlag, 227-244.

Beckmann, Klaus. J. (1996): Städtebaulicher Bericht „Nachhaltige Stadtentwicklung". Eine neue Ära der Städtebaupolitik? In: Informationen zur Raumentwicklung, Heft 2/3, 117-135.

Benhabib, Seyla (1999): Kulturelle Vielfalt und demokratische Gleichheit. Politische Partizipation im Zeitalter der Globalisierung. Frankfurt am Main: Fischer.

Benz, Wolfgang (Hrsg.) (1992): Salzgitter. Geschichte und Gegenwart einer deutschen Stadt 1942 – 1992. München: Beck.

Berger, Peter L./Luckmann, Thomas (2007): Die gesellschaftliche Konstruktion der Wirklichkeit. Frankfurt am Main: Fischer.

Bergmann, Eckhard/Gatzweiler, Hans-Peter/Güttler, Helmuth/Lutter, Horst/Renner, Mechthild/Wiegandt, Claus-C. (1996): Nachhaltige Stadtentwicklung. Einführung. In: Informationen zur Raumentwicklung, Heft 2/3, ohne Seitenangabe.

Bergmann, Eckhard/Gatzweiler, Hans-Peter/Güttler, Helmuth/Lutter, Horst/Renner, Mechthild/Wiegandt, Claus-C. (1996): Nachhaltige Stadtentwicklung. Herausforderungen an einen ressourcenschonenden und umweltverträglichen Städtebau. In: Informationen zur Raumentwicklung, Heft 2/3, 71-97.

Berking, Helmuth (2010): Der Migrant. In: Stephan Moebius und Markus Schroer (Hrsg.): Diven, Hacker, Spekulanten – Sozialfiguren der Gegenwart. Berlin: Suhrkamp, 291-302.

Berking, Helmuth/Löw, Martina (Hrsg.) (2008): Die Eigenlogik der Städte: Neue Wege für die Stadtforschung. Frankfurt am Main/New York: Campus.

Bielefeldt, Heiner (2007): Menschenrechte in der Einwanderungsgesellschaft. Bielefeld: transcript.

Bogumil, Jörg/Holtkamp, Lars (2004): Local Governance und gesellschaftliche Integration. In: Uwe Schimank und Stefan Lange (Hrsg.): Governance und gesellschaftliche Integration. Wiesbaden: VS, 157-184.

Bourdieu, Pierre (1983): Ökonomisches Kapital, kulturelles Kapital, soziales Kapital. In: Reinhard Kreckel (Hrsg.): Soziale Ungleichheiten (Soziale Welt, Sonderheft 2). Göttingen: Schwartz, 183-198

Bundesministerium für Raumordnung, Bauwesen und Städtebau (1996): Lokale Agenda 21. In: Schriftenreihe "Forschung des Bundesministeriums für Raumordnung, Bauwesen und Städtebau, Heft 11.

Brand, Karl-Werner (1997): Probleme und Potentiale einer Neubestimmung des Projekts der Moderne unter dem Leitbild "nachhaltige Entwicklung". Zur Einführung. In: Ders. (Hrsg.): Nachhaltige Entwicklung. Eine Herausforderung an die Soziologie. Opladen: Leske + Budrich, 9-32.

Braun, Sebastian/Hansen, Hansen/Ritter, Saskia (2007): Vereine als Katalysatoren sozialer und politischer Kompetenzen. In: Lilian Schwalb und Heike Walk (Hrsg.): Local Governanace – mehr Transparenz und Bürgernähe? Wiesbaden: VS, 109-130.

Braun, Sebastian/Weiß, Christina (2008). Sozialkapital. In: Stefan Gosepath, Wilfried Hinsch, Beate Rössler in Zusammenarbeit mit Robin Celikates und Wulf Kellerwessel (Hrsg.): Handbuch der politischen Philosophie und Sozialphilosophie, Band 2 N–Z. Berlin: Walter de Gruyter, 1225-1229.

Braun, Sebastian (2007): Freiwillige Vereinigungen als Katalysatoren von Sozialkapital? Ergebnisse einer repräsentativen Bevölkerungsbefragung in Deutschland. In: Jörg Lüdicke und Martin Diewald (Hrsg.): Soziale Netzwerke und soziale Ungleichheit. Zur Rolle von Sozialkapital in modernen Gesellschaften. Wiesbaden: VS, 201-234.

Braun, Sebastian (2001): Putnam und Bourdieu und das soziale Kapital in Deutschland. Der rhetorische Kurswert einer sozialwissenschaftlichen Kategorie. Arbeitspapier des Forschungszentrums für Bürgerschaftliches Engagement. http://www.forbe.de/publikationen.html. Berlin: Humboldt-Universität zu Berlin.

Braunmühl, Christina von (2001): Nachhaltigkeit. In: Claus Leggewie (Hrsg.): Politik im 21. Jahrhundert. Frankfurt/Main: Suhrkamp, 186-194.

Brenner, Neil (1997): Die Restrukturierung staatlichen Raums. Stadt- und Regionalplanung in der BRD 1960-1990. In: Prokla, Heft 4, 545-565.

Breton, Raymond (1964): Institutional Completeness of ethnic Communities and the personal Relations of Immigrants. In: American Journal of Sociology 70, 193-205.

Bulmer, Martin (1986): The Chicago School of Sociology: Institutionalization, Diversity, and the Rise of Sociological Research. Chicago: University of Chicago Press.

Bundesregierung (2007). Nationaler Integrationsplan. Neue Wege – Neue Chancen. www.bundesregierung.de.

Bundesregierung (2002): Perspektiven für Deutschland – Unsere Strategie für eine nachhaltige Entwicklung. http://www.nachhaltigkeitsrat.de/.

Bundestransferstelle Soziale Stadt 2008: Statusbericht 2008 zum Programm Soziale Stadt. Berlin: ohne Verlag. http://www.difu.de/publikationen/2008/statusbericht-2008-zum-programm-soziale-stadt.html-0.

Bundestransferstelle Soziale Stadt 2001: Positionspapier „Raumorientierung der kommunalen Selbstverwaltung“, 25. Oktober 2001. www.sozialestadt.de.

Bundesumweltamt (2001): Die Lokale Agenda 21 in Deutschland – Förderung einer nachhaltigen Entwicklung in den Kommunen. www.umweltdaten.de.

Burgess, Ernest W. (1925). The Growth of the City: An Introduction to a Research Project. In: Robert E Park und Ernest W. Burgess (Eds.): The City. Chicago:

University of Chicago Press, 47-62.
Capra, Fritjof (1983): Wendezeit. Bern: Scherz.
Charta von Aalborg. www.ewik.de.
Cohen, Joan (1999): American Civil Society Talk. In: Robert K. Fullinwinder (Ed.): Civil Society, Democracy and Civic Renewal. Lanham: Rowman & Littlefield Publishers, 55-86.
Cohen, Joan (2008): Zivilgesellschaft. In: Stefan Gosepath, Wilfried Hinsch, Beate Rössler in Zusammenarbeit mit Robin Celikates und Wulf Kellerwessel (Hrsg.): Handbuch der politischen Philosophie und Sozialphilosophie, Band 2 N–Z. Berlin: Walter de Gruyter, 1515-1521.
Cohen, Jean/Arato, Andrew (1992): Civil Socity und Political Theory. Cambridge/Mass.: MIT Press.
Cohn-Bendit/Schmid (1991): Wenn der Westen unwiderstehlich wird. In: DIE ZEIT Nr. 48 vom 22.11.1991.
Cohn-Bendit, Daniel/ Schmid, Thomas (1992): Heimat Babylon. Das Wagnis der multikulturellen Demokratie. Hamburg: Hoffmann und Campe.
Cooley, Charles Horton (1902): Human Nature and the Social Order. New York: Scribner's.
Cooley, Charles Horton (1909): Social organization – A study of the larger mind. New York: Charles Scribner's Sons.
Coser, Lewis (1964): Theorie sozialer Konflikte. Neuwied und Berlin: Luchterhand.
Cressey Paul G. (1969/1932): Taxi Dance Hall: A Sociological Study in Commercialized Recreation and City Life. Glen Ridge: Patterson Smith Publisher.
Dangschat, Jens S. (1997): Sustainable City – Nachhaltige Zukunft für Stadtgesellschaften? In: Karl-Werner Brand (Hrsg.): Nachhaltige Entwicklung. Eine Herausforderung an die Soziologie. Opladen: Leske + Budrich, 169-191.
Dangschat, Jens S. (1998): Segregation. In: Hartmut Häußermann (Hrsg.): Großstadt. Soziologische Stichworte. Opladen: Leske + Budrich, 207-220.
De Palacio, Loyola (2001): Grünbuch der Europäischen Kommission: Hin zu einer europäischen Strategie für Energieversorgungssicherheit. Luxemburg: ohne Verlag.
Descartes, René (1969): Über den Menschen. Heidelberg: L. Schneider.
Deutscher Bundestag (2002): Bericht der Enquete-Kommission „Zukunft des Bürgerschaftlichen Engagements“. Drucksache 14/8900.
Deutsches Institut für Urbanistik (2004): Integrierte Konzepte der Stadtentwicklungsplanung. Ein Workshopbericht. DIfU Berichte 4.
Dienel, Peter (1997): Die Planungszelle. Der Bürger plant seine Umwelt. Wiesbaden: Westdeutscher Verlag.
Dienel, Peter (2002): Die Planungszelle. Der Bürger plant seine Umwelt. Mit Statusreport. Wiesbaden: Westdeutscher Verlag.
Dienel, Peter (2003): Eine Neue Aufklärung hilft der Stadtentwicklung – Die Stadtentwicklung hilft der Neuen Aufklärung. In: ExWoSt-Informationen Nr. 2, Heft 1, 21-23.
Dietz, Barbara (1999): Jugendliche Aussiedler in Deutschland: Risiken und Chancen der Integration. In: Klaus J. Bade und Jochen Oltmer (Hrsg.): Aussiedler: deutsche Einwanderer aus Osteuropa. Osnabrück: Rasch, 154-176

Dubiel, Helmut (1994): Das ethische Minimum der Demokratie. In: Blätter für deutsche und internationale Politik, Heft 4, 489ff.
Eckardt, Andrea (2003): Diskutieren, Streiten, Mitgestalten. 30 Jahre Kampf um Arbeit im weltgrößten Motorenwerk Volkswagen Salzgitter. Hamburg: VSA.
Elias, Norbert (1977): Was ist Soziologie? Weinheim: Juventa.
Elias, Norbert (1988): Die Gesellschaft der Individuen. Frankfurt am Main: Suhrkamp.
Elias, Norbert (1989): Studien über die Deutschen: Machtkämpfe und Habitusentwicklung im 19. und 20. Jahrhundert. Frankfurt am Main: Suhrkamp.
Elias, Norbert/Scotson, John L. (1993): Etablierte und Außenseiter. Frankfurt am Main: Suhrkamp.
Evers, Adalbert (2009): Gefährdungen von Zivilität. Zum Verhältnis von Zivilgesellschaft und Drittem Sektor. In: Forschungsjournal Neue Soziale Bewegungen, Heft 1, 79-84.
Flohé, Alexander (2003): Soziokultur und städtische Zivilgesellschaft. In: Informationsdienst Soziokultur, Nr. 52, 2-3.
Franke, Thomas (2003): Aktivierung und Beteiligung. In: Deutsches Institut für Urbanistik (Hrsg.): Strategien für die Soziale Stadt, Berlin: ohne Verlag, 192-207. http://www.sozialestadt.de/veroeffentlichungen/endbericht
Franke, Thomas/Löhr, Rolf-Peter/Sander, Robert (2000): Soziale Stadt – Stadterneuerungspolitik als Stadtpolitikerneuerung. In: Archiv für Kommunalwissenschaften, Halbjahresband II, S. 243-268.
Fredenberg Forum e.V./Stadtbüro Fredenberg 2007: Wurzelwerke. Ein interkulturelles Stadtteilprojekt am Fredenberg. www.fredenberg.de
Friedrichs, Jürgen (1995): Stadtsoziologie. Opladen: Verlag Leske und Budrich.
Fritzsche, Susanne (1992): Stadtgründungen im 20. Jahrhundert – Salzgitter im internationalen Vergleich. In: Wolfgang Benz (Hrsg.): Salzgitter. Geschichte und Gegenwart einer deutschen Stadt 1942 – 1992. München: Beck, 233-280.
Ganser, Karl/Sieverts, Thomas. (1993): Vom Aufbaustab Speer bis zur Internationalen Bauausstellung Emscher Park und darüber hinaus. Planungskulturen in der Bundesrepublik Deutschland. In: Donald A. Keller, Michael Koch und Klaus Selle (Hg.): Planungskulturen in Europa. Darmstadt/Zürich: Verlag für wissenschaftliche Publikationen, 31-37.
Glaser, Barney/Strauss, Anselm L. (1967): The Discovery of Grounded Theory. Strategies for Qualitative Research. New York: Aldine
Goffman, Erving (1959): The Presentation of Self in Everyday Life. New York: Doubleday & Company Inc.
Goffman, Erving (2010): Interaktion im öffentlichen Raum. Frankfurt am Main/New York: Campus.
Greiffenhagen, Sylvia (2003): Am eigenen Zopf aus dem Sumpf? Partizipation als ambivalente Entwicklungsstrategie – Beobachtungen in einem benachteiligten Stadtteil. In: Konrad Maier und Gerd Michelsen (Hrsg.): Nachhaltige Stadtentwicklung. Eine Herausforderung für Umweltkommunikation und soziale Arbeit. Frankfurt am Main: Verlag für akademische Schriften VAS, 277-283.
Gruber, Hans E. (1985): Städtebau in Salzgitter. In: Edgar Hartmann Verlag (Hrsg.): Städteforum Salzgitter. Osterode: Edgar Hartmann Verlag, 14-16.
Güntner, Simon (2007): Soziale Stadtpolitik. Institutionen, Netzwerke und Diskurse in der Politikgestaltung. Bielefeld: transcript.

Guttandin, Friedhelm (1994): Der Geruch des Fremden. Der Fremde als Relationsbegriff. In: Sociologia Internationalis, Heft 1, 55-76.

Habermas, Jürgen (1968): Technik und Wissenschaft als Ideologie. Frankfurt am Main: Suhrkamp.

Habermas, Jürgen (1990/1961): Strukturwandel der Öffentlichkeit. Untersuchungen zu einer Kategorie der bürgerlichen Gesellschaft Frankfurt am Main: Suhrkamp.

Habermas, Jürgen (1993): Anerkennungskämpfe im demokratischen Rechtsstaat. Nachwort in: Charles Taylor: Multikulturalismus und die Politik der Anerkennung. Frankfurt am Main: Fischer, 147-196.

Habermas, Jürgen (1996): Inklusion – Einbeziehen oder Einschließen? Zum Verhältnis von Nation, Rechtsstaat und Demokratie. In: Ders.: Die Einbeziehung des Anderen. Studien zur politischen Theorie. Frankfurt am Main: Suhrkamp, 154-184.

Habermas, Jügen (1998): Faktizität und Geltung. Beiträge zur Diskurstheorie des Rechts und des demokratischen Rechtsstaats. Frankfurt am Main: Suhrkamp.

Hallsson, Fridrik (1996): Lebensweltliche Ordnung in der Metropole. Ethnische Konfliktpotentiale, Demarkationslinien und Typisierung von Ausländern im Frankfurter Gallusviertel. In: Wilhelm Heitmeyer und Rainer Dollase (Hrsg.): Die bedrängte Toleranz. Frankfurt am Main: Suhrkamp, 271-312.

Han, Petrus (2010): Soziologie der Migration. Stuttgart: UTB.

Hänze, Martin/Lantermann, Ernst-Dieter (1999): Familiäre, soziale und materielle Ressourcen bei Aussiedlern. In: Rainer K. Silbereisen, Ernst-Dieter Lantermann und Eva Schmitt-Rotermund (Hrsg.): Aussiedler in Deutschland: Akkulturation von Persönlichkeit und Verhalten. Opladen: Leske + Budrich, 143-161

Hauff, Volker (Hrsg.) (1987): Unsere gemeinsame Zukunft. Der Brundtland-Bericht der Weltkommission für Umwelt und Entwicklung. Greven: Eggenkamp.

Häußermann, Hartmut (1999): Beteiligungsformen bei neuen Stadtentwicklungsstrategien. In Zeynep Aygen (Hrsg.): Bürger statt Städter. Bürgerbeteiligung als Strategie der Problemlösung und der sozialen Integration. Berlin: Das Arabische Buch, 23-31.

Häußermann, Hartmut (2000): Die Krise der sozialen Stadt, in: Aus Politik und Zeitgeschichte (APUZ), Beilage zur Zeitung DAS PARLAMENT, B10-11, 13-21.

Häußermann, Hartmut (2005): Das Programm "Stadtteile mit besonderem Entwicklungsbedarf – die soziale Stadt". In: Informationen zur Raumentwicklung, 75-85.

Häußermann, Hartmut (2006): Die Stadt als politisches Subjekt. Zum Wandel in der Steuerung der Stadtentwicklung. In: Heinrich-Böll-Stiftung: Das neue Gesicht der Stadt. Strategien für die urbane Zukunft im 21. Jahrhundert. Berlin, 121-136.

Häußermann, Hartmut (2007): Ihre Parallelgesellschaften, unser Problem. Sind Migrantenviertel ein Hindernis für Integration? In: Leviathan. Zeitschrift für Sozialwissenschaften, Heft 4, 458-469.

Häußermann, Hartmut (2009): Behindern Migrantenviertel die Integration? In: Frank Gesemann und Roland Roth (Hrsg.): Lokale Integrationspolitik in der Einwanderungsgesellschaft. Wiesbaden: VS, 235-246.

Häußermann, Hartmut (2011): ‚Die Zeit von Bibliotheken für Mädchen mit Migrationshintergrund ist vorbei!' Zu den Folgen der Mittelkürzungen im Programm Soziale Stadt. In: Bundesverband für Wohnen und Stadtentwicklung vhw (Hrsg):

Soziale Kohäsion in den Städten. Heft 1, 19-23.
Häußermann, Hartmut/Oswald, Ingrid (1997): Zuwanderung und Stadtentwicklung. In: Dies. (Hrsg.), Stadtentwicklung und Zuwanderung. LEVIATHAN Sonderheft 17, Opladen: Westdeutscher Verlag, 9-29.
Häußermann, Hartmut/Siebel, Walter (2001a): Soziale Integration und ethnische Sichtung. Gutachten für die Zuwanderungskommission beim Bundesministerium des Inneren. Berlin.
Häußermann, Hartmut/Siebel, Walter (2001b): Integration und Segregation – Überlegungen zu einer alten Debatte. In: Deutsche Zeitschrift für Kommunalwissenschaften, Heft 1, 68-79.
Häußermann, Hartmut/Siebel, Walter (2004): Stadtsoziologie. Frankfurt am Main/New York: Campus.
Häußermann, Hartmut/Ipsen, Detlev (2004): Die Produktivität kultureller Komplexität. Migration und die Perspektive der Städte. In: Kommune. Forum für Politik, Ökonomie, Kultur. Heft 5, XI-XIII.
Häußermann, Hartmut/Wutzbacher, Jens (2005): Die Gemeinde als Ort politischer Integration. In: Wilhelm Heitmeyer und Peter Imbusch (Hrsg.): Integrationspotenziale einer modernen Gesellschaft. Wiesbaden: VS, 429-449.
Häußermann, Hartmut/Läpple, Dieter/Siebel, Walter (2007a): Stadterneuerung und die Rolle der Sozialwissenschaften. In: Dies.: Stadtpolitik. Frankfurt am Main: Suhrkamp, 112-134.
Häußermann, Hartmut/Läpple Dieter/Siebel, Walter (2007b): Fordismus und die fordistische Stadtlandschaft. In: Dies.: Stadtpolitik. Frankfurt am Main: Suhrkamp, 135-158.
Häußermann, Hartmut/Läpple Dieter/Siebel, Walter (2007c): Postmoderne Stadtpolitik. In: Dies.: Stadtpolitik. Frankfurt am Main: Suhrkamp, 246-278.
Heil, Hubertus (2000): Stadtentwicklungsplanung und Nachhaltigkeit – neuer Wein in alten Schläuchen? In: Informationen zur Raumentwicklung, Heft 1, 21-32.
Heins, Volker (1992): Ambivalenzen der Zivilgesellschaft. In: Politische Vierteljahresschrift, Heft 2/1992, 235-242.
Heitmeyer, Wilhelm (1997): Gesellschaftliche Integration, Anomie und ethnische Konflikte. In: Ders. (Hrsg.): Was treibt die Gesellschaft auseinander? Frankfurt am Main: Suhrkamp, 629-654.
Heitmeyer, Wilhelm (1998): Versagt die Integrationsmaschine Stadt? Zum Problem der ethnisch-kulturellen Segregation und ihrer Konfliktfolgen. In: Wilhelm Heitmeyer, Rainer Dollase und Otto Backes (Hrsg.): Die Krise der Städte. Frankfurt am Main: Suhrkamp, 443-467.
Helle, Horst (1989): Symbol. In: Günter Endruweit und Gisela Trommsdorff (Hrsg.): Wörterbuch der Soziologie. Stuttgart: F. Enke, 713-715.
Herder, Johann Gottfried von (1989): Ideen zur Philosophie der Geschichte der Menschheit. In: Ders.: Werke in zehn Bänden. Band 6. Herausgegeben von Martin Bollacher. Frankfurt am Main: Deutscher Klassiker Verlag.
Herlemann, Beatrix (1992): Verweigerung, Opposition, Widerstand unter den Arbeitern der Reichswerke. In: Wolfgang Benz (Hrsg.): Salzgitter. Geschichte und Gegenwart einer deutschen Stadt 1942 – 1992. München: Beck, 131-148.

Herlyn, Ulfert/Krämer, Jürgen/Wendt, Günter (1976): Sozialplanung und Stadterneuerung. Stuttgart: Karl Krämer.

Herrmann, Heike (2002): Bürgerforen. Ein lokalpolitisches Experiment der Sozialen Stadt. Leske & Budrich. Opladen.

Hilpert, Thilo (1988): LeCorbusiers „Charta von Athen". Wiesbaden: Friedrich Vieweg & Sohn.

Hirsch, Joachim/Roth, Roland (1986): Das neue Gesicht des Kapitalismus. Vom Fordismus zum Postfordismus. Hamburg: VSA.

Hirschman, Albert O. (1989): Der Tunneleffekt. Unterschiede in der Erträglichkeit von Ungleichheit. In: Ders.: Entwicklung, Markt und Moral. Abweichende Betrachtungen. München/Wien: Hanser, 71-88.

Hirschman, Albert O. (1994): Wieviel Gemeinsinn braucht die liberale Gesellschaft? In: Leviathan. Zeitschrift für Sozialwissenschaft, Heft 2, 293–304.

Hoch, Hans/Otto, Ulrich (2005): Bürgerschaftliches Engagement und Stadtteilpolitik. In: Fabian Kessel, Christian Reutlinger, Susanne Maurer und Oliver Frey (Hrsg.): Handbuch Sozialraum. Wiesbaden: VS, 493-511.

Holm, Andrej (2009): Soziale Mischung. Zur Entstehung und Funktion eines Mythos. In: Forum Wissenschaft 26(1), 23-26.

Hondrich, Karl Otto (1992): Wovon wir nichts wissen wollten. In: Die ZEIT, Nr. 40 vom 25.9.1992, 68.

Huning, Sandra (2005): Aktivierung und Benachteiligung im Rahmen der Sozialen Stadt: Ein Klärungsversuch mit Hilfe von Sozialkapitalansätzen. In: Sylvia Greiffenhagen und Katja Neller (Hrsg.): Praxis ohne Theorie? Wissenschaftliche Diskurse zum Bund-Länderprogramm „Stadtteile mit besonderem Entwicklungsbedarf – die Soziale Stadt". Wiesbaden: VS, 253 – 270.

Hüttermann, Jörg (2000): Der avancierende Fremde. Zur Genese von Unsicherheitserfahrungen und Konflikten in einem ethnisch polarisierten und sozialräumlich benachteiligten Stadtteil. In: Zeitschrift für Soziologie, Heft 4, 275-293.

Hüttermann, Jörg (2008): Aktivierende Sozialforschung. Internes Arbeitspapier.

Hüttermann, Jörg (2009): Zur Soziogenese einer kulturalisierten Einwanderungsgesellschaft. In: Özkan Ezli, Dorothee Kimmich und Annette Weinberger (Hrsg.): Wider den Kulturenzwang. Migration, Kulturalisierung und Weltliteratur: Bielefeld: transcript, 95-133.

Hüttermann, Jörg (2010): Entzündungsfähige Konfliktkonstellationen. Eskalations- und Integrationspotentiale in Kleinstädten der Einwanderungsgesellschaft. Weinheim/München: Juventa.

Hume, David (1978): Traktat über die menschliche Natur. Buch II/III. Über die Affekte / Über Moral. Hamburg: Felix Meiner.

Imbusch, Peter/Heitmeyer, Wilhelm (Hrsg.): Integration – Desintegration. Ein Reader zur Ordnungsproblematik moderner Gesellschaften. Wiesbaden: VS.

Ingelhorst, Heinz (1997): Die Russlanddeutschen – Aussiedler zwischen Tradition und Moderne. Frankfurt am Main/New York: Campus.

Kaiser, Markus (2006): Die plurilokalen Lebensprojekte der Russlanddeutschen im Lichte neuerer sozialwissenschaftlicher Konzepte. In: Sabine Ipsen-Peitzmeier und Markus Kaiser (Hrsg.): Zuhause fremd. Russlanddeutsche zwischen Russland und Deutschland. Bielefeld: transcript, 19-59.

Kast, Alexandra (2006): Gesellschaftliche Teilhabe sichern. Partizipation von Migrantinnen und Migranten in der „Sozialen Stadt“ Berlin. http://library.fes.de/pdf-files/bueros/berlin/50202.pdf.

Kessl, Fabian (2006): Sozialraum und Zivilgesellschaft. In: Albert Scherr (Hrsg.): Soziologische Basics. Wiesbaden: VS, 159-163.

Kessl, Fabian/Otto, Hans-Uwe (2004): Soziale Arbeit und die Neugestaltung des Sozialen. In: Dies. (Hrsg.): Soziale Arbeit und soziales Kapital. Wiesbaden: VS, 7-18.

Kneer, Georg (1997): Zivilgesellschaft. S. in Ders., Armin Nassehi, Markus Schroer (Hrsg.): Soziologische Gesellschaftsbegriffe. Konzepte moderner Zeitdiagnosen. München: Wilhelm Fink, 228-251.

Knoblich, Tobias J. (2001): Das Prinzip Soziokultur – Geschichte und Perspektiven. In: Aus Politik und Zeitgeschichte (APUZ), Beilage zur Zeitung DAS PARLAMENT, B11, 7-14.

Kocka, Jürgen (2003): Zivilgesellschaft in historischer Perspektive. In: Forschungsjournal Neue Soziale Bewegungen, Heft 2, 29-37.

Korte, Hermann (1971): Multifunktionaler Städtebau und politische Öffentlichkeit. In: Ders. (Hrsg.): Zur Politisierung der Stadtplanung. Düsseldorf: Bertelsmann Universitätsverlag, 127-184.

Korte Herrmann (1972): Soziologie der Stadt – Entwicklungen und Perspektiven. Eine Einführung. In: Ders. (Hrsg.): Soziologie der Stadt. München: Juventa, 9-37.

Korte, Herrmann (1986): Zielsetzung und Methoden der Partizipation. In: Ders.: Stadtsoziologie. Forschungsprobleme und Forschungsergebnisse in den 70er Jahren. Darmstadt: Wissenschaftliche Buchgesellschaft, 54-62.

Koselleck, Reinhart (1992): Volk, Nation. In: Otto Brunner, Werner Conze und Reinhart Koselleck (Hrsg.): Geschichtliche Grundbegriffe. Historisches Lexikon zur politisch-sozialen Sprache in Deutschland, Bd. 7. Stuttgart: Klett-Cotta, 141-431.

Kracauer, Siegfried (1971): Schriften. Band 5/2, Franfurt am Main: Suhrkamp.

Kuhn, Stefan/Zimmermann, Monika (1996): Lokale Agenda 21 für zukunftsbeständige Stadtentwicklung. In: Informationen zur Raumentwicklung, Heft 2/3, 153-170.

Kürpick, Susanne/Zimmer-Hegmann, Ralf (1997): Stadtteile mit besonderem Erneuerungsbedarf. In: Informationen zur Raumentwicklung, Heft 8/9.

La Mettrie, Julien Offray de (2009/1748): Die Maschine Mensch. Hamburg: Felix Meiner.

Landhäußer, Sandra (2009): Sozialraum und Zivilgesellschaft. Wiesbaden: VS.

Lapeyronnie, Didier (2009): Rassismus, städtische Räume und der Begriff des Ghettos in Frankreich. In: Markus Ottersbach und Thomas Zitzmann (Hrsg.): Jugendliche im Abseits: Zur Situation in französischen und deutschen marginalisierten Stadtquartieren. Wiesbaden: VS, 21-50.

Läpple, Dieter (1991): Essay über den Raum. in: Hartmut Häußermann (Hrsg.): Stadt und Raum: Soziologische Analysen. Pfaffenweiler: Centaurus, 157-207.

Lehr, Astrid/Markus, Martina/Vögel, Bernhild/Wysocki, Gerd (1987): Fünfzig Jahre Arbeitskraft für den Salzgitter-Konzern. Salzgitter: ohne Verlag.

Leuschner Jörg (1992): Stadtgründung und Anfänge der Kommunalpolitik. In: Wolfgang Benz (Hrsg.): Salzgitter. Geschichte und Gegenwart einer deutschen Stadt 1942 – 1992. München: Beck, 390-416.

Levine, Donald N. (1995): The Organism Metaphor in Sociology. In: Social Research, Vol. 62, No. 2, 239-265.

Löhr, Rolf-Peter (1996): Städtebaulicher Bericht des BfLR „Nachhaltige Stadtentwicklung – erste Anmerkungen aus kommunalwissenschaftlicher Sicht. In: Informationen zur Raumentwicklung, Heft 2/3, 99-115.

Luhmann, Niklas (1973): Vertrauen. Ein Mechanismus der Reduktion sozialer Komplexität. Stuttgart: Enke.

Luhmann, Niklas (2000): Die Politik der Gesellschaft. Frankfurt am Main: Suhrkamp.

Marcuse, Peter (1998): Ethnische Enklaven und rassische Ghettos in der postfordistischen Stadt. In: Wilhelm Heitmeyer, Otto Backes und Rainer Dollase (Hrsg.): Die Krise der Sdtädte. Frankfurt am Main: Suhrkamp, 176-194.

Mayer, Margit (2002): Soziales Kapital und Stadtentwicklung – ein ambivalenter Diskurs. In: Michael Haus (Hrsg.): Bürgergesellschaft, soziales Kapital und lokale Politik. Theoretische Analysen und empirische Befunde. Opladen: Leske + Budrich. 33-58.

Mayer, Margit (2005): Das Konzept des Sozialkapitals in der stadtpolitischen Diskussion. In: Informationen zur Raumentwicklung, Heft 9/10, 589-597.

Mayer; Margit (2008): Städtische soziale Bewegungen. In: Roland Roth und Dieter Rucht (Hrsg.): Die sozialen Bewegungen in Deutschland seit 1945. Ein Handbuch. Frankfurt am Main/New York: Campus, 293-318.

Mayring, Philipp (2002): Einführung in die qualitative Sozialforschung: Eine Anleitung zu qualitativem Denken. Weinheim: Beltz.

Mead, George Herbert (1973): Geist, Identität und Gesellschaft aus der Sicht des Sozialbehaviorismus. Frankfurt am Main: Suhrkamp.

Meadows, Dennis L./Meadows, Donella. H./Zahn, Erich. (1972): Die Grenzen des Wachstum. Bericht des Club of Rome zur Lage der Menschheit. Hamburg: DVA.

Mensch, Kirsten (2002): Politische Steuerung am Beispiel des Bund-Länderprogramms „Die Soziale Stadt". In: Schader-Stiftung (Hrsg.): Politische Steuerung der Stadtentwicklung. Das Programm „Die Soziale Stadt" in der Diskussion. Darmstadt, 13-36.

Mewes, Alexander (2010): Ein Gewaltereignis zündet nicht: Figurationswandel ohne Eskalation in Salzgitter-Lebenstedt. In: Jörg Hüttermann: Entzündungsfähige Konfliktkonstellationen. Eskalations- und Integrations-potenziale in Kleinstädten der Einwanderungsgesellschaft. Weinheim/München: Juventa, 180-242.

Merton, Robert K./Kendall, Patricia L. (1946): The Focussed Interview. In: The American Journal of Sociology. Vol. 51/No. 6, 541-557.

Mingione, Enzo (2004): Soziale Ausgrenzung und lokale Fürsorge in europäischen Städten. In: Walter Siebel (Hrsg.): Die europäische Stadt. Frankfurt am Main: Suhrkamp, 321-331.

Ministerium für Stadtentwicklung und Verkehr des Landes Nordrhein-Westfalen: Kabinettvorlage vom Oktober 1993.

Ministerium für Stadtentwicklung und Verkehr des Landes Nordrhein-Westfalen: Kabinettvorlage vom Juli 1994.

Mintzel, Alf (1997): Multikulturelle Gesellschaften in Europa und Nordamerika: Konzepte, Streitfragen, Analysen, Befunde. Passau: Wissenschaftsverlag Rothe.

Mitscherlich, Alexander (1965): Die Unwirtlichkeit unserer Städte. Frankfurt am Main: Suhrkamp.

Motte, Jan (2002): Vom "Wirtschaftswunder" bis zur Stahlkrise. Die Beschäftigung von Arbeitern aus der Türkei im Hüttenwerk Salzgitter 1963-1984. In: Klaus J. Bade und Jochen Oltmer (Hrsg.): Zuwanderung und Integration in Niedersachsen seit dem Zweiten Weltkrieg. Begleitband zur Ausstellung: Hier geblieben. Zuwanderung und Integration in Niedersachsen von 1945 bis heute. Herausgegeben von der Niedersächsischen Landeszentrale für politische Bildung. Osnabrück, 253-271.

Münch, Sybille/Kirchhoff, Gudrun (2009): Soziale und ethnische Mischung' – zur Persistenz eines wohnungspolitischen Leitbildes. In Frank Gesemann und Roland Roth (Hrsg): Lokale Integrationspolitik in der Einwanderungsgesellschaft. Wiesbaden: VS Verlag, 517-531.

Münch, Richard (1982): Theorie des Handelns. Frankfurt am Main: Suhrkamp.

Münch, Richard (2010): Das Regime des Pluralismus. Zivilgesellschaft im Kontext der Globalisierung. Frankfurt am Main/New York: Campus.

Münkler, Herfried (2002): Die Bürgergesellschaft – Kampfbegriff oder Friedensformel? In: Vorgänge, Heft 2, 115-125.

Nationale Nachhaltigkeitsstrategie der deutschen Bundesregierung 2002. www.nachhaltigkeit.info.

Novak, Michael (1972): The Rise of the Unmeltable Ethnics. Politics and Culture in the Seventies. New York: Macmillan.

Offe, Claus (1972): Demokratische Legitimation der Planung. In: Ders.: Strukturprobleme des kapitalistischen Staates. Frankfurt am Main: Suhrkamp, 123-152.

Offe, Claus (1975): Zur Frage der Identität der kommunalen Ebene. In: Grauhan, Rolf-Richard (Hrsg.): Lokale Politikforschung 2, Frankfurt am Main: Suhrkamp, 303-309.

Offe, Claus (2005): Die Bundesrepublik als Schattenriß zweier Lichtquellen. Ein Gespräch mit Claus Offe. In: Ästhetik & Kommunikation, Heft 129/130: Mythos Bundesrepublik, 148-160.

Olk, Thomas (2004): Zivilgesellschaft, bürgerschaftliches Engagement und Sozialkapital – Ressourcen für sozialräumliche Revitalisierungsprozesse? In: Regiestelle E&C der Stiftung SPI Sozialpädagogisches Institut Berlin „Walter May“ (Hrsg): Zivilgesellschaft stärken – Bürgerschaftliches Engagement in E&C-Gebieten fördern Dokumentation zur Veranstaltung vom 3. und 4. November 2004. www.stiftung-spi.de, 6-18.

Otto, Hans-Uwe/Ziegler, Holger (2004): Sozialraum und sozialer Ausschluss. Die analytische Ordnung neo-sozialer Integrationsrationalitäten in der Sozialen Arbeit (Teil 1). In: Neue Praxis, Heft 3, 117-137.

Parekh, Bhikhu (2000): Rethinking Multiculturalism: Cultural Diversity and Political Theory. Basingstoke: Palgrave Macmillan Ltd.

Park, Robert E. (1915): The City. In: American Journal of Sociology. Volume XX, No. 5, 577-612.

Park, Robert E. (1914): Racial Assimilation in Secondary Groups. In: American Journal of Sociology. Vol. 19, No. 5, 606-623.

Parsons, Talcott/White, Winston (1961): The link between character and society. In: Seymour M. Lipset and Leo Lowenthal (Eds.): Culture and Social Character. Glencoe: The Free Press, 89-135.

Parsons, Talcott (1971): The System of Modern Societies. Englewood Cliffs: Prentice Hall, Inc.

Plessner, Helmuth (1982/1941): Lachen und Weinen. Untersuchungen nach den Grenzen menschlichen Verhaltens. In: Ders.: Gesammelte Schriften. Band VII. Frankfurt am Main: Suhrkamp, 201-378.

Popitz, Heinrich/Bahrdt, Hans P./Jüres, Ernst A./Kesting, Hanno (1967): Das Gesellschaftsbild des Arbeiters. Soziologische Untersuchungen in der Hüttenindustrie. Tübingen: J.C.B. Mohr (Paul Siebeck).

Preuß, Ulrich K. (1998): Belagerung des liberalen Verfassungsstaates durch die multikulturelle Gesellschaft. In: Leviathan Heft 1, 60-76.

Putnam, Robert D. (1992): Making Democracy Work: Civic Traditions in Modern Italy. Princeton: Princeton University Press.

Putnam, Robert D. (1995): Bowling alone: America's declining social capital. In: Journal of Democracy, No. 6, 65-78.

Putnam, Robert D. (1996): The Strange Disappearance of Civic America. In: The American Prospect, No. 24. http://epn.org/prospect/24/24putn.html.

Radcliffe-Brown, Alfred R. (1935): On the Concept of Function of Social Science. In: American Anthropologist, Heft 3, 394-402.

Radtke, Frank-Olaf, (1990): ‚Multikulturell' – Das Gesellschaftsdesign der 90er Jahre? In: Informationsdienst zur Ausländerarbeit Heft 4, 27-34.

Radtke, Frank-Olaf (1994): Multikulturalismus: Ein postmoderner Nachfahre des Nationalismus. In: Berndt Ostendorf (Hrsg.): Multikulturelle Gesellschaft. Modell Amerika. München: Wilhelm Fink, 229-236.

Radtke, Frank-Olaf (1996): Fremde und Allzufremde. Zur Ausbreitung des ethnologischen Blicks in der Einwanderungsgesellschaft. In: Hans-Rudolf Wicker, Jean-Luc Alber, Claudio Bolzman und Rosita Fibbi (Hrsg.): Das Fremde in der Gesellschaft: Migration, Ethnizität und Staat. Zürich: Seismo, 333-352.

Radtke, Frank-Olaf (1997): Multikulturelle Gesellschaft, in: Georg Kneer, Armin Nassehi und Markus Schroer (Hrsg.): Soziologische Gesellschaftsbegriffe, UTB für Wissenschaft, Wilhelm Fink, 32-50.

Ratzka, Melanie (2005): Politik gegen sozialräumlich konzentrierte Benachteiligung – ein Fallbeispiel. In: Soziale Probleme, Heft 2, 54 – 73.

Raumordnungsgesetz der Bundesrepublik Deutschland, www.gesetze-im-internet.de

Reimann/Schuleri-Hartje 2005: Integration von Migrantinnen und Migranten im Stadtteil. In: Deutsches Institut für Urbanistik (Hrsg.): Sozial Stadt Info 17, www.sozialestadt.de

Rex, John (1998): Multikulturalität als Normalität moderner Stadtgesellschaften. In: Otto Backes, Rainer Dollase und Wilhelm Heitmeyer (Hrsg.): Die Krise der Städte. Analyse zu den Folgen desintegrativer Stadtentwicklungen für das ethnisch-kulturelle Zusammenleben. Frankfurt am Main: Suhrkamp, 123-142.

Rösler, Cornelia/Trapp, Jan Hendrik (2000): Die Berücksichtigung sozialer Aspekte im Rahmen der Lokalen Agenda 21. In: Informationen zur Raumentwicklung, 1/2000, 1-8.

Roth, Roland (2004): Engagement als Ressource. Möglichkeiten und Grenzen der Selbstorganisation von benachteiligten Bevölkerungsgruppen", in: Aila-Leena Matthies und Kathleen Kauer, (Hrsg.): Wiege des sozialen Kapitals. Bürgerengagement und lokale Ökonomie in einem ostdeutschen Stadtteil, Bielefeld: Kleine, 175-188.

Roth, Roland (2009): Integration durch politische Partizipation und bürgerschaftliches Engagement. In: Frank Gesemann und Roland Roth (Hrsg.): Lokale Integrationspolitik in der Einwanderungsgesellschaft. Migration und Integration als Herausforderung von Kommunen, Wiesbaden: VS, 195-215.

Rothe, Wolfgang (1954): Salzgitter-Watenstedt. Eine Soziographie. Ruprecht-Karl-Universität Heidelberg: Inauguraldissertation. Maschinenschrift.

Rueschemeyer, Dietrich (1998): The Self-Organization of Society and Democratic Rule. In: Ders., Marilyn Rueschemeyer und Bjorn Wittrock (Eds.): Participation and Democracy, East and West: Comparisons and Interpretations. Armonk: M. E. Sharpe Inc., 9-25.

Ruschkowski, Eick von (2002): Lokale Agenda 21 in Deutschland – eine Bilanz. In: Aus Politik und Zeitgeschichte (APUZ), Beilage zur Zeitung DAS PARLAMENT, B31-32, 17-24.

Ryave, Lincoln/Schenkein, James (1974): Notes on the Art of Walking. In: Roy Turner (Ed.): Ethnomethodology. Hammondsworth/Middlesex: Penguin, 265-274.

Saldern, Adelheid von (1995): Häuserleben. Zur Geschichte städtischen Arbeiterwohnens vom Kaiserreich bis heute. Bonn: J. H. W. Dietz-Verlag.

Sander, Uwe/Heitmeyer, Wilhelm (2008): Was leisten Integrationsmodi? Eine vergleichende Analyse unter konflikttheoretischen Gesichtspunkten. In: Peter Imbusch und Wilhelm Heitmeyer (Hrsg.): Integration – Desintegration. Ein Reader zur Ordnungsproblematik moderner Gesellschaften. Wiesbaden: VS Verlag für Sozialwissenschaften, 721 – 739.

Scarpa, Ludovica (1995): Gemeinwohl und lokale Macht. Honoratioren und Armenwesen in der Berliner Luisenstadt im 19. Jahrhundert, München: De Gruyter Saur.

Schabert, Tilo (1991): Wie werden Städte regiert? In: Ders. (Hrsg.): Die Welt der Stadt. München: Piper, 167-198.

Schäfers, Bernhard (2006a/1971): Partizipationschancen nach dem Städtebauförderungsgesetz. In: Ders.: Stadtentwicklung im Spiegel der Stadtsoziologie. Beiträge seit 1970. Konstanz: Hartung-Gorre, 21-33.

Schäfers, Bernhard (2006b/2003): Ansprüche der demokratisch verfassten Gesellschaft an den öffentlichen Raum. In: Ders.: Stadtentwicklung im Spiegel der Stadtsoziologie: Beiträge seit 1970. Konstanz: Hartung-Gorre, 299-309.

Scheler, Max (1974): Wesen und Formen der Sympathie. Bern und München: Francke.

Schiffauer, Werner (1997): Fremde in der Stadt. Frankfurt am Main: Suhrkamp.

Schiffauer, Werner (2002): Migration und kulturelle Differenz. Berlin. http://www.kuwi.europa-uni.de/de/lehrstuhl/vs/anthro/inhaber/publikationen/publikonline/index.html

Schiffauer, Werner (2008): Parallelgesellschaften. Wie viel Wertekonsens braucht unsere Gesellschaft? Für eine kluge Politik der Differenz. Bielefeld: transcript.

Schiller, Roland (1985): Altstadtsanierung Salzgitter-Bad. In: Verlag Edgar Hartmann (Hrsg.): Städteforum Salzgitter. Osterode: Edgar Hartmann, 112-115.

Schmals, Klaus/Kemper, Stephan (2000): Steuerungsinstrumente der sozialintegrativen Stadtentwicklung. Expertise. www.schader-stiftung.de

Schmid, Josef (1997): Multikulturelle Gesellschaft. In: Gerd Reinhold (Hrsg.): Soziologie-Lexikon. München: Oldenbourg Wissenschaftsverlag, 450-452.

Schmidt, Jürgen (2007): Zivilgesellschaft. Bürgerschaftliches Engagement von der Antike bis zur Gegenwart. Reinbek: Rowolth.

Schmoller, Gustav (1983): Ein Mahnruf in der Wohnungsfrage. In: Hartmut Frank und Dirk Schubert (Hrsg.): Lesebuch zur Wohnungsfrage. Köln: Pahl-Rugenstein, 159-174.

Schneider, Christian (1992): Stadt-Bau in Salzgitter 1937-1990. In: Wolfgang Benz (Hrsg.): Salzgitter. Geschichte und Gegenwart einer deutschen Stadt 1942 – 1992. München: Beck, 166-212.

Schubert, Hans-Joachim (2007): The Chicago School of Sociology. Theorie, Empirie und Methode. In: Carsten Klingemann (Hrsg.): Jahrbuch für Soziologiegeschichte. Wiesbaden: VS, 119-164.

Schubert, Dirk (2002): Wirklich ein Paradigmenwechsel? Das Programm und seine Vorläufer. In: Christian Holl (Hrsg.): Soziale Stadt. Ein politisches Programm in der Diskussion. München: Deutsche Verlagsanstalt, 45-52.

Schütz, Alfred/Luckmann, Thomas 2003: Strukturen der Lebenswelt. Stuttgart: UTB.

Schulte, Axel (2006): Integrationspolitik – ein Betrag zu mehr Freiheit und Gleichheit in der Einwanderungsgesellschaft? In: Sigrid Baringhorst, Uwe Hunger und Karen Schönwälder (Hrsg.): Politische Steuerung von Integrationsprozessen. Wiesbaden: VS, 27-58.

Schütz, Alfred (1972): Der Fremde. Ein sozialpsychologischer Versuch. In: Ders.: Gesammelte Aufsätze II. Studien zur soziologischen Theorie. Den Haag: Nijhoff, 53-69.

Schütze, Fritz (1977): Die Technik des narrativen Interviews in Interaktionsfeldstudien, dargestellt an einem Projekt zur Erforschung von kommunalen Machtstrukturen. (Reihe Arbeitsberichte und Forschungsmaterialien der Universität Bielefeld, Fakultät für Soziologie, Nr. 1). Bielefeld.

Schütze, Fritz (1984): Kognitive Figuren des autobiographischen Stehgreiferzählens. S. 78-117 in: Martin Kohli und Günther Robert (Hrsg.): Biographie und soziale Wirklichkeit. Stuttgart: Metzler.

Selle, Klaus (2007): Stadtentwicklung und Bürgerbeteiligung – Auf dem Weg zu einer kommunikativen Planungskultur? Alltägliche Probleme, neue Herausforderungen. In: Informationen zur Raumentwicklung, Heft 1, 63-71

Sennett, Richard (1995): Fleisch und Stein. Frankfurt am Main: Suhrkamp.

Sennett, Richard (2009): Civitas. Die Grußstadt und die Kultur des Unterschieds. Berlin: BvT.

Siebel, Walter (1975): Wandlungen kommunaler Planung und die Qualifikation von Stadtplanern. In: Rolf-Richard Grauhan (Hrsg.): Lokale Politikforschung 2. Frankfurt am Main/New York: Campus, 351-374.

Siebel, Walter/Körber, Klaus (1971): Versuche mit parteilicher Planung. In Carl Wolfgang Müller und Peter Nimmermann (Hrsg.): Stadtplanung und Gemeinwesenarbeit: Texte und Dokumente. München: Juventa, 146-158.

Sievers, Norbert (1988): Soziokultur – zur Karriere eines kulturpolitischen Konzepts. In: Agentur für Recherche und Text (Hrsg.): Kultur Macht Politik. Wie mit Kultur Stadt/Saat zu machen ist. Köln: Kölner-Volksblatt-Verlag, 198-212.

Simmel, Georg (1908): Soziologie. Untersuchungen über die Formen der Vergesellschaftung. Leipzig: Duncker & Humblot.

Simmel, Georg (1917): Erinnerung an Rodin. In: Vossische Zeitung, Nr. 606, 27. November, Abendausgabe (Berlin).

Simmel, Georg (1992): Soziologie. Untersuchungen über die Formen der Vergesellschaftung. Frankfurt am Main: Suhrkamp.

Simmel, Georg (2008): Soziologische Apriori. In: Ders.: Individualismus der modernen Zeit und andere soziologische Abhandlungen. Frankfurt am Main: Suhrkamp, 290-302.

Smith, Adam (1999): Der Wohlstand der Nationen. München: DTV.

Soeffner, Georg (1991): Verstehende Soziologie und sozialwissenschaftliche Hermeneutik: Die Rekonstruktion der gesellschaftlichen Konstruktion der Wirklichkeit. In: Berliner Journal für Soziologie, Heft 2, 263-269.

Soeffner, Georg (2000): Gesellschaft ohne Baldachin. Kultur und Religion in der pluralistischen Gesellschaft, Frankfurt am Main: Velbrück.

Söhn, Janina/Schönwalder, Karen (2007): Siedlungsstrukturen von Migranten und Migrantinnen in Deutschland. In: Schader-Stiftung/Deutscher Städtetag/GdW/Difu und Institut für Wohnungswesen (Hrsg.): Handlungsfeld Stadträumliche Integrationspolitik. Ergebnisse des Projektes ‚Zuwanderer in der Stadt'. Darmstadt: Schader-Stiftung, S.73-91.

Soziale Stadt Salzgitter-Fredenberg (2005): Maßnahmen und Projekte im Rahmen der Integrierten Stadterneuerung im Jahre 2005. www.fredenberg.de

Stadt Salzgitter (ohne Jahr – a): Monument zur Stadtgeschichte – Turm der Arbeit. Salzgitter: ohne Verlag.

Stadt Salzgitter (ohne Jahr – b): Integriertes Stadtentwicklungs- und Handlungskonzept der Stadt Salzgitter ISEK. Salzgittter: ohne Verlag.

Stadt Salzgitter (ohne Jahr – c): Fredenberg; in: Niedersächsisches Innenministerium (ohne Jahr): Erneuerungsstrategien für städtische Problemgebiete. Hannover: ohne Verlag, 41.

Stölting, Erhard (1999): Medizinisches und soziologisches Denken bei Franz Oppenheimer. In: Elke-Vera Kotowski (Hrsg.): Wirtschaft und Gesellschaft. Franz Oppenheimer und die Grundlegung der Sozialen Marktwirtschaft. Berlin: Philo, 43-69.

Stövesand, Sabine (2007): Doppelter Einsatz: Gemeinwesenarbeit und Gouvernementalität. In: Roland Ahorn, Frank Bettinger und Johannes Stehr (Hrsg.): Foucaults Machtanalytik und Soziale Arbeit. Eine kritische Einführung und Bestandaufnahme. Wiesbaden: VS, 277-294.

Strauss, Anselm: (2009): Strategies for Discovering Urban Theory. In: Ders. (Ed.): The American City. A Sourcebook of urban imagery. New Brunswick (U.S.A.) and London (U.K.): Aldine Transaction.

Strauss, Anselm/Corbin, Juliet (1990): Grounded Theory Research: Procedures, Canons and evalutive Criteria. In: Zeitschrift für Soziologie 19: 418-427.

Strobl, Rainer/Kühnel, Wolfgang (2000): Dazugehörig und Ausgegrenzt. Analysen zu Integrationschancen junger Aussiedler. Weinheim/München: Juventa.

Taylor, Charles (1991): Die Beschwörung der Civil Society. In: Krzysztof Michalski (Hrsg.): Europa und die civil society. Castelgandolfo-Gespräche 1989. Stuttgart: Klett-Cotta, 52-81.

Taylor, Charles (1995): Das Unbehagen an der Moderne. Frankfurt am Main: Suhrkamp.

Taylor, Charles 1993: Multikulturalismus und die Politik der Anerkennung. Frankfurt am Main: Fischer.
Tezcan, Levent (2000): Gastrecht vs. politische Inklusion. Ethnische Konflikte durch Integration muslimischer Minderheit – am Beispiel des Duisburger Streites um den lautsprecherverstärkten Gebetsruf. Vortrag, gehalten auf dem 30. Kongress der Deutschen Gesellschaft für Soziologie (DGS), Köln, 27.09.2000.
Tezcan, Levent (2006): Interreligiöser Dialog und politische Religion. In: Aus Politik und Zeitgeschichte (APUZ), Beilage zur Zeitung DAS PARLAMENT, B28-29, 26-32.
Todorov, Tzvetan (2010): Die Angst vor den Barbaren. Kulturelle Vielfalt versus Kampf der Kulturen. Hamburg: Hamburger Edition.
Vertovec, Steven (2011): Die Chimäre des Multikulturalismus. In: Susanne Stemmler (Hrsg.): Multikultur 2.0. Willkommen im Einwanderungsland Deutschland. Göttingen: Wallstein, 72-76.
Vester, Frederik (1991/1983): Ballungsgebiete in der Krise. Vom Verstehen und Planen menschlicher Lebensräume. München: DTV.
Wacquant, Loïc (2006): Das Janusgesicht des Ghettos und andere Essays. Basel: Birkhäuser.
Wagner Bernd (2001a): Soziokultur West – Soziokultur Ost. In: Aus Politik und Zeitgeschichte (APUZ), Beilage zur Zeitschrift DAS PARLAMENT, B11, 3-6.
Wagner Bernd (2001b): Zwischen Staat und Markt. In: Rundbrief – Zeitschrift für Soziokultur in Niedersachsen, Nr. 40 / August, 24-27.
Walther, Uwe-Jens (2004): Die europäische Stadt als Soziale Stadt. Das deutsche Programm 'Stadtteile mit besonderem Entwicklungsbedarf – die Soziale Stadt'. In: Walter Siebel (Hrsg.): Die europäische Stadt. Frankfurt am Main: Suhrkamp, 332-344.
Walzer, Michael (1992): Zivile Gesellschaft und amerikanische Demokratie. Berlin: Rotbuch.
Watzlawick, Paul/Beavin, Janet/ Jackson, Don (2000): Menschliche Kommunikation. Bern/Göttingen/Toronto/Seattle: Huber.
Weber, Max (1980): Wirtschaft und Gesellschaft. Tübingen: Mohr (Paul Siebeck).
Weber, Max (1988): Gesammelte Aufsatze zur Religionssoziologie 1. Tübingen: Mohr (Paul Siebeck).
Weber Jürgen (1994): Das Narrenschiff. Kunst ohne Kompass. München: Universitas Verlag.
Wetzel, Juliane (1992): Die Barackenstadt: Arbeit und Leben im Lageralltag. In: Wolfgang Benz (Hrsg.): Salzgitter. Geschichte und Gegenwart einer deutschen Stadt – 1942-1992. München: Beck, 282-311.
Wiley, Norbert F. (1967): The Ethnic Mobility Trap and Stratification Theory. In: Social Problems 15, 147-159.
Willke, Helmut (1979): Zur Integrationsfunktion des Staates. Die Konzertierte Aktion als Paradigma in der neuen staatstheoretischen Diskussion. In: Politische Vierteljahresschrift, Heft 3, 221-240
Wilson, William Julius (1987): The truly disadvantaged. The inner City, the Underclass, and Public Policy. Chicago/London: University of Chicago Press.
Wilson, William Julius (2001): Soziale Ungleichheit in den USA: Plädoyer für eine multiethnische Bündnispolitik. Wien: Passagen.

Woellert, Franziska/Kröhnert, Steffen/Sippel, Lilli/Klingholz, Reiner (2009): Ungenutzte Potenziale: Zur Lage der Integration in Deutschland. Berlin: Berlin-Institut für Bevölkerung und Entwicklung. http://www.berlin-institut.org/studien/ungenutzte-potenziale.html

Worbs, Susanne (2009): Parallelgesellschaften. In: Frank Gesemann und Roland Roth (Hrsg.): Lokale Integrationspolitik in der Einwanderungsgesellschaft. Wiesbaden: VS, 217-234.

Yuzyk, Paul (1965): Canada. A Multicultural Nation. In: Canadian Slavonic Papers, Vol. 7, 23-54.

Zapf, Katrin (1969): Rückständige Viertel. Eine soziologische Analyse der städtebaulichen Sanierung in der Bundesrepublik, Frankfurt am Main: Europäische Verlagsanstalt.

Zapf, Katrin (1968): Die Wohnbevölkerung im Sanierungsgebiet. Demographische Strukturdaten, die Planer und Sozialpolitiker herausfordern. In: Stadtbauwelt, Heft 18, 1350 –1352.